▶ **主编简介**

万里鹏，1960年7月14日出生，法学硕士，江西科技师范大学法学院副院长，教授，硕士生导师，律师，江西省法学会理事，南昌市人大常委会立法咨询顾问，南昌市律师协会理事，南昌仲裁委员会仲裁员。先后担任过近百家公司企业法律顾问，被授予优秀仲裁员、优秀律师称号。发表论文二十余篇，其中论文《生态文明与地方立法的创新——以鄱阳湖生态经济区为例》获江西省立法研究会优秀论文优秀奖，论文《农民权利之根的法理分析——以德沃金的权利理论为立场》获中国法学会优秀论文二等奖，论文《律师刑事辩护的困惑》获南昌市社科成果二等奖，《加速律师人才培养的若干构想》获省律协优秀论文奖。出版专著一部，教材两部。

江西省法学教材系列

劳动与社会保障法

主　编　万里鹏
副主编　杨德敏　章亮明

▶ 撰稿人（按撰稿章节顺序）：

杨德敏　钟　金　陆　明　陈永福
万里鹏　张雪强　吴金莲　章亮明
占年标　李君艳

厦门大学出版社　国家一级出版社
XIAMEN UNIVERSITY PRESS　全国百佳图书出版单位

江西省法学教材系列编委会

主　　任：魏小琴

常务副主任：刘德意

副 主 任：涂书田　　叶　青　　利子平　　邓　辉
　　　　　　沈桥林　　朱爱莹　　邓国良　　王世进
　　　　　　王新华　　宋文艳

执行总主编：涂书田

委　　员：（按姓氏拼音排序）
　　　　　曹贤信　　邓国良　　邓　辉　　江　丽
　　　　　康　诚　　李朝生　　利子平　　刘德意
　　　　　刘　俊　　刘　俊　　沈桥林　　施高翔
　　　　　舒小庆　　宋文艳　　涂书田　　宛锦春
　　　　　汪志刚　　王世进　　王新华　　魏小琴
　　　　　叶　青　　朱爱莹　　邹建辉

总 序

党的十八大根据全面建成小康社会的新形势和新要求,作出了"全面推进依法治国"的重大决策和战略部署。习近平同志在中央政治局就全面推进依法治国进行集体学习时强调,要坚持依法治国、依法执政、依法行政共同推进,坚持法治国家、法治政府、法治社会一体建设。江西省第十三次党代会根据建设富裕和谐秀美江西的发展战略,提出了加快推进依法治省进程的明确要求。党中央、江西省委为新时期法学研究和法学教育事业发展提出了新的要求并指明了方向。

法律的进步和法治的完善,是一项综合性、系统性的社会工程。全民法律意识、法律素质的提高,是实现全面推进依法治国战略关键的、决定性的因素。在推进法律进步和法治完善进程中,法学教育无疑处于基础的地位。江西省的法学教育自上世纪70年代末恢复开展以来,取得了长足的进步。时至今日,开设法学本科教育的大专院校就有二十余所,培养了大批的优秀法律专业人才。随着国家的发展、社会的进步和法治建设的深入推进,高等法学教育日益面临新的任务。这就需要全省高校各法学院(系)加强合作与交流,共同推进我省高等法学教育事业发展,以适应全社会对法律专业人才的多样化需求。要搞好法学教育,自然离不开一套好的法学教材。为了适应新形势下我省高等法学教育和民主法治实践发展的需要,提升法学本科教学和研究水平,江西省法学会组织全省高校各法学院(系)联合编写了这套适应法学本科教育,具有江西特色,符合社会主义法治理念要求的法学系列教材。

本套教材以我省高校主要法学院(系)的师资力量为依托,由具有丰富教学经验和科研能力的资深教授领衔主编,约请全省二十余所高校法学专业骨干教师联袂参编,作者权威,阵容强大。在内容和体例上,教材特别强调以学生为本,从法学本科生的知识需要出发,既注重保留传统教材的精华,又力求有所突破和创新。首先,各册教材根据巩固基础、够用好学的要求,对相应领域的法律知识进行了高度整合,形成一个逻辑严密、便以理解掌握的知识体系,帮助学生打下扎实的法律专业基础。其次,突出理论与实践的结合,在各章之前增设了"引例",通过案例激发学生的学习动力和兴趣,切入相关知识体系,从而进一步理解抽象的法律专业知识。同时,根据当前法科学生必须通过司法考试方能取得司法从业资格的实际需要，注意了理论教育与职业教育之间的衔接，在各章之后增加了"司法考试真题链接"，帮助学生将理论知识与司法考试有机结合起来。在学术观点上，为了避免给学生学习上带来过多困惑，通篇采用了我国法学界公认的理论观点，对存有争议的部分不作深入探讨。

  本套教材既是江西省各高校法学院（系）通力协作、共同努力的结果，集中体现了我省法学教学与科研的最新成果，凝聚了广大教师的心血和智慧，也是一套面向新时期、反映我省当今高等法学教育最新状况的法学教材。相信本套教材的出版，一定能够为新时期我省高等法学教育的繁荣发展发挥应有的作用。

  本套教材的编写，由厦门大学出版社策划并提供大力支持，得到了中共江西省委政法委的指导。在此，谨致深切的谢意。由于水平和经验有限，错误和不当之处在所难免，敬请读者批评指正，以助日后不断修改完善。

江西省法学教材系列编委会
2013 年 3 月

　　本书的编写主要基于《劳动合同法》及《社会保险法》等法律法规相继实施后,实践中出现的许多问题,需要学生理解和掌握。结合多年的教学实践,我们构思了更强调实务性的教材体例,以求让学生对劳动法与社会保障法的理论和实践有一个系统的了解和掌握,并能解决实务中出现的问题。

　　《劳动合同法》及《社会保险法》的实施,是本书编写的基础。可以这样讲,自《劳动合同法》出台以后,劳动者和用人单位均对劳动关系的建立和履行产生了全新的认识,这种认识是深远的,它对我国劳动者权益的保护,以及对劳动法的相关立法理念和立法技巧均产生了重大影响。

　　根据几年的观察体验,用人单位、劳动者对《劳动合同法》及《社会保险法》的关注度可见一斑,用人单位自觉或积极主动地学习劳动法律法规,同样,劳动者询问热度不减。当然也有对法律条文进行实用性抉择,误解甚至完全背离立法者的立法本意或朝立法者不希望的方向发展。例如被许多善意人士所诟病的劳务派遣的滥用,使《劳动合同法》有及时修改的迫切性。

　　当然还有对某些劳动法规定的制度的轻视,反映的是我们长期以来对劳动者合法权益的藐视与不尊重,例如社会保险的缴纳常常不尽如人意的问题,《社会保险法》的出台为劳动者提供了法律保障和相应的操作规范,反映了立法者的重视和对劳动者权益的关切。《社会保险法》对各项社会保险作出了全面的制度安排和规范,将党中央建立健全社会保障体系的重大决策和战略部署转化为具有根本性、稳定性的国家法律制度,使我国社会保险制度发展全面进入法制化轨道,这对广大劳动者是一大利好。《社会保险法》的出台,与以前颁布实施的劳动法、公务员法、劳动合同法、就业促进法、劳动争议调解仲裁法一起,构成了我国人力资源社会保障法律体系完整的顶层架构。

　　我们曾多次受邀到用人单位进行劳动合同及社会保障方面的法律讲解,其中不乏著名的大公司企业;也无数次接受劳动者的咨询,包括一些深陷生活窘境的劳动者;还多次为受害方争得其本应享有的利益。这些经历使我们深深感到,对劳动者权益的保护,是构建和谐社会的重要基础,把它说成是彰显国家对人权的高度重视一点也不为过。我们接触到的许多典型案例,需要告知我们的学生,让他们学会如何去解决实际问题。

教学中常常发现学生对实务中的问题一筹莫展,不知如何运用所学知识分析、寻求解决方案,本书注意到这个问题并在对基础知识进行系统阐述的基础上,更突出实务操作,相信对学生有较大裨益。

参加本书编著的作者及分工如下:

杨德敏(江西财经大学法学院副教授)撰写第一章、第十章。

钟金(华东交通大学人文学院副教授)撰写第二章。

陆明(南昌大学法学院讲师)撰写第三章、第六章。

陈永福(江西科技师范大学法学院讲师)撰写第四章,第七章第一节、第二节。

万里鹏(江西科技师范大学法学院副院长、教授)撰写第五章,第七章第三节、第四节。

张雪强(江西科技师范大学法学院副教授)撰写第八章。

吴金莲(南昌大学科技学院讲师)撰写第九章。

章亮明(南昌大学法学院副教授)撰写第十一章、第十二章。

占年标(东华理工大学文法学院讲师)撰写第十三章、第十四章。

李君艳(南昌理工学院文法学院讲师)撰写第十五章。

本书的编写得到江西科技师范大学副校长朱爱莹教授的悉心指导和帮助,在此谨表衷心感谢!

万里鹏

2012 年 12 月

目录

第一章 劳动法的基本原理 /1

第一节 劳动法的概念及立法目的 …………………………………………………… 1
第二节 劳动法的调整对象及适用范围 ……………………………………………… 4
第三节 劳动法的基本原则 …………………………………………………………… 6
第四节 劳动法的体系及地位 ………………………………………………………… 13
第五节 劳动法的产生与发展及法律渊源 …………………………………………… 16

第二章 劳动法律关系 /20

第一节 劳动法律关系的概念和特征 ………………………………………………… 20
第二节 劳动法律关系的要素 ………………………………………………………… 22
第三节 劳动法律关系的运行 ………………………………………………………… 32

第三章 国家、用人单位和工会在劳动关系中的职责 /39

第一节 国家在劳动关系中的职责 …………………………………………………… 39
第二节 工会在劳动关系中的职责 …………………………………………………… 43
第三节 用人单位在劳动关系中的责任和义务 ……………………………………… 46

第四章 劳动就业法 /50

第一节 劳动就业概述 ………………………………………………………………… 50
第二节 劳动就业的基本原则 ………………………………………………………… 53
第三节 特殊就业群体就业保障 ……………………………………………………… 56
第四节 新时期劳动就业的新思路 …………………………………………………… 61

第五章 劳动合同法 /66

第一节 劳动合同概述 ………………………………………………………………… 66
第二节 劳动合同的订立、变更、终止和无效 ……………………………………… 69
第三节 劳动合同的内容、形式和期限 ……………………………………………… 73

第四节　劳动合同的解除 …………………………………………… 79
　　第五节　集体合同制度 ……………………………………………… 84

第六章　劳动条件法/89

　　第一节　工资立法 …………………………………………………… 89
　　第二节　工作时间和休息休假立法 ………………………………… 96
　　第三节　延长工作时间 ……………………………………………… 102

第七章　劳动保护法/105

　　第一节　劳动保护概述 ……………………………………………… 105
　　第二节　我国劳动保护的基本制度和主要内容 …………………… 107
　　第三节　女职工的特殊保护 ………………………………………… 111
　　第四节　未成年工的特殊保护 ……………………………………… 116

第八章　劳动争议处置制度/120

　　第一节　劳动争议处置概述 ………………………………………… 120
　　第二节　劳动争议处置机构 ………………………………………… 123
　　第三节　劳动争议处置程序 ………………………………………… 126

第九章　劳动监察法/131

　　第一节　劳动监察概述 ……………………………………………… 131
　　第二节　我国劳动监察法律制度 …………………………………… 136

第十章　社会保障法基本原理/145

　　第一节　社会保障与社会保障法概述 ……………………………… 147
　　第二节　社会保障法的调整对象和法律关系 ……………………… 151
　　第三节　社会保障法的功能和原则 ………………………………… 153
　　第四节　社会保障法的立法模式和法律体系 ……………………… 157

第十一章　社会保险法概论/161

　　第一节　社会保险的定义和特征 …………………………………… 161
　　第二节　社会保险法的概念和调整对象 …………………………… 164
　　第三节　社会保险法的立法宗旨和基本方针 ……………………… 165
　　第四节　社会保险法的基本原则、功能和意义 …………………… 167
　　第五节　我国的社会保险项目和内容 ……………………………… 171
　　第六节　我国现行社会保险法的制度价值 ………………………… 175

第十二章　社会保险法律制度/184

　　第一节　养老保险法律制度…………………………………………… 184
　　第二节　失业保险法律制度…………………………………………… 188
　　第三节　工伤保险法律制度…………………………………………… 193
　　第四节　医疗保险法律制度…………………………………………… 199
　　第五节　生育保险法律制度…………………………………………… 203

第十三章　社会救济法/211

　　第一节　社会救济与社会救济法概述………………………………… 212
　　第二节　我国社会救济法立法现状及发展趋势……………………… 216

第十四章　社会优抚法/220

　　第一节　社会优抚概述………………………………………………… 220
　　第二节　现行的优抚法………………………………………………… 224

第十五章　社会福利法/227

　　第一节　社会福利法律制度概述……………………………………… 227
　　第二节　社会公共福利法……………………………………………… 231
　　第三节　职工福利法…………………………………………………… 236
　　第四节　特殊群体社会福利法………………………………………… 237
　　第五节　社区服务法律制度…………………………………………… 245

第一章 劳动法的基本原理

【引例】

某市某区的一个街道办事处(居民委员会),为了解决部分无业人员的生活困难,以街道办事处下属一家企业的名义,到一家市属大企业处联系一批可以在家里完成的手工加工活计。街道再将这批活分给部分无业人员承揽支付报酬。

本案适用哪种法律关系?

劳动关系,是指劳动者在运用劳动能力,实现社会劳动过程中与用人单位之间产生的社会关系。其主体是确定的,即一方是用人单位,另一方必然是劳动者。劳务关系,是指两个或两个以上的平等主体之间因提供劳务而形成的一种经济关系。其主体是不确定的,可能是法人之间的关系,也可能是自然人之间的关系,还可能是法人与自然人之间的关系。劳动关系与劳务关系的区别主要有:(1)主体不同。劳动关系的一方是用人单位,即机关、企事业单位、社会团体或个体经济组织;另一方则是作为自然人的劳动者。劳务关系的双方可能都是个人,或者都是单位,也可能一方是单位,一方是个人。(2)用工双方的地位不同。劳动关系中的劳动者与用人单位不仅存在财产关系即经济关系,还有行政上的隶属关系,接受用人单位的管理,遵守用人单位的规章制度(如考勤、考核等)。而劳务关系的双方则是一种平等主体之间的关系,劳动者只是按约提供劳务,用工者也只是按约支付报酬,双方不存在隶属关系,没有管理与被管理、支配与被支配的权利和义务。这是劳动关系与劳务关系最基本、最明显的区别。(3)支付报酬的方式不同。劳动关系以工资的方式定期支付。劳务关系多为一次性的即时清结或按阶段按批次支付。(4)待遇不同。劳动关系中劳动者除获得工资报酬外,还有保险、福利待遇等;而劳务关系中的提供劳务方,一般只获得劳动报酬。(5)法律适用不同。劳动关系中产生的纠纷由劳动法和劳动合同法来调整。劳务关系中产生的纠纷则由民法和合同法来调整解决。

本案中,无业人员在家中完成手工加工活计,不受雇主方管理,报酬按批次支付,不属于劳动法上的劳动,没有形成劳动关系,属于劳务关系,由民法或合同法调整,属于民事法律关系范畴。

第一节 劳动法的概念及立法目的

一、劳动法中的"劳动"之含义

"劳动"的含义有广义和狭义之分,并非所有的劳动都由劳动法调整,如加工承揽关系、咨询服务关系、仓储保管关系等,尽管与劳动有关,但由民法调整。劳动法调整的劳动关系通常是指一定范围内的"劳动"活动。并且,劳动法上的"劳动"是指劳动力的有偿使用,即指劳动力的所有者将其劳动力有偿地提供给他人使用的劳动。"劳动"具有以下内涵:

1. 从劳动主体角度来看,通常是以职工身份所从事的劳动,属于职业性劳动。雇主将劳动者纳入生产组织管理范畴,在一定程度上,雇主支配劳动者人身,劳动者服从雇主指挥和管理。

2. 劳动是谋生手段,以获取报酬为目的。劳动法上的劳动具有有偿性,要求从事劳动的人具备作为劳动者的法定条件,而且是由劳动者从事的,能够得到劳动报酬,从而用于满足自身及其家庭成员生活需求的劳动。

3. 性质上具有契约性。劳动法上的劳动区别于公职人员履行公职所付出的劳动,也区别于履行出版、加工、咨询、扶养等劳务行为,它是基于劳动关系的建立而产生的。

4. 形式上通常是由用人单位组织起来的。必须建立在劳动合同或者劳动关系基础上,是从属于一定的用人单位或者雇主的,从事劳动的人须服从用人单位或者雇主的管理。

总之,劳动法上的"劳动"是指具备一定要件的、一定范围内的劳动,而不是所有的劳动都受劳动法调整,如果具备劳动法上完备要件的"劳动",也就可以等同于劳动法中的"就业"了。事实上,劳动法中的"劳动"确实与"就业"几乎完全等同。因为一个人有了职业和收入,也就有了作为劳动者实现劳动权的要义。只不过从另一个角度来说,作为劳动法另一重要概念的"就业",是与"失业"相对而言的。

我国劳动和社会保障部对"就业"与"失业"的概念进行了重新界定,按照新的标准,"失业人员"指在法定劳动年龄内,有工作能力,无业且要求就业而未能就业的人员。虽然从事一定社会劳动,但劳动报酬低于当地城市居民最低生活保障标准的,视同失业。"就业人员"指男在16~60岁、女在16~55岁的法定劳动年龄内,从事一定的社会经济活动,并取得合法劳动报酬或经营收入的人员。其中劳动报酬达到或超过当地最低工资标准的,为充分就业;劳动时间少于法定工作时间,且劳动报酬低于当地最低工资标准、高于城市居民最低生活保障标准,本人愿意从事更多工作的,为不充分就业。由于这一新标准不仅要求"就业"必须劳动,而且对"劳动报酬"有了特定的要求,就使"劳动"与"就业"的区分更为明显,也更加具有实际意义。

二、劳动法的概念

劳动法,有的国家又称劳工法,其含义有三种:一是指法律体系中的劳动法律部门,即调整劳动关系以及与劳动关系有密切联系的其他社会关系的法律规范的总称;二是指一个国家的劳动法典;三是指劳动法学或劳动法课程。本章所使用的劳动法概念,仅限于第一种含义。

劳动法是调整劳动关系以及与劳动关系有密切联系的其他关系的法律规范的总称。我国劳动法的内容主要包括:促进就业制度;劳动合同和集体合同制度;工作时间和休息休假制度;工资制度;劳动安全卫生制度;女职工和未成年工特殊保护制度;职业培训制度;社会保险和福利制度;劳动争议的处理制度以及对执行劳动法的监督检查制度等。

劳动法有狭义和广义之分。狭义的劳动法专指劳动法典,即1994年7月5日第八届全国人民代表大会常务委员会第八次会议通过,并自 1995 年 1 月 1 日起施行的《中华人民共和国劳动法》。广义的劳动法是我国法律体系中一个独立的法律部门,即上述所指的调整劳动关系以及与劳动关系有密切联系的其他关系的法律规范的总称,包括《中华人民共和国劳动法》《中华人民共和国劳动合同法》《中华人民共和国就业促进法》《中华人民共和国劳动争议调解仲裁法》等法律法规。

三、劳动法的立法目的

劳动法的立法目的主要体现在以下几个方面:

1. 保护劳动者的合法权益

保护劳动者的合法权益,是劳动法的基本目标,我国《劳动法》第 1 条规定:"为了保护劳动者的合法权益,调整劳动关系,建立和维护适应社会主义市场经济的劳动制度,促进经济发展和社会进步,根据宪法,制定本法。"其中,明确指出,"保护劳动者的合法权益"是《劳动法》的立法宗旨,这里"单保护"的表述并不意味着法律对另一方的利益不予保护,只是对某方当事人的利益更加保护,在保护的侧重点上更加强调劳动者利益。劳动者的合法权益,是指劳动者依据国家法律、法规的规定,在劳动方面享有的各种权利和利益。《劳动法》把保护劳动者合法权益作为首要目的,是由我国社会主义法律的本质决定的,有利于激发劳动者的创造性。

2. 确立、维护和发展和谐稳定的劳动关系

无论从劳动合同法产生、发展的历史考察,还是从现实和社会生产方面考察,只要有众多人在一起劳动,即进行社会劳动,就必然要求有一定的劳动规则,以实现正常的劳动秩序。正常的劳动秩序,只能建立在稳定和谐的劳动关系的基础之上。没有稳定和谐的劳动关系,就没有稳定和正常的生产秩序和社会秩序。尽管我国是以生产资料公有制为主体的社会主义国家,劳动者是生产资料的主人,并享有最广泛的民主管理权利,但是,人类现阶段正处于市场经济的历史阶段,决定了社会各群体之间仍然存在着各自的利益的差别,特别是用人单位和劳动者之间的利益差别。因利益关系决定的各种差别,无时无刻不在威胁着正常的劳动秩序。另外,我国经济体制改革的深化,促进了我国非公有制的多种经济形式迅速发展,如外国资本经济、私营经济等。在这类非公有制经济中,用工一方与劳动者之间的利益冲突更加明显而突出。因此,确立、维护和发展用人单位与劳动者之间稳定和谐的劳动关系,是我国《劳动法》的立法目的。

3. 促进经济发展和社会进步

保护劳动者的合法权益,也是实现稳定劳动关系、建立和谐劳动秩序、促进社会经济发展和社会进步的前提与保障。劳动是社会和经济发展的基础,而经济发展和社会进步又是人们进行生产劳动,不断满足自身物质文化生活需要的重要条件。劳动者的合法权益得不到有效的保护,和谐稳定的劳动关系,以及正常的劳动秩序便不可能存在。劳动者的合法权益长期不被重视且遭受侵害,必然影响社会经济的发展。而劳动者合法权益受到保护的程度,又是反映一个国家社会进步的重要标志。因此,我国《劳动法》将促进经济发展和社会进步作为其重要目标之一。

应当指出的是,《劳动法》三个方面的立法目的,是一个辩证的统一体,三项具体的立

法目的,构成了我国《劳动法》立法目的的科学体系。通过规范用人单位与劳动者的行为,进而维护劳动者的合法权益,最终实现构建和发展和谐稳定的劳动关系的目的,这三个不同层次的目的共同构成了劳动法科学的立法目的。

第二节 劳动法的调整对象及适用范围

一、劳动法的调整对象

我国劳动法的调整对象是劳动关系以及与劳动关系有密切联系的其他关系。

(一)劳动关系

1. 劳动关系的概念。劳动关系是人们在劳动过程中彼此形成的一种社会关系。具体而言,是劳动者在劳动力使用过程中,与用人单位之间形成的一种社会关系。

2. 劳动关系的特征

(1)劳动关系的主体是特定的。劳动关系的主体是劳动者和用人单位之间的关系,劳动关系的双方当事人,一方是劳动者,另一方是劳动者所在单位,即用人单位,如企业、事业单位、机关、社会团体等。各国劳动者和用人单位的主体范围,由其国内法规定,受本国经济社会发展的影响,存在一定的差异性。

(2)劳动关系具有人身和财产双重属性。劳动力与人身不可分离,劳动关系的履行过程,实际上是劳动者连续不断地出卖劳动力的过程,具有人身属性。劳动者通过出卖劳动力的使用权,获得报酬,在形式上属于商品买卖,具有财产属性。

(3)劳动关系具有从属性和平等性。劳动关系的一方当事人从属于另一方当事人,劳动者要遵守用人单位的规章制度,遵守劳动纪律、服从管理,具有从属性。劳动者与用人单位之间劳动力商品的交换,是双方平等自愿所达成的协议,体现了双方的意思自治,具有平等性。

(4)劳动关系是基于劳动力的有偿使用而产生的一种特定社会关系。劳动关系是基于附着在劳动者身上的劳动力的有偿使用过程中所产生的特定社会关系,更注重的是劳动力有偿使用的过程。

(二)与劳动关系有密切联系的其他关系

与劳动关系有密切联系的社会关系虽然其本身并不是劳动关系,但它们有的是劳动关系产生的前提,有的是劳动关系的直接后果,有的是附随劳动关系而发生的关系。这些关系有:(1)劳动力管理关系,即劳动行政部门与用人单位以及职工之间由于招工、调配和培训劳动力而发生的关系;(2)劳动保险关系,即国家社会保险机构与用人单位以及职工之间因执行劳动保险而发生的关系;(3)组织工会和工会活动关系,即工会与职工、用人单位因组织工会,职工参加民主管理,维护职工合法权益而发生的关系;(4)劳动争议处理关系,即劳动争议仲裁机构或人民法院与用人单位及职工之间由于处理劳动争议而发生的关系;(5)劳动监察关系,即国家劳动监察机关和工会因监督检查劳动法规的执行而同用人单位发生的关系。

二、劳动法的适用范围

我国《劳动法》第 2 条规定:"在中华人民共和国境内的企业、个体经济组织(以下统称用人单位)和与之形成劳动关系的劳动者,适用本法。国家机关、事业组织、社会团体和与之建立劳动合同关系的劳动者,依照本法执行。"2008 年 1 月 1 日实施的《劳动合同法》第 2 条规定:"中华人民共和国境内的企业、个体经济组织、民办非企业单位(以下称用人单位)与劳动者建立劳动关系,订立、履行、变更、解除和终止劳动合同,适用本法。国家机关、事业单位、社会团体与公务员和参照公务员法管理的工作人员以外的劳动者建立劳动关系,订立、履行、变更、解除和终止劳动合同,依照本法执行。"劳动合同法是劳动法的重要组成部分,可见,劳动法的适用范围包括企业、个体经济组织、民办非企业单位、国家机关、事业单位、社会团体等。

1. 企业。这里的企业是以该企业在我国境内为限的,与企业的出资人国别或者企业的所有制性质无关,包括:法人企业和非法人企业;国有企业和非国有企业;内资企业和涉外企业;本国企业和外国企业。

2. 个体经济组织。是指雇工在 7 人以下的个体工商户,一种为具有法人资格的私营企业,另一种为不具有法人资格但经工商登记注册的个体工商户。前一种个体经济组织已经涵盖在企业中,此处的个体经济组织是指后一种,指招雇工的个体工商户。

3. 民办非企业单位。根据《民办非企业单位登记管理暂行条例》第 2 条的规定,民办非企业单位是指企业、事业单位、社会团体和其他社会力量以及公民个人利用非国有资产举办的,从事非营利性社会服务活动的社会组织。

在 1994 年的《劳动法》中,并没有区分事业单位和民办非企业单位,统称为"事业组织",在《劳动合同法》中则对此作出了区分,而且明确规定,民办非企业单位必须适用该法,不再是依照执行;对于事业单位则是依照执行。

4. 社会团体。社会团体是由若干成员为了共同目的而自愿组成,并按照其章程开展活动的非营利性的社会组织。包括:党派团体、人民群众团体(如工会、妇联、共青团等)、文艺体育工作团体(如足协、排协、文联等)、学术研究团体、社会经济团体、宗教团体、爱好者团体和其他社会团体等。

公务员劳动关系由国家公务员法和其他法律加以规范。比照实行公务员制度的工作人员也不由劳动法调整,当然也不适用劳动合同法的规定。国家机关、社会团体和事业单位只有在通过劳动合同或应实行劳动合同与其工作人员之间建立劳动关系时,才适用劳动合同法。

根据法律规定,某些劳动者不属于劳动法适用范围,主要有以下几类:

(1) 公务员和比照实行公务员制度的事业单位和社会团体的工作人员。按照《中华人民共和国公务员法》第 2 条的规定:公务员是指依法履行公职、纳入国家行政编制、由国家财政负担工资福利的工作人员。公务员必须符合三个条件:一是必须是依法履行公职,二是使用行政编制,三是由国家财政负担工资福利。凡是符合这三个条件的都是公务员,具体来说包括七类机关的工作人员,即共产党机关、人大机关、政府机关、政协机关、法院机关、检察院机关、各民主党派机关。

另外,《公务员法》第 106 条还规定:法律法规授权的具有公共事务管理职能的事业单位的工作人员,经批准可以参照公务员法管理。工、青、妇等人民团体、群众团体机关工作人员仍是参照公务员法管理。以上三类人员不适用劳动合同法的调整,而是由其他专门的法律规范进行调整。

(2)农村劳动者。农村劳动者通过家庭联产承包合同确定其权利和义务,农民与村民委员会之间不属于劳动关系,不受劳动合同法调整。因为我国农村目前主要实行以家庭为单位的联产承包责任制,农业劳动多以家庭的组织形式进行,国家对家庭内的劳动关系不予以干预。

但是,对于乡镇企业的职工或进城务工经商的农民与相应的企业、雇工之间形成的劳动关系,由于具备了工业劳动关系的特点,在订立和履行劳动合同时,仍在劳动合同法的调整范围之内。

(3)现役军人。现役军人是根据国家《兵役法》义务服兵役或志愿服兵役的人员,现役军人与军队之间的关系有其特殊性,是一种命令和服从关系,因而现役军人与军队之间的关系不由劳动合同法调整。

(4)家庭保姆。家庭保姆与雇主的关系在法律上称为家庭雇佣劳动关系,这种关系目前在我国没有被列入劳动法的调整范围之内,他们之间订立的合同当然也就不能适用劳动合同法。但这并不等于家庭保姆的合法权益不受保护,他们之间签订的合同,属于民事合同,对于他们的合法权益应通过民法予以保护。从发展的眼光来看,家务劳动社会化以后,应将这种家庭雇佣劳动关系纳入劳动法的调整范围之内,家庭保姆与雇主之间的合同应适用劳动合同法的规定。

[案例]家住天河区骏景花园的李女士最近有点烦,中秋节要到了,家中的保姆提出中秋节上班要给3倍工资,否则要休假回家过中秋。李女士因为家里没有老人照顾小孩,通过家政公司雇佣了保姆,保姆一个月休息三天。对保姆的工作表现李女士一直都挺满意,"但保姆听说节假日上班要给3倍工资,回来后就向我们提议,否则她就要休三天假回老家过中秋"。据悉,每当清明、五一、中秋、国庆等假期来临,不少保姆会要求放假或者给3倍工资,有些雇主不同意这些要求,双方因此终止合同。

[解析]按照目前的法律规定,保姆群体尚不属于《劳动法》的适用范围,保姆与雇主之间属于合同关系,并不属于劳动关系,因此还不能享有节假日加班加薪待遇。"但若雇佣双方事先在协议中明确了节假日加薪的话,则雇主就应该按照协议执行。"保姆如果有节假日要求休假或加薪的需求,应当在合同中注明休息权或是节假日要加薪等条款,事先与雇主协议好,这样才能避免不必要的纠纷。

第三节 劳动法的基本原则

一、确立标准及作用

(一)劳动法基本原则的概念及特征

原则,是人们基于对客观事物的正确认识,并根据既定的意志目标而制定的、旨在推动该事物发展的行为准则。劳动法的原则是确立劳动法律规范的准则,是处理劳动问题的依据,是与其他部门法相区别的标志。而劳动法基本原则是在劳动立法中所体现的指导思想、在调整劳动关系以及与劳动关系密切联系的一些关系时必须遵循的基本准则。[1]它体现了劳动法的立法宗旨与价值取向。可见,劳动法的基本原则是贯穿在劳动领域立法、守法、执法的各个环节中的,并与劳动关系的本质特性相联系。劳动法的基本原则是调整各种劳动关系的共同通则,它适用于国家内部的各种劳动者。它由国家的社会经济制度决定,反映了各种经济制度的本质和特点。有学者概括其特征为:(1)普遍性;(2)规范性;(3)稳定性。

(二)确立劳动法基本原则的依据和标准

1. 法律依据

宪法是国家的根本大法。在我国宪法中,应当作为确立劳动法基本原则之依据的,包括:(1)国家政治制度和经济制度的规定,如坚持四项基本原则,实行社会主义市场经济体制;(2)关于劳动方面的规定,如男女平等、同工同酬。但应注意,劳动法基本原则应当依据宪法的有关条文所体现的基本精神,通过理论概括而确立。劳动法律、劳动行政法规等也是劳动法的法律渊源,也应作为确立劳动法基本原则的参考标准,但应以宪法为最高准则,不得与之相违背。但在当前有关劳动司法实务过程中,宪法很少适用,劳动法基本原则的确立与完善也不尽如人意。如劳动部《关于贯彻执行〈中华人民共和国劳动法〉若干问题的意见》第12条规定:"在校生利用业余时间勤工助学,不视为就业,可以不签订就业合同。"我们知道,劳动权是宪法规定的公民基本权利,对公民基本权利作出限制或克减必须遵循两个原则:一是法律保留原则,即只有法律或法律授权才能对公民基本权利作出规定,包括对于基本权利的限制;二是公共利益或公共政策原则,即对于公民的基本权利进行限制必须具有合目的性——出于公共利益或公共政策的考量。而劳动部《关于贯彻执行〈中华人民共和国劳动法〉若干问题的意见》第12条的规定对于在校生劳动权的限制违背了上述两条基本原则。此外,《劳动法》关于公民劳动权利的限制仅为年龄,即我国公民年满16周岁享有劳动权利能力,而非基于身份,如在校学生。因此,该规定也违背了《劳动法》。在校学生作为社会相对弱势群体,在法律实践过程当中,理应更多地保护其合法权利,遵循倾斜保护原则。因此,在劳动司法实务过程当中,在确立和适用劳动法基本原则的时候,应注意加强宪法的最高指导作用。

2. 劳动政策依据

基本劳动政策是关于劳动方面的根本性或总体性问题的规定,一定时期内的现实情况和国家意图,属于在较长时期内具有指导意义的方针和纲领,也是可以作为基本原则确立的依据。

3. 现实依据

确立劳动法基本原则的最终目的是使劳动法规更好地在劳动立法、守法、司法和执法实践中得以贯彻实施,因此,劳动法基本原则必须根源于现实,正确反映劳动实践中的现

---

[1] 关怀:《劳动法学》,中国人民大学出版社2005年版,第90页。

状和要求。我国劳动法基本原则的确立必须遵循我国社会主义初级阶段的基本国情,紧密结合我国社会主义初级阶段劳动领域中劳动关系的本质、特征和发展趋势,劳动关系问题和相关社会政治、经济问题,劳动法制建设和改革的现状、目标和具体步骤等等。

4. 学理标准

劳动法基本原则是劳动法规范体系的基本精神、指导思想,是具有综合性、本原性和稳定性的根本准则。因此,劳动法基本原则应符合以下标准:

(1)内容的根本性。即劳动法的基本原则应该能够全面、真实、集中地反映劳动法的特点,能够从根本上抽象概括出劳动法调整对象的共性。

(2)效力的贯穿始终性。劳动法的基本原则对于劳动法的规范体系应该具有普遍的价值指导意义,具有最高权威性,当具体规范与该原则相违背时,应该绝对无效。① 即劳动法的基本原则应当贯穿劳动立法、执法、司法、守法全过程。

(三)劳动法基本原则的功能与作用

1. 指导劳动执法和弥补不足

劳动法基本原则不仅对各项劳动法律、法规的制定、解释、实施、修改、废止等过程都具有指导作用,而且在劳动执法过程中,对被适用的具体法律条文的解释,需要以劳动法基本原则为指导;尤其是有权法律解释和据此作出的处理决定,更不得同劳动法基本原则相悖。由于劳动关系复杂多变,劳动法不可能对各种权利义务关系都做出明确规定。我国劳动法体系尚不健全。因此,劳动法基本原则可以起到填补法律漏洞的作用,即在法律无明文规定或者规定不明确的情况下,法官或者仲裁员应当根据劳动法基本原则对法律进行解释,从而妥当地界定双方当事人的权利和义务。

2. 指引劳动法律规范体系的形成,在劳动法体系中起凝聚和统率作用

劳动法体系比较复杂,内容广泛,只有在各自的具体内容中贯彻和体现劳动法基本原则的精神,才能形成统一并相互协调的有机整体;也只有在劳动法基本原则的统率下,才能在各自调整范围内按共同规则相互配合,既发挥各自特定的调整作用,又有效地实现劳动法体系的总体调整功能。

二、劳动法基本原则的内容

当前,学者对劳动法基本原则的定义和特征的认识分歧较小,但涉及基本原则的具体内容时,却未能达成共识。主要观点有宪法依据说、综合反映说、学理概括说。

(一)宪法依据说

宪法是国家根本大法,宪法与部门法是母法与子法的关系,各个部门法必须以宪法为基础,不得有所违背。宪法是劳动法基本原则的法律渊源。② 持这种观点的学者一般认为宪法是劳动法基本原则的唯一法律渊源,只要对宪法相关条款加以改动,可直接作为劳

---

① 林嘉:《劳动与社会保障法》,中国人民大学出版社2011年版,第16页。
② 关怀:《劳动法学》,中国人民大学出版社2005年版,第92~113页。

动法的基本原则。如宪法第 6 条、第 14 条、第 15 条、第 24 条、第 25 条、第 35 条、第 42 条、第 43 条、第 44 条、第 45 条、第 46 条、第 48 条、第 53 条等每条都与劳动法有直接的关系。这些学者将上述条款归纳为以下几条，并以此作为劳动法的基本原则：(1)公民有劳动的权利和义务的原则；(2)劳动者享有职业培训的权利和义务的原则；(3)劳动者享有按劳分配和社会保险的权利的原则；(4)劳动者享有休息和劳动安全卫生保护的权利原则；(5)劳动者有获得物质帮助的权利原则；(6)劳动者有遵守劳动纪律的义务原则；(7)劳动者有集会、结社的自由和参加民主管理的权利原则；(8)在劳动方面，男女平等，民族平等的原则；(9)提起处理劳动争议的权利的原则。

(二)综合反映说

有学者认为，确定我国劳动法的基本原则时应明确几个依据：一是国家的根本制度，二是宪法的有关规定，三是党和国家各个时期的主要劳动政策。如有的学者概括为：(1)保证劳动者的劳动权利和劳动义务相一致的原则；(2)坚持生产安全和劳动卫生的原则；(3)保障劳动者参加民主管理的原则；(4)实行劳动报酬和福利待遇的提高与经济效益的增长相结合的原则。又如：(1)劳动者劳动权利和劳动义务相一致原则；(2)三方协调原则；(3)劳动力资源合理配置原则。① 可见按照不同的依据，劳动法基本原则有不同的表述。

(三)学理概括说

有的学者认为："劳动法基本原则不同于宪法原则。后者层次效力高，更抽象，更具普遍适用性，它们不仅是劳动法的指导原则，也是其他部门法的指导原则。劳动法基本原则是根据宪法原则确定的，它区别于民法、刑法，是劳动法特有的原则。"这些学者将劳动法的基本原则归纳为：(1)保障劳动权的原则；(2)坚持劳动者平等竞争与特殊劳动保护相结合的原则；(3)劳动关系的安定原则；(4)保障公正的劳动条件的原则。

笔者认为，劳动法基本原则不同于宪法规定的劳动基本原则。首先，从效力的角度看，宪法的各项规定，不仅仅约束劳动法，而且约束其他任何法律、法规。不能因为某些规定与劳动有关，就将其划定为劳动法的基本原则。其次，劳动法的基本原则不能简单照搬宪法或法律的某些原则性规定，而是需要从理论的高度进行必要的抽象和概括。宪法的规定可以成为我国劳动法律制度的基本原则，但是未必就能直接成为部门法意义上的劳动法基本原则。正如有学者指出："劳动法原则并非全由条文明确规定，大多数原则存在于条文'背后'，因而探索和挖掘劳动法基本原则成了劳动法学的一大任务。"②

上述理论分歧的主要原因在于判断部门法基本原则的标准和归纳部门法基本原则的角度或思路不尽相同。如劳动法基本原则和劳动权利义务是何种关系，可否将劳动者的某项重要权利或义务提升为劳动法的基本原则；劳动法基本原则的涵盖面是整个劳动法体系还是其中几项制度；劳动法基本原则与劳动法宗旨是何关系，可否将劳动法的宗旨列

---

① 王全兴：《劳动法》，法律出版社 1997 年版，第 69～73 页。
② 程延园：《对我国劳动法基本原则问题的再认识》，载《劳动法学通讯》1997 年第 2 期。

为劳动法基本原则;劳动法基本原则与劳动法调整方法是何种关系,可否将劳动法的调整方法确立为劳动法基本原则……只有就上述问题达成共识,才能减少关于劳动法基本原则的理论分歧。

我们认为,劳动法基本原则可以表述为以下几项:

(一)保护劳动者合法权益原则

各项劳动法律法规应当遵循并落实宪法相关规定,比如关于劳动权、劳动报酬权、劳动保护权等,使劳动者的合法权益受到全面、平等、优先的保护。

全面保护,即劳动者的合法权益,无论是人身权益还是财产权益,无论是法定权益还是约定权益,无论它存在于劳动关系缔结前、缔结后还是终止后,都要置于劳动法的保护范围之内。

平等保护包括两个层次:首先,各种劳动者平等保护。对于民族、种族、性别、职业、职务、劳动关系所有制形式等各类不同劳动者来说,在劳动法面前法律地位一律平等,劳动法所直接规定或要求达到的劳动基准都一律适用,禁止对任何劳动者在劳动方面的歧视。如《劳动法》第12条规定,劳动者就业,不因民族、种族、性别、宗教信仰不同而受歧视。第13条规定,妇女享有与男子平等的就业权利。在录用职工时,除国家规定的不适合妇女的工种或者岗位外,不得以性别为由拒绝录用妇女或者提高对妇女的录用标准。其次,保护特殊劳动者群体的合法权益。对这部分特殊群体的特殊保护正是实现法律公平价值的题中之意。法律的公平价值有"强势公平"与"弱势公平"之分,前者是指任何人不论强弱都同等对待,适用同样的规则;后者是指根据人的强弱不同区别对待。而这种特殊或者说倾斜保护正是体现了一种"弱势公平"的价值。且在对劳动者给予一定程度的倾斜保护的同时,并不忽视对用人单位合法权益的保护,不会导致劳动合同双方主体的权力失衡。[①]在劳动基准法中,这主要体现为基准法定。劳动基准法定是指国家对工资、工时以及休息休假等劳动条件的基准以法律强制规定。这实际上是国家对于用人单位基于强势地位可能的肆意行为的限制。另外,对特殊劳动者,如妇女劳动者、未成年劳动者、残疾劳动者、少数民族劳动者、军队退役劳动者等,妇女、未成年劳动者以及残疾人劳动者,在工作岗位、工作时间以及劳动条件等方面的保障要优于一般劳动者。

优先保护,即在特定条件下,当对劳动者利益的保护与对用人单位利益的保护发生冲突时,劳动法应优先保护劳动者利益。在劳动合同法中,主要体现为解雇保护。《劳动合同法》中,在劳动合同的解除方面,依法成立且生效的劳动合同对于当事人双方的约束力并不对等。对于用人单位而言,其解除劳动合同受到严格限制,如《劳动合同法》第41条关于经济性裁员的规定,用人单位适用该规定进行裁员,必须符合裁员前提、人数、工会参与、裁减方案审批等数个实体和程序要件。而对于劳动者而言,《劳动合同法》第37条规定,劳动者提前30日以书面形式通知用人单位,可以解除劳动合同。单方限制用人单位的解除权正是对劳动者的解雇保护,是优先保护的体现。在劳动争议调解仲裁法中,具体表现为:一是劳动争议仲裁免费制度;二是举证责任倒置,《劳动争议调解仲裁法》第6条

[①] 林嘉:《劳动合同法:突出保护劳动者是对不平等的矫正》,载《工人日报》2007年5月21日。

规定:"与争议事项有关的证据属于用人单位掌握管理的,用人单位应当提供;用人单位不提供的,应当承担不利后果。"

(二)劳动自由原则

劳动自由包括两个方面,即劳动者的劳动自由和用人单位的用工自由。就劳动者的劳动自由而言,劳动自由原则的要求表现为多个方面:首先,必须肯定和维护劳动者的人格独立。劳动者的人格独立是实现劳动自由的前提,劳动者没有独立的人格,就不能成为一个独立的法律主体,也就不能独立支配自己的劳动力,所谓的劳动自由也只能是一句空话。从历史上看,奴隶社会和封建社会之所以没有现代意义的劳动法,就是因为,在奴隶社会和封建社会,劳动者(奴隶和农奴)没有独立的人格,不是法律意义上的人,不能独立支配自己的劳动力,劳动者连同劳动力都是剥削者的财产,只不过是会说话的工具而已。在资本主义社会下,劳动者获得了法律上的独立人格,作为一个法律主体可以自由支配自己的劳动力。劳动关系的两方主体具备了,劳动力也成了一种特殊的商品,与资本结合运作,构成了资本主义的生产方式。劳动法正是在这样的历史条件下诞生的,完全有理由这样说,没有劳动者的人格独立就没有劳动法的存在,劳动者的人格独立是劳动法存在的基础,维护劳动法的存在就必须维护劳动者的人格独立。其次,必须确认劳动者独立的法律地位,劳动者独立的法律地位是劳动者独立人格的法律确认。这种独立的法律地位体现为既独立于国家,又独立于用人单位,更独立于其他任何人。再次,劳动自由最核心的表现应该是劳动者的就业自由,即择业自由。劳动者从事什么工作岗位、进入哪一个用人单位,都是自己自由选择的范围。劳动者在就业方面,不受任何力量强迫,任何有违劳动者意愿的强迫劳动都应该受到法律的禁止。最后,劳动自由还表现为劳动者支配自己劳动报酬的自由和维护自己劳动权益的自由。劳动者付出劳动所获得的劳动报酬,是劳动者正当的合法收益,如何使用应由劳动者按照自己的意愿来安排。劳动者享有支配自己劳动报酬的自由,任何人都不得剥夺劳动者的此项权利。为了维护这项自由,劳动法应该建立相应的制度予以保障。当劳动权益被侵犯时,劳动者可以自由选择决定是否主张自己的权利,采用什么方式和程序主张自己的权利。

(三)倾斜保护原则

基于强势主体和弱势主体地位的认识,决定了对弱势主体"倾斜保护原则"的必然产生,而"倾斜保护原则"正在实现着现代社会进步的正义。劳动关系的人身上、组织上、经济上的从属性特点,使得表面的、形式的平等掩盖了实质的不平等,形成了用人单位、劳动者强势主体和弱势主体之分,因此应该以"倾斜保护原则"对劳动者进行保护,处理好从自由到平等的转换,进而实现现代社会进步的正义。在一般劳动者与特殊劳动者之间,倾斜保护特殊劳动者的权益。这种倾斜保护是指国家通过法律制度的干预来调整劳动关系,适度地倾斜保护劳动者的合法权益。对这部分特殊群体的特殊保护正是实现法律公平价值的题中之意。法律的公平价值有"强势公平"与"弱势公平"之分,前者是指任何人不论强弱都同等对待,适用同样的规则;后者是指根据人的强弱不同区别对待。而这种特殊或者说倾斜保护正是体现了一种"弱势公平"的价值。且在对劳动者给予一定程度的倾斜保

护的同时,并不忽视对用人单位合法权益的保护,不会导致劳动合同双方主体的权力失衡。倾斜保护原则主要体现为:

(1)在劳动基准法中,体现为基准法定,有利于保护弱势群体的合法权益。在劳动基准法中,劳动基准法定是指国家对工资、工时以及休息休假等劳动条件的基准以法律强制规定。这实际上是国家对于用人单位基于强势地位可能的肆意行为的限制。另外,对特殊劳动者,如妇女劳动者、未成年劳动者、残疾劳动者、少数民族劳动者、军队退役劳动者等,妇女劳动者、未成年劳动者以及残疾人劳动者,在工作岗位、工作时间以及劳动条件等方面的保障要优于一般劳动者。

(2)在劳动合同法中,主要体现为解雇保护、无固定期限合同订立、经济补偿金支付等方面。在劳动合同法中,一是体现为解雇保护。劳动合同解除是劳动合同法的重要制度,为了体现倾斜保护劳动者利益的思想,劳动合同法对用人单位和劳动者的解除合同权作了截然相反的规定:劳动者享有无因解除权,而用人单位要解雇劳动者则需要有法定理由,这些法定理由集中体现在劳动合同法第39条、第40条、第41条所列劳动者过错或者劳动者生病、劳动能力不足等情况,以及用人单位可以裁员的几种特殊情况,除此以外,用人单位不能单方解除劳动合同。如《劳动合同法》第41条关于经济性裁员解除的规定,用人单位适用该规定进行裁员,必须符合裁员前提、人数、工会参与、裁减方案审批等数个实体和程序要件。而对于劳动者而言,《劳动合同法》第37条规定,劳动者提前30日以书面形式通知用人单位,可以解除劳动合同。二是体现在无固定期限合同中。我国《劳动合同法》第14条规定,无固定期限劳动合同是指用人单位与劳动者约定无确定终止时间的劳动合同。从定义上讲,劳动者一旦接受了无固定期限劳动合同,就不能随意被解雇,只能在法定和自愿的情况下才能解除劳动关系,从而有力地保护了劳动者的权益。为了更有力地建立这种无固定期限劳动合同,还分别规定了三种情形:劳动者在单位已经连续工作满十年的,用人单位初次实行劳动合同制或者国有企业改革重新订立劳动合同时,劳动者在该单位连续工作满十年且距法定退休年龄不足十年的,以及连续订立两次固定期限劳动合同。这些都充分表明通过无固定期限劳动合同对劳动者进行倾斜保护。三是体现为经济补偿金的支付。劳动合同终止,用人单位应当向劳动者支付经济补偿金,此外,在用人单位违法解除劳动合同的情况下,《劳动合同法》第48条还赋予劳动者否定权和要求赔偿权,在此情况下则有三种可能的结果:①劳动者要求继续履行原劳动合同;②劳动者放弃继续履行的要求,但单位应支付双倍的解除赔偿金;③劳动合同不能继续履行时,用人单位应当支付赔偿金。

(3)在劳动就业法中,主要体现为对就业困难群体提供就业援助。根据《就业促进法》第52条的规定,就业援助对象主要是指有劳动能力和就业愿望的人员,包括因年龄偏大、患有疾病、身体残疾等状况导致就业困难的人员;因文化素质偏低、职业技能缺乏等技能水平导致的就业困难人员;因零就业家庭、家庭负担过重等家庭因素导致的就业困难人员;因失去土地导致就业困难的人员;以及连续失业一定时间仍未能实现就业的人员。就业援助的主要措施包括:通过税费减免、贷款贴息、社会保险补贴等措施鼓励就业困难人员自谋职业、自主创业;政府投资开发公益性岗位,优先安排就业困难人员就业等。

(4)在劳动争议调解仲裁法中,主要体现为免收仲裁费、举证责任倒置等方面。具体表现为:一是劳动争议仲裁免费制度;二是举证责任倒置,《劳动争议调解仲裁法》第6条规定:"与争议事项有关的证据属于用人单位掌握管理的,用人单位应当提供;用人单位不提供的,应当承担不利后果。"

第四节 劳动法的体系及地位

一、劳动法的体系

劳动法的体系是指劳动法的各组成部分之间所构成的相互联系的有机整体。关于劳动法体系的内涵,可以从外在体系与内在体系两个方面来理解:内在体系主要是指不同的劳动关系调整模式之间的逻辑关联,即个体自治、团体自治以及国家干预之间的关联;外在体系是指劳动法律规范所涵盖的劳动全过程,包括就业促进、劳动关系的运行、劳动保障。[1] 在界定劳动法体系的标准上,法学界对此有两种不同的思路:一种是劳动法的法律渊源体系,即以不同位阶的劳动法律规范来确定劳动法律体系;另一种是劳动法规范的功能体系,即以各劳动法律规范的功能为视角来界定劳动法体系。目前通说认为,劳动法作为一个独立的部门法,应当以劳动法律规范的功能为标准来确定劳动法体系。

根据以上分析,以各个劳动法律规范的功能为标准,劳动法的体系应当包括以下几个部分:

1. 劳动保障法。所谓劳动保障法,是指保障劳动法律关系主体的合法权益得以实现与救济的法律规范的总称。劳动保障法主要包括劳动监察法、社会保险法。

2. 劳动就业法。所谓劳动就业法,是指调整、规范并促进合法劳动关系建立的法律规范。劳动就业法主要包括职业培训法、就业促进法、就业服务法以及就业管理法。

3. 劳动关系协调法。所谓劳动关系协调法,是指以规范劳动关系运行和实现劳动关系协调为基本职能的法律规范的总称。劳动关系协调法包括劳动合同法、劳动规则法、工会法、集体合同法、职工民主管理法、用人单位团体法、工资法等。

在社会主义市场经济体制下,我国的劳动法律体系建设取得了长足进步并在促进社会主义市场经济的发展、建立健全社会主义劳动力市场等方面发挥着举足轻重的作用。由于我国是社会主义国家,同时我国在经济、文化、社会等方面具有本国的特殊性,因而在吸收借鉴国外劳动法理论、立法以及司法等经验的基础上形成了具有中国特色的劳动法体系,具体来说,我国劳动法的体系主要分为四大部分[2]:第一部分是规范劳动力市场主体行为的法律,包括劳动就业法、劳动合同法、工资法、职业介绍法、集体合同法、职业培训法等;第二部分是保护劳动者权益的法律,包括失业保险法、安全生产法、失业救济法、社会保险法等;第三部分是解决劳动纠纷的法律,包括劳动诉讼法与劳动争议处理法;第四部分是规范劳动行政管理行为的法律,包括劳动监察法、劳动执法监察法等。

---

[1] 林嘉:《劳动法与社会保障法》,中国人民大学出版社2011年版,第29页。
[2] 黎建飞:《劳动与社会保障法教程》,中国人民大学出版社2010年版,第25~26页。

二、劳动法的地位

(一)劳动法的地位概述

劳动法的地位,是指劳动法在整个法律体系中的位置,包括部门法地位和法域地位两个层面。① 由于劳动法在调整对象("形式上平等实质上不平等"的社会关系)、调整原则(权利义务"法定与约定相结合"原则)、调整机制(综合运用公法与私法的调整机制)、调整本位(劳工利益本位)等方面不同于公法和私法,因而劳动法在法域地位上既不属于公法也不属于私法,而是介于公法与私法之间的法律。从部门法地位上讲,由于劳动法的调整对象是劳动关系以及与劳动关系密切相关的其他社会关系,劳动法调整对象的特殊性决定了其不同于不平等的隶属性行政法律关系,也不同于平等性的民事法律关系,故可以认定劳动法属于一个独立的部门法体系。

(二)劳动法与其他部门法的关系

1. 劳动法与民法的关系

劳动法作为一个独立的部门法,其介于私法与公法之间,具有公私兼容的属性,因而与私法中的民法既存在密不可分的联系,又存在彼此各异的区别。

劳动法与民法的关联性主要体现在以下几个方面:

(1)从历史的角度讲,劳动法源自民法。首先,从劳动法产生的历史背景看,劳动法的调整对象最初由民法调整。封建社会时期,劳动关系表现为农奴对奴隶主的依附关系,因而不存在独立的劳动法规对此加以调整;资本主义社会时期,劳动力起初阶段实质上被视为商品,因而劳动关系也就表现为一种买卖关系,所以资本主义国家把调整雇佣关系的法律用来调整当时的劳动关系。1802年英国政府通过的《学徒健康与道德法》是专门为了保护工人的利益而制定的,该法的施行意味着劳动法的产生,对劳动法的诞生具有重要的意义。② 其次,劳动法中的许多制度源自民法中的债法。诸如劳动合同法中劳动合同的建立、解除与终止均与民法中的合同法制度有许多相似之处。

(2)从发展的角度讲,劳动法超越了民法。劳动者与雇主(或奴隶主、资本家)之间的关系,由起初的隶属于奴隶主的依附关系转变为具有买卖性质的雇佣关系,直至发展到相对平等与自由的现代劳动关系。从劳动关系的发展轨迹看,劳动关系的发展依赖于劳动法对民法的超越以及劳动法自身的不断成熟与完善。由于传统民法过度追求形式平等而忽视了劳资关系中的实质平等,因而放任了资本家对劳动者的残酷剥削,从而诱发了大量的社会问题。在这样的背景之下,追求实质平等、积极保护劳动者合法权益的劳动法应运而生。因此,劳动法超越了民法,实现了法制上的发展。

劳动法与民法的区别主要体现在以下几个方面:

(1)劳动法的调整对象是劳动关系以及与劳动关系密切相关的其他社会关系,其调整对

---

① 林嘉主编:《劳动法与社会保障法》,中国人民大学出版社2011年版,第30页。
② 曹鸣红:《浅议劳动法与民法的关系》,载《法制与经济》2011年第9期。

象属于"形式上平等实质上不平等"的社会关系,因而不同于民法所调整的平等主体之间的法律关系。劳动关系中所谓的"实质不平等"是指劳动者与用人单位之间存在人身从属性。

(2)劳动法以实质平等为价值追求,传统民法以形式平等为价值追求。劳动法基于对劳动者与用人单位之间在经济、社会地位等方面的不平等性的认识,在法律规定上适度向处于弱势地位的劳动者倾斜,以实现对劳动权平等、劳动自由的价值追求。

(3)劳动法对劳动关系的调整兼具自治与强制,不同于民法的自治模式。民法强调当事人的意思自治,因而自治模式成了民法的核心调整模式。但是,在劳动法的调整模式当中,一方面,尊重当事人的"平等自愿,协商一致";另一方面,为了切实保护劳动者的合法权益,国家也会适度干预,例如劳动合同的订立必须受到国家劳动基准法规定和集体合同内容的限制。因此,劳动法对劳动关系的调整兼具自治与强制,不同于民法的自治模式。

2. 劳动法与行政法的关系

劳动法因为兼具公私法属性,因而在法律规范与法律实施方面与行政法之间存在一定的关联性。劳动法与行政法的关联性体现在以下几个方面:首先,劳动法与行政法一样,在法律规定中包含了许多强制性规范的内容,例如职业中介机构需要到政府相关职能部门进行登记。劳动法中强制性规范的存在是为了倾斜性保护处于弱势地位的劳动者并限制处于强势地位的用人单位,以实现劳动法所追求的实质公平理念。其次,劳动法与行政法一样,在实施过程中存在行政机关的主动性执法,即行政机关会主动介入劳动关系的建立、运行及解除全过程,劳动监察、行政机关对违法行为的处置等体现了这一点。

虽然劳动法与行政法在法律规范的内容与法律规范的实施等方面具有一定的相似性、关联性,但是由于劳动法属于一个独立的部门法,其在调整对象、调整方法、价值追求等方面存在异于行政法的内容,具体表现在:(1)劳动法的调整对象是特殊的。劳动法调整的对象是劳动关系以及与劳动关系密切相关的其他社会关系,因而不同于行政法所调整的行政法律关系。(2)劳动法的调整方法具有兼容性。劳动法采取自治与强制相结合的方式调整劳动法律关系,其不同于行政法所采取的单一强制模式。(3)劳动法的价值追求与理念异于行政法。劳动法以实质公平为价值追求,并以社会利益本位为理念,而行政法则是以效率为价值追求、以国家利益本位为理念。

3. 劳动法与社会保障法的关系

劳动法与社会保障法均对保护人权、保障公平、维护和谐、促进经济社会发展起着重大作用,两法之间既有联系又有区别。二者之间的联系表现在以下几个方面:

(1)二者都是以社会利益为价值本位。无论是劳动法还是社会保障法,其都重视对社会弱势群体合法权益的保护与尊重。劳动法对劳动者的倾斜保护,社会保障法对"老弱病残"的重点关注,均体现出两法维护社会整体利益的价值追求。

(2)二者之间存在密不可分的历史关联性。首先,劳动法与社会保障法都是由于工业劳动社会化导致社会关系变化而产生的;其次,劳动法产生于社会保障法之前,劳动法是社会保障法形成与发展的基础,诸如俾斯麦时期形成的社会保险制度就是以保护劳动者合法权益为出发点而建立的。

劳动法与社会保障法之间的区别表现在以下几个方面:

(1)二者的适用范围不同。劳动法适用于劳动者与用人单位本身,但是劳动法并不适用于军人与公务员等特殊群体。与此不同的是,社会保障法几乎适用于全部社会成员,涵盖劳动者、社会保障经办机构、用人单位、国家等。

(2)二者的功能与调整模式不同。[①] 劳动法是以协调劳动关系的运行为功能,而社会保障法则是以预防社会风险和补偿因社会风险所导致的损害为功能。此外,劳动法以自治调整为主,国家干预为辅;而社会保障法以国家干预为主,自治调整为辅。

第五节 劳动法的产生与发展及法律渊源

一、劳动法的产生

劳动法作为一个独立的部门法,其诞生并不是人类自古就有的杰作,而是在一定的历史、社会、经济、政治等条件的共同作用下孕育而成。1802年,英国通过的《学徒健康与道德法》标志着现代意义的劳动法的产生,掀开了人类立法史的新篇章。目前通说认为,劳动法是工业革命的产物,其产生的社会基础是工业劳动社会化的形成。劳动法产生的历史、社会背景简括如下:

(一)雇佣关系的形成

15世纪后,英国毛纺织业迅猛发展,市场上的羊毛价格开始猛涨,使养羊变得有利可图,但需要大片的土地;同时,伴随着新航路的开辟,促使英国对外贸易急剧扩大,从而进一步刺激了英国羊毛出口业和毛纺织业的发展,推动了养羊业的发展。在这一历史背景下,英国的封建地主认为圈地养羊极为有利可图。于是,封建地主与政府相勾结,在政府的支持下,英国开始了"羊吃人"的圈地运动。在圈地运动的影响下,许多农民和小工业者被迫离开赖以生存的土地和家园,变得流离失所,成了自由得一无所有而只有靠出卖劳动力来维持生存的廉价"商品"。由此形成了以资本家残酷剥削劳动者为特点的早期雇佣关系。

(二)从身份到契约的转变

"圈地运动"实现了农民与土地的分离,为英国资本主义的发展准备了大量的自由劳动者。同时,17、18世纪爆发的启蒙运动与革命运动,进一步使人们从政治上获得了相对自由,逐渐脱离了分别隶属于统治者和家庭的"政治身份"与"血缘身份",从而使人们获得了身份上的解放与独立。获得自由和身份解放的劳动者依据自由处分自身劳动力的原则,与拥有生产资料的地主、新兴资本家之间就劳动力的出卖达成契约,实现了劳动力与生产资料的交换,形成了劳动力所有人与生产资料所有者之间的买卖关系。由此,人类社会逐步实现了"从身份到契约的转变"。

---

① 林嘉:《劳动法与社会保障法》,中国人民大学出版社2011年版,第33页。

(三)社会关系的转型升级

开始于英国的工业革命不仅使人类社会在科学技术和生产方式上实现了重大跨越，而且也深刻地引导着社会关系的变革。18世纪60年代的工业革命在客观上要求改变工场手工业式的生产劳动关系，转而以社会化的工业劳动关系取而代之。工业革命的机器生产需要大量的劳动力加以支持，与此同时，"圈地运动"等导致的大量失去土地的农民和离开小型工场的手工劳动者急需依靠出卖劳动力来维持生存。在这"互需"的背景下，拥有闲置劳动力的劳动者与掌握生产资料的新兴资本家之间形成了劳动力的买卖关系。此时的劳动力买卖关系不同于具有强烈身份隶属关系的奴隶主与奴隶之间、封建地主与农民之间的社会关系，从而实现了社会关系的转型升级。这也为英国率先在历史上制定劳动法奠定了社会基础。

(四)传统私法调整不力，劳动法应运而生

由于工业革命的产生与发展，工业劳动关系逐步社会化。但是，社会关系的转型升级并没有伴随着法律制度的优化调整，能够适应新型工业劳动关系的法律法规严重欠缺，体现出了法律的滞后性。工业劳动关系产生初期，传统私法尤其是传统民法暂时承担着调整工业劳动关系的重任。例如，当时的法律关系领域简单地将工业劳动关系视为雇佣关系，劳动力的给付被界定为一种以劳动力为商品的买卖交换关系。这种法律关系的界定，忽视了劳动者处于弱势、生产资料所有者处于明显强势地位的客观事实，导致了劳资关系的严重失衡以及残酷剥削剩余价值的肆无忌惮。生产资料所有者对劳动者劳动力的残酷压榨诱发了许多社会问题，社会的公平、人权、自由等受到严重挑战。鉴于私法过度重视形式平等而忽视实质正义的调整缺陷，在传统私法对工业劳动关系调整不力的情况下，国家开始积极主动地介入劳动关系当中，劳动法应运而生。

二、劳动法的发展

劳动法作为上层建筑领域的组成部分，其必然伴随着经济基础的发展而不断发展。以英国的工业革命为先导，其他各国也纷纷加入生产技术和生产方式的革命浪潮中，工业劳动关系因此在世界各国先后形成并不断发展与完善。

伴随着生产关系、生产技术在世界各国及各地区的优化升级，劳动法也逐步在立法、属性等方面迅猛发展。

(一)劳动法在立法方面的发展

1802年英国政府通过《学徒健康与道德法》，标志着劳动法的诞生。此后，德国分别于1839年施行了《普鲁士工厂矿山条例》，1869年施行了《工业劳动法》，1891年施行了《德意志帝国工业法》，1903年施行了《未成年工保护法》；法国于1806年、1841年、1912年先后制定了《工业法》《童工、未成年工保护法》《劳工法》。由此，劳动法立法实现了"从无到有，从个别到一般，从局部到整体，从单一到全面"的发展过程。

此外，劳动法的立法不仅仅局限于一国的发展，而且在立法上突破了国界，实现了劳

动法在立法上的国际化发展。为了通过国际共同的劳动标准规范来平衡不同国家和地区之间在劳动力市场上的恶性竞争,保护劳动者的合法权益以及改善劳工的工作状况,国际劳工组织制定了大量的国际劳工公约和建议书,以期为各国制定相对统一协调的劳动法提供标准,并谋求各国政府间在保护劳工权益方面的合作。

(二)劳动法在属性方面的发展

劳动法在起初阶段并未成为一个体系完备的独立部门法,而是作为民法的一个附庸而存在,这与当时劳动法体系的不健全相适应,也与当时劳动关系简单地表现为民法性的雇佣关系相匹配。但是,由于民法只重视劳动关系主体之间自由缔约的平等性,忽视了劳资双方在现实中所存在的权力服从关系,导致了处于强势地位的资本家极度剥削压榨处于弱势地位的劳动者,从而形成了社会的实质不公平,威胁着社会的安定团结。为此,政府的介入成为必然。政府在调整劳动关系中的主动干预,为劳动法注入了"公"的因素,使得劳动法在属性上具备了公法性质。但是,由于劳动法所调整的劳动关系在形式上属于处于平等地位的劳资双方之间的关系,其仍然以个体自治、团体自治为主,政府干预为辅,因而仍存在"私法"的痕迹。随着劳动法立法在数量、质量、覆盖面等方面的不断发展,劳动法逐步演化成了"公私法属性兼具"的独立部门法。

三、劳动法的法律渊源

法律渊源,亦称法律形式、法源等,是指具有不同效力和作用的法的外在表现形式。法律渊源可以分为正式渊源与非正式渊源两大类。正式渊源是指可以从体现于立法机构及其他有权机构的规范性法律文件中的明确条文形式中得到的渊源,如宪法、法律、行政法规、行政规章、地方性法规等;非正式渊源是指虽非体现在官方性法律文件中但具有法律意义的准则、观念及其他资料等,如习惯、善良风俗、法理、学说、判例等。关于劳动法的法律渊源,本书以我国劳动法的渊源作为代表进行介绍。

我国劳动法的渊源亦可分为正式渊源与非正式渊源,其中正式渊源有:

1. 宪法。宪法是国家的根本大法,其在法律效力上处于最高地位,同时也是劳动法效力的最高来源。

2. 法律。这里的法律是指由全国人大及其常委会制定或修改的规范性法律文件。作为劳动法正式渊源的法律主要包括劳动法典、劳动单行法以及其他涉及劳动法律规范的法律。典型的代表有:《劳动合同法》《工会法》《残疾人保障法》等。

3. 行政法规。行政法规是由国务院制定的规范性法律文件。成为劳动法正式渊源的行政法规是由国务院依据《立法法》的授权规定而制定的,其典型代表有:《〈劳动合同法〉实施条例》《劳动保障监察条例》《企业劳动争议处理条例》等。

4. 地方性法规。地方性法规是指省、自治区、直辖市以及经国务院批准的较大的市的人民代表大会及其常委会制定的不同宪法、法律、行政法规相抵触的规范性文件。作为劳动法正式渊源的地方性法规的典型代表有:《北京市实施〈中华人民共和国残疾人保障法〉办法》等。

5. 部门规章。部门规章是指国务院各部门、各委员会、审计署等根据法律和行政法规的规定和国务院的决定,在本部门的权限范围内制定和发布的调整本部门范围内的行政管理关系的,且不得与宪法、法律和行政法规相抵触的规范性文件。作为劳动法正式渊源的部门规章有原劳动与社会保障部颁布的《就业服务与就业管理规定》《集体合同规定》等。

6. 地方政府规章。地方政府规章是指省、自治区、直辖市人民政府,省、自治区、直辖市人民政府所在地的市,经济特区所在地的市和国务院批准的较大的市的人民政府,根据法律、行政法规所制定的规章。例如北京市人民政府颁布的《北京市劳动合同规定》。

7. 司法解释。我国的司法解释是指由最高人民法院和最高人民检察院根据法律赋予的职权,对审判和检察工作中具体应用法律所作的具有普遍司法效力的解释。作为劳动法正式渊源的司法解释主要是指最高人民法院关于审理劳动争议案件的司法解释,例如《最高人民法院关于审理劳动争议案件适用法律若干问题的解释》(法释[2001]14号)等。

8. 国际劳工组织的公约。国际劳工组织的公约经我国批准后便具有国内法的效力,因而被我国批准的国际劳动法公约亦可视为我国劳动法的正式渊源,其典型代表有:2005年8月28日我国批准的《消除就业和职业歧视公约》。

我国劳动法的非正式渊源有:[①]

1. 指导案例。我国属于大陆法系国家,因而判例制度在我国并未得到法律的正式认可,判例不是我国的正式法律渊源。但是,随着大陆法系与英美法系的相互融合以及我国推行审判案例指导制度的试点,具有典型性的判例日益影响着相似案件的审判。在我国,《最高人民法院公报》所公布的关于劳动争议案件的指导案例成为下级法院参考乃至遵循的典范,因而可以视为劳动法的非正式渊源。

2. 集体合同。集体合同是指劳动者团体(如工会)与用人单位之间就劳动条件所达成的书面集体协议。由《劳动合同法》第54条的规定"依法订立的集体合同对用人单位和劳动者具有约束力。行业性、区域性集体合同对当地本行业、本区域的用人单位和劳动者具有约束力"可知,集体合同对劳动关系发挥着规范性的影响力,可以作为劳动法的非正式渊源。

3. 用人单位的规章制度。用人单位的规章制度是指用人单位为了加强对本单位员工的管理而制定的不违反法律法规的规章与制度的总称。对于符合法律法规并依法经过民主程序制定的合法规章制度,法院在审理案件时可以将其作为裁判依据。

【思考题】

1. 简述劳动法上"劳动"的含义。
2. 简述劳动法的调整对象。
3. 简述劳动法的基本原则。
4. 简述劳动关系与劳务关系的区别。
5. 简述劳动法的产生和发展。
6. 简述劳动法与社会保障法的关系。

---

① 林嘉:《劳动法和社会保障法》,中国人民大学出版社2011年版,第37页。

第二章 劳动法律关系

> **【引例】**
>
> 北京首判：未毕业大学生享有劳动权
>
> 小刘是北京农学院的应届大学毕业生，2009年7月从该大学正式毕业。2008年12月，北京某投资顾问公司到北京农学院招聘。小刘于2009年1月8日被招聘进入该公司工作，职务为投资顾问，负责开发行业市场，吸纳客户入金。双方约定试用期为一个月，试用期底薪800元，提成另计，第二个月转正，底薪提高到1500元。2月10日，公司以工资条形式发放给小刘工资539元。3月11日因为公司拖欠工资，小刘离开公司。由于公司一直拖欠小刘的工资，小刘遂向北京市劳动争议仲裁委员会提出了仲裁申请，仲裁委员会认为，小刘属于未取得毕业证书的在校大学生，未完成学业并取得相关学历证明，在校期间到企业从事工作，仅作为参与社会实践的活动，不属于《劳动合同法》中规定的劳动者，不是与用人单位订立劳动合同并建立劳动关系的适格主体，最终裁决驳回了他的仲裁申请。小刘接到仲裁委的败诉裁决后，又将公司诉至宣武区法院，要求其支付工资并赔礼道歉。宣武区法院经过审理认为，劳动者与用人单位建立劳动关系，付出劳动，应当从单位取得相应的劳动报酬。本案中，被告承认小刘于2009年1月8日至3月11日在该公司工作，法院予以确认。

第一节 劳动法律关系的概念和特征

一、劳动法律关系的概念

基于法律部门的调整对象不同，形成了不同的法律关系。劳动法律关系是指劳动法律规范在调整劳动关系过程中形成的法律上的劳动权利和劳动义务关系，是劳动关系在法律上的表现，是当事人之间发生的符合劳动法律规范、具有权利义务内容的关系。

劳动法律关系是一种权利义务关系，用人单位和职工之间根据劳动法各自享有法律上的权利和承担法律上的义务。对劳动者一方，劳动法赋予劳动者享有按劳取酬、劳动保护等权利，但同时要求职工必须承担遵守劳动纪律的义务。对用人单位一方，劳动法赋予其享有接受劳动者参加工作、分配任务等权利，同时又要求用人单位必须承担支付职工劳动报酬等义务。

劳动法律关系与劳动关系是两个既有联系又有区别的不同概念。它们之间的联系表现在两个方面：

1. 劳动关系是劳动法律关系产生的基础，劳动法律关系是劳动关系在法律上的表现形式。因而在制定劳动法时，必须考虑现实劳动关系的法律要求，脱离现实要求的法律，是不会产生积极的效果的。

2. 劳动法律关系不仅仅反映劳动关系，而且当其形成后，便对具体劳动关系产生积极的影响，即现实的劳动关系唯有取得劳动法律关系的形式，其运行过程才有法律保障。

劳动法律关系与劳动关系的区别在于：

1. 劳动关系是生产关系的组成部分，属于经济基础的范畴；劳动法律关系则是思想意志关系的组成部分，属于上层建筑范畴。

2. 劳动关系的形成以劳动为前提，发生在现实社会劳动过程之中；劳动法律关系的形成则是以劳动法律规范的存在为前提，发生在劳动法律规范调整劳动关系的范围之内。

3. 劳动关系的内容是劳动，如果没有相应的法律规范调整，就不会形成法律上的权利义务关系；劳动法律关系的内容则是法定的权利义务，双方当事人必须依法享有权利并承担义务。如果任何一方当事人不履行自己应尽的义务，侵犯对方的权利或者损害对方的利益，另一方当事人有权请示法院强制其履行义务，以维护自己的合法权益。

二、劳动法律关系的特征

（一）劳动法律关系的主体之间具有平等性和隶属性交错共存的特点

劳动法律关系的主体一方是劳动者，另一方是用人单位。劳动者与用人单位之间所形成的法律关系就是劳动法律关系，在劳动法律关系建立时，劳动者和用人单位都是平等主体，双方是否建立劳动法律关系及如何建立劳动法律关系，应由双方平等协商，依法确定。也就是说，在劳动力市场上，由双方依法自我判断，双向选择。同时，劳动法律关系确立后，劳动者必须进入用人单位，使自己的劳动力归用人单位支配，并必须服从用人单位的指挥，这就使双方形成了一种职责上的隶属关系。劳动者与用人单位之间的平等性和隶属性交错共存，与民事法律关系主体之间的平等性及行政法律关系主体之间的隶属性相区别，是劳动法律关系的主要特征之一。

（二）劳动法律关系的内容体现了国家与当事人的双重意志

劳动法律关系首先是双方当事人在平等、自愿的基础上缔结的，具体的劳动权利与劳动义务也允许双方当事人协商议定。但双方当事人在缔结劳动法律关系，确定劳动权利义务时，不得违背国家法律和行政法规的规定，劳动法律关系的这一特征区别于民事法律关系，民事法律关系中当事人意思自治的成分比较大。

（三）劳动法律关系的客体表现为兼有人身性与财产性关系的一定的劳动行为和财物

双方当事人及国家法律对劳动行为和财物的具体要求与规范，都是围绕劳动力的让渡、劳动力的使用、劳动力的保护等进行的。劳动力的人身依附性和作为商品的财产性，决定了作为劳动法律关系客体的行为与财物有别于民事、行政、经济法律关系客体的行为与财物。这也是劳动法律关系区别于其他法律关系的显著特征。

三、劳动法律关系的种类

按照不同的划分标准,劳动法律关系可以分为不同的种类:

1. 按照生产资料所有制形式划分,可以分为:

(1)全民所有制单位的劳动法律关系。包括全民所有制企业、事业、机关、团体等单位的劳动法律关系。

(2)集体所有制单位的劳动法律关系。

(3)个体经营单位的劳动法律关系。

(4)私营企业的劳动法律关系。

(5)中外合资经营企业、中外合作经营企业的劳动法律关系。

(6)外商独资经营企业的劳动法律关系。

(7)民办非企业单位的劳动法律关系(《劳动合同法》增加的内容)。

2. 按照劳动者人数划分,可以分为:(1)个人劳动法律关系,即劳动者个人与用人单位之间的劳动法律关系;(2)集体劳动法律关系,即劳动者集体与用人单位的劳动法律关系。

第二节 劳动法律关系的要素

劳动法律关系的要素是指构成各种劳动法律关系不可缺少的组成部分。任何一种劳动法律关系都是由主体、内容、客体三个基本要素构成,如果缺少其中任何一个要素,都不能形成劳动法律关系。

一、劳动法律关系的主体

所谓法律关系的主体,就是依法享有权利与承担义务的法律关系的参加者。因此,劳动法律关系的主体,就是依法享有权利与承担义务的劳动法律关系的参与者。

关于劳动法律关系主体的规定,其实也就是关于劳动法适用范围的规定。根据劳动法第2条的规定,我国劳动法律关系的主体包括自然人和法人。自然人包括本国公民、外国人和无国籍人,统称劳动者。法人是指按照法定程序组成的、有一定组织机构和独立财产,能够以自己的名义参与法律关系,享有权利和承担义务,并能在法院起诉、应诉的组织。在我国,作为劳动法律关系主体的法人包括:具有法人资格的企业、事业单位、国家机关、社会团体、个体经济组织和民办非企业单位,统称用人单位。

(一)劳动者

1. 劳动者的法律含义

劳动法中的劳动者,指达到法定年龄、具有劳动能力,以从事某种社会劳动获取收入为主要生活来源的自然人。他们是依照法律或合同的规定,在用人单位管理下从事劳动并获取劳动报酬的劳动关系当事人。

自然人参与劳动法律关系成为合法主体,必须具备一定的条件并取得劳动权利能力和劳动行为能力。反之,不具备法定资格的自然人则不能成为劳动关系中的合法当事人。国家法律赋予本国公民相应的劳动权利能力和劳动行为能力。

2. 公民劳动权利能力与劳动行为能力的概念

公民的劳动权利能力与劳动行为能力,是公民(即自然人)参与劳动法律关系必须具备的基本资格或者说一般资格,不具备这一资格的公民则不允许参加劳动法律关系成为合法主体。劳动权利能力,是指公民依法享受劳动权利和承担劳动义务的资格,它是公民参与劳动法律关系成为主体的前提条件。劳动行为能力是指公民能以自己的行为参与劳动法律关系,实际享受权利和履行义务的能力。它是公民作为劳动法律关系主体的基本条件。不具备劳动行为能力的公民,就不能够实际参与劳动法律关系,享受权利和承担义务。

法律赋予公民劳动权利能力与劳动行为能力是基于两个条件:

(1)达到法定年龄。关于公民的就业年龄,世界各国的劳动法都有规定,一般规定在14周岁到16周岁之间。我国劳动法将就业年龄规定为16周岁,禁止招用未满16周岁的未成年人;某些特殊职业如文艺、体育和特种工艺单位确需招用未满16周岁的人(如演员、运动员、艺徒)时,须报县以上劳动行政部门批准。

(2)具有劳动能力。公民的劳动能力属于自身生理因素,而不是由法律规定的。根据自然人的生理状况,公民的劳动能力一般表现为三种情况,即有完全劳动能力、有部分劳动能力和无劳动能力。具体来讲,因身有残疾根本不能劳动的,视为无劳动能力的人;因身有残疾不能提供正常劳动,但又没有完全丧失劳动能力的,视为有部分劳动能力的人;而身体健康、智力健全的人则是有完全劳动能力的人。只有达到法定年龄,具有完全劳动能力或部分劳动能力的公民,法律才赋予其劳动权利能力和劳动行为能力。反之,达不到法定年龄,即使具有劳动能力,也不能参与劳动法律关系而成为主体。同时,无劳动能力的人,无论是生来就没有,还是后来因丧失劳动能力而离开劳动岗位,都不具备主体资格。

公民的劳动权利能力与劳动权利是两个不同的概念。劳动权利能力不是劳动权利本身,它只是享有劳动权利的前提。劳动权利是具体权利、主观上的权利,如取得劳动报酬权、享受物质帮助权、参加民主管理权等;而劳动权利能力则是抽象权利、客观上的权利,是公民实际取得劳动权利的一种资格。有劳动能力的公民具有相同的劳动权利能力,但运用劳动权利能力取得具体劳动权利的结果则不相同,因为劳动权利的实现要受到公民劳动能力所表现出来的脑力、体力等因素的限制。

3. 公民劳动权利能力与劳动行为能力的特点

公民的劳动权利能力与劳动行为能力,与其民事权利能力与民事行为能力不同,具体表现在以下四个方面:

(1)公民的劳动权利能力和劳动行为能力是统一的。公民达到法定就业年龄并具有劳动能力,就同时享有劳动权利能力和劳动行为能力,一旦完全丧失了劳动能力,就不再享有劳动权利能力与劳动行为能力。因此,公民的劳动权利能力与劳动行为能力同时产生,同时消灭。而公民的民事权利能力从出生之日起即开始享有,直到死亡之日方告终止,不受任何条件限制,公民的民事行为能力则受年龄与健康条件的限制。

(2)公民的劳动权利能力与劳动行为能力具有不可分割性,只能依法由本人实施,不由他人代替。而民事权利能力与民事行为能力则可以分离,当公民不能亲自参与民事法律关系以实现自己的权利时,可以由法定代理人或委托代理人代为进行。

(3)公民劳动权利能力与劳动行为能力的运用要受到劳动能力所表现出来的各种因素差别的限制,如文化水平、劳动技能、健康状况及年龄、性别、人身自由等。正因为如此,对女职工和未成年工的特殊劳动保护制度才成为劳动法的重要内容。这一特征也决定了劳动者必须不断提高自身的劳动素质,以适应劳动过程的客观要求,这样才能实现宪法与劳动法赋予劳动者的各项权利。

(4)公民在运用劳动权利能力和劳动行为能力实现劳动权利时,已经参加了某一种劳动法律关系的,一般就没有条件再参加另一种劳动法律关系,即使可以参加,条件也是十分严格的。而公民的民事权利能力与民事行为能力并不限定在一种民事法律关系中行使,一个公民可以同时参加法律允许的各种民事法律关系。

(二)用人单位

1. 用人单位的概念和种类

用人单位,是指依法招用和管理劳动者,并按法律规定或合同约定向劳动者提供劳动条件、劳动保护和支付劳动报酬的劳动组织。我国现阶段的用人单位包括企业、事业单位、国家机关、社会团体和个体经济组织,其中企业和个体经济组织是劳动法律关系的主体。

(1)企业。企业是以一定数量的生产资料和劳动者的结合为前提,以营利为目的,从事生产经营活动的经济组织;按不同标准划分,企业有多种不同分类。

按照企业的经济成分来划分,我国目前有国有企业、集体企业、私营企业、股份制企业和外商投资企业等,无论是什么性质的企业,也无论企业招用管理人员、技术人员还是生产工人,都必须依法通过签订劳动合同确立劳动关系。由此就在企业与劳动者之间产生了劳动法律关系。企业作为用人单位,是最基本的劳动法用人单位主体。

(2)事业单位和社会团体。事业单位和社会团体是直接从事为国家创造和改善生产条件,为社会物质文化生活需要服务,不以为国家积累资金为直接目的,不以营利为生存、发展条件的单位。事业单位与社会团体用人与企业用人相同,但在我国现阶段还有些特殊,即在事业单位和社会团体中仍实行人事制度和劳动制度并存的用人体制。人事制度适用于干部的任用和管理,劳动制度适用于工人的招用和管理。根据我国劳动法的规定,事业单位、社会团体与劳动者通过签订劳动合同确立劳动法律关系的,适用劳动法调整。随着我国劳动制度改革的逐步深入,事业单位和社会团体以劳动合同与劳动者确立劳动法律关系的范围将逐渐扩大,适用《劳动法》的范围也将越来越宽,直至完全在事业单位和社会团体以劳动合同建立劳动法律关系。

(3)国家机关。国家机关是依法设立的行使国家管理职能的机构。国家机关的干部统一实行公务员制度,但对那些不在管理岗位上的办事人员和后勤服务人员的招用和管理,也统一按照劳动法规范进行。国家机关与劳动者通过签订劳动合同确立劳动关系的,就与劳动者之间形成了劳动法律关系,国家机关则成为劳动法律关系中的用人主体。

(4)个体经济组织。个体经济组织是依法经工商行政管理部门核准登记,并领取营业执照从事工商业生产、经营活动的个体单位,亦称个体工商户。个体经济组织以个人或家庭劳动为基础,法律允许它们雇用一定数量的帮工或招收学徒。这就在个体经济组织与帮工、学徒之间产生了劳动关系,这种劳动关系同样受到劳动法的调整而成为劳动法律关系。

用人单位作为劳动法律关系的一方当事人,也必须具备一定的条件,并取得劳动行为能力和劳动权利能力。

2. 用人单位劳动权利能力和劳动行为能力的概念

劳动权利能力,是指用人单位依法享有用人权和承担用人义务的资格。它是用人单位参与劳动关系成为合法主体的前提条件。用人单位不同,其劳动权利能力的范围也不同。这种制约因素通常表现为国家允许用人单位使用劳动力的限度和要求用人单位提供劳动条件和劳动待遇的限度。在我国现阶段,制约劳动权利能力范围的主要因素有:

(1)职工编制定员。一般用人单位应根据生产经营规模、工作岗位需要编制用人计划,报上级主管部门和劳动部门审核批准后执行。这就使用人单位用人自主权受到了一定的限制。随着市场经济的深入发展,用人单位的用人自主权将不再受编制限制。

(2)职工录用基本条件。如职工的年龄、户口、职业资格证书等条件,就是对单位用什么样的劳动者的制约因素,其中,诸如户口等不公平的用人条件将会逐渐消失。

(3)最低工资标准。用人单位不得低于当地最低工资标准向劳动者支付工资。

(4)工时休假制度与劳动安全卫生标准。用人单位不得违反劳动法律、法规延长工作时间或侵犯劳动者的休息权,也不得低于国家规定的标准提供劳动保护条件。

(5)社会保险。用人单位必须按国家法律、法规规定为劳动者支付各项保险基金。

(6)社会责任。例如,在我国现阶段,法律虽然赋予企业用人自主权,但对于富余人员还不能一概辞退,而是要求企业内部消化;对于国家安置的退役军人,也须接受并安排工作等。

劳动行为能力,是指用人单位依法能够以自己的行为实际行使用人权利和履行用人义务的资格。它是用人单位依法参与劳动法律关系、享受权利和履行义务的基本条件。用人单位的劳动行为能力,主要表现为为职工提供劳动条件和劳动待遇的能力。为此要求用人单位:首先,要有必要的可独立支配的财产,其中最主要的是生产资料,单位占有一定的生产资料是吸收劳动力的先决条件。其次,要有一定的工作场所和组织机构。这样才能将劳动力在一定分工和协作的条件下与生产资料相结合,并遵循统一的劳动规则,顺利实现劳动过程。职工容量和劳动效率同组织条件的关系非常密切,职工的劳动待遇水平也会受组织条件的影响。

3. 用人单位劳动权利能力与劳动行为能力的特点

用人单位的劳动权利能力、劳动行为能力与其民事权利能力、民事行为能力相比较,有以下两个特点:

(1)单位的劳动权利能力与劳动行为能力的运用受国家的干预较严格。这是由劳动力市场的特殊性和用人行为的社会性决定的。法律虽然赋予了单位用人自主权,但这种自主权,必须在服从国家意志的前提下行使,包括录用、辞退、提供劳动条件和劳动待遇等,均须按照法律规定行使。而单位的民事权利能力与民事行为能力,相对来讲意思自治成分较大。

(2)单位的劳动权利能力与劳动行为能力在实现过程中所表现出来的差异。单位的权利能力和行为能力是通过其法定代表人或代理人实现的,在民事法律关系中,单位只对其法定代表人或代理人在其职权范围或授权范围内的行为后果承担责任,超越其职权范围或授权范围所为的行为,后果由行为人自负。但在劳动法律关系中,单位对其法定代表人和其他工作人员以单位的名义进行活动所引起的后果,负有完全的法律责任。如管理人员违章指挥或工作人员违章作业造成责任事故,致使职工受伤的,除追究责任人的相应责任外,单位须对受伤职工承担医疗费及其他补助费、赔偿金等经济责任。

[案例]严某原是郑州色织印染厂的一名正式职工。下岗后,仅靠从该厂领取每月120元的生活费维持生计。2002年7月,严某应聘到郑州二七区饮食公司所属的新河旅社从事临时性工作。2002年9月27日,严某在该旅社客房擦玻璃时,不幸坠楼身亡。2002年10月25日,郑州市劳动和社会保障局认定严某因工死亡。严某15岁的女儿王某多次向饮食公司追偿赔偿金,但都遭到拒绝。同年12月24日,王某提请劳动仲裁。2003年4月13日,郑州二七区劳动争议仲裁委员会作出裁决,饮食公司一次性支付死者家属各种费用4.8万余元。饮食公司对该裁决提出异议,认为严某并非本单位职工,拒绝按工伤支付赔偿金。严某原单位郑州色织印染厂已为其办理了工伤社会保险,因2000年9月至今一直拖欠严某的社会统筹金,郑州市统筹办以此为由拒绝支付赔偿金,认为其责任应该由严某的原单位承担。2003年4月29日,饮食公司一纸诉状将王某告上法庭,请求法院撤销二七区劳动争议仲裁委员会作出的裁决。

请问严某是不是郑州二七区饮食公司单位职工?

[解答]在我国,通常将职工按照用工形式分为正式工和临时工。正式工是安排在常设岗位上劳动,使用期限在1年以上的职工(有固定工和合同工之分)。临时工是以劳动合同确立劳动关系,安排在临时性或季节性岗位上劳动,使用期限不超过1年的职工。本案中,严某正是原告郑州二七区饮食公司的一名临时工。那么,原告是否要负工伤死亡赔付责任呢?要弄清楚这个问题,我们首先应该搞清楚哪些劳动者属于劳动法调整的范畴。

劳动者是一个含义非常广泛的概念,有社会学的理解和法学的理解。社会学意义上的劳动者是指在劳动生产领域和劳动服务领域从事劳动,获得一定职业角色的社会人。而法学意义上的劳动者是指与劳动力的使用者相对立的一方主体。按照劳动法的规定,可以定义为:按照法律和合同的规定,在用人单位管理下从事劳动并获取相应报酬的自然人。自然人要成为劳动者,必须具备主体资格,即须具有劳动权利能力和劳动行为能力。理论上认为,我国目前自然人成为劳动者应具备以下几个标准:

1. 年龄标准

年龄标准包括起始年龄和结束年龄标准。

(1)起始年龄,即就业年龄。根据我国《劳动法》的规定,凡年满16周岁、有劳动能力的公民是具有劳动权利能力和劳动行为能力的人。对有可能危害未成年人健康、安全或道德的职业或工作,最低就业年龄不应低于18周岁。用人单位不得招收已满16周岁不满18周岁的未成年人从事过重、有害、有毒的劳动或者危险作业。

(2)结束年龄,即退休年龄。我国规定,男60岁、女55岁为退休年龄。

总之,一般只有在16~60岁(男)或者16~55岁(女)之间的人才能成为职工。

2. 体力标准

体力标准,就是健康标准。这是从体力方面衡量公民是否具备劳动能力。主要包括两个方面:(1)劳动关系建立前的体力标准。主要包括三方面的限制:①疾病的限制。各种岗位的职工,都不得患有本岗位所禁忌或不宜从事本岗位劳动的特定疾病。②残疾人只能从事与其残疾状况相适应的职业。③女职工、未成年工禁忌劳动范围的规定。(2)劳动关系建立后的体力标准。在劳动关系建立后,要确定是否丧失健康条件。总之,只有以上都合格的,才能成为劳动者。

3. 智力标准

智力标准是从智力方面衡量公民是否具备劳动能力。劳动法规定的智力标准包括精神健康与否、是否具备相应文化条件和职业资格。只有精神健康、具备相应文化条件和职业资格的,才能成为相应岗位的劳动者。

4. 行为自由标准

前三个标准主要是从是否具备劳动能力的角度来进行衡量,除此之外,还必须从是否有权支配劳动能力的角度进行衡量。其中最主要的是公民是否具有人身自由。只要具有人身自由,能独立支配自己的劳动力,就可以成为劳动者。

我国《劳动法》调整的劳动者的范围如下:(1)与我国境内的企业、个体经济组织形成劳动关系的劳动者。二者之间只要形成劳动关系,即劳动者事实上已成为企业、个体经济组织的成员,并为其提供有偿服务,都适用《劳动法》。(2)国家机关、事业单位、社会团体实行劳动合同制度的以及按规定应实行劳动合同制度的工勤人员。"工勤人员"即是我国传统认识体制中"工人编制"的人员。(3)实行企业管理的事业组织的人员,其他通过劳动合同与国家机关、事业单位、社会团体和个体非经济组织建立劳动关系的劳动者。

以下人员不属于《劳动法》所称的劳动者的范围,不适用《劳动法》:(1)未建立劳动合同关系的非工勤人员与国家机关、事业单位、社会团体之间的关系,不适用《劳动法》;(2)公务员;(3)农村劳动者(乡镇企业职工和进城务工、经商的农民除外)、现役军人、家庭保姆和在我国境内享有外交特权和豁免权的外国人不适用《劳动法》。

我国有关劳动法规对特殊情况下的劳动者作了规定:(1)用人单位的富余人员、放长假的职工。(2)用人单位的长期被外单位借用的人员、带薪上学人员以及其他非在岗但仍保持劳动关系的人员。(3)请长病假的职工,在病假期间与原单位保持着劳动关系的。(4)原固定工中经批准的停薪留职人员,愿意回原单位继续工作的。(5)党委书记、工会主席等党群专职人员也是职工中的一员。(6)实行公司制的经理和有关经营管理人员。(7)在校学生利用业余时间勤工俭学,不视为就业。

外国人在中国就业,应向中国有关部门申办就业许可证、职业签证、就业证、居留证,某些工作还要求具备中国政府承认的职业资格证书。但由我国政府直接出资聘请的外籍专业技术和管理人员,或由国家机关和事业单位出资聘请,具有本国或国际权威技术管理部门或行业协会确认的高级技术职称或特殊技能资格证书的外籍专业技术和管理人员,并持有外国专家局签发的"外国专家证"的外国人,则可不申办就业许可证和就业证。案例中严某是不是原告的职工?根据劳动部《〈中华人民共和国企业劳动争议处理条例〉若干问题的解释》第6条的规定,职工是指按照国家和地方法律、法规的规定,依法与企业确立劳动关系的劳动者。《劳动法》第72条第2款规定:用人单位和劳动者必须依法参加社会保险,缴纳社会保险费。2004年1月1日起施行的《工伤保险条例》第10条第1款规定:用人单位应当按时缴纳工伤保险费。职工个人不缴纳工伤保险费。该条例第60条规定:用人单位依照本条例规定应当参加工伤保险而未参加的,由劳动保障部门责令改正;未参加工伤保险期间用人单位职工发生工伤的,由用人单位按照本条例规定的工伤保险待遇项目和标准支付费用。第64条规定:本条例自2004年1月1日起施行。本条例实行前受到事故伤害或者患职业病的职工尚未完成工伤认定的,按照本条例的规定执行。因此,原告不能以严某是临时工,不属于劳动法规定的劳动者为由来规避法律责任。

被告王某的母亲下岗后再就业,到原告郑州二七区饮食公司所属的旅社上班,与原告确立了事实劳动关系,应受法律保护。依照《郑州市企业职工工伤保险暂行办法》的有关规定,原告依法应承担工伤死亡赔付责任。

二、劳动法律关系的内容

(一)劳动权利与劳动义务

1. 劳动权利。劳动权利是指劳动法主体依法能够为一定行为和不为一定行为或要求他人为一定行为和不为一定行为,以实现其意志或利益的可能性。它表明:(1)在劳动法规定的范围内,权利主体有权做出一定行为(包括作为和不作为),以实现其意志和利益。(2)在劳动法规定的范围内,权利主体有权要求对方做出一定行为(包括作为与不作为),以保证实现或不影响实现其意志和利益。(3)在劳动法规定的范围内,权利主体由于对方的行为而使其权利不能实现或受到侵害时,有权请求国家有关机关予以保护。

2. 劳动义务。劳动义务是指劳动法主体根据法律的规定,为满足权利主体的要求,在劳动过程中履行某种行为的必要性。它意味着:(1)义务主体要依据法律做出一定行为(包括作为与不作为),以保证国家利益和权利主体的权利得以实现。(2)义务主体应自觉履行法定义务,如不履行或不完全履行则要受到法律的制裁。

劳动义务是实现劳动权利的条件,与劳动权利形成对立统一关系,权利以义务为条件,义务以权利为前提。建立在平等主体之间的劳动权利与劳动义务具有对应性和一致性的特点。

(二)劳动者的基本权利

绝大多数国家的宪法和劳动法对公民的劳动基本权利都作了相应的规定。我国《劳动法》第3条规定,劳动者享有平等就业和选择职业的权利、取得劳动报酬的权利、休息休假的权利、获得劳动安全卫生保护的权利、接受职业技能培训的权利、享受社会保险和福利的权利、提请劳动争议处理的权利以及法律规定的其他劳动权利,据此规定,我国劳动者的基本权利可以概括为以下几个方面:

1. 劳动权

劳动权,是指具有劳动能力、达到法定就业年龄的劳动者有获得劳动机会的权利,主要包括三个方面,即获得工作权、自由择业权和平等就业权。获得工作权,首先意味着,一切有劳动资格和意愿的劳动者均有获得劳动机会的权利。其次,国家有义务通过各种途径创造就业条件,帮助劳动者就业。最后,任何用人单位不得滥用解雇权。自由择业权和平等就业权标志着劳动是自由的,是否就业,从事何种职业,均由劳动者自己选择,对不愿意就业的劳动者不得加以强迫;同时,每个劳动者参加劳动的机会也是平等的,在平等的基础上竞争,不允许任何人以任何方式妨碍公民就业。劳动者就业不因民族、种族、宗教、信仰不同而受歧视;妇女享有与男子平等的就业的权利。

2. 劳动报酬权

劳动报酬,是指劳动者参加社会劳动,按其劳动的数量和质量,从用人单位取得报酬。工资是劳动报酬的基本形式,奖金和津贴是劳动报酬的组成部分。通过劳动取得报酬,作为劳动者的一项劳动基本权利,其内容包括报酬协商权、报酬请求权和报酬支配权。

3. 劳动保护权

劳动保护权,是指劳动者在劳动过程中,其生命安全与身体健康依法受到保护的权利。在生产劳动过程中,客观地存在着各种不安全、不卫生的因素,如果不采取必要的防范措施,就会危害劳动者的生命安全与身体健康,同时,也会妨碍生产的正常进行。劳动者劳动保护权的实现主要靠用人单位全面履行义务。其其具体内容有:(1)单位必须按照国家劳动安全卫生规程标准,配备劳动安全设施并发放劳动保护用品。(2)单位必须依法给予女职工和未成年工以特殊的劳动保护。(3)单位有责任对全体职工进行全面的安全生产教育,并建立健全安全生产管理制度。(4)经劳动鉴定委员会确认,单位劳动卫生条件极为恶劣,以致危害劳动者身体健康的,劳动者有权拒绝投入生产劳动,直到劳动条件得到改善。(5)因劳动安全卫生条件差,致劳动者伤、残或患职业病的,单位有义务负责给予治疗,并承担由此而产生的一切费用。(6)单位有责任在发展生产的基础上不断改善劳动条件和提高劳动保护标准。

此外,休息权也属于广义的劳动保护权范畴。休息权是指劳动者经过一定时间的劳动之后,获得充分的休息的权利。我国《宪法》第43条规定:"中华人民共和国劳动者有休息的权利。""国家发展劳动者休息和休养设施,规定职工的工作时间和休假制度。"《劳动法》统一规定了劳动者公休假日、法定节日、年休假等休假制度,并对用人单位随意安排加班加点作了严格的限制。此外,国家要在发展生产的基础上,逐步增设疗养院、休养院、文化宫、俱乐部、运动场、图书馆等,使劳动者对休息权的享受能获得更加丰富的内容。

4. 职业培训权

职业技能培训是指对具有劳动能力的未正式参加工作的劳动者和在职劳动者进行技术业务知识和实际操作技能的教育和训练,包括就业前的培训和在职培训。掌握职业技能,首先是劳动者赖以进行社会劳动竞争的资本。同时,职业技能培训也是社会生产力发展本身的要求。就我国目前劳动者接受职业技能培训权的内容来看:第一,就业前的劳动者有权通过各种途径使自己获得专业知识和技能,从而为就业创造条件,国家鼓励和帮助劳动者实现这一权利。第二,在职劳动者有权利用业余时间参加各类学校学习,以丰富科学文化知识和提高专业理论水平,用人单位应对职工学习给予鼓励和支持。第三,有条件的单位应根据实际需要有计划、多渠道地加强对整个职工队伍知识、技能方面的训练,以适应现代化生产过程的要求。

5. 生活保障权

生活保障权亦称享受社会保险权或物质帮助权。它是指劳动者暂时或永久丧失劳动能力时,有权依法获得物质帮助,以保证劳动者在生、老、病、死、伤、残等情况下,本人及其直系亲属的生活需要。我国是社会主义国家,《宪法》第45条规定:"中华人民共和国公民在年老、疾病或者丧失劳动能力的情况下,有从国家和社会获得物质帮助的权利。"这就为劳动者的生活保障权提供了法律依据。劳动者的生活保障权,体现在我国劳动制度中的有:退休保险待遇、疾病保险待遇、工伤保险待遇、失业保险待遇及生育保险待遇。随着我国经济的不断发展,劳动者生活保障权的范围会更大,待遇标准也会逐步提高。

6. 结社权与集体协商权

结社权是指狭义的团结权,广义的团结权包括结社权(狭义)、团体交涉权(集体谈判权)、争讼权等三项权利。我国现行法律中规定了劳动者的结社权与集体协商权。我国宪法没有明确规定劳动法意义上的结社权,只是从公民基本权利的角度宽泛地规定了公民的结社权,但是从法律位阶上,即在劳动法和工会法中具体确认了劳动者的结社权。集体协商权,在多数国家称之为集体谈判权或团体交涉权。它是指代表劳动者的工会代表与雇主或雇主组织的代表进行谈判协商,从而签订有关劳动条件的集体协议(合同)的权利。集体协商权的意义在于弥补劳动合同的不足,避免个别劳动合同中的不合理或不平等条款,并在此基础上进一步为劳动者争取更好的劳动条件与待遇。

7. 合法权益保护权

合法权益保护权,亦即提请劳动争议处理权,是指劳动者有权在自己的合法权益受到侵害时,通过申请调解、提请仲裁和提起诉讼、排除侵害行为,并使由此而受到的损失得到补偿。

(三)用人单位的权利

1. 招收录用职工权

用人单位有权依照国家规定和本单位需要择优录用职工,并有权自主决定招工方式、招工数量、招工条件和招工时间。

2. 合理组织调配权

用人单位有权根据自身的生产规模、生产特点,自行决定内部机构设置和人员配备,劳动行政部门依法对用人单位的劳动管理活动、劳动安全卫生条件等进行监督和检查。

3. 劳动报酬分配权

用人单位有权制定本单位的工资形式及奖金、津贴的分配办法,有权通过各种形式考核确定职工的工资级别和等级标准,有权通过民主程序制定职工工资晋升条件、标准和时间。当然,用人单位确定的职工工资标准,不得低于当地政府所制定的最低工资标准。

4. 劳动奖惩权

用人单位有权依法制定和实施劳动规章制度,有权决定奖惩条件和奖惩办法。

5. 辞退职工权

辞退职工权是用人单位用人自主权的有机组成部分。它与招收录用职工权相配合,解决职工能进能出的问题。用人单位有权按照《劳动法》规定的条件和程序,通过解除劳动合同的方式来实现辞退职工权。

(四)劳动者的义务

1. 按时、保质、保量地完成生产任务或工作任务;
2. 提高职业技能水平;
3. 执行劳动安全卫生规程;
4. 遵守劳动纪律和职业道德;
5. 爱护和保卫公共财产;
6. 保守用人单位的商业秘密;
7. 法律规定的其他义务。

(五)用人单位的义务

1. 付酬义务;
2. 安全卫生义务;
3. 帮助义务,即以保险、福利等方式为职工及其亲属提供物质帮助;
4. 使用义务,一方面必须适当安排职工的劳动岗位并提供必要的劳动条件,另一方面,不得使用暴力、威胁等手段强迫职工劳动及加班加点;
5. 培训义务,即建立职业培训制度,为职工培养和提高职业技能提供条件;
6. 制度保障义务,即应当建立和完善规章制度,保障劳动者享有劳动权利和履行劳动义务。

三、劳动法律关系的客体

(一)劳动法律关系客体的概念

劳动法律关系的客体,是指劳动法律关系中主体的劳动权利和劳动义务所共同指向的对象,具体表现为一定的劳动行为和财物。

(二)关于劳动法律关系客体的不同观点介绍

关于劳动法律关系的客体,在我国劳动法学界存在着许多不同的观点。有些人认为,劳动法律关系的客体是劳动行为;有些人认为,劳动法律关系的客体包括行为和财物。目前比较有新意的两种观点是"劳动力客体说"、"基本客体与辅助客体说"。

1. 劳动力客体说

这种观点认为,劳动法律关系的客体是劳动力。劳动法律关系的各项权利、义务都是紧紧围绕着劳动力展开的,大体可以分为劳动力的让渡、劳动力的使用和劳动力的保护。在劳动者择业和用人单位招收录用关系中,劳动者与用人单位旨在建立劳动力让渡关系。随着劳动合同制度的全面确立,劳动力的让渡条件与形式都由合同约定。在劳动报酬权和单位用人权关系中,权利义务共同指向的对象是使用中的劳动力,劳动者有偿地让渡劳动力支配权,具体化为劳动者按用人单位的要求进行劳动,用人单位按劳动量进行分配这样一种劳动力使用关系,即以运动形式的劳动力为客体;劳动力与其载体——劳动者的身体密不可分,在劳动者休息权和劳动保护权关系中,是以劳动力的物质载体为保护对象的。这种观点虽有一定的道理,但由于劳动力是一种潜在的劳动能力,在具体劳动法律关系中总须以具体的形式和要求加以体现,而各种具体的形式和要求则成为劳动法律关系中权利义务所指向的对象,如劳动保护法律关系中权利义务所指向的是劳动者的生命安全与身体健康,而不是潜在的劳动力。

2. 基本客体与辅助客体说

这种观点认为,劳动法律关系的客体,在实践中的具体表现形态是复杂多样的,视其在劳动法律关系中的地位和作用不同,可分为基本客体和辅助客体两大类。劳动法律关系的基本客体是劳动行为,即劳动者为完成用人单位安排的任务而支出劳动力的活动。劳动法律关系的辅助客体是劳动待遇和劳动条件,即劳动者因实施劳动行为而有权获得的、用人单位因支配劳动行为而有义务提供的各种待遇和条件,如劳动报酬、劳动保险和福利、劳动工具、劳动保护设施、技术资料等。这类客体中有的表现为行为,有的表现为物,有的表现为技术,有的则表现为行为、物和技术的结合。这类客体的主要特征是:(1)从属和受制于劳动行为。(2)主要承载或体现劳动者的利益。基本客体与辅助客体说反映了劳动法律关系中多重客体的并存性,但具体到某一环节的具体劳动法律关系时,这种划分不能概括全面,如疾病保险法律关系中,在确定保险待遇标准时,虽不排除权利主体对用人单位的劳动贡献,但更须着重考虑劳动者所患疾病的轻重和所需医疗费用的多少。

第三节 劳动法律关系的运行

劳动法律关系的运行,是指劳动法律关系形成和存续的动态过程,表现为劳动法律关系的发生、延续、变更、暂停、终止等环节和在这些环节之间劳动者与用人单位相互权利和义务的实现。

一、劳动法律关系运行环节

1. 劳动法律关系的发生

劳动法律关系的发生,是指劳动者与用人单位依法确立劳动法律关系,从而产生相互权利和义务。其方式主要有行政方式和合同方式。

2. 劳动法律关系的续延

劳动法律关系的续延是指劳动法律关系的有效期依法延长。在我国,劳动法律关系续延的主要情形有:

(1)职工在规定的医疗期、孕期、产假期或哺乳期内,若劳动合同期限已届满,则应顺延到医疗期、孕期、产假期或哺乳期届满时终止。

(2)劳动合同所确立的劳动法律关系,在劳动合同依法续订后继续有效。

(3)劳动者与用人单位在劳动合同期限届满前依法订立承包合同,如果承包期限超过劳动合同期限,劳动法律关系在劳动合同期限届满后就应当延续到承包期届满才终止。

(4)劳动者担任工会特定职务的,其劳动合同期限自动延长至任期届满,但任职期间有个人严重过失或达到退休年龄的除外。

3. 劳动法律关系的变更

劳动法律关系的变更即劳动法律关系的即定内容和客体依法变更。在实践中,劳动法律关系变更的情形,既可能是当事人双方协议或单方决定变更,也可能是由行政决定、仲裁裁决或法院判决变更。

4. 劳动法律关系的暂停

劳动法律关系的暂停即劳动法律关系在存续的过程中,双方当事人之间的主要权利义务依法在一定期限内暂停行使和履行,待暂停期限届满后恢复以前的正常状态。主要在停薪留职、借调职工、停产息工、职工放长假、厂内待岗、职工涉嫌违法犯罪被暂时羁押等情形下发生。

5. 劳动法律关系的终止

劳动法律关系的终止是指既存的劳动法律关系依法不复存在,即双方当事人之间权利义务依法消灭。

二、劳动法律事实

劳动法律事实,是指劳动法所确认的能够引起劳动法律关系的发生、延续、变更、暂停或终止的客观情况。

根据我国劳动法的规定,能够引起劳动法律关系发生、延续、变更、暂停或终止的劳动法律事实是多种多样的。按照它们是否以行为人的意志为转移来划分,劳动法律事实分为行为和事件两大类。

行为是受人(包括单位)的意志支配的法律事实。可分为合法行为与非法行为;还可分为合同行为、行政行为、调解行为、仲裁行为、劳动司法行为。

事件是不以人(包括单位)的意志为转移的法律事实。包括自然现象,如自然灾害;也包括劳动能力暂时或永久丧失,如患病、伤残、死亡等;还包括战争、动乱等社会现象。

劳动法律关系运行的不同阶段,对劳动法律事实有不同的要求。劳动法律关系的发生是劳动法律关系主体双方意思表示一致的合法行为。不符合劳动法律规范的行为,绝不会产生劳动法律关系。因此,产生劳动法律关系的劳动法律事实,只能是劳动法律关系主体双方的合法行为,而不能是违法行为。劳动法律关系的变更可以由合法行为引起,也可以由合法行为与违法行为相结合引起,还可以由事件和行为相结合引起。终止劳动法律关系的劳动法律事实,包括行为人的合法行为和违法行为及事件。

理论探讨:双重劳动关系

(一)双重劳动关系概述

双重劳动关系指的是劳动者同时与两个用人单位存在劳动关系,该劳动关系可能是劳动合同关系,也可能是事实劳动关系。随着当前我国劳动力市场上多种就业形式的出现,人们的就业方式更为灵活,出现大量兼职、下岗工人再就业等形式的双重劳动关系。我国当前的劳动法律制度对双重劳动法律关系规定不明确,不利于对广大劳动者合法权益的保护。兼职劳动是当前双重劳动关系最为典型的形式,以下将结合兼职劳动,对双重劳动关系的立法价值进行分析。笔者认为劳动法应该明确承认双重劳动关系的合法性,同时应加强对双重劳动关系特殊性的研究,解决双重劳动关系中的特殊问题,保护劳动者的合法权益。

我国现有的关于双重劳动关系的规定存在以下问题:

1. 规定不明确,造成司法实践不统一,不利于纠纷的解决和法律的统一适用。劳动法及劳动和社会保障部制定的部门和地方性法规对兼职劳动在劳动合同管理中的一些特殊性问题缺乏具体规定,可操作性不足。比如,对兼职劳动中最高工时的管理,社会保险费用缴纳、管理以及待遇等问题都缺乏规定。在司法实践中,有法官认为,因我国《劳动法》及其规章制度不认可双重劳动关系,对劳动争议案件的范围要依据劳动者的身份等要素进行限定。有的法官则在判决中确认双重劳动关系的合理性。

2. 现有法律规定之间存在效力争议,不利于保护双重劳动者的合法权益。各种规定之间关于双重用工如非全日制用工在劳动合同订立、工资支付以及社会保险等方面的规定均不同程度地与《劳动法》的规定相抵触或不一致,其效力是存在疑问的。

对于我国在立法上是否应该承认双重劳动关系,持否定态度的主要理由有以下三个:(1)从法理上看,双重劳动关系与劳动关系的特征相违背;(2)从价值上看,双重劳动关系不利于对劳动者的保护,会破坏或损害社会经济秩序;(3)从技术上看,双重劳动关系会对劳动合同管理产生干扰和影响。笔者认为,以上三种理由不能成为否认双重劳动关系存在的依据。

(二)双重劳动关系与劳动关系的特征

劳动合同是具有身份性的合同,当事人双方存在管理上的依从关系,领导与从属的关系。劳动者作为用人单位的员工,从身份、组织和经济上从属于用人单位,遵照用人单位的要求,为用人单位提供劳动。有观点据此认为劳动者在同一时期内只能同一个企业签订合同。笔者认为,以劳动关系的身份性特征否定双重劳动关系的合理性,是对身份性特征表现形式的误解。

从劳动法律关系的具体内容来说,劳动关系的身份性主要体现为劳动者对用人单位所承担的劳动义务和忠实义务,但是劳动者在劳动关系中承担的劳动义务和忠实义务并不排斥双重劳动关系的存在。首先,劳动义务指的是劳动者依照用人单位的要求进行劳动的义务,也就是说,劳动者必须在一定时间内由用人单位支配,该劳动义务原则上不得由他人代为履行。劳动义务只是要求劳动者必须按照用人单位的要求勤勉地完成劳动,并没有限制劳动者在圆满履行劳动义务之后又为其他用人单位提供劳动。

其次,忠实义务指的是劳动者应尽义务进行劳动,并忠实维护用人单位的合法利益。从具体内容来看,忠实义务包括积极义务和消极义务,其中与兼职联系比较密切的是保守秘密的义务和竞业禁止的义务。保密义务要求劳动者应当保守商业秘密,并没有限制劳动者到其他用人单位建立劳动关系。竞业禁止意即禁止劳动者从事竞业行为,即禁止劳动者到可能与用人单位构成竞争的行业兼职,而不是禁止劳动者从事任何兼职活动。

(三)双重劳动关系与对劳动者的保护

有观点认为,承认双重劳动关系的存在,对劳动者而言意味着要履行双份以上的劳动义务,但其权利根据劳动法的性质并不当然地对应获得双份或多份。在我国劳动力市场供大于求的情况下,双重劳动关系中劳动者的劳动强度一般都较大,劳动保护条件也较差,一旦发生工伤等事故,其合法权益更无法保障。笔者认为,劳动法的诞生与兴起是与劳动者的保护密切结合在一起的,劳动法的体系和内容也是适应保护劳动者的需要不断丰富和完善的。当前,现实生活中的双重劳动关系的确严重损害劳动者的利益,但这正是当前劳动法律规范没有对双重劳动关系进行调整的结果。由于在法律上不承认双重劳动关系的合法性,兼职劳动者与第一个单位建立的劳动关系被认为是劳动法上的劳动关系,适用劳动法的有关规定,而其与第二个或第三个用人单位建立的第二重、第三重法律关系不能被视为劳动法律关系,不能适用劳动法的有关规定,而只能适用民法的相关规定,因此也就得不到劳动法律中的劳动安全制度、最低工资标准、最高工时标准以及社会保险等方面的保护。由此可见,双重劳动关系法律规范的缺失是造成劳动者权益受损害的根本原因,承认双重劳动关系正是为了弥补现有法律规范的不足,进一步保护双重劳动关系中劳动者的合法权益。

(四)双重劳动关系与劳动合同管理

承认双重劳动关系无疑会给现有的劳动法制度带来很多新的问题,也提出一些新的挑战,但以双重劳动关系在法律调整过程中存在的技术困难为由来否认双重劳动关系无疑是本末倒置,颠倒法律与现实生活的关系。在法律规范的构成要素中,法律技术无疑具有十分重要的地位。与其他所有的技术一样,法律技术本身只能作为一项手段为法律的调整目的服务。当社会上出现新的利益关系,需要新的法律规范进行调整时,原有的法律技术就要进行变更或调整,以适应法律调整的需要。具体到劳动法律制度来说,在劳动法律规范产生之初,劳动力市场上的典型就业形式是单重的劳动关系,劳动法律规范体系是为调整单重劳动关系的需要而建立起来的;当劳动力市场上出现新型的劳动关系时,以单重劳动关系为典型调整对象的劳动法律规范当然会遇到一定的困难,这就要求我们改进现有的法律技术以适应调整新型劳动关系的需要。当前兼职劳动发展蓬勃,现有的劳动法律规范在调整过程中遇到不少困难是必然的,这正说明了我国现有劳动法律制度和基本理论存在一定的缺陷,有待我们加强研究,以求改进。

现行法律对双重劳动关系的模糊态度给理论和实践带来很多争议,不利于对劳动者的保护,不符合劳动法的基本理念。应该以基本法律的形式明确承认双重劳动关系的合理性,将劳动者的第二重甚至第三重劳动关系都纳入劳动法的调整范围,不管该劳动关系是劳动合同关系还是事实劳动关系,这样才能真正贯彻劳动法的精神,保护劳动者的合法权益。当然,由于双重劳动关系涉及原用人单位的利益,双重劳动关系不能是毫无限制的。下面以兼职为例阐述双重劳动关系建立时应考虑的相关限制条件。

1. 兼职劳动必须受提供劳动义务、忠实义务、竞业禁止约定以及劳动基准法的限制。兼职劳动是在已有第一重劳动关系的基础上建立第二重、第三重劳动关系,劳动者从事兼职劳动必须不侵犯原用人单位的利益。为了维护原用人单位的利益,劳动者从事兼职劳动必须受到一定的限制,主要有以下几个方面的限制:(1)提供劳动义务的限制。劳动者从事兼职的一个基本界限就是不得损害原劳动关系中的劳动给付义务,如果因劳动者从事兼职给用人单位造成损害的,用人单位可以要求劳动者承担损害赔偿责任,如果劳动者因兼职不履行或不完全履行劳动义务构成严重违反合同的,用人单位可以解除合同。(2)忠实义务的限制。劳动者对用人单位负有忠实义务,必须忠实维护用人单位的合法利益,如果兼职违背忠实义务,尤其是构成竞业情形的,则为违法兼职。(3)竞业禁止约定的限制。劳动者具有劳动权和自由选择职业的权利,这直接关系到劳动者生存权的保障问题。但鉴于竞业禁止约定在保护商业秘密方面的重大意义,当今各国一般都肯定竞业禁止约定的法律效力,同时施加一定条件的限制。因此,劳动者如果与用人单位对竞业禁止进行约定,则劳动者应当受此约定的限制,违反该约定就应该承担违约责任。(4)劳动基准法的限制。由于兼职劳动关系仍然属于劳动法律关系,当然也就应当受劳动基准法的约束,如最长工作时间制度、休假制度、最低工资保障制度以及延长工作时间的补偿制度的限制。

2. 兼职劳动者在被解雇时可获得双重经济补偿金。根据我国《劳动法》的规定,用人单位提前解除劳动合同、非过失性解除以及经济性裁员等情况下必须支付经济补偿金。在兼职劳动中,劳动者与两个以上用人单位建立劳动关系,是否每一重劳动关系的用人单位提前解除劳动合同都必须支付经济补偿金?笔者认为,经济补偿金是劳动法一项极有特色的制度,不管将经济补偿金的性质界定为劳动贡献补偿说、法定违约金说还是社会保障说,都必须承认经济补偿金是以对劳动者的倾斜保护为目的,因此,在兼职劳动中,任何用人单位提前解除劳动合同都应当向劳动者支付经济补偿金,也就是说,在兼职劳动中可以存在双重经济补偿金的情况,这样才能真正实现对劳动者权益的倾斜保障。

3. 兼职劳动者可享受双重社会保险待遇

享受社会保险是劳动者的一项基本权利,兼职劳动者与其所有的用人单位都建立了劳动关系,当然应当要求所有用人单位为其缴纳有关保险费用,享受社会保险待遇。

【案例分析】

案情:吴某系餐馆业主,办理了工商登记,并取得营业执照,且有雇工多人。闵某及陈某均受吴某雇佣在其餐馆内工作（未签订劳动合同和办理工伤保险）。吴某经营的餐馆房屋系租用某水泥公司的房屋，在吴某之前，由王某租赁经营，餐馆内的煤气设施系水泥公司请当地煤气公司安装至餐馆厨房内，尔后，王某擅自找人将煤气接至各"雅间"内。煤气公司在检查中发现王某私拉乱接行为，责令其改正未果，但未停止供气。王某不经营后，水泥公司于2004年8月7日将该房屋连同设施出租与吴某，双方签订出租协议，但未约定安全方面的权利义务。2004年9月，闵某及陈某在餐馆内值班时，住宿于"雅间一"房间，由于该房间内的煤气管口部位阀门开关已损坏，不能有效切断起源，导致发生煤气泄漏，闵某和陈某煤气中毒，经送医院抢救脱险，用去医疗费用共计10万余元，闵某、陈某六级伤残。

问题：
1. 闵某、陈某和吴某之间存在什么法律关系？
2. 闵某、陈某是否只能按照工伤相关法律规定受偿？
3. 水泥公司和煤气公司是否应承担责任？
4. 闵某、陈某可寻求哪些途径获得救济？

【司法考试真题链接】

1. 关于劳动关系的表述，下列哪些选项是正确的？（2009年）
   A. 劳动关系是特定当事人之间的法律关系
   B. 劳动关系既包括劳动者与用人单位之间的关系，也包括劳动行政部门与劳动者、用人单位之间的关系
   C. 劳动关系既包括财产关系，也包括人身关系
   D. 劳动关系既具有平等关系的属性，也具有从属关系的属性

2. 根据劳动法的规定和劳动关系的性质，下列哪一项纠纷属于劳动争议？（2002年）
   A. 某私营企业职工张某与某地方劳动保障行政部门的工伤认定机关因工伤认定结论而发生的争议
   B. 进城务工的农民黄某与其雇主某个体户之间因支付工资报酬发生的争议
   C. 某国有企业退休职工王某与社会保险经办机构因退休费用的发放而发生的争议
   D. 某有限责任公司的职工李某是该公司的股东之一，因股息分配与该公司发生的争议

3. 下列劳动合同或劳务合同，哪些属于劳动法的调整范围？（2002年）
   A. 某私营企业与职工之间的劳动合同
   B. 某国家机关与工勤人员之间的劳动合同
   C. 某公司董事长与公司之间的聘用合同
   D. 甲公司与乙公司之间的劳务合同

4. 下列哪一事项所形成的法律关系由劳动法调整？（2003年）
   A. 甲厂职工陈某操作机器时不慎将参观的客户蒋某致伤，蒋某要求陈某赔偿
   B. 汪某因身高不足1.70米而被乙厂招聘职工时拒绝录用，汪某欲告乙厂

C. 丙公司与劳务输出公司就30名外派劳务人员达成的协议
D. 丁公司为其职工购房向银行提供的担保

5. 下列哪种情况下用人单位可以招用未满16周岁的未成年人,并须报县级以上的劳动行政部门批准?(2000年)

A. 某私人餐馆招用勤杂工
B. 某国有企业招用电工
C. 某职业介绍所招用职员
D. 某俱乐部招用体操运动员

第三章 国家、用人单位和工会在劳动关系中的职责

【引例】

2009年年初,某针织染整有限公司在招聘员工时,有些年轻应聘人员提出不希望公司为其办理社会保险,只要公司把应缴纳的社会保险费用打入其工资总额里即可,以多拿些钱到手。公司也考虑到市场变幻莫测,可能陷入经营困难而歇业、解散,决定在与受聘员工签订劳动合同时,给每位新进员工以高工资,月薪不低于2600元,并注明工资里含公司应缴纳的社会保险费用。2009年6月,当地劳动行政部门在进行执法检查时,发现该公司未给新进的这批员工办理任何社会保险,即责令公司补办,但公司提出劳动合同已有明确约定,公司应缴纳的费用也打入员工工资里,员工利益并没有受损,新进的员工也都同意这样做,因此拒绝办理。劳动行政部门耐心向该公司解释社会保险方面的法律法规,明确告知为职工办理社会保险缴纳相关费用是用人单位的职责,最后,该公司认识到自己的错误,及时为每位新进员工依法办理了各项社会保险,缴纳了保险费用。

工业革命的发展,使得欧洲社会的基本结构发生了重大变化,也推动了社会生产力的极大进步,但同时带来了劳动关系的普遍化和大众化。最初的雇佣关系被视为纯粹的财产关系,由民法来进行调整。但是由于劳资之间经济实力不平等、信息不对称,使得劳动力相对于资本而言始终处于弱势地位,由民法以当事人之间的平等视角来进行调整,不可避免地出现了利益失衡和社会不公的现象。因此,随着近现代工业的发展和法哲学上对于实质正义的追求,各国政府对劳动关系中的利益失衡现象给予越来越多的关注。越来越多的国家通过制定劳动法律对劳资关系进行干预和规范,以保护和救助处于弱势地位的劳动者。但是政府运用各种手段在干预劳资关系的过程中,也不可否认市场在劳动力资源配置中的重要作用。而且随着工人阶级运动的兴起和发展,工会作为一支独立的力量登上社会经济政治舞台,各国立法承认工人组织的合法地位,工会成为劳动关系维持、劳动者利益保护的重要力量。

第一节 国家在劳动关系中的职责

一、国家在劳动关系中的职责概述

劳动关系,是在劳动者与用人单位之间基于劳动力商品的买卖而形成的一种社会关系。从形式上看,劳动关系的形成是建立在劳资双方意思自治的基础上的,是双方意思表

示自由的产物。因此,劳动力商品和其他商品一样,应当遵循市场经济规律,由市场这只看不见的手对劳动关系进行调整。但是从实质上看,市场主体意思自治的两个前提,即主体的平等性和身份的互换性在劳动关系中都丧失了。劳动者相对于用人单位,在经济实力上难以抗衡、在信息的获取上难以充分,因此,始终处于弱势地位。为了平衡劳动关系中双方当事人的利益以及整个社会利益,需要国家对劳动关系中的不平等作出矫正和纠正。因此,各个国家都会或多或少、或激进或保守地对劳动关系进行干预。我国《劳动法》对于国家在对劳动关系进行干预时的职责也作出了相应的规定。

二、国家在劳动关系中的地位和作用

(一)国家在劳动关系中的地位

劳动关系是建立在劳动力商品买卖基础上的一种社会关系,在这一社会关系中存在着劳动力的买卖双方当事人,一方是用人单位,另一方是劳动者。劳动力商品在进行交易的过程中,需要遵循市场经济规律。但在市场经济条件下,劳动力资源如果完全采用市场配置的模式,则存在很多不足,其弊端主要表现在以下方面:第一,劳动者与用人单位的交易实力的悬殊使劳动者在与用人单位的交易中处于十分不利的地位;第二,劳动力商品依附于劳动者本身而存在,两者不可分割,用人单位与劳动者必须在充分了解的基础上,才能作出正确的判断和选择,因此会大大增加双方之间的交易成本;第三,市场机制只是提供了机会的平等,但是对于市场中的弱势群体以及因特定原因丧失工作机会的劳动者视而不见,因而会导致这部分劳动者失去生活保障,影响社会稳定。

因此,现代各个国家普遍采取了在国家适度干预下对劳动力资源进行配置的方式。在这种方式下,仍然强调市场对劳动力资源配置的基础性作用,但同时也关注到市场机制本身的缺陷,故而在市场对劳动力资源配置出现失灵的情况下,引入国家对于劳动力市场和劳动关系的适度干预。

(二)国家在劳动关系中的作用

由于劳动力市场采用单纯的市场配置存在着各种弊端,需要由国家对劳动力市场和劳动关系进行适度的干预。因此,国家在劳动关系中,是以有形之手弥补市场无形之手的缺陷。我国《劳动法》明确规定,国家要采取各种措施,促进劳动就业,发展职业教育,制定劳动标准,调节社会收入,完善社会保险,协调劳动关系,逐步提高劳动者的生活水平。同时,国家鼓励和保护劳动者进行科学研究、技术革新和发明创造,表彰和奖励劳动模范和先进工作者。

三、国家在劳动关系中职责的具体体现

(一)国家在促进就业方面的职责

就业,是指具有劳动能力的公民在法定劳动年龄内自愿从事有一定劳动报酬或经营收入的社会劳动。就业是人类生存和发展的基本条件,也是实现公民劳动权的基础。但

是公民的就业不是依靠个人就能实现，而是需要国家和政府的帮助，因而，在国家的各项职责中，促进就业占据首要的、最重要的地位。

为了尽可能地促进劳动者就业，国家一般会制定一定的就业政策，通过各项具体措施来创造更多的就业岗位。我国《就业促进法》第2条就明确规定了国家在扩大就业方面的责任，要求国家把扩大就业放在经济社会发展过程中的突出位置，实施积极的就业政策，坚持劳动者自主择业、市场调节就业、政府促进就业的方针，多渠道扩大就业。

但是在就业过程中存在着的就业歧视，不仅会侵犯劳动者的劳动自由，还会妨碍劳动力使用者的用工自由，导致劳动力市场自由流动出现障碍。故而国家在创造就业机会的同时还必须保障劳动者享有平等就业权。平等就业，即劳动者在就业过程中享有平等的竞争机会，反对各种形式的就业歧视。我国《劳动法》第12条规定的就业歧视类型包括民族、种族、性别、宗教信仰等四种歧视类型。《就业促进法》第3条在重申《劳动法》所禁止的四种歧视类型的基础上，在列举了四种歧视类型后，使用了兜底性的"等"字，并在第三章"公平就业"部分，进一步明确增加了残疾歧视、传染病病原携带者歧视、农民工歧视三种歧视类型，从而在一定程度上完善了我国在反对就业歧视方面的立法。

在反对就业歧视的基础上，相关立法在弱势群体的就业方面作出了特殊的规定。如，我国《劳动法》第13条规定，妇女享有与男子平等的就业权利。在录用职工时，除国家规定的不适合妇女的工种或岗位外，不得以性别为由拒绝录用妇女或提高对妇女的录用标准。同时，我国的《妇女权益保障法》、《女职工劳动保障特别规定》等法律法规，对妇女的劳动就业保护作了具体的规定。

（二）发展职业教育的职责

随着人类社会的进步和发展，以及社会分工的进一步细化，经济发展对于劳动者的素质和技能要求也会发生较大的变化，而劳动者的素质和技能的获得与提高又需要有相应的职业教育和培训的发展与之相适应。经济学理论认为教育属于公共物品，不适合由私人提供，因而国家有责任以一定方式向社会提供教育，包括职业教育在内的公共物品。自党的十一届三中全会以来，我国制定了大量与职业教育和培训相关的法律法规，明确了职业教育和培训的法律地位。通过推进素质教育，深化职业培训机构改革，完善技术技能人才培养体系等措施，不断扩大职业培训规模，提高培训质量，加快人力资源的开发，促进社会经济发展。

（三）制定劳动标准的职责

劳动标准，是指根据法律法规规定，对劳动者、劳动过程、劳动条件和劳动关系以及相关管理活动等重复性事物、概念和行为作出的统一规定。在劳动过程中制定劳动标准，始于机器化大生产。机器的使用代替了传统的手工作业，发展了专业化协作，生产劳动组织发生了很大变化，因而，企业管理包括相应的新的劳动管理应运而生。一些企业的管理者和工人，凭经验对工作时间、工作班次、劳动任务、人员配备、操作规程、劳动报酬等作出规定。同时机器的广泛使用，使得千百万失业大军形成，劳动者在劳动力市场中处于劣势地位，其工资被大幅降低，但工作时间被尽可能延长。针对这些情况，工人阶级自发地组织起来和资产阶级进行斗争。在工人阶级斗争及各方面的压力下,英国议会于 1802 年被迫通过《学徒健康与道德法》,规定纺织厂 18 周岁以下学徒每天工作时间不得超过 12 小时,并禁止学徒在晚 9 时至翌日清晨 5 时从事夜班工作等工时标准。由此,开了国家制定劳动标准的先河。经过 200 余年的发展,如今市场经济发达国家的劳动标准体系逐步形成,如美国、日本、英国、法国等国家,其劳动标准种类、项目都相对较为健全,水平或程度较高,覆盖范围较广,执行也比较严格。

(四)调节社会收入的职责

在现实经济生活中,社会成员在国民收入初次分配中形成的收入水平存在着很大的差异,这种差异取决于很多因素,包括人的自然禀赋、体力的不同,分配准则的不同,机会的不同等。因此,收入分配的差别是客观存在的,是经济社会发展的伴生物。但是收入差距逐步扩大,又会带来新的不公平和社会不稳定,因此国家需要在现阶段以"按劳分配"作为主要分配标准的同时,规范并合理运用其他分配标准,保障社会分配中的实质公平。

(五)完善社会保险的职责

在工业社会中,劳动者失去了自己的生产资料,只能与资本家的生产资料相结合,成为雇佣劳动者,传统的家庭化解风险的能力逐步衰退。因此,人们需要外部性的方式来化解社会风险,保险作为一种风险分担机制被引入劳动关系领域。社会保险成为一种国家为预防和分散劳动者在年老、失业、疾病以及死亡等社会风险,实现社会安全,而强制社会多数成员参加的具有所得重新分配功能的非营利性的社会安全机制。

我国的社会保险制度于 20 世纪 50 年代初开始建立,包括养老、工伤医疗、生育等保险项目,1986 年又建立了失业保险制度,对于保障职工的生活、促进社会经济发展起了积极的作用。但是随着市场经济体制改革的深入和我国人口老龄化的提前到来,原来的社会保险体制已经不能适应经济社会发展的需要,严重影响劳动者合法权益的保障和经济效益的提高。从 1992 年起,我国政府将企业社会保险制度改革,作为深化经济体制改革的重大举措,对社会保险制度进行了较大的改革和完善,制定了一系列法律、法规,并于 2010 年制定并通过了《社会保险法》,将社会保险制度的基本内容以立法形式固定下来,形成了相对完备的社会保险法律体系。

(六)劳动监察

从 1994 年《劳动法》颁布以来,我国又陆续颁布了大量的劳动领域的法律法规,使得劳动关系的调整有了充分的法律依据,但"徒法不足以自行",在有法可依的基础上,还应当进一步实现有法必依的目标,这就需要监察机构对劳动法执法的情况实行全面的监督检查,对用人单位违反劳动法律法规的行为进行查处,调动社会的力量共同保障劳动法的顺利实施。我国《劳动法》第十一章对劳动法执法情况监督检查进行了专章规定。

第二节　工会在劳动关系中的职责

一、工会在劳动关系中的职责概述

工会是一种社会团体性组织，是工人为加强内部团结，争取、维护自身合法利益而自愿组织起来的团体性组织。虽然早在1818年的苏格兰就建立了最早的工会组织——格兰斯哥织布工人工会，但是工会普遍获得合法地位则是在第二次世界大战之后。从1871年英国颁布世界上第一部《工会法》以来，大多数国家都在宪法中明确了工会的合法地位，同时制定有关工会的专门法或在劳动法典等相关立法中对工会的权利、义务和职责等进行专门的规定。

我国《工会法》于1992年制定并于2001年和2009年分别进行了修订，2009年修订后的《工会法》第6条规定："维护职工合法权益是工会的基本职责。工会在维护全国人民总体利益的同时，代表和维护职工的合法权益。工会通过平等协商和集体合同制度，协调劳动关系，维护企业职工劳动权益。工会依照法律规定通过职工代表大会或者其他形式，组织职工参与本单位的民主决策、民主管理和民主监督。工会必须密切联系职工，听取和反映职工的意见和要求，关注职工的生活，帮助职工解决困难，全心全意为职工服务。"

二、工会的性质和法律地位

（一）工会的性质

《中国工会章程》（2008年修订）规定，中国工会是中国共产党领导的职工自愿结合的工人阶级群众组织。这表明，我国工会的本质属性是工人阶级的阶级性、群众性和自愿性的有机统一。

1. 工会的阶级性

工会的阶级性，是指工会是工人阶级的组织，以工人阶级作为自己的阶级基础，以保护工人阶级利益作为自己的使命。《中国工会章程》规定，中国境内的企业、事业单位、机关和其他组织中，以工资为主要生活来源或与用人单位建立劳动关系的体力劳动者和脑力劳动者，不分民族、种族、性别、职业、宗教信仰、教育程度，承认工会章程，都可以加入工会成为会员。这充分说明工人阶级是工会的阶级基础，工会具有鲜明的阶级性。

2. 工会的群众性

工会的群众性，是指工会是工人阶级范围内最广泛的群众组织。

3. 工会的自愿性

工会的自愿性，是指工会是劳动者自愿结合和加入的组织，任何组织和个人不得阻挠或限制劳动者加入或退出、建立或不建立工会，同时，工会的活动也是建立在劳动者自愿的基础之上的。

(二)工会的法律地位

工会的法律地位,是指工会是否具备法人资格,能够依法享有权利和履行义务,成为法律关系中独立的一方主体。从世界各国的工会法的规定来看,对工会法人资格予以确认已经成为一种通行的做法。我国《工会法》第 14 条规定:"中华全国总工会、地方工会、产业工会具有社会团体法人资格。基层工会组织具备民法通则规定的法人条件的,依法取得社会团体法人资格。"这表明全国总工会、地方工会、产业工会从成立之日起已经具备社会团体法人资格,而基层工会组织则根据具体情况具体分析,如果符合《民法通则》第 37 条[①]对法人资格的要件要求,就具备法人资格,否则则不具备法人资格。

三、工会在劳动关系中职责的具体体现

(一)工会的基本职责

维护职工合法权益是法律赋予工会的权利,也是工会的基本职责。我国《工会法》明确规定,维护职工合法权益是工会的基本职责;《劳动法》同时规定,工会代表和维护劳动者的合法权益,依法独立自主地开展活动;《中国工会章程》也重申了,中国工会的基本职责是维护职工合法权益。

(二)工会职责的具体体现

我国《工会法》在明确工会的基本职责的同时,规定了工会承担的具体工作职责,主要体现在以下几个方面:

1. 参与管理国家事务、社会经济文化事业的职责

《工会法》规定,国家机关在组织起草或修改直接涉及职工切身利益的法律、法规、规章时,应当听取工会意见。县级以上各级人民政府制定国民经济和社会发展计划,对涉及职工利益的重大问题,应当听取同级工会的意见。县级以上各级人民政府及其有关部门研究制定劳动就业、工资、劳动安全卫生、社会保险等涉及职工切身利益的政策、措施时,应当吸收同级工会参加研究,听取工会意见。县级以上地方各级人民政府可以召开会议或者采取适当方式,向同级工会通报政府的重要的工作部署和与工会工作有关的政策措施,研究解决工会反映的职工群众的意见和要求。因此,工会在国家立法活动、制定国民经济和社会发展计划,以及其他涉及职工切身利益的事务方面,应当积极地参与其中,最大限度地维护职工的合法权益。

2. 协调劳动关系的职责

我国《工会法》第 6 条第 2 款规定,工会通过平等协商和集体合同制度,协调劳动关系,维护企业职工劳动权益。由此可以看出,平等协商和集体合同制度是工会在维护劳动者权益方面的重要手段。在市场经济条件下,企业追求的目标是利益的最大化,而企业职

[①] 《民法通则》(1986 年)第 37 条规定:"法人应当具备以下条件:(一)依法成立;(二)有必要的财产或经费;(三)有自己的名称、组织机构和场所;(四)能够独立承担民事责任。"

工的目标则是工资福利水平的最大化,双方所追求的目标是存在一定矛盾的,工会代表职工与企业行政就工资等问题进行平等协商,从而达到双方都能接受的平衡点,使劳资关系实现协调稳定。我国的相关立法规定,工会可以代表职工与用人单位在平等协商的基础上,签订集体合同。在企业违反集体合同,侵犯职工劳动权益的情况下,工会可以依法要求企业承担责任;因履行集体合同发生争议,经协商解决不成的,工会可以向劳动争议仲裁机构提请仲裁,仲裁机构不予受理或者对仲裁裁决不服的,可以向人民法院提起诉讼。

3. 组织职工民主参与的职责

我国《工会法》第6条第3款规定,工会依照法律规定通过职工代表大会或者其他形式,组织职工参与本单位的民主决策、民主管理和民主监督。职工代表大会是国有企业实行民主管理的基本形式,对非国有企业而言,《工会法》第37条规定,工会依照法律规定组织职工采取与企业、事业单位相适应的形式,参与企业、事业单位民主管理。

4. 帮助、指导职工签订劳动合同的职责

我国《工会法》第20条规定,工会帮助、指导职工与企业以及实行企业化管理的事业单位签订劳动合同。由于在劳动合同的签订过程中,劳动者相对于用人单位处于经济上和信息等方面的弱势地位,很难与用人单位进行一对一的平等协商。为了保护劳动者的合法权利,法律法规规定,工会应帮助和指导劳动者与企业以及实行企业化管理的事业单位签订劳动合同。

5. 提出意见或建议的职责

在劳动合同的履行过程中,由于用人单位和劳动者所追求的利益目标存在着偏差,因而经常出现由于利益追求不同而产生冲突和纠纷的情形,因此,《工会法》明确规定了工会对用人单位的一些行为提出意见或建议的职责。例如,企业、事业单位处分职工,工会认为不适当的,有权提出意见。工会发现企业违章指挥、强令工人冒险作业,或者在生产过程中发现明显重大事故隐患和职业危害,有权提出解决的建议,企业应当及时研究答复;发现危及职工生命安全的情况时,工会有权向企业建议组织职工撤离危险现场,企业必须及时作出处理决定。

6. 监督的职责

在劳动合同和集体合同的履行过程中,出现用人单位损害职工利益的情形时,相关法律法规授权工会进行监督,提交有关机关处理。《工会法》第22条规定,企业、事业单位违反劳动法律法规规定,有下列侵犯职工劳动权益情形,工会应当代表职工与企业、事业单位交涉,要求企业、事业单位采取措施予以改正;企业、事业单位应当予以研究处理,并向工会作出答复;企业、事业单位拒不改正的,工会可以请求当地人民政府依法作出处理:(1)克扣职工工资的;(2)不提供劳动安全卫生条件的;(3)随意延长劳动时间的;(4)侵犯女职工和未成年工特殊权益的;(5)其他严重侵犯职工劳动权益的。第23条规定,工会依照国家规定对新建、扩建企业和技术改造工程中的劳动条件和安全卫生设施与主体工程同时设计、同时施工、同时投产使用进行监督。对工人提出的意见,企业或者主管部门应当认真处理,并将处理结果书面通知工会。

7. 支持和帮助职工起诉的职责

根据我国《劳动法》和《工会法》的规定,当职工认为企业侵犯其劳动权益而申请劳动争议仲裁或向人民法院提起诉讼的,工会应当给予支持和帮助。

8. 法律法规规定的其他职责

第三节 用人单位在劳动关系中的责任和义务

一、用人单位在劳动关系中的责任和义务概述

用人单位,是指依照法律法规规定,享有用人权利能力和用人行为能力,使用劳动力并向劳动者支付劳动报酬的组织或个人。劳动关系建立和形成的前提,是用人单位与劳动者就劳动力商品的买卖达成合意,形成口头或书面合同即劳动合同。但是劳动合同标的是一种特殊商品——劳动力,故而劳动合同与一般民事合同之间也存在着重大的区别,体现在用人单位相较于一般的合同当事人而言,需要承担更多的责任和义务。

二、用人单位的性质和法律地位

(一)用人单位的性质

我国《劳动法》和《劳动合同法》所称的用人单位,是指中华人民共和国境内的企业、个体经济组织、民办非企业单位等组织,以及与劳动者建立了劳动关系的国家机关、事业单位和社会团体组织。由此可以看出,在我国劳动法律关系中,能够成为劳动关系当事人的用人单位一方,必须是团体组织,自然人不包括在用人单位的范畴之中。1995年劳动部发布的《关于贯彻执行〈劳动法〉若干问题的意见》第4条也明确规定,农村劳动者(乡镇企业职工和进城务工、经商的农民除外)、现役军人和家庭保姆等不适用劳动法。故而,在我国,用人单位应当是经过注册登记的团体组织。但是在实务中也存在着没有经过合法注册登记,却以用人单位名义招用劳动者的情形,我国《劳动合同法》规定,不具备合法经营资格的用人单位应当纳入劳动法的适用范围,并且,用人单位不具备合法经营资格不作为劳动合同无效的法定事由。

(二)用人单位的法律地位

1. 劳动关系中的一方当事人

我国《劳动合同法》规定,中华人民共和国境内的企业、个体经济组织、民办非企业单位等组织(简称用人单位)与劳动者建立劳动关系,订立、履行、变更、解除或终止劳动合同,适用本法。依法订立的劳动合同具有约束力,用人单位与劳动者应当履行劳动合同约定的义务。故而用人单位在劳动关系中是劳动合同的一方当事人,应当承担起劳动合同约定及法律法规规定的义务。

2. 与劳动关系有密切联系的社会关系中的一方当事人

在劳动法的调整对象中,除了劳动关系外,还包括一些与劳动关系有密切联系的其他社会关系。这些社会关系从本身来讲,不是劳动关系,但是与劳动关系有着直接或间接的联系,因此也由劳动法进行调整。包括但不限于国家对劳动关系进行干预所形成的社会

关系,工会组织与企业执行劳动法、工会法过程中形成的社会关系,社会保险关系等。

三、用人单位在劳动关系中责任和义务的具体体现

(一)用人单位对劳动者的责任和义务

我国《劳动法》和《劳动合同法》(2007年制定)系统地对用人单位作为劳动关系的一方当事人对劳动者的责任和义务进行了规定,主要包括以下几个方面:

1. 全面、协作履行劳动合同的义务。劳动合同履行,是指劳动合同当事人双方履行劳动合同所规定义务的法律行为。用人单位作为劳动合同的一方当事人,应当在劳动合同的履行中遵循合同履行的一般准则。我国《劳动合同法》第29条规定,用人单位与劳动者应当按照劳动合同的约定,全面履行各自的义务。同时,劳动关系的实现需要劳动者与用人单位的合作,也决定了在劳动合同履行过程中应当遵循协作履行的原则。

2. 制定企业规章的义务。《劳动合同法》第4条规定,用人单位应当依法建立和完善劳动规章制度,保障劳动者享有劳动权利、履行劳动义务。用人单位在制定、修改或决定有关劳动报酬、工作时间、休息休假、劳动安全卫生、保险福利、职工培训、劳动纪律以及劳动定额管理等直接涉及劳动者切身利益的规章制度或重大事项时,应当经职工代表大会或全体职工讨论,提出方案和意见,与工会或职工代表平等协商确定。用人单位应当将直接涉及劳动者切身利益的规章制度和重大事项决定进行公示,或者告知劳动者。

3. 给付劳动报酬的义务。劳动合同是以劳动者出卖劳动力这一特殊商品为标的的合同,因此,用人单位接受劳动者劳动力的给付,作为对价应当向劳动者给付劳动报酬。《劳动合同法》第17条将劳动报酬作为劳动合同的必备条款,要求劳动合同中应当具备。同时第18条也规定,劳动合同对劳动报酬和劳动条件等标准约定不明确,引发争议的,用人单位与劳动者可以重新协商;协商不成的,适用集体合同规定;没有集体合同或集体合同未规定劳动报酬的,实行同工同酬;没有集体合同或集体合同未规定劳动条件等标准的,适用国家有关规定。

4. 提供符合劳动安全卫生基准的劳动条件的义务。由于机器的大量使用以及工作场所的日益封闭化,使得劳动者在工作过程中始终面临着来自机器使用和工作环境恶劣带来的危险,这不仅极大地威胁和损害着劳动者的生命安全和身体健康,而且也是对人的基本权利的侵害,因此,世界各国均通过立法建立了相应的劳动安全卫生制度,保护劳动者在生产劳动过程中的安全与健康。我国《劳动法》第52条规定,用人单位必须建立、健全劳动安全卫生制度,严格执行国家劳动安全卫生规程和标准,对劳动者进行劳动安全卫生教育,防止劳动过程中的事故,减少职业危害。第54条规定,用人单位必须为劳动者提供符合国家规定的劳动安全卫生条件和必要的劳动防护用品,对从事有职业危害作业的劳动者应当定期进行健康检查。

5. 向劳动者提供职业培训的义务。在现代社会中,每一种职业都对从业者有具体的职业要求,包括知识结构、技术技能、生理心理和道德品质等多层次的要求。用人单位作为劳动力的直接使用者,为员工提供适合其自身要求的职业培训,不仅能够提高员工自身的专业知识和技能水平,而且也能够为企业发展提供更多的智力支持,使得企业获得较长

期的持续经营发展。我国《劳动法》第68条规定,用人单位应当建立职业培训制度,按照国家规定提取和使用培训经费,根据本单位实际,有计划地对劳动者进行职业培训。从事技术工种的劳动者,上岗前必须经过培训。

6. 为劳动者提供物质帮助的义务。虽然劳动者在劳动关系中是以出卖劳动力的方式获取劳动报酬,但劳动者在劳动过程中通过价值创造为用人单位带来了剩余价值和利润,同时也对社会经济的发展起到了推动作用。但是劳动者在劳动过程中不可避免地会遭受到职业伤害或事故,以及工作机会的丧失等问题,因此,各国劳动法律法规均规定,雇主以保险、福利等方式为职工及其亲属提供物质帮助。我国《劳动法》规定,国家发展社会保险事业,建立社会保险制度,设立社会保险基金,使劳动者在年老、患病、工伤、失业、生育等情况下获得帮助和补偿。用人单位和劳动者必须依法参加社会保险,缴纳社会保险费。同时还规定,用人单位应当创造条件,改善集体福利,提高劳动者的福利待遇。

7. 法律法规规定的其他义务。

(二)用人单位对国家的责任和义务

用人单位对国家的责任和义务主要包括:执行劳动法律法规、政策和标准的义务,接受国家劳动计划指导的义务,以及服从劳动行政部门及其他国家机关的管理和监督的义务。

(三)用人单位对工会的责任和义务

用人单位对工会的责任和义务主要包括:依法支持工会开展工作和活动的义务,依法与工会签订集体合同并履行集体合同规定的义务,依法接受工会监督的义务。

【思考题】

1. 简述国家对劳动力市场进行干预与市场配置劳动力资源之间的关系。
2. 分析国家和工会组织在保护劳动者权益方面职责的联系与区别。
3. 简述改革开放30多年以来,我国就业政策的发展及其理论和实践意义。

【司法考试真题链接】

某培训机构招聘教师时按星座设定招聘条件,称:"处女座、天蝎座不要,摩羯座、天秤座、双鱼座优先。"据招聘单位解释,因处女座和天蝎座的员工个性强势,容易跳槽,故不愿招聘,并认为按星座录取虽涉嫌就业歧视,但目前法律没有明文禁止。对此,应聘者向劳动监察部门投诉。劳动监察部门的下列哪一做法符合社会主义法治理念要求?(2012年)

A. 将《劳动法》"劳动者就业,不因民族、种族、性别、宗教信仰不同而受歧视"的规定直接适用于本案,形成判例,弥补法律漏洞

B. 根据《劳动法》的平等就业原则，对招聘单位进行法治教育，促使其改变歧视性做法

C. 应聘者投诉缺乏法律根据，可对其批评教育或不予答复

D. 通知招聘方和应聘方参加听证，依据国外相关法律规定或案例，对招聘机构的行为作出行政处罚决定

第四章 劳动就业法

【引例】

2007年1月18日,黎胜(化名)在网上向东莞某移动电话有限公司投递了应聘测试技术员岗位的简历。之后,黎胜顺利通过笔试和面试。该公司人力资源部通知黎胜,要他到指定的医院参加入职体检,如果体检合格就可以到公司上班。1月27日,黎胜到东莞同济医院进行入职前的体检。黎胜以为像这样的大公司不会有乙肝歧视,在体检结果出来前就主动告诉人力资源部负责人自己是乙肝病毒携带者。该负责人称,情况不太严重不会影响录取。1月30日黎胜又一次到东莞同济医院进行测试,检查结果显示其病毒不具有传染性。

但是,该公司依然拒绝录用黎胜。公司给黎胜的答复是"公司所有人都是在同一个饭堂吃饭,担心他会传染给公司其他人"。黎胜因此将东莞该移动电话有限公司及其在中国的总部告上了法庭。8月15日下午,此案在东莞市人民法院正式开庭审理。在审理过程中,该公司的代理人坚称,拒录理由是黎胜是"色盲",而非黎胜携带乙肝病毒。为证明自己被拒绝录用是由于企业"歧视乙肝病毒携带者",原告黎胜出具了自己与应聘公司人力资源部工作人员对话的录音。录音材料内容显示,企业工作人员在回绝原告时,提到他"携带乙肝病毒"的体检结果。而该公司的代理人则直接推翻录音材料的证明效力,坚称其企业并不存在录音材料中回答黎胜提问的工作人员。

第一节 劳动就业概述

一、劳动就业、失业的概念和特征

(一)劳动就业的概念

劳动就业从不同的角度可以作不同的解释。从经济学的角度看,劳动就业是劳动力与生产资料结合,生产社会物质财富并进行社会分配的过程;从劳动者个人的角度看,劳动就业是劳动者生存的必要行为,是施展才能、实现价值的手段;从社会价值的角度看,劳动就业是使劳动力和生产资料两大资源得到合理利用的过程。

从劳动法学的角度看,劳动就业是指在法定就业年龄内,具有劳动能力和劳动意愿的公民从事有一定劳动报酬的合法社会职业的状态。

统计学上应当有一个就业标准,以便在社会统计时比较统一地反映社会的就业状况。

现在国际上通用的就业标准是1954年和1957年在日内瓦召开的两次国际劳工统计学会议上制定的。根据这个标准,凡是在规定的年龄之内具有下列情形的,都属于就业人员:(1)正在工作中,即在规定的时间内正在从事有报酬或者收入的职业的人。(2)有职业但临时没有工作的人,如由于疾病,事故,劳动争议,休假,旷工,气候不良,机件损坏、故障等原因而临时停工的劳动者。(3)雇主和个体经营者,或者正在家庭经营企业或农场而不领取报酬的家庭成员,在规定的时间内从事正常工作时间的三分之一以上的人。① 上述国际通用标准表明:劳动就业的范围,一般只包括在国民经济各部门从事劳动的劳动者,武装部队中的人员和在校学习的学生不包括在就业范围内。这个就业标准基本上是符合我国国情的,它确定的就业范围比较宽,包括了我国近年来出现的"非正规就业"现象,打破了我国传统观念上只有在国有企业工作才算就业的框子。

(二)劳动就业的特征

1. 就业的主体:必须在法定的劳动年龄范围内(始于最低就业年龄——16周岁;止于退休年龄——男60周岁,女50~55周岁),并且具有劳动能力(劳动权利能力和劳动行为能力)和就业意愿。其中法定就业年龄和劳动能力是劳动就业的最基本条件。公民办理失业登记或求职登记,就是有就业意愿的表示。但是,尽管具备法定就业年龄和劳动能力两个基本条件,但公民没有就业愿望的,任何人不能强迫就业。此时劳动权不能实现是由个体原因造成的,社会对此没有直接的责任,国家也无须保障其就业。公民没有就业愿望,即使临时参加社会劳动,也不能算是就业。如在校学生的勤工俭学。

2. 就业对象:从事合法的有益社会的劳动。如赌博为法律所否定,所以即使被称为"职业赌徒",也不是就业。

3. 就业结果:必须是获得了劳动报酬或经营收入。义务劳动不具有有偿性,所以不是就业。虽然没有建立劳动法律关系,但却为社会提供服务,获得一定的收入,如从事个体经营(三轮车夫),同样属于就业范畴。

4. 就业实质:劳动就业是劳动力与生产资料的结合。如果公民属于法定就业年龄范围且具有劳动能力并且愿意参加社会劳动,但是未能获得相当的职业,这就是"失业",在我国称之为待岗、下岗。

(三)失业的概念和特征

失业是指在法定就业年龄范围内,有劳动能力和劳动愿望的公民未能实现就业或曾经就业而又失去工作岗位的状态。其特征如下:

1. 失业者仅限于依据有关法规和政策应当保障其就业的公民。
2. 失业必须是处于未获得就业岗位的状态。
3. 失业从其原因看,包括自愿失业、非自愿失业、摩擦性失业。其中摩擦性失业是指因季节性或技术性原因而引起的失业,即由于经济调整,或者由于资源配置比例失调等原因,导致劳动力需要在不同的工作中转移,劳动力在等待转业过程中便出现了失业现象。

---

① 黎建飞:《劳动与社会保障法教程》,中国人民大学出版社2010年版,第111页。

4. 从表现形式看,仅以公开失业为限,隐蔽性失业不包括在内。隐蔽性失业是经济学中的一个概念,指企业中出现的"冗员",劳动者被迫从事不能充分使用其劳动力的工作。

二、劳动就业的意义

就业对任何一个国家,都是极为重要的经济与社会问题。中国作为一个发展中的社会主义国家,有着13亿人口,近8亿劳动者。如何使这些劳动者各得其所、安居乐业,是关系到社会稳定与经济繁荣的大事。因此,妥善解决好劳动就业问题,具有十分重要的意义。

(一)解决好劳动就业问题,能够充分配置劳动力资源,提高社会生产效率

就业是民生之本,劳动乃天赋人权。劳动者没有就业门路而沦为失业者,从个人和家庭来说,不仅可能导致一家人的生活没有依托和着落,甚至忍饥挨饿,而且对失业者的心理打击是沉重且无法估量的;从国家和社会的角度看,可能导致的危害就更多更严重了。

(二)解决好劳动就业问题,能够保持和提高劳动者素质

加强教育和培训,无疑是提高劳动者文化、技术素质的重要途径。但劳动者的工作经验和劳动技能,还有赖于平时在劳动中不断地加以积累。事实上,家庭成员下岗失业造成的低收入,往往因无力负担文化教育、健康保健等人力资本投资,也必将影响到家庭人员知识的积累与素质的提高。可见,失业将导致一部分劳动者文化技能素质的严重退化。

(三)解决好劳动就业问题,能够减缓贫富差距的进一步扩大

在我国,目前就业收入无疑是绝大多数普通劳动者家庭收入的主要来源。况且,由于就业问题是一个底层问题,因而失业代价的主要和直接承担者,恰恰正是那些处于社会最底层的平民百姓,甚或"弱势群体"。这些人本来就收入不高,且家底不够殷实,故他们一旦失业,有的就必然基本失去了收入来源而沦为新的"赤贫"。

(四)解决好就业问题能够消除社会不和谐因素,维护社会的长期稳定,从而为实现各项人权创造条件

正因为失业问题突出导致社会收入差距拉大,加剧贫富分化,甚至造成少数家庭的基本生活失去依托,并使一些失业者的心理遭受严重打击,因而失业率过高必易形成社会恐慌。同时,国际社会正反两方面的经验也启示我们,从一定意义上说,失业是比通货膨胀更易引起社会动乱的祸源。此外,严峻的就业问题有碍改革特别是企业改革的进一步深化,不利于整个经济结构的战略性调整与升级,进而将严重制约、拖累与影响我国的经济增长和社会发展的进程,最终影响到各项人权的实现。

第二节 劳动就业的基本原则

劳动就业的基本原则是指在劳动就业过程中所应遵守的基本准则,是整个劳动就业工作的法律指导。这些基本原则包括政府部门制定就业政策的原则、在劳动者就业中应当普遍遵循的原则和特殊群体的就业保障原则。

一、国家促进就业原则

(一)国家促进就业原则的概念和意义

促进就业是指国家采取的帮助公民实现劳动就业的一系列措施的总称。就业是民生之本,努力实现社会充分就业,关系亿万人民群众切身利益,关系改革发展稳定大局,对推动科学发展、促进社会和谐具有十分重要的意义。

(二)国家促进就业原则的相关法律规定

为劳动者提供就业机会,是国家不可推卸的义务。为此,《宪法》第42条规定:"国家通过各种途径,创造劳动就业条件。"《劳动法》第5条规定:"国家采取各种措施,促进劳动就业,发展职业教育。"《劳动法》第10条规定:"国家通过促进经济和社会发展,创造就业条件,扩大就业机会。国家鼓励企业、事业组织、社会团体在法律、行政法规规定的范围内兴办产业或者拓展经营,增加就业。国家支持劳动者自愿组织起来和从事个体经营实现就业。"《劳动法》第11条规定:"地方各级人民政府应当采取措施,发展多种类型的职业介绍机构,提供就业服务。"《就业促进法》第32条至第43条作了详细的规定。其中第32条规定:"县级以上人民政府培育和完善统一开放、竞争有序的人力资源市场,为劳动者就业提供服务。"

(三)政府促进就业的措施

2005年十届人大三次会议,温家宝总理在《政府工作报告》中指出:"继续实行积极的就业政策。认真落实各项扶持再就业的政策措施,并把实施的范围扩大到集体企业下岗职工。今年中央财政安排109亿元资金支持再就业,比上年增加26亿元。地方财政也要增加投入。加强就业指导、培训和服务。统筹做好城镇新增劳动力、高校毕业生、复员退伍军人和农村富余劳动力的就业工作。"

国家通过一定的经济手段和法律手段推动和规范就业,一般情况下,国家采取的促进就业措施有:健全和完善劳动力市场的设施和规则,提供双向选择的就业机制;增加公共事业投资,创造就业机会;通过税收、金融等调控手段,刺激社会投资,扩大就业需求;调整教育结构,适应就业需求;发展就业培训和职业介绍,为就业创造条件和提供中介服务;提供就业信息和咨询指导,增强就业工作的理性化程度等。

但是,国家能在多大程度上履行这种义务,是与国家经济发展和社会发展状况密切相关的。一个国家的经济繁荣稳定、结构平衡、人口适度,劳动者的就业实现就有了可靠的保证。所以，国家促进就业，提高就业率是有条件的，并且是受各种因素制约的渐进过程。从世界范围来看，只要发展市场经济，失业现象就不可避免。各国之间的区别只是失业率的高低问题，而不是有无问题。所以，实现充分就业只能作为一种理想去追求。这就决定了，在劳动者没有就业或处于失业状态，就业权未能实现的情况下，虽然说明国家未能充分履行提供就业机会的义务，但是，劳动者也不能启动诉讼程序，将国家告上法庭。所以，就业权属于不可诉之劳动权。当然，劳动者的就业权未能实现，虽然不能通过诉讼程序追究国家的责任，但是可以转化为国家的另外一种责任而获得补偿。这种责任就是作为社会保障制度内容的最低生活保障救济制度和失业保险制度。

二、平等就业原则

(一)平等就业原则的概念

平等就业是指劳动者享有平等的就业权和就业机会，就其本质而言是宪法平等权于就业领域的延伸。① 因而，在具体的概念界定上学界通常依照《宪法》第 33 条公民平等权的规定、《世界人权公约》的规定作一适当的延伸，认为就业平等权是指我国公民不论其民族、种族、性别、宗教信仰如何，均享有平等获得就业机会的权利。它体现为"形式上的平等"，认为人们在劳动力市场上自由竞争，在各种社会活动中"起点"应平等，反对考虑各个具体"人"的差异，而关注各个"人"在其人格的形成发展或权利的享有实现过程中机会均等，反对差别对待和各种歧视，如民族、种族、宗教、政治面貌、户口、区域、生理(性别、身高、体形、相貌、血型)、姓氏、乙肝等。②

(二)平等就业原则的相关法律规定

当前我国关于保护公民就业平等权的法律规定散见于《宪法》、《劳动法》、《妇女权益保障法》、《残疾人保障法》、《工会法》、《民族区域自治法》和 2008 年生效的《就业促进法》等。《劳动法》第 3 条规定："劳动者享有平等就业和选择职业的权利。"第 12 条规定："劳动者就业，不因民族、种族、性别、宗教信仰不同而受歧视。"第 13 条规定："妇女享有与男子平等的就业权利。"《就业促进法》作为当前最新的专门针对就业所制定的法律，是就业类诉讼案件主要适用的法律依据。该法第 25 条至第 31 条对公平就业作了具体的规定。其中第 25 条规定："各级人民政府创造公平就业的环境，消除就业歧视，制定政策并采取措施对就业困难人员给予扶持和援助。"第 27 条规定："国家保障妇女享有与男子平等的劳动权利。"第 28 条规定："各民族劳动者享有平等的劳动权利。"第 29 条规定："国家保障残疾人的劳动权利。"第 30 条规定："用人单位招用人员，不得以是传染病病原携带者为由拒绝录用。但是，经医学鉴定传染病病原携带者在治愈前或者排除传染嫌疑前，不得从事法律、行政法规和国务院卫生行政部门规定禁止从事的易使传染病扩散的工作。"第 31 条

---

① 汪进元、汪新胜：《论我国农民工就业权的平等保护——兼评〈就业促进法〉》，载《上海财经大学学报》2008 年第 3 期。

② 罗永华：《论平等就业权》，载《企业家天地》2008 年第 8 期。

规定:"农村劳动者进城就业享有与城镇劳动者平等的劳动权利,不得对农村劳动者进城就业设置歧视性限制。"

> [案例]招聘广告三则
>
> 广告一:重庆万州一公司打出的招聘词对应聘者身高作出上限规定:身高不能超过1.4米。为何专招矮个子?该公司一负责人介绍,他们从事餐饮业,主打产品之一是"大朗烧饭",考虑到经营新产品的独特性,企业决定专招身高1.4米以下"身残志不残"的员工,男女不限,侏儒、佝偻患者均可。
>
> 广告二:南京某公司通过互联网发布了具有如下内容的招聘广告:"本公司欲招聘职员,条件如下:男,南京户口,身体健康,本科以上学历,身高1.7米以上,30岁以下。"
>
> 广告三:东莞某人才市场打出横幅称"湖南人已招满"。
>
> 请问以上三则招聘广告是否符合相关法律规定?
>
> [解答]广告一中,用人单位以员工的身高作为产品的卖点,属身高歧视的行为。广告二几乎包括了所有的就业歧视:性别歧视(不招女性)、年龄歧视(30岁以上就嫌大)、身高歧视(个子矮点都不要)、健康歧视(残疾者可能被拒)、地域歧视(外地户籍限制)等。广告三则属于典型的地域歧视。

三、劳动就业的市场原则

我国《劳动法》整个法律体系都是以劳动市场机制为基础设计的。劳动者求职、就业、失业和转业等方面要通过劳动力市场实现,职业训练、劳动报酬等环节也全部被纳入市场机制运作之中,作为劳动力资源市场配置的核心环节——劳动就业必须坚持市场原则。

劳动就业的市场原则,其实质就是坚持用人单位与劳动者之间的双向选择。一方面,要给予用人单位以充分的用工自主权。用人单位不仅有权随时从劳动力市场选择自己生产经营所需要的劳动者,而且可以依照法律的规定解除劳动关系,或解聘不合格的劳动者。另一方面,劳动者不仅可以根据自身的条件、兴趣、专长和爱好选择用人单位,而且可以根据自身情况的变化,通过劳动力市场合理流动,重新选择用人单位或工作岗位。劳动就业的这一原则,通过企业法赋予用人单位用工自主权和《劳动法》建立劳动关系的基本形式——劳动合同贯彻实施。

四、照顾特殊群体就业原则

照顾特殊群体就业原则的主要体现就是为特殊群体提供特殊就业保障。特殊就业保障的对象包括妇女、残疾人、退役军人和少数民族人员。《劳动法》第13条规定:"妇女享有与男子平等的就业权利。在录用职工时,除国家规定的不适合妇女的工种或者岗位外,不得以性别为由拒绝录用妇女或者提高对妇女的录用标准。"第14条规定:"残疾人、少数民族人员、退出现役的军人的就业,法律、法规有特别规定的,从其规定。"这两条是对特殊群体就业保障的规定,体现了照顾特殊群体就业原则。

五、禁止未成年人就业原则

国家为保护未成年人的健康成长,对未成年人的就业年龄予以限制。《劳动法》第15条规定:"禁止用人单位招用未满十六周岁的未成年人。文艺、体育和特种工艺单位招用未满十六周岁的未成年人,必须依照国家有关规定,履行审批手续,并保障其接受义务教育的权利。"该条规定体现了国家对未满16周岁的未成年人实行的保护政策。为配合劳动法的实施,国务院发布了《禁止使用童工规定》,在《禁止使用童工规定》中对童工的概念作出了明确界定。所谓童工是指未满16周岁,与单位或者个人发生劳动关系,从事有经济收入的劳动或者从事个体劳动的少年、儿童。其次,规定了禁止使用的范围。包括以下几方面:(1)禁止国家机关、社会团体、企业事业单位、个体工商户、农户、城镇居民等使用童工。(2)禁止各种职业介绍机构以及其他单位和个人为未满16周岁的少年儿童介绍职业。(3)禁止各级工商行政管理部门为未满16周岁的少年儿童发个体营业执照。(4)父母或者其他监护人不得允许未满16周岁的子女或被监护人做童工。

对文艺、体育和特种工艺单位因需要招用未满16周岁的未成年人,必须依照国家有关规定,履行审批手续,并保障其接受义务教育的权利。这里所说的国家有关规定,是指《禁止使用童工规定》第8条的规定,即文艺、体育和特种工艺单位,确需招用未满16周岁的文艺工作者、运动员和艺徒时,需报请县级以上(含县级)劳动行政部门批准。

第三节 特殊就业群体就业保障

一、残疾人的就业保障

(一)残疾人就业保障的意义

残疾人是指在心理、生理或人体结构上,因某种组织、功能丧失或者不正常而全部或者部分丧失以正常方式从事某种活动之能力的人。依照我国法律的规定,残疾人享有与其他人一样的各项权利。其中,劳动就业权是我国残疾人享有的一项重要权利。然而,目前整个社会就业形势日益严峻,供大于求的矛盾十分突出,同时,随着入世、国企改革和城市化的发展,就业结构调整和市场竞争加剧,对高素质、高技能人才的需求日益增加,就业中的人才高消费现象已经出现。因此,残疾人就业形势更加严峻,残疾人就业工作面临困境。所以,必须引起高度重视,制定相应对策,切实解决有劳动能力的残疾人的就业问题。

残疾人就业是残疾人事业的重要组成部分,也是残疾人及其家属所关心的一个社会问题。残疾人就业,意味着他们的经济生活水平、精神生活水平和社会地位的提高。因此,解决有劳动能力的残疾人就业问题,是实现残疾人走向社会的根本途径。

我国现有约6000万个残疾人,残疾人能否顺利实现劳动就业,不仅关系到数目庞大的残疾人群体的自身利益,也关系到我国能否顺利建设和谐社会。

(二)我国保障残疾人就业的法律制度

我国《宪法》第45条把国家和社会帮助安排盲、聋、哑和其他有残疾的公民的劳动、生活和教育作为一项宪法原则予以规定。近年来又出台了一系列维护残疾人劳动就业权的法律、法规，其中最重要的是1990年通过并于2008年进行重大修订的《残疾人保障法》和2007年通过的《残疾人就业条例》。《残疾人保障法》第4条规定："国家采取辅助方法和扶持措施，对残疾人给予特别扶助。"这就要求各级人民政府应当对残疾人劳动就业予以统筹规划，为残疾人创造劳动就业条件，国家须对残疾人劳动就业采取优惠政策和扶持保护措施。为了促进残疾人就业，我国已经采取了按比例就业、集中就业、税收优惠等扶持措施。

从实践情况看，有些用人单位在劳动报酬方面仍存在歧视残疾人的问题，同工不同酬，分配不公平，残疾人无法和其他人一样获得相应的劳动报酬。获得劳动报酬的权利意味着残疾人劳动者在获得劳动报酬方面不应受到用人单位的歧视。由此《残疾人保障法》第34条规定："任何单位在劳动报酬方面不得歧视残疾人。"此外，由于残疾，残疾人劳动者可能对劳动条件和安全条件有特殊的要求。《残疾人保障法》第34条规定："残疾职工所在单位，应当为残疾职工提供适应其特点的劳动条件和劳动保护。"

由于残疾，残疾人劳动者的就业能力和工作能力往往受到不同程度的制约，职业技能培训对于残疾人劳动者提高就业能力和工作能力具有特别重要的意义。为了切实保障残疾人享有接受职业技能培训的权利，各级人民政府应当采取措施扶持残疾人职业技能培训事业的发展。根据《残疾人保障法》第35条的规定，残疾职工所在单位应当对残疾职工进行岗位技术培训，以提高其劳动技能和技术水平。

（三）残疾人就业权的保障措施

1. 完善扶助残疾人就业的立法规定

在劳动就业方面，残疾人是弱势群体，要使残疾人能够平等地享有劳动就业权，必须对残疾人进行特别扶助。《残疾人保障法》规定了对残疾人就业进行扶助的总体原则和基本制度。该法的出台使我国残疾人劳动就业权的保护步入了法制化的轨道，在保护残疾人的劳动就业权方面发挥了巨大的作用。然而，仅仅依靠该法对残疾人的劳动就业权进行保护是不够的，因为《残疾人保障法》的规定较为原则，还需要相关法律、法规、规章予以细化和补充。此外，作为一部法律，《残疾人保障法》无法涵盖残疾人劳动就业权保护的所有内容，这些内容需要由相关法律、法规、规章予以规定。

2. 完善扶助残疾人就业的组织建设

由于残疾人自身存在局限，仅仅依靠残疾人自身的力量往往无法很好地实现残疾人的劳动就业权，因此，必须对残疾人采取特别扶助措施，促进残疾人就业。对残疾人就业的扶助既要依靠明确的法律规定，也要依靠切实有效的组织落实。政府在扶助残疾人就业方面须发挥主导作用，加强对残疾人就业的指导、协调工作，采取有效措施促进残疾人就业。目前，我国各级政府普遍建立了残疾人工作委员会，应当加强该机构的综合协调工作，各成员单位应该各负其责，加强沟通，共同促进残疾人就业工作的顺利开展。

3. 完善扶助残疾人就业的措施

政府应把残疾人就业作为保障和改善残疾人民生的头等大事来抓，根据经济社会发展形势和残疾人就业需求，采取有针对性的措施，破解残疾人就业难题，实现残疾人稳定就业。要大力开展适合市场需求、适合残疾人特点的教育和培训,提高残疾人就业能力;认真落实残疾人按比例就业制度,通过开发适宜残疾人就业岗位等措施,让有劳动能力的残疾人实现平等就业;国家机关、事业单位、国有企业应带头执行法律,研究确定适合残疾人就业的岗位,积极安排残疾人就业;加大对福利企业、盲人按摩机构等残疾人集中就业单位的管理和扶持力度;完善福利企业税收优惠政策。

4. 加强对残疾人劳动就业权的司法保护

目前,我国残疾人劳动就业权受到侵犯的情况还屡屡发生。例如,残疾人劳动环境恶劣,不具备安全条件和卫生条件;在聘用、升职、劳动报酬等方面,残疾人常常遭到用人单位的歧视;用人单位随意解聘、开除残疾人等等。为了有效保护残疾人的劳动就业权,有关部门必须依法惩治侵害残疾人劳动就业权的各种行为,加强对残疾人劳动就业权的司法保护,从而构建残疾人劳动就业权的良好司法环境。公安机关和检察机关应当积极查办、起诉侵犯残疾人劳动就业权的有关犯罪行为。劳动监察等部门在执法中发现侵害残疾人劳动就业权的严重违法行为应当及时向司法机关报告并移送案件。在劳动就业权遭受侵害时,残疾人有权运用法律武器维护自身的合法权益。由于残疾人的文化水平普遍较低,经济条件较差,其在运用法律武器维护自身合法权益的过程中会遇到各种各样的困难。各级残疾人联合会、有关法律援助机构应当给予残疾人必要的帮助。在残疾人需要通过诉讼维护其劳动就业权时,有关机构应当提供法律援助。为了减轻残疾人的负担,法院在受理涉及残疾人劳动就业权的案件时,应当依照有关规定减收或者免收残疾人的诉讼费。对于损害残疾人劳动就业权的案件,法院应当及时审理和作出判决,减轻残疾人的讼累,从而更好地维护残疾人的合法权益。

二、退役军人的就业保障

退役军人就业的特殊保障,主要表现在就业形式上。国家对退役军人实行就业安置等特殊保障措施。主要包括:

1. 现役军人参战或者因公负伤致残的,由部队评定残疾等级,发给革命残疾军人抚恤证。退出现役的特等、一等革命残疾军人,由国家供养终身。二等、三等革命残疾军人,家居城镇的,由所在地的县、自治县、市、市辖区的人民政府安排力所能及的工作;家居农村的,其所在地区有条件的,可以在企业事业单位安排适当工作,不能安排的,按照规定增发残疾抚恤金,保障他们的生活。

2. 《兵役法》和《退伍义务兵安置条例》规定,符合安排工作条件的义务兵退出现役后,按照从哪里来、回哪里去的原则,由原征集的县、自治县、市、市辖区的人民政府接收安置。家居农村的义务兵退出现役后,由乡、民族乡、镇的人民政府妥善安排他们的生产和生活,机关、团体、企业事业单位在农村招收员工时,在同等条件下,应当优先录用退伍军人,荣获二等功以上奖励的,按照家居城镇义务兵退役安置规定,安排工作。家居城镇的义务兵退出现役后,由县、自治县、市、市辖区的人民政府安排工作,也可以由上一级或者省、自治区、直辖市的人民政府在本地区内统筹安排。

3. 为与市场经济接轨,对退伍军人自愿到劳动力市场竞争就业和自谋职业的,政府应予支持和鼓励,有条件的地区可试行"供需见面、双向选择、包底安置"的办法。每年的四五月份,国务院军队转业干部工作小组、中组部、人事部、总政治部联合召开全国军转安置工作大会,部署当年的安置任务,提出具体要求。各省区市按照大会精神,根据各地实际情况,开展军转安置工作。

三、少数民族人员的就业保障

我国是一个统一的多民族国家,除了汉族外,还有55个少数民族,约占全国总人口的7％。少数民族为中华民族的独立、自由、进步、繁荣和富强,做出了自己的贡献,是祖国大家庭中不可缺少的成员。国家保障少数民族的平等权利。我国《宪法》规定:"中华人民共和国各民族一律平等。国家保障各少数民族的合法的权利和利益,维护和发展各民族的平等、团结、互助关系。禁止对任何民族的歧视和压迫,禁止破坏民族团结和制造民族分裂的行为。""国家根据各少数民族的特点和需要,帮助各少数民族地区加速经济和文化的发展。"

为了培养少数民族职工队伍,帮助少数民族地区加速发展经济和文化,实现民族平等、团结和进步,国家对少数民族人员的就业作了专门规定。1984年颁布的《中华人民共和国民族区域自治法》规定:"民族自治地方的自治机关根据社会主义建设的需要,采取各种措施从当地民族中大量培养各级干部、各种科学技术、经营管理等专业人才和技术工人,充分发挥他们的作用,并且注意在少数民族妇女中培养各级干部和各种专业技术人才。""民族自治地方的企业、事业单位在招收人员的时候,要优先招收少数民族人员,并且可以从农村和牧区少数民族人口中招收。自治州、自治县从农村和牧区少数民族人口中招收人员,须报省或者自治区人民政府批准。"

一些民族自治地方在贯彻《民族区域自治法》的这一规定时,为了确保招收少数民族人员,还对招工中的少数民族人员比例作了规定。如宁夏回族自治区人民政府规定:"今后招工,少数民族比例不得低于25％,城市招收不到比例时,可到农村招收回乡知识青年。"新疆维吾尔自治区劳动局规定:"招工中的民族比例应当参照当地城镇待业人员中的民族人数,并考虑当地民族人口自然比例。"有的地方还放宽录取少数民族职工的条件等,使少数民族职工队伍不断壮大。这对于增强民族团结,加速民族自治地方的经济文化建设,保障少数民族的平等权利具有重要意义。

四、未成年人就业的特殊保障

[案例]2001年5月,已满16周岁的小张被某市时兴宾馆录用。宾馆与小张签订了为期3年的劳动合同,约定小张的工作岗位是宾馆锅炉房司炉。小张上班后,发现锅炉房司炉工作比较清闲,也就很满意这份工作。但到了10月,宾馆开始向房间供暖,小张的工作量就非常大,每天为烧锅炉需要用推车推运50多车煤,工作一天下来小张感到精疲力尽,身体吃不消。小张就向宾馆有关领导要求增加人手或予以调换工作岗位。而宾馆的有关负责人却以劳动合同中明确约定了小张的工作岗位为由拒绝了小张的请求。为此,双方发生了争议,在协商不成的情况下,小张向当地劳动争议仲裁委员会申请仲裁,请求宾馆为自己调换适当的工作岗位。

> 请问本案应如何解决?
>
> [解答]首先,某市时兴宾馆安排小张从事锅炉房司炉工作违反了法律、法规关于未成年工禁忌劳动范围的规定。其次,未成年工小张上岗之前时兴宾馆未对其进行健康检查,也违反了有关规定。最后,时兴宾馆使用未成年工小张未向当地劳动部门进行登记,也违反了有关规定。因此,劳动争议仲裁委员会受理并核查事实后裁决宾馆立即为小张调换适当工作岗位。

(一)就业年龄的限制

童工是指未满16周岁,与单位或者个人发生劳动关系,从事有经济收入的劳动或者从事个体劳动的少年、儿童。未满16周岁的少年儿童,身体正处于发育成长时期,过重的体力劳动会损害他们的身体健康。其在心理上也不成熟,处在长知识、培养情操和基本素质的时期,尚不具备作为一个完全的劳动者的条件。因此,《中华人民共和国劳动法》第15条规定:"禁止用人单位招用未满十六周岁的未成年人。"《禁止使用童工规定》(国务院令第364号)规定:"包括国家机关、社会团体、企业事业单位、民办非企业单位、个体工商户在内的用人单位,均不得招用不满十六周岁的未成年人。"《使用童工罚款标准的规定》也明确规定禁止使用童工。凡用人单位使用童工的,将由劳动保障行政部门按每使用一名童工每月处5000元罚款的标准给予处罚,最高额度可达每人每月罚款1万元。

在一些例外情况下,让未满16周岁的少年儿童参加劳动不属于使用童工:(1)未满16周岁的少年、儿童参加家庭劳动、学校组织的勤工俭学和省、自治区、直辖市人民政府允许从事的、无损于身心健康的、力所能及的辅助性劳动,不受关于禁止童工从事劳动的限制。但要禁止以"勤工俭学"为名使用童工。(2)对于文艺、体育和特种工艺单位,由于工作性质和特点,需要招用未满16周岁的文艺工作者、运动员和艺徒时,需经县级以上劳动保障行政部门批准。按规定批准招用少年、儿童就业的用人单位应当切实保证他们的身体健康,促进他们在德、智、体诸方面健康成长,并负责创造条件,保证少年儿童依法接受当地规定的义务教育。

为保障未成年人的就业权利,在就业问题上不得歧视被人民检察院免予起诉、人民法院免除刑事处罚或者宣告缓刑以及被解除收容教养或者刑满释放的已满16周岁的未成年人。

(二)身体健康检查制度

为保障未成年工的身体健康,按法定年龄招收未成年工时,应当进行全面的健康检查,取得身体合格证明以后,才能正式被录用。未成年工被录用后,也应在每年一定时期进行体格检查。《劳动法》规定:"用人单位应当对未成年工定期进行健康检查。如果发现疾病或身体发育中的异常情况,应及时进行治疗。"

(三)未成年工的登记管理制度

《劳动法》第58条规定:"国家对未成年工实行特殊劳动保护。国家为了实行对未成年工的特殊劳动保护,对使用未成年工实行登记制度。"《未成年工特殊保护规定》第9条规定:"对未成年工的使用和特殊保护实行登记制度。"具体内容是:用人单位招收使用未成年工,除符合一般用工要件外,还须向所在地的县级以上劳动保障行政部门办理登记。劳动保障行政部门根据"未成年工健康检查表"、"未成年工登记表",核发"未成年工登记证"。各级劳动保障行政部门根据《未成年工特殊保护规定》的有关规定,审核体检情况和拟安排的劳动范围。未成年工须持"未成年工登记证"上岗。

第四节 新时期劳动就业的新思路

一、新时期劳动就业的形式

劳动就业的形式实质上是劳动资源配置的方式,可分为自然配置、行政配置和市场配置三种方式。(1)自然配置是不需要"外部"的力量实现资源配置,适合于自给自足的自然经济条件。(2)行政配置是由行政管理者对自己所管辖的资源直接进行配置。这种方式不能满足劳动者和用人单位在劳动力资源配置方面的要求,甚至会造成劳动力资源浪费。(3)市场配置是通过市场实现劳动力资源配置。这是由劳动者与用人单位供需双方直接见面,双方自由选择实现的,从而能够使资源按照自身的条件和需求与劳动岗位有效结合,有利于资源配置后的使用和经济效益的实现。新时期劳动就业的形式主要属于第三种方式。因此,我们讨论的也主要是这种就业方式。我国目前的就业形式主要有以下几种:

(一)劳动者与用人单位直接洽谈就业

这实际上就是劳动者竞争就业,常见的方式是参加用人单位的考试考核,合格者将获得就业岗位,实现就业。劳动者竞争就业的程序通常为:(1)由用人单位在劳动力市场发布招工或招聘广告,求职者报名登记。(2)用人单位进行报名资格、学历资格等相关审查。(3)求职者参加文化考试,通过后进行体检。(4)用人单位和劳动者面谈、面试。(5)用人单位决定是否录用或聘用,决定录用或聘用后通知求职者。(6)双方协商签订劳动合同,办理劳动关系手续。

劳动者与用人单位直接洽谈就业的形式是与劳动者之间的公平竞争、用人单位的考试考核直接联系的,由于我国劳动力市场供大于求的矛盾始终突出,就业竞争激烈,对劳动者的素质要求愈来愈高。劳动者应有劳动风险意识和就业竞争意识,努力提高自身能力,不断提高自身技能水平,这样才能在就业上有更多的选择。

(二)职业介绍机构介绍就业

职业介绍机构介绍就业是指由职业介绍机构为劳动力供求双方沟通联系并进行职业指导,由双方订立劳动合同,实现就业。职业介绍机构是指依法设立的、从事职业介绍工作的专门机构。按我国法律规定,职业介绍机构应有常年固定的服务场所、专职从事就业服务工作的工作人员和相应的工作设施,为求职者和用人单位沟通联系,提供就业服务,促进求职者和用人单位相互选择,为充分开发和利用劳动力资源服务。

(三)劳动者自己组织起来就业

这是劳动者在国家的扶持下,自愿组织起来通过各种集体经济组织实现就业,国家在资金、税收、场地等方面给予照顾。劳动者自愿组织起来就业最早出现在 20 世纪 70 年代末,当时主要是鼓励返城知青组织起来,创办各种类型的自负盈亏的合作社或合作小组。在现阶段,这种形式表现为国家鼓励城镇失业人员、下岗人员举办集体企业,自愿组织起来就业,并为此规定了许多优惠政策。

(四)自谋职业

自谋职业是我国劳动者实现就业的重要途径,是指劳动者通过从事个体工商经济、开办私营企业和进行合伙经营而实现就业的行为。随着市场经济的发展,自谋职业越来越受到重视,并在安置失业和下岗职工中发挥着重要作用。国家通过税费减免、资金支持、各项补贴等多种政策大力支持和鼓励失业人员通过自谋职业实现再就业。主要政策有:

1. 税收减免政策。下岗职工从事社区居民服务业,符合规定免税项目范围的(各地可根据实际情况增列项目),在规定期限内给予免征营业税、个人所得税、城市维护建设税和教育费附加等项税收。

2. 工商登记优惠政策。下岗职工申请从事个体经营或开办私营企业的,在开业一年内,减免工商管理行政性收费;下岗职工从事社区居民服务业的,三年内可免收工商管理行政性收费等。

3. 行政性收费优惠政策。下岗职工从事社区居民服务业的,三年内可免收行政性收费。下岗职工申请从事个体工商经营、家庭手工业或开办私营企业的,工商、城建等部门要及时办理有关手续,开业一年内减免工商管理等行政性收费等。

4. 信贷优惠政策。对积极吸纳国有企业下岗职工的中小企业、劳动就业服务企业等就业实体的,以及下岗职工从事个体经济或组织起来兴办服务型企业的,只要符合国家产业政策、产品适销对路、符合贷款条件,有关商业银行和信用社要积极给予贷款支持,城市商业银行和城市信用社要优先安排此类贷款。

另外,根据国务院有关文件规定,失业人员在再就业时可以享受下岗职工再就业的优惠政策。

(五)国家安置就业

目前国家对少数劳动者仍然负有保证其实现第一次就业的机会。这是国家出于国家利益的考虑而规定的就业政策。列入国家安置就业的人员有:原是城镇户口的退伍义务兵;原是农业户口的退伍义务兵,仅限于在服役期间荣立二等功或以上等级的立功者和因战、因公致残的二等、三等伤残军人;退出现役的志愿兵,但在服役期间因严重违反纪律或无正当理由坚持要求提前退出现役者,应按退伍义务兵处理;军队转业干部;农村户籍的烈士子女(仅限 1 名);内地定居的归侨、侨眷和港澳台同胞及其内地眷属;纠正冤、假、错案后,因撤销原判、宣告无罪或依据政策法律不予追究刑事责任而释放的人员中,一般限于原有工作者及原无工作,但释放后无家可归、无亲可投者;刑满释放的原军队干部,犯过失罪并在服刑期间表现好,适合继续担任干部的,可安排转业,其余的一般按退伍处理;按国家规定应当或可以由国家安置就业的其他劳动者。

二、新时期劳动就业的现状

随着我国改革开放的进一步深化,特别是加入了WTO之后,中国的社会形势发生了改变。我国高校实行扩招,毕业生人数逐年递增,且又值政府机构精简,国有企业减员增效、下岗分流,就业矛盾突出,形势十分严峻。

这一阶段的城镇青年的就业也走上了"自主择业"、"自谋职业",甚至自己创业的道路。自从上世纪90年代中期开始,农村青年可以不再将自己拴在农村的土地上,可以自由进入城镇。由此,大量农村青年开始在城市工作、生活甚至定居。随着社会的发展,农村青年在就业选择上走出了"糊口策略",外出务工也不再以"赚钱"为第一原则,而是以"经济理性人"形象把寻求发展放在第一位。不再甘愿充当城市的"过客",而是力争拓展自己的发展空间,想成为城市的一员。

新时期青年就业出现了三个趋势:自主化——主体性越来越强;务实化——政治色彩淡化;多元化——选择面越来越宽。

现阶段以大学生为主体的知识青年择业观较以往发生了较大的变化。第一,在择业标准方面,看重发展前景、施展才干机会、薪酬福利和工作环境。第二,在就业认识上,逐渐打破机关、事业、企业和国有、集体、私人单位之间的等级观念,"创业也是就业"成为普遍接受的观念。第三,在择业意向上,由"重工轻商"转变为"工商并重",往日不被看好的服务行业也成为择业的热门。第四,在职业评价上,政治色彩更加淡化,更向往符合自己兴趣的职业,把物质需求与精神追求结合起来。第五,在就业地点与父母所在地的距离上,对父母和他人的依赖心理淡化。"考证热"、"外语热"、"出国热"正是这种自主意识强化的证明。第六,勇于创业,由被动就业向自主创业转变。2002年共青团中央青工部主办的中国青年就业创业网正式运行,各地方团组织也相继成立并出台了青年就业与创业的支持平台和措施。

三、新时期劳动就业观念的转变

劳动者的就业与发展应当以当时社会政策和社会需求为导向,总体上应该坚持以下三个原则:

(一)增强就业的自主意识

当代青年,尤其是大学生,应当增强就业的自主意识与主体意识。既要摆脱国家制度层面造成的社会结构性抑制,也应逐步摆脱父母这一家庭因素造成的微观层面的制约。首先,新时期国家会逐步退出"导演"地位,不再对青年择业负有直接责任。因此,当代青年在就业中必须处理好国家帮助就业和自由就业的关系,不能等靠依赖。其次,随着城乡一体化的发展,农村和城市的差别会逐渐缩小,当代青年应当扩展就业的地理空间,打破区域、户籍制度的界限,实现跨县、跨省、跨国流动就业。

(二)注重就业的务实化

随着改革开放的深入,我国青年就业中尤其是大学生考公务员热的"仕途经济",近几年再掀高潮。当代青年应该转变就业观念,要敢于突破传统政治色彩的束缚。中国改革开放30多年来,经济战略地位得到了逐步提升,青年就业观念理应表现出经济取向的强化,经济意识的增强。青年应随着经济意识的强化而更主动地投身市场经济。这是一个国家"发展才是硬道理"的转变,这种转变是务实的体现,是质的飞跃。

(三)强调就业形式的多元化

当代青年应当调整心态,转变就业观念。确立"大众就业"、"大就业"和职业平等观念。因为,随着社会变迁与就业形势的变化,青年就业的选择面越来越宽,从单一越来越走向多元,这种多元不仅仅包括就业类型的多种多样,还有"非正规就业"甚至是"不就业"的选择。前者主要表现在职业类型(如公务员、科研院所、国企、外企、私企等)的多元化以及地理位置(大城市、省城、沿海、东部发达地区的农村、西部边远贫困地区)、就业途径(选择岗位和自主创业)的多元化。后者主要表现在家庭内就业、自由职业者、自由撰稿人和职业考研族、出国族等。近年来,随着大学毕业生人数的大幅度增加,高校毕业生就业形势越来越严峻,"就业难"成为热门话题。直观表现上,"就业难"的原因是大学毕业生人数过多。实际上,新形势下,社会对人才的需求层次要求提高,选择余地扩大,人才需求结构的失衡才是造成了表面上的"大学生就业难"现象的深层次原因。尽管如此,高校毕业生所面临的主要问题不是"无业可就",而是"有业不就"。出现这种局面的重要原因是用人单位的实际需求同大学毕业生就业取向之间存在落差。因此,大学生应该转变就业思路,充分认识到就业的意义,做到先就业再择业。

【思考题】

1. 劳动就业的基本要素有哪些?
2. 国家促进就业的措施主要有哪些?
3. 如何理解国家促进就业与自主择业的关系?
4. 新时期大学生应该树立怎样的就业观?

【司法考试真题链接】

1. 下列哪些说法违反劳动法的规定?(2010年)
   A. 我国公民未满16周岁的,用人单位一律不得招用
   B. 双方当事人不可以约定周六加班
   C. 劳动合同期限约定为两年的,试用期应在半年以上

D. 双方当事人可就全部合同条款作出违约金约定

2. 下列哪一事项所形成的法律关系由劳动法调整？（2003年）

A. 甲厂职工陈某操作机器时不慎将参观的客户蒋某致伤，蒋某要求陈某赔偿
B. 汪某因身高不足1.70米而被乙厂招聘职工时拒绝录用，汪某欲告乙厂
C. 丙公司与劳务输出公司就30名外派劳务人员达成的协议
D. 丁公司为其职工购房向银行提供的担保

第五章 劳动合同法

【引例】

　　某物业管理有限公司属一家承担某高校学生公寓物业管理的专业公司,2011年2月聘请刘某为公司电工,未与其签订劳动合同,也未为其办理社会保险。2011年10月23日下午,刘某在安装学生公寓一寝室的灯管时不慎摔倒,左腿骨折,刘某住院治疗29天,出院后进行伤残鉴定,结果为十级伤残,遂要求物业公司按照劳动合同法规定予以赔偿。物业公司认为刘某与公司之间没有劳动合同,属临时工,并认为公司已支付医疗费用,只愿承担伤残赔偿金,如果不同意公司将对刘某予以辞退。刘某无奈之下向劳动仲裁委员会申请仲裁,要求物业公司双倍支付其工资。

　　本案中物业公司不与刘某订立书面劳动合同,违反劳动法的规定,与刘某已形成事实劳动关系。刘某上班工作时受伤,属工伤。

第一节　劳动合同概述

一、劳动合同的定义

　　我国《劳动法》第16条第1款规定:"劳动合同是劳动者与用人单位之间确立劳动关系,明确双方权利和义务的协议。"这个定义一是指明劳动合同是确立劳动关系的法律依据,二是强调了劳动合同与权利义务的紧密联系。劳动者与用人单位之间的劳动关系要产生预期的法律效果,就必须签订劳动合同。

　　劳动合同在形式上分为口头劳动合同和书面劳动合同,前者适用于短期劳动及以双方的互信为基础,双方当事人以口头形式约定而产生的劳动事实。后者是劳动合同关系的常见表现形式,双方当事人以书面形式明确相互的权利和义务,为维护双方的合法权益提供有力保障。劳动合同在内容上又分为事实劳动关系和法定劳动关系,前者既包括双方当事人以口头形式约定而产生的劳动事实,也包括双方虽然签订劳动合同,但该劳动合同因法定或其他原因归于无效的情况。后者则指的是因法定或书面劳动合同形式所形成的劳动关系,是劳动关系的常态形式。

　　事实劳动关系在现实中的表现,有时是比较复杂的,这里有几种情况:一是劳动合同到期后,双方并未办理相关劳动合同终止手续,劳动者继续在用人单位工作,也没有续签新的书面劳动合同,这就形成了事实上的劳动关系;二是用人单位自用工之日起,一直不与劳动者签订书面的劳动合同,毫无疑问,自用工之日起双方也存在事实上的劳动关系。上述劳动关系原本应以书面劳动合同形式存在,但由于用人单位不依法与劳动者签订劳动合同或者因劳动者自身原因不愿签订劳动合同,致使双方无书面劳动合同,形成事实的劳动关系。这些情况的出现,不利于劳动关系的规范和调整,也是劳动法所禁止的。因此,《劳动合同法》第10条第2款规定:"已建立劳动关系,未同时订立书面劳动合同的,应当自用工之日起一个月内订立书面劳动合同。"第14条第3款规定:"用人单位自用工之日起满一年不与劳动者订立书面劳动合同的,视为用人单位与劳动者已订立无固定期限劳动合同。"第82条第1款规定:"用人单位自用工之日起超过一个月不满一年未与劳动者订立书面劳动合同的,应当向劳动者每月支付二倍的工资。"这些规定明确了不签订书面劳动合同的法律后果,使用人单位树立与劳动者签订劳动合同的强烈意识,有力地保证了劳动合同的有序建立。当然实际生活中也存在个别劳动者出于不正当目的,故意不签或拖延签订劳动合同的的情形,从而以没有书面劳动合同为由获得利益,现行劳动法对此还缺乏相应法律约束,我们认为立法层面应对此进行完善,将劳动者故意拒签或拖延签订劳动合同作为用人单位免除法律责任的情形。

[案例]2009年1月,王某受聘到一家贸易公司任仓库保管员,并签订了劳动合同,期限一年,王某工作认真负责,得到公司上下一致肯定,一年后王某继续在公司上班,公司继续每月向其发放工资,期间王某多次向公司提出要再次签订劳动合同,公司均以没有必要予以回绝。2011年底,公司突然提出解雇王某,王某不同意,后王某向当地劳动仲裁委员会申请仲裁,要求公司与他补签无固定期限劳动合同,并要求继续履行劳动合同。

[解答]本案中,贸易公司在王某劳动合同到期后继续雇佣他为公司职员,但又不订立书面劳动合同,与王某之间形成事实劳动关系,在王某多次提出订立劳动合同时均不予理会,且事实劳动关系存续达两年之久,应视为与王某已订立无固定期限劳动合同,公司解雇王某也没有法律上的理由。王某的请求应予以支持。

二、劳动合同的法律特征

劳动合同是一种特殊的合同,它除有合同的一般性特征外,还具有其特殊性,主要体现在:

(一)主体只能是特定的用人单位与劳动者

劳动合同的主体一方必须是用人单位,即法人或其他经济组织,另一方必须是劳动者,劳动者为提供劳务的自然人个人,且其资格也受到劳动法的约束和限定。例如,个人家庭请保姆、雇主请钟点工,尽管保姆、钟点工均是提供劳务者,但并不受劳动法的约束和调整,不属劳动合同关系,而是属于劳务合同关系。

(二)合同内容均有较强的法定性

用人单位与劳动者在签订劳动合同时,应本着平等、自愿的原则,对具体的劳动权利和劳动义务进行协商,但是,由于劳动关系的人身从属性特点,使得劳动者在签订劳动合同时，往往容易成为附属性一方而丧失独立意志。因此双方在确定劳动合同的内容时，不得违背国家法律和行政法规，例如劳动合同在涉及工时休假、最低工资、劳动保护条件、社保待遇等方面，劳动法及劳动合同法均有基准规定，双方应在国家法律、法规许可的范围内确定劳动权利和劳动义务，否则就会导致劳动合同的相关条款内容因与国家劳动法律、法规相抵触而无效。此外，集体合同也具有劳动基准法的效力，用人单位与劳动者在签订劳动合同时也不得与集体合同的规定相抵触。

（三）劳动合同一般有试用期的规定

劳动合同可以约定试用期，按照劳动法的规定，试用期一般不超过六个月。试用期是劳动合同的一种特有现象，也就是说，合同已经生效，且已经在履行，但在一个特定的时期即试用期内，双方当事人均可以相对自由地解除劳动合同，终止劳动关系。在试用期内的这种解除或终止劳动关系的行为通常并不会导致法律责任的承担。

劳动合同的建立，和其他一般合同所不同的是，对劳动者的劳动技能、劳动态度、专业素质等有着特定要求，劳动者本身也有在劳动中处理好与上下级、同事关系的问题，作为一方当事人，需要有一个时间让其考虑，决定是否能继续履行并维持劳动关系。同样，对用人单位来说，也存在一个需要了解劳动者实际工作能力的问题。因此，双方约定一段时间的试用期，是劳动法律关系本身的特点所决定的，也利于劳动合同更好地得到履行。

（四）劳动合同的目的在于劳动过程的实现，而不是劳动成果的给付

劳动通常是为了创造价值，交付劳动成果，但劳动过程是一个复杂的体能和智能发挥过程，有的劳动可以产生劳动成果，有的劳动就不一定能够如愿产生劳动成果、创造价值。不管是否产生了实际劳动成果，提供劳动的劳动者均实现了劳动过程，均应获得相应的劳动报酬。所以，建立劳动合同的目的就是为了实现劳动过程，确立双方劳动关系，至于劳动过程是否能给付劳动成果并不是建立劳动合同的目的。

由此可见，劳动者只要完成了劳动过程，用人单位就要依据劳动合同的约定支付劳动者劳动报酬即货币，用人单位不能以劳动者通过劳动产生的产品是否能创造价值来决定是否发放工资，也不能因劳动者通过劳动产生的产品最终不能在市场上销售出去，而拒付工资或者用产品向劳动者发放以替代应支付的工资，更不能借口生产需要向劳动者收取风险保证金或劳动合同押金。现实生活中出现的这些情况都是非常荒谬的、违法的。

[案例] 某酒店一次性招聘服务员50名，并与她们分别订立了一年期的劳动合同，合同约定每位员工需交纳600元的服装费、1000元的合同押金。劳动合同期满，员工要求退还她们的押金和服装费，酒店以近两个月生意清淡、员工服装可以自行带走为由拒绝退还。员工们商量后决定向劳动行政部门投诉，要求酒店退还她们的押金和服装费。

[解答] 本案中，酒店在劳动合同中约定收取员工服装费和合同押金是违反劳动法的，劳动行政部门应责令酒店立即退还服装费和合同押金，并要依劳动法的相关规定对酒店进行处罚。

第二节 劳动合同的订立、变更、终止和无效

一、劳动合同的订立

(一)劳动合同订立的条件

劳动合同订立的条件,指的是用人单位和劳动者建立劳动关系的资格。

1. 用人单位订立劳动合同的条件

根据我国《劳动法》第2条的规定,中华人民共和国境内的企业、个体经济组织和与之形成劳动关系的劳动者,适用该法。国家机关、事业单位、社会团体和与之建立劳动合同关系的劳动者,依照该法执行。由此可见,作为用人单位的一方当事人多数为法人,法人作为用人单位凭借其合格的主体资格、规范的管理机制以及足够的财力,成为劳动合同履行的有力保障。非法人经济组织和个体户虽然不具有法人资格,但也是我国用人市场的重要部分,也是劳动合同订立的主体。由于该用人单位无法人资格,所以劳动者在与其订立劳动合同时,应谨慎考虑用人单位的资信情况,以保证自己的劳动权利得以实现。

[案例]房小玲是一个15岁半的山区小女孩,因家庭生活困难到县城一家制冰厂应聘打工,因怕厂里嫌其年龄小不录用,在招工表格年龄栏上填写17岁,厂里即刻录用并签订劳动合同。上班后不到一个月,因操作机器不慎将右手掌切断,造成五级伤残。厂里认为房小玲应聘时瞒报年龄,因而拒绝赔偿,房小玲及其父母在协商未果的情况下便向劳动仲裁委员会申请仲裁。

[解答]本案中,制冰厂录用未满十六岁的未成年人,属于违法使用童工的违法行为。按照国务院《禁止使用童工规定》,用人单位招用员工时,必须核查被招用人员的身份证,对不满16周岁的未成年人,一律不得录用。造成童工伤残的,工商部门应吊销其营业执照,用人单位应一次性按照国家工伤保险有关规定给予赔偿。

2. 劳动者订立劳动合同的条件

首先是年龄条件,按照劳动法的有关规定,年满十八周岁的劳动者达到了订立劳动合同的条件,年满十六岁不满十八岁的劳动者依据《劳动法》和《劳动合同法》的有关规定,在劳动合同有关权利义务条款不违背法律法规的前提下,也可以未成年工的身份与用人单位订立劳动合同。其次是劳动能力条件,也就是说劳动者可以凭借自己的体力或智力完成某项工作的能力。劳动者劳动能力差别很大,这就要求双方在订立劳动合同时,要充分考虑劳动者的劳动能力,用人单位要与有相应工作岗位能力的劳动者订立劳动合同,明确相应的劳动合同内容,这样才能保证劳动合同得到有力的贯彻落实。另外,外籍人士在我国从事劳动,与用人单位订立劳动合同,还要具备外国人就业许可证书。

(二)劳动合同订立的原则

我国《劳动法》第17条第1款规定:"订立和变更劳动合同应当遵循平等自愿、协商一致的原则,不得违反法律、行政法规的规定。"

1. 平等自愿、协商一致的原则

订立劳动合同,首先双方应遵循平等自愿、协商一致的原则。所谓平等,是指用人单位与劳动者在订立劳动合同时地位平等,双方都是以劳动关系主体资格出现的,是平等主体之间的法律关系。任何一方不得以地位、权势、经济实力等因素将自己的意志强加给对方,在劳动力市场供大于求的情况下,用人单位不得对劳动者提出不平等的附加条件。尽管劳动合同的双方当事人存在极强的隶属特性,但在订立劳动合同时,不存在谁命令谁、谁服从谁的问题。所谓自愿,是指用人单位与劳动者订立劳动合同完全是出自于自己的真实意志,双方在意思表示真实的情况下,将自己的意思真实地在劳动合同中表示出来。任何一方不得强制对方接受某种条件,第三方也不得干涉劳动合同的签订,强迫用人单位或劳动者接受某些劳动合同条款。所谓协商一致,是指劳动合同的具体条款内容,在法律、法规允许的范围内,由双方当事人自由协商、讨论,达成一致意见后合同才能成立、生效。订立劳动合同,平等自愿是基础,而协商一致是平等自愿的唯一表现形式。实践中常常出现用人单位事先拟好格式合同条款,那么这就要求用人单位依据《合同法》和《劳动合同法》的基本原则和精神,公平合理地确定双方当事人的权利和义务,要向对方提请注意一些关键条款并进行解释,并且要按照对方的要求,对某些免责条款或限制条款进行法律风险说明,必要的时候要针对劳动者的合理要求进行相关条款内容的调整。

2. 公平原则

所谓公平原则是指劳动合同的内容应公平、合理。也就是说,订立的劳动合同涉及双方当事人的权利义务应大体平衡,要防止一方当事人尤其是用人单位滥用优势地位,制定一些不公平条款,损害劳动者的权利。强调公平原则,有利于保护双方当事人的合法权益,维护和平衡双方当事人尤其是劳动者的利益。

3. 遵守法律、行政法规的原则

订立劳动合同必须符合法律、法规的要求,它是劳动合同有效的前提条件。首先,劳动者必须要有劳动权利能力和劳动行为能力,用人单位招聘员工时,要认真考察应聘人员的年龄是否达到劳动年龄,否则可能导致招用童工的法律后果。用人单位要以单位名义与劳动者签订劳动合同,不能以科室等职能部门的名义与劳动者签订劳动合同。其次,劳动合同的内容要合法,合同规定的权利义务不得违背《劳动法》和《劳动合同法》的规定,否则将导致相关条款无效,从这个意义上讲,《劳动法》尤其是《劳动合同法》是国家利用具有强制力的法律限制合同自由,以体现雇员需要特殊的保护。用人单位在拟订劳动合同时,要严格遵守《劳动合同法》的有关规定,不得强迫劳动者接受与《劳动合同法》相悖的条款,以保障劳动者的合法权益。再次,劳动合同必须采用书面形式,否则用人单位要承担不签订书面劳动合同的法律后果。

4. 诚实信用原则

诚实信用原则就是要求劳动合同的双方当事人讲信用,诚实不欺,相互信任,相互协作,这也是一项道德准则。《劳动合同法》第8条规定:"用人单位招用劳动者时,应当如实告知劳动者工作内容、工作条件、工作地点、职业危害、安全生产状况、劳动报酬,以及劳动者要求了解的其他情况;用人单位有权了解劳动者与劳动合同直接相关的基本情况,劳动者应当如实说明。"该条就是诚实信用原则在劳动合同法中的具体体现。同时,如果劳动合同没有约定或约定不明,而法律又没有规定,可以根据诚实信用原则进行解释。

二、劳动合同的变更

劳动合同的变更,是指劳动合同履行过程中,由于法定原因或双方当事人协商一致,对已生效的劳动合同条款进行修改或补充。劳动合同的变更只涉及劳动合同内容的变化,而不包括劳动合同主体的变更。劳动合同在履行过程中,往往因客观情况发生重大变化,对合同的部分条款就有修改或补充的必要,以便劳动合同更好地执行,更好地维护双方当事人的合法权益。

以下条件往往会导致劳动合同的变更:(1)双方当事人协商一致达成一致变更意见的;(2)订立劳动合同时所依据的法律、法规已经修改或废止的;(3)企业经上级主管部门批准或根据市场变化决定转产或调整生产任务的;(4)订立劳动合同时所依据的客观情况发生重大变化,致使劳动合同无法履行的;(5)法律、法规允许的其他情况。

变更劳动合同必须遵循平等自愿、协商一致的原则,必须依法合规达成一致后才能变更。变更劳动合同必须采用书面形式。如果通过协商达不成一致意见,任何一方都可以向当地劳动仲裁委员会申请仲裁。

三、劳动合同的终止

劳动合同的终止,即双方当事人劳动关系的终结,劳动合同自行失效,不再执行。劳动合同的终止在法理上有广义和狭义之分,狭义的终止不包括劳动合同的解除,广义的终止则包括劳动合同的解除。根据《劳动合同法》的规定,劳动合同的终止指的是狭义的合同终止,不包括劳动合同的解除。劳动合同的终止通常情况下均因劳动合同期限届满而终止,除此之外的劳动合同终止,必须符合法定的条件。

劳动合同因合同期限届满而终止。除因合同期限届满终止外,下列情形亦为劳动合同法定终止条件:(1)劳动者开始依法享受基本养老保险待遇的;(2)劳动者死亡,或者被人民法院宣告死亡或者宣告失踪的;(3)用人单位被依法宣告破产的;(4)用人单位被吊销营业执照、责令关闭、撤销或用人单位决定提前解散的;(5)劳动合同经劳动争议仲裁机构或人民法院确认无效或判决终止其效力的;(6)法律、行政法规规定的其他情形。

劳动合同期满,劳动者有下列情形之一的,劳动合同应当续延至相应的情形消失时终止。(1)《工会法》第18条规定:"基层工会专职主席、副主席或者委员自任职之日起,其劳动合同期限自动延长,延长期限相当于其任职期限;非专职主席、副主席或者委员自任职之日起,其尚未履行的劳动合同期限短于任期的,劳动合同期限自动延长至任期期满。但是,任职期间个人严重过失或者达到法定退休年龄的除外。"(2)劳动者在医疗期、孕期、产期和哺乳期内,劳动合同期限届满时,用人单位不得终止劳动合同。劳动合同的期限应自动延续至医疗期、孕期、产期和哺乳期期满为止。(3)《工伤保险条例》规定,劳动者在本单位患职业病或者因工负伤并被确认丧失劳动能力的,或者大部分丧失劳动能力且劳动者没有提出终止劳动合同的,用人单位不得与劳动者终止劳动合同。(4)《职业病防治法》规定,用人单位对未进行离岗前职业健康检查的劳动者不得终止与其订立的劳动合同。另外,《劳动合同法》还规定,劳动者在本单位连续工作满15年,且距法定退休年龄不足5年的,即使劳动合同期满,用人单位也不得与劳动者终止劳动合同。

固定期限劳动合同的终止,除用人单位维持或者提高劳动合同约定条件续订劳动合同,劳动者不同意续订的情形外,用人单位应当向劳动者支付经济补偿。因用人单位被依法宣告破产的、被吊销营业执照、责令关闭、撤销或者用人单位决定提前解散的,用人单位也应当向劳动者支付经济补偿。

经济补偿按劳动者在本单位工作年限,每满一年支付一个月工资的标准向劳动者支付,六个月以上不满一年的,按一年计算,不满六个月的,向劳动者支付半个月工资的经济补偿。劳动者月工资高于用人单位所在直辖市、设区的市人民政府公布的本地区上年度职工月平均工资三倍的,向其支付经济补偿的标准按职工月平均工资三倍的数额支付,向其支付经济补偿的年限最高不超过十二年。

用人单位违反法律规定终止劳动合同,劳动者要求继续履行劳动合同的,用人单位应当继续履行,劳动者不要求履行或已不能继续履行劳动合同的,用人单位应当支付赔偿金。

劳动合同解除或终止时,用人单位还应出具终止劳动合同的证明,并在15日内为劳动者办理档案和社会保险关系转移手续,同时,劳动者应办理工作交接,办理工作交接时用人单位向劳动者支付经济补偿。已终止的劳动合同文本,至少应保存两年备查。

[案例]小赵是一家制衣厂的女工,在怀孕期间正赶上厂里生产任务紧张,到临产前10天才向厂里请假,厂里要求她产后休息两个半月上班,并提醒她还有一个月劳动合同将到期届满,厂里仍要与她续签劳动合同。小赵生产时难产,剖宫产下一女婴,一个月后厂里派人看望她时与她续签了新劳动合同,但小赵产后休息到快两个半月后因身体没有完全恢复,要求延长半个月的产假,但厂里不同意,小赵休息到三个月后到厂里报到上班,厂里认为小赵属旷工半个月,并以没有征得厂里同意延长产假为由终止双方续签的劳动合同。小赵不服,遂向劳动仲裁部门申请仲裁。

[解答]本案中,按照劳动法的相关规定,女职工生育享受不少于九十天的生育产假,其中产前休息十五天,产后休息七十五天,难产的增加产假十五天。小赵属难产者,依法可享受三个月的产后假期。小赵不属旷工,同时因厂方在小赵休产假期间与其续签了新的劳动合同,亦不得在产假期间或以没有准假为由终止该劳动合同。

四、劳动合同的无效

无效劳动合同是指当事人违反法律、行政法规的强制性规定,或者违背平等、自愿原则签订的不具备法律效力的劳动合同;用人单位免除自己的法定责任,排除劳动者权利的合同。无效的劳动合同,从订立时起就没有法律效力,劳动合同部分无效的,如果不影响其余部分的效力,其余部分仍然有效。比如劳动合同中有规定"劳动过程中死伤概不负责"的条款,即属于无效合同条款,但该无效合同条款并不影响合同其他条款的效力。

(一)违反法律、行政法规强制性规定的劳动合同

法律、行政法规的强制性规定是强制性的法律规范,用人单位和劳动者在劳动合同的订立及履行过程中必须遵守,否则就会构成违法。我国《劳动法》和《劳动合同法》劳动保护、工作时间、劳动者的基本权利、女工权益的特殊保护、禁用童工等规定均属强制性法律规范,用人单位和劳动者在建立劳动法律关系和订立具体的劳动合同时均不得违反这些规定。

(二)以欺诈、胁迫的手段或乘人之危,使对方在违背其真实意思的情况下订立或者变更的劳动合同

欺诈是指一方当事人故意捏造虚假情况或者歪曲、隐瞒事实真相,使对方陷入错误认识而与之签订劳动合同。例如用人单位提供虚假的用人信息、谎称工资待遇高、劳动条件优越等行为,劳动者提供假证件、假文凭等,都属于欺诈行为。胁迫是指一方当事人以某种现实或将来的危害使他人陷入恐惧而被迫签订劳动合同的行为。例如用人单位以限制人身自由的手段、拖欠工资的形式等迫使劳动者与其签订或续订劳动合同,劳动者以伤害用人单位负责人相威胁而迫使其与之签订劳动合同等,都属于胁迫行为。同样,在乘人之危的情况下,由于双方所订立的劳动合同不是真实的意思表示,也不具备法律效力。

(三)用人单位免除自己的法定责任,排除劳动者权利的劳动合同

劳动者的劳动权利具有法定性,不允许用人单位或双方通过合同约定加以改变,《劳动法》和《劳动合同法》对用人单位在录用、使用员工时应承担的法定义务和责任亦作了相应规定,同样也不允许用人单位或双方通过合同约定加以免除,否则将导致劳动合同的无效。例如,有的劳动合同规定"发生工伤事故单位概不负责"、员工"不享受星期天休假"等内容,有的劳动合同规定女员工"合同期内不得结婚或生育",还有的劳动合同规定较长的工作时间等等,均属于用人单位免除自己的法定责任,排除劳动者权利的劳动合同,是没有法律效力的。

劳动合同确认无效后,给一方或双方当事人造成实际损失的,要按照过错责任原则明确责任,例如用人单位违法使用童工并造成其伤害,用人单位常常负有全部过错,要承担全部的法律责任并予以赔偿。无效劳动合同的确认机关为劳动仲裁委员会和人民法院,劳动合同被确认无效后,劳动者已付出劳动的,用人单位应参照本单位相同或相近岗位劳动者的劳动报酬确定。

第三节 劳动合同的内容、形式和期限

一、劳动合同的内容

劳动合同的内容是指劳动者与用人单位通过平等协商约定的具体的劳动权利和义务

条款。根据《劳动合同法》的规定,劳动合同的内容分为必备条款和可备条款两部分,必备条款又包括两类,一类是由法律规范规定的劳动合同当事人必须规定的法定内容,一类是劳动合同当事人必须协商载明的内容。必备条款体现了当事人意志与国家意志的有机结合,集中反映了劳动关系的本质和运行规律。可备条款是劳动合同当事人可协商议定的内容,体现的是当事人的意志,是对劳动关系运行的积极补充。

（一）必备条款

《劳动法》和《劳动合同法》对劳动合同的必备条款作了明确的规定,包括如下必备条款:

1. 劳动合同的期限

劳动合同的期限指劳动合同的有效期间即劳动权利义务关系的存续期限。劳动合同的期限分为有固定期限、无固定期限和以完成一定的工作为期限三种,就具体劳动合同而言,在不违背法律法规强制性规定的情况下,由当事人协商选择采用。

2. 工作内容和工作地点

工作内容包括工作岗位、工作任务和要求,通常指的是劳动者应履行的主要义务,包括担任的工种或职务、要求完成的工作任务和工作定额、工作中应达到什么要求等等。这些内容都须通过协商在劳动合同中加以具体明确,不宜具体规定的,也应作原则性规定。工作内容与法律规定的解除劳动合同的条件往往密切相关,因此工作内容作为必备条款其重要性是显而易见的。工作地点是劳动者从事工作的地点,用人单位在订立劳动合同时应明确告知。

3. 工作时间和休息时间

工作时间包括工作时间的长短、工作时间安排方式。有工作时间就有休息休假时间,休息休假是劳动者应享有的法定权利,工作时间和休息休假时间应符合法律法规规定,没有规定的,双方可以协商,但不得违背法律基本原则。

4. 劳动报酬

按照劳动合同的约定向劳动者支付劳动报酬,是用人单位的主要义务。劳动报酬指的是劳动者参加社会劳动,按照约定标准从用人单位取得的劳动收入。用人单位向劳动者支付劳动报酬的主要形式是工资,此外还有津贴、奖金等。在确定工资条款时,工资的约定标准不得低于当地最低工资标准,也不得低于本单位集体合同中规定的最低工资标准。

5. 社会保险

社会保险一般包括养老保险、失业保险、医疗保险、工伤保险和生育保险。社会保险由国家强制实施,是劳动合同中不可缺少的内容。劳动者享受社会保险待遇的条件和标准由法律、法规规定,社会保险金必须按时足额支付。

6. 劳动保护、劳动条件和职业危害防护

劳动保护是指用人单位为了保障劳动者在劳动过程中的身体健康与生命安全、预防伤亡事故和职业病的发生而采取的有效措施。在劳动保护和职业危害防护方面,凡是国家有标准的,用人单位必须按照或高于国家标准执行,不得低于国家标准。如果国家没有规定标准的,劳动合同中的约定标准以不使劳动者的生命安全受到威胁、身体健康受到侵害为前提条件。劳动条件是指劳动者完成劳动任务的必要条件,用人单位只有给劳动者提供了一定的劳动条件保障,才能要求劳动者完成所交付的任务。实际生活中,由于安全保障、改善劳动条件所需要的成本较高,有时存在用人单位利用稍高的劳动报酬来诱使劳动者从事高危险、高危害劳动,导致劳动者的生命安全、身体健康遭受巨大损害,这一现象必须彻底杜绝。

(二)可备条款

《劳动合同法》第17条第2款规定:"劳动合同除前款规定的必备条款外,用人单位与劳动者可以约定试用期、培训、保守秘密、补充保险和福利待遇等其他事项。"也就是说,可备条款并不是每一个劳动合同都必须具备的,欠缺试用期、培训、保守秘密、补充保险和福利待遇等其他事项的一项或几项,并不会影响劳动合同的成立,但也不是说可有可无,可备条款对进一步明确双方当事人的权利义务和责任,是有一定积极意义的。

1. 试用期

试用期是对新录用的职工进行试用的期限,是用人单位和劳动者为了相互了解、选择而依法约定的考察期。约定试用期的目的是相互的,一是用人单位考察劳动者是否符合录用条件,二是劳动者了解用人单位介绍的劳动条件是否符合实际情况。通过试用期的相互了解,劳动者和用人单位均可根据实际情况和法律规定作出是否履行或解除劳动合同的决定。约定试用期应注意以下问题:

(1)试用期包含在劳动合同期限内,劳动合同不能仅约定试用期,否则试用期不成立,该期限为劳动合同期限。试用期只能约定一次。

(2)试用期最长不得超过6个月,且与劳动期限长短相关联。《劳动合同法》第19条规定:"劳动合同期限3个月以上不满1年的,试用期不超过1个月;劳动合同期限1年以上不满3年的,试用期不得超过2个月;3年以上固定期限和无固定期限的劳动合同,试用期不得超过6个月。同一用人单位与同一劳动者只能约定1次试用期。以完成一定工作任务为期限的劳动合同或者劳动合同期限不满3个月的,不得约定试用期。"

劳动者在试用期的工资不得低于本单位相同岗位最低档工资或者劳动合同约定工资的80%,并不得低于用人单位所在地的最低工资标准。劳动者在试用期内提前3日通知用人单位,可以解除劳动合同;用人单位在试用期内解除劳动合同的,应当向劳动者说明理由。

2. 保密条款

劳动过程中会涉及用人单位的商业秘密问题,用人单位对可能涉及单位商业秘密的劳动者约定保密条款,约束了解或掌握单位商业秘密的劳动者不得擅自泄露用人单位的商业秘密,以免给用人单位造成经济损失。约定保密条款的情况,在管理、技术、销售等可能涉及商业秘密的劳动合同中采用得比较多。

所谓商业秘密,根据《反不正当竞争法》第10条的规定,是指不为公众所知悉,能为权利人带来经济利益,具有实用性并由权利人采取措施将其保密的技术信息和经营信息。劳动合同可以对保守商业秘密的范围、保守商业秘密的方式进行确定。有的劳动合同还约定劳动者在终止劳动合同一定时间内(不超过一年)劳动者继续承担保守商业秘密的义务,但作这种约定的同时就必须给予劳动者一定的经济补偿,否则所约定的义务不成立。劳动合同约定了保密条款,那么劳动者因违反约定保密事项给用人单位造成损失的,要负赔偿责任。

3. 竞业限制条款

竞业限制条款是限制劳动者在合同关系消灭后的一定期间内参与或者从事与原用人单位同业竞争的活动,以保护原用人单位的商业秘密的合同条款。竞业限制条款一般包括竞业限制的具体范围、竞业限制的期限、补偿费的数额及支付方法、违约金等内容。

根据《劳动合同法》第 23 条第 2 款、第 24 条的规定,约定竞业限制条款应注意:(1)竞业限制的人员限于用人单位的高级管理人员、高级技术人员和其他负有保密义务的人员;(2)竞业限制期限的约定不得超过 2 年;(3)竞业限制条款由双方约定,并约定在解除或终止劳动合同后,在竞业限制期限内按月给予劳动者经济补偿,同样,劳动者违反竞业限制条款约定的,应按约向用人单位支付违约金。

4. 服务期条款

服务期条款是指双方当事人约定,由用人单位提供其专项培训待遇的劳动者,必须为用人单位服务满约定的期限。约定服务期条款的前提是用人单位为劳动者提供了专项培训待遇,否则就是对劳动者法定合同解除权的不当限制。

《劳动合同法》第 22 条规定:"用人单位为劳动者提供专项培训费用,对其进行专业技术培训的,可以与该劳动者订立协议,约定服务期。劳动者违反服务期约定的,应当按照约定向用人单位支付违约金。违约金的数额不得超过用人单位提供的培训费用。用人单位要求劳动者支付的违约金不得超过服务期尚未履行部分所应分摊的培训费用。用人单位与劳动者约定服务期的,不影响按照正常的工资调整机制提高劳动者在服务期期间的劳动报酬。"所谓培训费用,指的是进行专业技术培训的有凭证的培训费用、培训期间的差旅费以及因培训产生的用于该劳动者的相关直接费用。约定了服务期但劳动者依据《劳动合同法》第 26 条规定解除劳动合同的,不属于违反服务期的约定,用人单位不得要求支付违约金。因劳动者过错被解除劳动合同的,劳动者应当按照服务期的约定支付违约金。

5. 补充保险

补充保险是指除了基本社会保险以外,用人单位根据自己的实际情况为劳动者建立的一种社会保险,由用人单位自愿实行,不属国家强制保险范围。用人单位在参加基本社会保险的前提下,可以实行补充保险,并在劳动合同中加以约定。

6. 福利待遇

福利待遇包括住房补贴、交通补贴、通讯补贴伙食补贴等,随着社会和经济发展,福利补贴也成为劳动者收入的一项重要指标,不同的单位福利待遇有所不同,这也是劳动者就业选择的一个考虑因素,明确了的福利待遇,要在劳动合同中进行规定。

总之,现实生活中用人单位和劳动岗位千差万别,劳动合同的条款不可能千篇一律,双方当事人可以根据实际情况和自身需要,约定劳动合同条款,这些条款只要不违背相关法律法规的规定和原则,均是有效的,对双方均具约束力。

二、劳动合同的形式

劳动合同的订立、履行、变更和解除是通过双方当事人的意思表示来实现的，意思表示必须以一定的方式来体现。劳动合同以什么方式存在，都由立法明确规定。我国《劳动合同法》对劳动合同的形式有以下规定：

（一）劳动合同应当采用书面形式

之所以明确规定劳动合同应当采用书面形式，主要是基于以下考虑：第一，劳动合同内容较为复杂，书面合同清清楚楚，准确可靠，有据可查，且书面劳动合同严肃、慎重。有利于双方当事人正确履行合同，也方便对劳动合同的监管。在目前劳动法律制度尚不健全、劳动者的劳动法律意识还比较淡薄的情况下，强调以书面形式签订劳动合同是非常必要的。第二，由于一些用人单位与劳动者劳动法制观念的淡薄，现实中确有一些不订立书面劳动合同的情况，甚至有的用人单位违法故意拖延或拒绝与劳动者订立书面劳动合同，逃避应当履行的劳动合同义务，任意解除劳动关系，损害劳动者的合法权益，因此，有必要强制规定劳动合同应当采用书面形式，并对不订立书面劳动合同的情形作出相应的规制；第三，书面劳动合同能够增强劳动关系双方的合同责任感，促进劳动合同规定的各项权利、义务条款得到切实履行。

（二）对不签订书面劳动合同的处理

用人单位自用工之日起即与劳动者建立了劳动关系，即使用人单位不与劳动者订立书面劳动合同，法律仍认定用人单位与劳动者之间存在事实劳动关系，劳动者亦享有劳动法律规定的权利。对形成劳动关系却没有订立书面劳动合同的，进行如下规制：

1. 如果自用工之日起1个月内订立了书面劳动合同，其行为不违法。自用工之日起1个月内经用人单位书面通知后，劳动者不与用人单位订立劳动合同的，用人单位应当书面通知劳动者终止劳动关系，无需向劳动者支付经济补偿，但应向劳动者支付实际工作时间的劳动报酬。

2. 用人单位自用工之日起超过1个月不满1年未与劳动者订立书面劳动合同的，应当向劳动者每月支付2倍的工资，并要与劳动者补订书面劳动合同；用人单位自用工之日起满1年未与劳动者订立书面劳动合同的，应当向劳动者每月支付2倍的工资至满1年的前1日，并视为自用工之日起满1年的当日已经与劳动者订立无固定期限劳动合同，应当立即与劳动者补订书面劳动合同。

（三）非全日制用工的劳动合同形式

非全日制用工具有多样性、复杂性的用工特点，这种劳动关系的确立，常常需要一种直接、简便、快捷的形式，作为一种例外，《劳动合同法》第69条允许双方当事人订立口头协议，也就是说，非全日制用工既可以采用书面形式，也可以采用口头形式。

[案例] 张平大学毕业后于2010年9月被一家贸易公司聘为销售员,公司告知他先试用一下,月工资2000元,看看业绩如何再决定是否正式聘用。张平因找工作心切,也就没有在意,工作半年后业绩渐渐有起色,尔后多次向公司提出签订正式劳动合同,并要求公司办理社会保险,但公司总是推诿,无奈之下于2011年3月向劳动行政部门投诉,要求公司补签劳动合同,双倍支付工资,办理社会保险。

[解答] 本案中,贸易公司在聘用张平时就必须与其订立书面劳动合同,如果想先试用,就必须在劳动合同中依法约定试用期,社会保险条款是必备条款,应在劳动合同中明确约定,否则属违法行为。张平要求公司补签劳动合同是合理的,他要求公司自用工之日起支付双倍工资及办理社会保险应得到支持。

三、劳动合同的期限

劳动合同的期限,是指劳动合同的有效时间,是劳动关系双方行使权利、履行义务的时间。劳动合同期限有长有短,劳动法将劳动合同的期限分成三类:

(一)有固定期限的劳动合同

有固定期限的劳动合同,又称定期的劳动合同,是指劳动合同规定了具体明确的起始时间和终止时间。具体的期限由双方根据各自实际情况协商确定,劳动合同期限届满,劳动关系即告终止。经双方协商同意,可以续订劳动合同。有固定期限的劳动合同运用范围广,且比较灵活,既能保持劳动关系的相对稳定,又能促进劳动力的合理流动。

(二)无固定期限的劳动合同

无固定期限的劳动合同,又称不定期的劳动合同,是指没有确定终止时间的劳动合同。与有固定期限的劳动合同相比,无固定期限的劳动合同对劳动者更为有利,它不存在劳动合同到期的问题,除非发生法定原因或双方合意才可以解除合同。

按照《劳动法》的规定,劳动者在同一用人单位连续工作满十年以上,双方同意延续劳动合同,如果劳动者提出订立无固定期限的劳动合同,应当订立无固定期限的劳动合同。这里的"在同一用人单位连续工作满十年以上"指的是在同一用人单位签订劳动合同的期限不间断达到十年以上。根据劳动部《关于实行劳动合同制度若干问题的通知》的规定,在固定工制度向劳动合同制度转变过程中,用人单位对符合下列条件之一的劳动者,如果其提出订立无固定期限的劳动合同,应当与其订立无固定期限的劳动合同:(1)劳动者在同一用人单位连续工作满十年以上,双方同意延续劳动合同;(2)工作年限较长,且距法定退休年龄10年以内的;(3)复员、转业军人初次就业的;(4)法律、法规规定的其他情形。根据《劳动合同法》第14条第2款规定,有下列情形之一,劳动者提出或者同意续订、订立劳动合同的,除劳动者提出订立固定期限的劳动合同外,应当订立无固定期限的劳动合同:(1)劳动者在该用人单位连续工作满十年的;(2)用人单位初次实行劳动合同制度或者国有企业改制重新订立劳动合同时,劳动者在该用人单位连续工作满十年且距法定退休年龄不足 10 年的;(3)连续订立 2 次固定期限劳动合同,且劳动者没有法定解除或者终止劳动合同情形,续订劳动合同的。

(三)以完成一定工作为期限的劳动合同

以完成一定工作为期限的劳动合同,是指当事人双方把完成某一项工作或工程确定为合同起始和终止的期限。工作开始之日即为合同开始之时,工作完毕合同即告终止。也就是说,这类合同既不是没有期限,也不是有确定的具体时间期限,而是以合同中规定的工作任务的完成作为合同期满的时间,因此这类劳动合同实际上属于特殊的定期劳动合同。

> [案例]老刘年届 51 岁,在一所中学担任看守校门工作达十二年之久,工作兢兢业业,学校每三年与他签订一次劳动合同,在最近一次签订劳动合同时,老刘提出要签订无固定期限劳动合同,学校以他不是在编职工为由拒签,仍要求订立三年期劳动合同,老刘不同意,遂向劳动仲裁部门申请解决。
>
> [解答]本案中,老刘已与学校连续订立了 4 次固定期限劳动合同,而且连续工作达十二年之久,又距法定退休年龄只有 9 年,只要具备上述三种情形的任何一种,均有权依法提出与用人单位订立无固定期限的劳动合同,学校不能以自己是事业单位,劳动者不是在编职工为由,拒绝与老刘订立无固定期限的劳动合同。

第四节 劳动合同的解除

劳动合同的解除直接关系到劳动者的前途和生活来源,也关系到用人单位正常的工作秩序,是一项非常严肃、重要的事情。因此,《劳动法》和《劳动合同法》对此作了较全面的规定。

一、劳动合同解除的概念和类型

(一)劳动合同解除的概念

劳动合同的解除,是指劳动合同签订以后、没有履行完毕之前,由于某种因素导致双方提前终止合同效力的法律行为。由于我国劳动合同的终止是狭义的合同终止,因此劳动合同的解除不包含在劳动合同的终止范围之内,而是一项单列的制度。

(二)劳动合同解除的分类

劳动合同的解除依不同标准有不同的分类。依解除合同的方式不同,可分为双方解除和单方解除;依解除合同的依据不同,可分为法定解除和协议解除;依导致合同解除是否存在过错,可分为有过错解除和无过错解除。这几种分类可以交叉使用。《劳动法》和《劳动合同法》对劳动合同的解除采取了双方解除或协议解除、过错性辞退、非过错性辞退、经济性裁员(非过错性辞退的一种特例)以及劳动者辞职的立法技术分类。其中,过错性辞退、非过错性辞退、经济性裁员属于用人单位的单方解除,劳动者辞职属于劳动者的单方解除。

一般情况下,劳动合同的双方解除也可称为协议解除,是指双方在平等自愿的基础上,通过协商达成解除劳动合同的协议。双方解除一般都不存在法定解除的情形,但确有存在解除合同的客观理由,它是合同自由的表现。同样,单方解除也可称为法定解除,是指一方在享有单方解除权的情况下,按照法定的程序对劳动合同进行的解除。单方解除权来源于法律的规定,其条件和程序均较为严格。

劳动合同的过错性解除是指由于对方的过错行为而导致的劳动合同解除,包括劳动者因用人单位存有重大过错而辞职和用人单位因劳动者存有重大过错而辞退。过错解除的条件应当符合法律的规定。劳动合同的无过错性解除是指对方在无重大过错行为情况下对劳动合同的单方解除,包括用人单位非过错性辞退、经济性裁员和劳动者的预告辞职。无过错性解除通常应符合法律的规定和程序。

二、劳动合同解除的条件和程序

在劳动立法中,对协议解除和预告辞职一般都不规定条件,而对单方解除、过错性辞退、非过错性辞退、经济性裁员,则分别规定其应具备的条件。

(一)劳动合同的双方解除

劳动合同经双方当事人协商一致,可以解除,在此一般不问解除的理由或原因。协商解除劳动合同,通常不会产生劳动争议,不过用人单位应依法为劳动者办理解除手续、社会保险的转移手续以及给予经济补偿,但劳动者主动辞职的没有经济补偿。

(二)用人单位的单方解除

用人单位的单方解除包括过错性辞退、非过错性辞退和经济性裁员,均必须符合法定条件和法定程序。

1. 过错性辞退

也可称为过错性解雇、即时辞退,指用人单位可以不必依法提前预告而立即解除劳动合同的行为。

《劳动法》第25条规定:"劳动者有下列情形之一的,用人单位可以解除劳动合同:(1)在试用期间被证明不符合录用条件的;(2)严重违反劳动纪律和用人单位规章制度的;(3)严重失职、营私舞弊,对用人单位利益造成重大损害的;(4)被依法追究刑事责任的。"《劳动合同法》第39条增加规定了两种情形:劳动者同时与其他用人单位建立劳动关系,对完成本单位的工作任务造成严重影响,或者经用人单位提出,拒不改正的;以欺诈、胁迫的手段或者乘人之危,使对方在违背真实意思的情况下订立或者变更劳动合同,致使劳动合同无效的。

用人单位在劳动者有上述情形之一出现时,有权解除劳动合同,而无须征得劳动者同意,也不必履行特别的程序,更不存在经济补偿的问题。

2. 非过错性辞退

也可称为用人单位"预告解除"、"预告辞退",是指劳动者虽无过错,但由于客观情况发生了变化,或者劳动者患病、非因公伤残等,用人单位在采取弥补措施无果的情况下,法律赋予用人单位在履行特定程序后解除劳动合同。

《劳动合同法》第 40 条规定:"有下列情形之一的,用人单位提前 30 日以书面形式通知劳动者本人或者额外支付劳动者 1 个月工资后,可以解除劳动合同:(1)劳动者患病或者非因工负伤,在规定的医疗期满后不能从事原工作,也不能从事由用人单位另行安排的工作的;(2)劳动者不能胜任工作,经过培训或者调整工作岗位,仍不能胜任工作的;(3)劳动合同订立时所依据的客观情况发生重大变化,致使劳动合同无法履行,经用人单位与劳动者协商,未能就变更劳动合同内容达成协议的。"

劳动者患病或非因工负伤,按其在本单位工作时间的长短,给予一定时间的医疗期。根据劳动部的相关规定,医疗期一般为 3 个月至 24 个月,某些特殊疾病(如癌症、精神病、瘫痪等)在 24 个月尚不能痊愈的,经企业和当地劳动行政部门批准,可适当延长医疗期。医疗期满后,不能从事原工作,也不能从事由用人单位另行安排的工作,用人单位可以解除劳动合同。所谓客观情况发生重大变化,比如所依据的法律、法规已经废止或修改,致使原劳动合同的履行无法可依;又如不可抗力原因造成劳动合同的履行成为没有必要或不可能等等。提前 1 个月通知属于"预告"性质,劳动者接到解雇预告后,为了寻找新的工作可以在工作时间请假外出。"或者额外支付支付劳动者 1 个月工资"是为了解决用人单位因"提前预告"而遇到的麻烦作出的规定,其额外支付的工资应当按照该劳动者上一个月的工资标准支付。

3. 经济性裁员

经济性裁员是指因经济性原因,使企业濒临破产,被人民法院宣告进入法定整顿期间,或因生产经营发生严重困难,达到当地政府规定的严重困难企业标准而难以正常经营的状况下,通过裁员从而达到增效目的。它是非过错性辞退的一种特殊形式,由于经济性裁员涉及群体性的劳动者主体,所以必须规定法定条件和法定程序。

关于经济性裁员的法定条件,《劳动法》第 27 条第 1 款规定:"用人单位濒临破产进行法定整顿期间或者因生产经营状况发生严重困难,确需裁减人员的,应当提前三十日向工会或者全体职工说明情况,听取工会或者全体职工的意见,经向劳动行政部门报告后,可以裁减人员。"《劳动合同法》第 41 条进一步规定:"有下列情形之一,需要裁减人员二十人以上或者裁减不足二十人但占企业职工总数百分之十以上的,用人单位提前三十日向工会或者全体职工说明情况,听取工会或者职工的意见后,裁减人员方案经向劳动行政部门报告,可以裁减人员:(1)依照企业破产法规定进行重整的;(2)生产经营发生严重困难的;(3)企业转产、重大技术革新或者经营方式调整,经变更劳动合同后,仍需裁减人员的;(4)其他因劳动合同订立时所依据的客观经济情况发生重大变化,致使劳动合同无法履行的。裁减人员时,应当优先留用下列人员:(1)与本单位订立较长期限的固定期限劳动合同的;(2)与本单位订立无固定期限劳动合同的;(3)家庭无其他就业人员,有需要抚养的老人或者未成年人的。用人单位依照本条第一款规定裁减人员,在六个月内重新招用人员的,应当通知被裁减的人员,并在同等条件下优先招用被裁减的人员。"

用人单位应按照以下法定程序与被裁减人员解除劳动合同：(1)用人单位应提前30日向工会或者全体职工说明情况，并提供有关生产经营状况的资料；(2)提出裁减人员方案，包括被裁减人员名单，裁减时间、实施步骤，依据的法律、法规，给予经济补偿的办法；(3)将裁员方案征求工会或者全体职工的意见，并修改方案；(4)向当地劳动保障行政部门报告裁减方案和工会或者全体职工的意见，听取劳动保障行政部门的意见；(5)公布裁减方案，与被裁减人员办理解除劳动合同手续，支付经济补偿金，出具裁减人员证明书。

与此同时，为了降低裁减人员对劳动者工作和生活的影响，《劳动合同法》补充规定了用人单位在裁减人员中应当承担的社会责任。(1)补充规定了裁减人员时，应当优先留用下列人员：一是与本单位订立较长期限的固定期限劳动合同的；二是与本单位订立无固定期限劳动合同的；三是家庭无其他就业人员，有需要抚养的老人或者未成年人的。(2)细化了关于用人单位裁减人员后，在6个月内重新招用人员的，应当通知被裁减的人员，并在同等条件下优先招用被裁减的人员。

(三)劳动者的单方解除

1. 即时辞职

与法律规定用人单位即时辞退相对应，劳动者在法定条件下也享有及时解除权。《劳动合同法》第38条规定：(1)未按照劳动合同约定提供劳动保护或者劳动条件的；(2)未及时足额支付劳动报酬的；(3)未依法为劳动者缴纳社会保险费的；(4)用人单位的规章制度违反法律、法规的规定，损害劳动者权益的；(5)因本法第26条第1款规定的情形致使劳动合同无效的；(6)法律、行政法规规定劳动者可以解除劳动合同的其他情形；(7)用人单位以暴力、威胁或者非法限制人身自由的手段强迫劳动者劳动的，或者用人单位违章指挥、强令冒险作业危及劳动者人身安全的，劳动者可以立即解除劳动合同，不需事先告知用人单位。需要特别说明的是，以上(1)～(6)项的解除虽然劳动者有单方面的解除权，但是在行使这一权利时，有通知用人单位的义务，即明确告知用人单位其基于以上理由解除劳动合同。如果劳动者不履行告知义务，会给用人单位组织劳动和正常的生产经营带来困难。只有对符合第(7)项条件的，依照《劳动合同法》的明确规定，劳动者才可以不告知用人单位自行离职。

2. 预告辞职

预告辞职也称为劳动者预告解除。《劳动法》第31条规定："劳动者解除劳动合同，应当提前30日以书面形式通知用人单位。"《劳动合同法》第37条规定："劳动者提前30日以书面形式通知用人单位，可以解除劳动合同。劳动者在试用期内提前3日通知用人单位，可以解除劳动合同。"其基本含义是：(1)预告辞职没有任何法定理由，也就是说劳动者可以以任何理由向单位提出要求解除劳动合同。(2)通知后超过30日(在试用期内为3日)，劳动者可以向用人单位提出办理解除劳动合同手续，用人单位应予办理，不得以人事档案或扣发工资等相要挟。

[案例]某公司是一家大型光伏企业,拥有员工达万人,主要产品均出口欧洲,2011年下半年发生欧债危机,公司经营发生严重困难,举步维艰,无奈之下2012年5月公司高层经过反复酝酿,决定裁减员工2000人,并将具体的裁减员工名单公布,员工们认为没有事先告知,且留用人员没有照顾那些家庭确有困难的员工,也不区分员工在公司工作时间的长短,只是考虑岗位部门的需要决定去留,致使裁减方案无法实施。

[解答]本案中,某公司因经营困难一次性裁减员工众多,按照劳动合同法的规定,应提前30日向工会或全体职工说明情况,听取他们的意见,制定裁减方案,对那些家庭困难没有其他就业人员的、工作时间较长的、签有无固定期限劳动合同的,都应依法尽可能不在裁减人员之列。公司还要将裁减方案和工会或全体职工的意见报劳动和社会保障部门,听取劳动和社会保障部门的意见,尔后才能公布裁减方案,并与被裁减人员办理解除劳动合同手续,支付经济补偿金。

三、劳动合同解除的法律后果

(一)用人单位解除劳动合同应当支付经济补偿

1. 经济补偿

经济补偿实际上是用人单位给劳动者经济上的补助,一般包括两个方面:一是生活补助费,二是医疗补助费。这是为了使劳动者在找到新的工作之前,在基本生活开支、医治疾病等方面有必要保障。

《劳动法》第28条规定:"用人单位依据本法第二十四条、第二十六条、第二十七条的规定解除劳动合同的,应当依照国家有关规定给予经济补偿。"《劳动合同法》第46条增加了除用人单位维持或者提高劳动合同约定条件续订劳动合同,劳动者不同意续订的情形外,依法终止固定期限劳动合同等情形。

经济补偿按劳动者在本单位工作的期限,每满1年支付1个月工资的标准向劳动者支付。6个月以上不满一年的,按一年计算;不满6个月的,向劳动者支付半个月工资的经济补偿。劳动者月工资高于用人单位所在直辖市、设区的市级人民政府公布的本地区上年度职工月平均工资3倍的,向其支付经济补偿的标准按职工月平均工资3倍的数额支付,向其支付经济补偿的年限最高不超过12年。月工资是指劳动者在劳动合同解除或者终止前12个月的平均工资。

《劳动合同法》第85条还规定,用人单位解除或终止劳动合同,未依本法规定向劳动者支付经济补偿的,责令用人单位按应付金额50%以上100%以下的标准向劳动者加付赔偿金。

2. 用人单位违法解除劳动合同的经济赔偿

当用人单位违法解除劳动合同时,劳动者可以要求继续履行劳动合同,用人单位应当继续履行。当劳动者不要求继续履行或者劳动合同已经不能继续履行的,用人单位应当支付劳动者经济赔偿金。经济赔偿金的支付标准按照《劳动合同法》第47条规定的经济补偿标准的 2 倍向劳动者支付赔偿金,不再支付经济补偿。赔偿金的计算年限自用工之日起计算。

(二)限制用人单位解除劳动合同的情形

《劳动法》和《劳动合同法》等相关法律法规规定,劳动者有下列情形之一的,用人单位不得解除劳动合同:(1)劳动者在本单位患职业病或者因工负伤并被确认丧失或者部分丧失劳动能力的;(2)劳动者患病或者负伤,在规定的医疗期内的;(3)女职工在孕期、产期、哺乳期内的;(4)从事接触职业病危害作业的劳动者未进行离岗前职业健康检查,或者疑似职业病病人在诊断或者医疗观察期间的;(5)在本单位连续工作满 15 年的,且距法定退休年龄不足 5 年的。

另外,《工会法》第 52 条规定,用人单位不得因为劳动者参加工会活动而与之解除劳动合同,或者因为工会工作人员履行职责而与之解除劳动合同。如果出现了此情形,劳动行政部门可以责令用人单位恢复被解雇劳动者的工作,补发被扣除的工资,或者责令用人单位按年收入的 2 倍给付赔偿。

(三)劳动者解除劳动合同应承担的义务

劳动者解除劳动合同,应办理工作移交手续。如果违反劳动合同中约定的保密义务或者竞业限制,给用人单位造成损失的,应当依法承诺赔偿责任。

[案例]郭某 2011 年 1 月被聘为江西萍乡一家煤矿公司的副总经理,劳动合同期限为三年,月工资 10000 元,但工作一年半后,郭某发现公司常拖延半个月甚至几个月发放工资,有时还不能足额发放,且工作条件也与当初劳动合同的约定相差甚远,多次与企业协商未果后,向董事长提交辞呈,并要求公司支付他两个月工资 20000 元的经济补偿金。公司认为他单方解除劳动合同,不能给予经济补偿金。

[解答]公司未及时、足额支付劳动报酬,或者未按照劳动合同的约定提供劳动条件的,按照《劳动合同法》第 38 条、第 46 条之规定,劳动者可以解除劳动合同,用人单位还应当向劳动者支付经济补偿金。本案中郭某有权单方解除合同,提出辞职,单位应按每满一年支付一个月工资的标准,六个月不满一年的按一年计算,支付经济补偿金。考虑到当地上年度职工月平均工资为 2585 元,郭某月工资已超过该地区月平均工资的三倍,公司向其支付的经济补偿的标准按职工月平均工资三倍的数额支付,即共计支付 15510 元经济补偿金。

第五节 集体合同制度

一、集体合同概述

集体合同,又称团体协议、集体协议,是指企业职工一方与用人单位就劳动报酬、工作时间、休息休假、劳动安全卫生、保险福利等事项,通过集体协商签订的书面协议。集体合同是以集体劳动事项为中心内容的书面协议。

集体合同与劳动合同的关系。集体合同与劳动合同既有联系又有区别,它们都是以劳动关系双方当事人的权利义务关系为主要内容,均受劳动法的调整,同时二者又有区别:(1)主体不同。集体合同的主体一方是企业或实行企业化管理的事业单位,另一方是本单位职工,劳动合同的主体一方是用人单位,可以是企业、个体经济组织,一定条件下也可以是国家机关、事业单位和社会团体,另一方是劳动者个人;(2)内容不同。集体合同是以集体劳动事项为中心内容,而劳动合同只涉及单个劳动者的个人劳动事项;(3)订立原则不同。尽管都要遵循平等自愿、协商一致原则,但集体合同更侧重于合作原则,而劳动合同则侧重于自愿原则;(4)签订目的不同。集体合同直接目的在于规定本单位职工的一般劳动条件,以达到稳定、协调劳动关系的目的,而劳动合同的直接目的在于确立劳动关系;(5)生效要件不同。集体合同的签订是先由双方依法协商、草拟集体合同草案,然后将草案提交职工代表大会或全体职工讨论通过,由双方首席代表签字后报送劳动行政部门审查,无异议即行生效。而劳动合同经依法订立即具有法律效力。

二、集体合同的内容及形式

(一)内容

集体合同的内容,是指集体合同中对双方当事人具体权利义务的规定,它是职工集体劳动权益的体现。企业与单位职工可以就下列多项或某项内容进行集体协商,签订集体合同:

1. 劳动报酬,主要包括用人单位工资水平、工资分配和调整制度、加班工资及津贴奖金分配办法、试用期及病事假期间的工资待遇、其他劳动报酬分配办法等。
2. 工作时间,主要包括工时制度、特殊工种的工作时间、劳动定额等。
3. 休息休假,主要包括日休息时间、周休息日安排、年休假办法等。
4. 劳动安全卫生,主要包括劳动安全卫生责任制、劳动安全措施、劳保用品的发放标准、定期健康体检等。
5. 补充保险和福利,主要包括补充保险的种类及范围、基本福利制度等。
6. 女职工和未成年工的特殊保护,主要包括女职工和未成年工禁忌从事的劳动、女职工经期、孕产期及哺乳期的劳动保护等。
7. 职业技能培训,主要包括职业技能培训项目规划、培训费用的安排等。
8. 奖惩和裁员,主要包括劳动纪律和奖惩制度、裁员的程序和补偿办法等。
9. 集体合同期限,一般为1~3年。
10. 违反集体合同的责任及争议处理办法。

(二)集体合同的形式

集体合同必须采用书面形式,这是世界各国普遍采用的做法,只有以书面形式签订集体合同,才具有法律效力,除要求书面形式外,有些国家还规定了集体合同备案制度。我国《集体合同规定》第 3 条明确规定,集体合同应以书面形式,并须报劳动行政部门审查登记。

三、集体合同的订立、履行与终止

(一)集体合同的订立

1. 订立原则

《集体合同规定》第 5 条明确规定,进行集体协商,签订集体合同或专项集体合同,应当遵循下列原则:

(1)遵循法律、法规、规章及国家有关规定的原则。具体指订立集体合同的主体、内容、形式、程序必须符合法律、法规、规章及国家有关规定。本单位职工、企业或实行企业化管理的事业单位是订立企业性集体合同的主体。《劳动合同法》还规定了一种对当地本行业、本区域的用人单位和劳动者具有约束力的集体合同,这种区域性、行业性集体合同是指县级以下区域内,建筑业、采矿业、餐饮服务业等行业可以由工会与企业方面代表订立行业性集体合同,或者订立区域性集体合同,该种集体合同签订后对当地本行业、本区域的用人单位和劳动者均具有约束力。集体合同还必须严格遵守法定程序以书面形式订立。

(2)相互尊重、平等协商原则。双方均应以平等主体身份进行协商,各自独立地、充分地表达自己的意志。

(3)诚实守信、公平合作原则。集体合同的协商毕竟一方是生产资料的所有者,另一方一无所有、以出卖劳动力谋生,因此双方应在互谅互让的基础上,把各自的利益控制在合理的限度内。再者,集体合同都是在双方各派代表进行协商的,对所形成的草案很难有百分百的通过率,在少数服从多数的前提下,更需诚信、合作精神。

2. 订立程序

依据《劳动法》和《集体合同规定》的规定,集体合同的签订必须采取以下步骤:

(1)集体协商,制定草案。首先,集体协商由双方推选代表进行,代表人数应当对等,每方至少 3 人,并确定 1 名首席代表。职工一方协商代表由本单位工会选派,未成立工会的由本单位职工民主推荐。双方首席代表均可以书面委托本单位以外的专业人员作为本方协商代表。其次,协商代表应认真履行职责,积极有效地参与集体协商。再次,双方首席代表应组织本方代表积极回应对方质询,就协商事项积极发表意见,归纳协商意见,达成一致的,应当及时形成集体合同草案内容,并由双方首席代表在草案上签字。集体协商会议由双方首席代表轮流主持。

(2)职工讨论,通过草案。集体合同草案或专项集体合同草案应当提交职工代表大会或者全体职工大会讨论通过。大会应就草案中的有关问题充分讨论、酝酿,提出修改意见,并将酝酿修改后的草案正式表决通过。职工代表大会或者全体职工大会应当有 2/3 以上职工代表或职工出席,且须经全体职工代表半数以上或全体职工半数以上同意方能通过草案。

(3)签字上报,审查备案。集体合同草案或专项集体合同草案经职工代表大会或者全体职工大会通过后,由双方首席代表签字。用人单位一方应当在签字后的10日内将集体合同文本一式三份报送劳动保障行政部门登记、审查。劳动保障行政部门对集体合同的合法性进行审查,有异议的,应自收到文本之日起15日内将《审查意见书》送达双方协商代表,以便双方及时进行讨论修改,自收到文本之日起15日内无异议的,集体合同或专项集体合同即行生效。

(二)集体合同的履行和变更

1. 集体合同的履行

集体合同依法生效后,双方当事人应遵守实际履行、全面履行和协作履行的原则履行合同义务。因履行集体合同发生的争议,双方应协商解决,协商解决不成的,可以依法向劳动争议仲裁委员会申请仲裁;对仲裁不服的,可以自收到仲裁裁决书之日起15日内向人民法院提起诉讼。

2. 集体合同的变更

集体合同在尚未履行完毕前,因合同订立时的主观或客观情况发生变化,当事人可以依照法律规定的程序对原合同条款进行修改或补充。作为集体合同变更的主客观情况主要有:(1)双方协商代表协商一致,可以变更集体合同或专项集体合同;(2)用人单位因被兼并、解散、破产等原因,致使集体合同或专项集体合同无法履行的;(3)因不可抗力等原因致使集体合同或专项集体合同无法履行或部分无法履行的;(4)集体合同或专项集体合同约定的变更条件出现的;(5)法律、法规规章规定的其他情形。变更集体合同或专项集体合同适用集体协商程序。

(三)集体合同的终止

集体合同因下列原因而终止:(1)合同期限届满;(2)主体一方资格消灭,如用人单位被兼并、解散、破产等;(3)双方约定的终止条件出现;(4)依法解除。

【思考题】

1. 简述不签订书面劳动合同的法律后果及处理办法。
2. 劳动合同的必备条款有哪些?
3. 简述劳动合同解除的条件及法律后果。

【司法考试真题链接】

1. 某民办科研所与技术员周某签订劳动合同,约定由周某承担科研所的一个产品开发项目,开发过程中,由于资金缺乏,项目被迫下马。科研所决定与周某解除劳动关系。对此,该单位法律顾问提供的下列哪一项建议不符合法律规定?(2005年)

A. 告知周某当初聘用他的工作岗位已不存在
B. 至少提前30天向周某发出书面通知
C. 先安排周某到后勤岗位，如他拒绝就可以解雇
D. 如周某同意解除劳动合同可与单位签订解约协议，单位支付经济补偿；如周某不同意签订解约协议，单位有权单方解约并不必支付经济补偿

2. 关于当事人订立无固定期限劳动合同，下列哪些选项是符合法律规定的？（2008年）
A. 赵某到某公司应聘，提议在双方协商一致的基础上订立无固定期限劳动合同
B. 王某在某公司连续工作满十年，要求与该公司签订无固定期限劳动合同
C. 李某在某国有企业连续工作满十年，距法定退休年龄还有十二年，在该企业改制重新订立劳动合同时，主张企业有义务与自己订立无固定期限劳动合同
D. 杨某在与某公司连续订立的第二次固定期限劳动合同到期，公司提出续订时，杨某要求与该公司签订无固定期限劳动合同

3. 2008年1月，王某应聘到甲公司工作。甲公司依据与王某签订的劳动合同，向王某收取了2000元押金。对此，下列哪些选项是正确的？（2008年）
A. 只要王某同意，收取押金就合法
B. 无论王某是否同意，甲公司均无权要求交纳押金
C. 劳动行政部门应责令甲公司限期退还押金
D. 劳动行政部门应对甲公司处以押金二倍的罚款

4. 赵某于2008年4月2日应聘到某公司工作，双方没有签订劳动合同。3个月后的一天，赵某在工作中受伤，要求公司支付医疗费并享受工伤待遇，公司以未与赵某签订劳动合同，不存在劳动关系为由予以拒绝。对此，下列哪些选项是正确的？（2008年）
A. 赵某与公司未签订劳动合同，劳动关系无从确认
B. 赵某与公司之间的劳动关系自赵某开始工作之日起已建立
C. 赵某有权要求公司支付医疗费，但无权享受工伤待遇
D. 公司应当自2008年4月2日起向赵某每月支付二倍的工资

第六章 劳动条件法

【引例】

2006年,张某等7位女工进入安徽蚌埠某医院工作,与医院签订了一份从2006年1月到2008年年底为期3年的书面劳动合同,合同中未约定工资的具体数额。2008年11月,医院分别向7位女工发出《不再续签劳动合同通知书》,其中载明:自2009年1月1日起,终止双方现存劳动关系,工资等费用结算至2008年12月31日。7名女工在办妥工作移交手续后,分别收到了医院支付的700~800元不等的额外经济补偿。之后,7位女工以被聘用期间未获得3倍节假日加班费和医院未全额支付工资为由,向蚌埠市劳动争议仲裁委员会提出仲裁申请。

本案中,张某等7位女工与医院之间的争议,主要涉及休息时间和工资报酬两个方面。依照我国《劳动合同法》的规定,劳动报酬条款是劳动合同的必备条款,但是如果劳动合同对劳动报酬约定不明确,引发争议的,用人单位可以与劳动者重新协商;协商不成,适用集体合同规定;没有集体合同或集体合同未规定劳动报酬的,实行同工同酬。劳动合同因履行期限届满终止的,用人单位应当向劳动者支付劳动补偿。同时,我国《劳动法》也明确规定,劳动者在法定工作时间以外节假日加班的,用人单位应支付工资300%的劳动报酬。

第一节 工资立法

工资立法一直是劳动立法的重要组成部分。不仅各国的劳动法典或劳动基本法中规定了有关工资的专篇或专章,而且很多国家还专门制定了专项工资法规。如《日本最低工资法》、《美国联邦最低工资法》等。国际劳工组织也制定了若干项关于工资的公约和建议书。我国除在《劳动法》中对工资作出原则性规定外,还专门制定了有关工资的若干规定,如《企业最低工资规定》(1993年)、《工资支付暂行规定》(1994年)、《工资集体协商试行办法》(2000年)和《最低工资规定》(2004年)等。此外,我国目前正力图制定专门的《工资条例》。

一、工资的概念和特征

工资也称"薪金"、"报酬",是指用人单位根据法律法规的规定和集体合同或劳动合同的约定,以货币形式直接支付给本单位劳动者的劳动报酬,包括计时工资、计件工资、奖金、津贴和补贴、延长工作时间的工资报酬以及特殊情况下支付的工资等。

工资具有以下特征:(1)工资是企业劳动者基于劳动关系所获得的报酬;(2)工资水平的确定由用人单位基于劳动者给付的劳动义务确定,但也受国家法律法规和集体合同的限制;(3)工资的支付必须以法定货币的方式持续、定期支付,不包括以实物形态支付的报酬。

二、工资立法的基本原则

工资立法的基本原则,是指贯穿于整个工资立法、并对工资立法起指导作用的基本准则。我国《宪法》第6条第2款规定:"国家在社会主义初级阶段,坚持公有制为主体、多种所有制经济共同发展的基本经济制度,坚持按劳分配为主体、多种分配方式并存的分配制度。"《劳动法》第46条规定:"工资分配应当遵循按劳分配原则,实行同工同酬。工资水平在经济发展的基础上逐步提高。国家对工资总量实行宏观调控。"因此,我国工资立法的基本原则有:

(一)按劳分配原则

按劳分配,是指根据劳动者提供的劳动数量和劳动质量来确定劳动者应获得的工资报酬。按劳分配原则是我国《宪法》和《劳动法》中都明确予以确认的基本原则。该原则要求,在确定劳动者的劳动报酬时,应当将劳动者提供的劳动数量和质量作为基本标准,多劳多得、少劳少得、不劳不得。同时,在分配的过程中,一方面要反对绝对的平均主义,调动劳动者的生产积极性,提高劳动效率,另一方面也要注意避免收入差距过大,导致新的不公平。

(二)同工同酬原则

同工同酬,是指用人单位对于从事相同工作,付出等量劳动且取得相同劳动业绩的劳动者,应支付同等的劳动报酬。同工同酬原则,已经逐渐发展成为我国劳动法体系中一个独立的原则,同时也是当下收入分配制度改革中的一个重要目标。我国《宪法》中规定了"男女同工同酬"。1951年《男女工人同工同酬公约》(第100号公约)也规定:"对于所有劳动力,即男劳动力和女劳动力同等价值的劳动,应付给同等的报酬。"但是同工同酬并非空洞的宣言,而是需要与反对就业歧视等规则一同发挥实效。

(三)工资水平随经济发展逐步提高原则

工资水平是指一定时期、一定地域内职工平均工资的高低程度。《中共中央关于建立社会主义市场经济体制若干问题的决定》(1993年)指出:建立适应企业、事业单位和行政机关各自特点的工资制度与正常的工资增长机制。国有企业在职工工资总额增长率低于企业经济效益增长率,职工平均工资增长率低于本企业劳动生产率的前提下,根据劳动就业供求变化和国家有关政策规定,自主决定工资水平和内部分配方式。《劳动法》规定:工资水平在经济发展的基础上逐步提高。其中尤其应当明确的是,工资水平的提高与经济发展水平相适应,既不能超前提升工资水平,也不能过分滞后于经济发展水平。

(四)工资国家宏观调控与企业自主决定相结合原则

我国《劳动法》第46条第2款规定:国家对工资总量实行宏观调控。第47条规定:用人单位根据本单位的生产经营特点和经济效益,依法自主确定本单位的工资分配方式和工资水平。从我国《劳动法》的规定以及现阶段的经济发展模式来看,决定工资分配方式和工资水平的主体是用人单位。在国家从工资总量对工资水平进行调控并消除工资中不合理因素的情况下,用人单位有权根据本单位的实际情况,依法自主确定本单位的工资分配方式和工资水平。

三、工资的基本构成和计量工资的形式

根据1990年国家统计局发布的《关于工资总额组成的规定》,工资总额由6部分组成:(1)计时工资;(2)计件工资;(3)奖金;(4)津贴和补贴;(5)加班加点工资;(6)特殊情况下支付的工资。

(一)工资的基本构成

我国立法所规定的工资,一般由基本工资和辅助工资构成。

1. 基本工资

基本工资是指劳动者在法定或约定工作时间内提供正常劳动所得的报酬,构成劳动者所得工资额的基本组成部分。

2. 辅助工资

辅助工资是指基本工资以外的,在工资构成中处于辅助地位的工资组成部分。常见的有奖金、津贴(补贴)、加班加点工资等。

(二)计量工资的形式

1. 计时工资

计时工资,是按照单位时间工资率和工作时间支付给职工个人的劳动报酬。计时工资标准可以分为月工资标准、日工资标准和小时工资标准。其中,日工资标准为月工资标准除以月平均法定工作天数(实行周40小时工作制的21.75天)所得之商,小时工资标准为日工资标准除以日平均工作时数(8小时)所得之商。

2. 计件工资

计件工资,是指在一定技术条件下,根据职工完成的合格产品数量或工作量,按计件单位支付的劳动报酬。

3. 年薪

年薪又称年工资收入制,是指以企业会计年度为时间单位所计发的工资收入。年薪是一种国际上较为通行的企业经营者薪酬计算方式,我国一些企业中对经营管理者也适用年薪。2000年,劳动和社会保障部发布的《进一步深化企业内部分配制度改革指导意见》中指出,要在具备条件的企业积极试行董事长、总经理年薪制。

四、最低工资制度

(一)最低工资的概念和特征

1. 最低工资的概念

最低工资,是指劳动者在法定工作时间内提供了正常劳动的,用人单位应当依法支付

的最低劳动报酬。其中,法定工作时间是指按照法律法规规定劳动者正常的工作时间。按照1995年《国务院关于职工工作时间的规定》的规定,我国目前实行的是每天工作时间不超过8小时,每周工作时间不超过40小时的工作时间制度。正常劳动,是指劳动者依法签订的劳动合同约定,在法定工作时间或劳动合同约定的工作时间内从事的劳动。劳动者依法享受带薪年休假、探亲假、婚丧假、生育(产)假、节育手术假等国家规定的假期间,以及法定工作时间内依法参加社会活动期间,视为提供了正常劳动。

2. 最低工资的特征

(1)最低工资的设立主要目的在于保障劳动者的基本生存问题;

(2)最低工资制度体现了国家对劳动报酬市场调节的干预;

(3)最低工资制度具有劳动基准的性质,是劳动者在正常情况下获得劳动报酬的最低限度。

(二)最低工资的组成

一般来说,只要劳动者在法定或约定工作时间内提供了正常劳动,由此获得的各种劳动报酬均作为最低工资的组成部分。但根据法律规定,以下各项不得作为最低工资的组成部分:(1)加班加点工资;(2)中班、夜班、高温、低温、井下、有毒有害等特殊工作环境、条件下的津贴;(3)国家法律、法规和政策规定的劳动者保险、福利待遇;(4)用人单位通过贴补伙食、住房等支付给劳动者的非货币收入。

(三)最低工资标准的确定

1. 最低工资标准确定的原则

最低工资标准的确定要遵循三方原则,即政府、工会和企业三方代表共同协商确定最低工资标准。根据《制订最低工资确定办法公约》(第26号公约)的规定,批准该公约的国际劳动组织会员国在决定最低工资办法应实施的行业或部门时,如有关行业或其部门有工人与雇主的组织时,应当先咨询其意见;在决定最低工资确定办法实施前,应征询有关雇主与工人代表的意见,如有雇主与工人组织时,应征询各该组织代表的意见。我国《企业最低工资规定》(1993年发布)第4条明确规定:最低工资率的确定实行政府、工会和企业三方代表民主协商原则。

2. 确定最低工资标准需考虑的因素

我国《劳动法》第49条明确规定了确定和调整最低工资标准应当综合参考的因素:(1)劳动者本人及平均赡养人口的最低生活费用;(2)社会平均工资水平;(3)劳动生产率;(4)就业状况;(5)地区之间经济发展水平的差异。

3. 确定最低工资标准的通用方法

结合我国经济社会发展现实,《企业最低工资规定》规定了两种具体测算办法:

(1)比重法,即根据城镇居民家庭统计调查资料,确定一定比例的最低人均收入户为贫困户,统计出贫困户的人均生活费用支出水平,乘以每一就业者的赡养系数,再加上一个调整数。

(2)恩格尔系数法,即根据国家营养学会提供的年度标准食物谱及标准食物摄取量,结合标准食物的市场价格,计算出最低食物支出标准,除以恩格尔系数,得出最低生活费用标准,再乘以每一就业者的赡养系数,再加上一个调整数。

以上方法计算出月最低工资标准后,再考虑职工个人缴纳社会保险费、住房公积金、职工平均工资水平、社会救济金和失业保险金标准、就业状况、经济发展水平等进行必要的修正。

4. 最低工资标准的制定程序

根据原劳动和社会保障部颁布的《最低工资规定》(2004年)的规定,最低工资标准的制定程序包括以下环节:

(1)初步拟订。最低工资标准的方案由省、自治区、直辖市人民政府劳动保障行政部门会同同级工会、企业联合会或企业家协会研究拟订,并将拟订的方案报送劳动保障部。

(2)征求意见。劳动保障部在收到拟订方案后,应征求全国总工会、中国企业联合会或企业家协会的意见。

(3)批准、发布和备案。省、自治区、直辖市劳动保障行政部门应将本地区最低工资标准方案报省、自治区、直辖市人民政府批准,并在批准后7日内在当地政府公报上和至少一种全地区性报纸上发布。省、自治区、直辖市劳动保障行政部门应在发布后10日内将最低工资标准报劳动保障部。

(4)调整。最低工资标准发布实施后,如制定最低工资标准时所依据的相关因素发生变化,应当适时调整,且最低工资标准每两年至少调整一次。

5. 最低工资支付的保障及相关法律责任

为保证最低工资制度的落实,《最低工资规定》规定:用人单位应在最低工资标准发布后10日内,将该标准向本单位全体劳动者公示。劳动者在提供正常劳动的情况下,用人单位应支付的工资不得低于当地最低工资标准;实行计件工资或提成工资等工资形式的用人单位,在科学合理地劳动定额基础上,其支付给劳动者的工资不得低于相应的最低工资标准。若用人单位违反最低工资相关立法规定的,《劳动法》第91条规定,由劳动行政部门责令支付劳动者的工资报酬、经济补偿,并可以责令支付赔偿金;《最低工资规定》第13条规定赔偿金标准为用人单位所欠工资的1至5倍。

五、工资支付保障

(一)工资支付保障的概念

工资支付保障,是根据法律法规的规定,保障劳动者获得其全部应得工资的制度。工资支付保障相较于最低工资保障而言范围更广,扩大到劳动者的全部应得工资,并且从对工资数额的确定转到对工资支付行为的规范。许多国家的劳动法都规定了各自的工资支付保障,国际劳工组织也通过了《工资支付保障》(1949年第95号公约)和第85号同名建议书。虽然我国还未加入上述国际公约,但在《劳动法》中对工资支付保障作出原则性规定,此外《工资支付暂行规定》(1994年)及其《补充规定》(1995年),对用人单位的工资支付行为进行了相对具体的规范。

(二)一般情况下工资支付

1. 工资支付形式

工资应当以法定货币支付,不得以实物及有价证券代替货币支付。

2. 工资支付对象

用人单位应当将工资支付给劳动者本人,劳动者本人因故不能取领工资时,可由其亲属或委托他人代领。

3. 工资支付时间

工资必须在用人单位与劳动者约定的日期支付。如遇节假日或休息日,则应提前在最近的工作日支付。工资至少每月支付一次,实行周、日、小时工资制的可按周、日、小时支付工资。对完成一次性临时劳动或某项具体工作的劳动者,用人单位应按有关协议或合同规定在其完成劳动任务后即支付工资。劳动关系双方依法解除或终止劳动合同时,用人单位应在解除或终止劳动合同时一次性付清劳动者工资。

(三)特殊情况下工资支付

1. 依法参加社会活动期间工资

劳动者在法定工作时间内依法参加社会活动,用人单位应视同其提供了正常劳动而支付工资。这些社会活动包括:(1)依法行使选举权和被选举权;(2)当选代表出席乡(镇)、区以上政府、学会、工会、青年团、妇女联合会等组织召开的会议;(3)出任人民法院证明人;(4)出席劳动模范、先进工作者大会;(5)《工会法》规定的不脱产工会基层委员会委员因工作活动占用的生活或工作时间;(6)其他依法参加的社会活动。

2. 休假期间的工资

劳动者依法享受年休假、探亲假、婚假、丧假期间,用人单位应按劳动合同规定的标准支付劳动者工资。

3. 停工、停产期间的工资

非因劳动者原因造成单位停工、停产在一个工资支付周期内的,用人单位应按劳动合同规定的标准支付劳动者工资。超过一个工资支付周期的,若劳动者提供了正常劳动,则支付给劳动者的劳动报酬不得低于当地的最低工资标准;若劳动者没有提供正常劳动,应按国家有关规定办理。

4. 企业破产时的工资

用人单位依法破产时,劳动者有权获得工资。在破产清偿中用人单位应按《企业破产法》规定的清偿顺序,首先支付欠付本单位劳动者的工资。

5. 加班期间的工资

用人单位在劳动者完成劳动定额或规定的工作任务后,根据实际需要安排劳动者在法定标准工作时间以外工作的,按以下标准支付工资:(1)用人单位依法安排劳动者在日法定标准工作时间以外延长工作时间的,按照不低于劳动合同规定的劳动者本人小时工资标准的150%支付劳动者工资;(2)用人单位依法安排劳动者在休息日工作,而又不能安排补休的,按照不低于劳动合同规定的劳动者本人日或小时工资标准的200%支付劳动者工资;(3)用人单位依法安排劳动者在法定休假节日工作的,按照不低于劳动合同规定的劳动者本人日或小时工资标准的300%支付劳动者工资。实行计件工资的劳动者,在完成计件定额任务后,由用人单位安排延长工作时间的,应根据上述规定的原则,分别按照不低于其本人法定工作时间单价的150%、200%、300%支付其工资。经劳动行政部门批准实行综合计算工时工作制的,其综合计算工作时间超过法定标准工作时间的部分,应视为延长工作时间,并应按本规定支付劳动者延长工作时间的工资。实行不定时工作制度的劳动者,不执行上述规定。

6. 特殊人员工资的支付

(1)劳动者受到处分后的工资支付:第一,劳动者受行政处分后仍在原单位工作(如留用察看、降级等)或受刑事处分后重新就业的,应主要由用人单位根据情况自主确定其工资报酬;第二,劳动者受刑事处分期间,如收容审查、拘留(羁押)、缓刑、监外执行或劳动教养期间,其待遇按国家有关规定执行。(2)学徒工、熟练工、大中专毕业生在学徒期、熟练期、见习期、试用期及转正定级后的工资待遇由用人单位自主确定。(3)新就业复员军人的工资待遇由用人单位自主确定;分配到企业的军队转业干部的工资待遇,按国家有关规定执行。

(四)工资足额支付的保障

1. 用人单位不得克扣或无故拖欠劳动者工资

《劳动法》第50条规定,不得克扣或无故拖欠劳动者的工资,否则应承担相应的法律责任。《劳动合同法》第30条规定:"用人单位拖欠或者未足额支付劳动报酬的,劳动者可以依法向当地人民法院申请支付令,人民法院应当依法发出支付令。"

2. 依法可以代扣劳动者工资的情形

(1)用人单位代扣代缴个人所得税;(2)用人单位代扣代缴的应由劳动者个人负担的各项社会保险费用;(3)法院判决、裁定中要求代扣的抚养费、赡养费;(4)法律、法规规定可以从劳动者工资中扣除的其他费用。

3. 劳动者对用人单位的赔偿

因劳动者本人原因给用人单位造成经济损失的,用人单位可按照劳动合同的约定要求其赔偿经济损失。经济损失的赔偿,可从劳动者本人工资中扣除。但每月扣除的部分不得超过劳动者当月工资的20%。若扣除后的剩余工资部分低于当地月最低工资标准的,则按最低工资标准支付。

(五)工资支付令制度

我国《劳动合同法》第30条规定,用人单位拖欠或者未足额发放劳动报酬的,劳动者可以依法向当地人民法院申请支付令,人民法院应当依法发出支付令。《劳动争议调解仲裁法》第16条也规定,因支付拖欠劳动报酬达成调解协议,用人单位在协议约定期限内不履行的,劳动者可以持调解协议书依法向人民法院申请支付令,人民法院应当依法发出支付令。

支付令是我国《民事诉讼法》规定的一种督促程序,是指根据债权人的申请,向债务人发出限期履行给付金钱或有价证券的文书。债权人对拒不履行的债务人,可以向有管辖权的基层法院申请支付令,通知债务人履行。债务人在收到支付令15日内不提出异议又不履行支付令的,债权人可申请法院强制执行。《民事诉讼法》规定了申请支付令的条件包括以下几方面:(1)请求债务人支付的是金钱或有价证券;(2)请求支付的金钱或有价证券已到期且数额确定,并写明了请求所依据的事实和证据;(3)债权人和债务人没有其他债务纠纷;(4)支付令能够送达。

(六)工资支付的监察[①]

1. 用人单位应当通过与职工大会、职工代表大会或其他形式协商制定内部的工资支付制度,并告知本单位全体劳动者,同时抄报当地劳动行政部门备案。

2. 各级劳动行政部门有权监察用人单位工资支付的情况。

3. 用人单位有下列侵害劳动者合法权益行为的,由劳动行政部门责令其支付劳动者工资和经济补偿,并可责令其支付赔偿金:(1)克扣或无故拖欠劳动者工资的;(2)拒不支付劳动者延长工作时间工资的;(3)低于当地最低工资标准支付劳动者工资的。

第二节 工作时间和休息休假立法

工作时间和休息休假是劳动法的重要组成部分。工作时间和休息休假制度是工业革命以后,劳动者在长期与资本家的斗争中取得的重大胜利。现在各国几乎都在劳动法典或劳动基本法中规定了关于劳动者的工作时间和休息休假的内容,这些内容体现着一个国家或地区的经济发展水平,及对劳动者的保护程度。国际劳工组织也制定了多项关于工作时间的公约和建议书,并对各国劳动立法产生了重大影响。在我国,《劳动法》中规定了"工作时间和休息休假"的专章,同时制定了一些配套法规,如《国务院关于职工工作时间的规定》(1995年)及其《实施办法》(1995年)、《全国年节及纪念日放假办法》(1999年修订)、劳动部《关于企业实行不定时工作制和综合计算工时工作制的审批办法》(1994年)、《职工带薪年休假条例》(2007年)等。

一、工作时间制度

(一)工作时间概述

工作时间,是指劳动者根据国家的法律规定,在一昼夜或一周之内从事本职工作的时间。法定的一昼夜内从事工作的小时数总和称为工作日;一周内从事工作的工作日的总和称为工作周。

工作时间作为一个劳动法上概念,不仅包括劳动者从事工作的作业时间,同时也包括进行与正常工作密切联系的相关活动时间,如上班前必要的工作准备时间、下班前的交接工作时间,以及依据法律规定视为工作的工作时间。

对工作时间进行立法的目的在于,从限制工作时间长度的角度来保护劳动者的身体

[①] 贾俊玲:《劳动法学》,北京大学出版社2009年版,第136页。

健康,保护劳动者的休息权。同时,工作时间的立法也要考虑到企业生产经营活动的客观需要,保障企业正常的生产经营秩序。

(二)工作时间的立法概况

1. 工作时间立法的起源和发展

工作时间立法是劳动立法历史中最古老和最基本的内容之一。1802年英国颁布的被公认为现代劳动立法开端的《学徒健康与道德法》,就是一项以限制工作时间为基本内容的立法。该法规定纺织工厂童工每天工作不得超过12小时。继英国这项立法之后,西方一些资本主义国家相继颁布了有关"工厂立法",并把限制工作时间作为其中的一项重要内容。随着人道主义思想在世界范围的广泛传播和工人阶级作为一股社会政治力量的增强,劳动者同雇主之间就工作时间的缩短而进行的斗争日趋尖锐和激烈。这种斗争直接影响着各国工作时间的立法。如:争取八小时工作日的斗争。现在世界各国在普遍实行8小时工作日的基础上,又相继缩短工作周,成为当代工时制度改革和工时立法的主要趋势。

2. 有关工作时间的国际公约

随着社会的进步和人类的发展,国际劳工立法对各国劳动立法的影响日益加大。目前,国际劳工组织有关工作时间的公约已达十多项,概括起来,主要包括两个方面的内容:

(1)规定8小时工作日。包括:1919年通过的第1号《工业工作时间每日限为8小时及每周限为48小时公约》和1930年的第30号《商业及办事处所工作时间的规定公约》,目前,已有70多个国家批准了这两项公约,我国已批准了1号公约。

(2)规定短于8小时的工作日。包括:①1931年通过的《限制煤矿工作时间公约》及1935年修正该公约的第46号公约。该公约规定煤矿井下每天工作时间为7小时45分钟。②1934年通过的第43号《自动化平板玻璃工厂工作时间的规定公约》和1935年通过的第49号《减少玻璃瓶厂工作时间公约》,两个公约规定每日工作时间不超过8小时,每周工作时间不超过42小时。③1935年通过的第47号《每周工作时间减至40小时公约》。该公约1947年生效,目前批准的国家还不多。④1936年通过的第51号《减少公共工程工作时间公约》和1937年通过的第61号《减少纺织工业工作时间公约》,规定公共工程和纺织工业,除例外规定者外,平均周工作时间减至40小时。

3. 我国的工作时间立法

我国工时制度立法晚于西方发达工业化国家。19世纪中叶,产业工人在我国出现后,工作日通常为12~14小时,国民党统治时期虽然规定有"成年工人每日实在工作时间以8小时为原则"的条文,但实际上并未实现。中国共产党成立之后,非常重视工作时间立法,如:1922年中国劳动组合书记部拟定的《劳动法案大纲》即提出每日工作不得超过8小时,夜班不超过6小时;新中国成立前夕的《共同纲领》规定:"公私企业目前一般实行8小时至10小时的工作制。"1960年12月21日中共中央《关于在城市坚持8小时工作的通知》明确提出实行8小时工作制。同时,有关部委还通过部委规章规定了缩短工时,主要包括:纺织行业的"四班三运转";化工行业的6小时或7小时工作日;煤矿井下6小时工作日;以及建筑、冶炼、森林采伐、地质勘察、装卸搬运等实行的不同程度的缩短工作日等。随着我国经济体制改革的深化和经济的迅速发展,1994年2月7日公布了《国务院关于职工工作时间的规定》,1994年2月8日劳动部、人事部发布了《国务院关于职工工作时间的规定》的实施办法,确定了每天不超过8小时和每周不超过44小时的工作时间制度。这项缩短工作时间的立法,在1994年7月5日通过的《劳动法》中,从劳动基本法的地位给予了明确规定。1995年3月25日,国务院修改了1994年2月7日公布的《国务院关于职工工作时间的规定》,将每周44小时工作制缩短为40小时。为了与这些规定相配套,劳动部公布了《企业实行不定时工作制和综合计算工时工作制的审批办法》,并与《劳动法》同时实施,至此我国工作时间立法体系逐步形成。

（三）工作时间的种类

1. 标准工作时间

标准工作时间,是指依据法律规定,在正常情况下劳动者从事工作的时间,分为标准工作日和标准工作周两种。标准工作时间是工时制度的主要形式,也是计算其他工作时间种类的依据。

依据我国《劳动法》第36条规定,国家实行劳动者每日工作时间不超过8小时,平均每周工作时间不不超过44小时的工时制度。用人单位应当保证劳动者每周至少休息一日。但目前我国的标准工作时间为每日工作8小时,每周工作40小时。国家机关、事业单位实行统一的工作时间,星期六和星期日为周休息日。企业和不能实行统一工作时间的事业单位,可以根据实际情况灵活安排周休息日。其依据是国务院1995年重新修订的《关于职工工作时间的规定》中的相关规定。

2. 非标准工作时间

非标准工作时间,是指在特殊情形下适用,且其工时长度和休息办法都不同于标准工作时间的工作时间。我国《劳动法》规定,企业因生产特点不能实行标准工作时间的,经劳动行政部门批准,可以实行其他工作和休息办法。根据我国目前相关法律法规的规定,非标准工作时间包括以下几种:缩短工作时间、不定时工作时间、综合计算工作时间、计件工作时间等。

（1）缩短工作时间。缩短工作时间,是指根据法律规定,在特殊情形下实行的工作时间少于标准工作日长度的工作日。1995年劳动部发布的《《国务院关于职工工作时间的规定〉的实施办法》第4条规定,在特殊条件下从事劳动和有特殊情况,需要在每周工作40小时的基础上再适当缩短工作时间,应在保证完成生产和工作任务的前提下,根据我国《劳动法》第36的规定,由企业根据实际情况决定。在我国目前适用缩短工作时间的情形有:

第一,特殊的岗位。从事矿山井下、高山作业、严重有毒有害作业、特别繁重和过度紧张的体力劳动的职工,每个工作日的时间要少于8小时。

第二,夜班。夜班工作是指在当日22时至次日6时从事劳动或工作的时间。在实行三班制的企业,从事夜班工作的劳动者比白班减少1小时。

第三,哺乳期女职工。哺乳未满周岁婴儿的女职工,每班工作时间可给予哺乳两次（含人工喂养）时间,每次30分钟。多胞胎生育的,每多哺乳一个婴儿,每次哺乳时间增加30分钟;一班内两次哺乳可以合并使用。哺乳时间和本单位内哺乳往返时间算作劳动时间。

第四,未成年工和怀孕女工。未成年工应实行少于8小时工作日制度。怀孕7个月以上的女职工,用人单位不得延长劳动时间或安排夜班劳动,并应当在正常工作时间内排一定的休息时间。

即使属于国家规定可以实行缩短工作时间的行业或岗位,也必须依法履行审批手续。根据劳动部、人事部1994年2月8日《〈国务院关于职工工作时间的规定〉的实施办法》第5条规定,缩短工时制的审批按下述两种情况进行:①属于中央直属企事业单位的职工,应经主管部门审核上报,由国务院劳动人事部门批准。②属于地方企事业单位的职工,应经当地主管部门审核上报,由当地劳动人事部门批准。

(2)不定时工作时间。不定时工作时间,是指根据法律规定,在特殊条件下不固定计算工作日长度的工作日。根据《企业实行不定时工作制和综合计算工时工作制的审批办法》的规定,企业对符合下列条件之一的劳动者,可以实行不定时工作制:①企业中的高级管理人员、外勤人员、推销人员、部分值班人员和其他因工作无法按标准工作时间衡量的劳动者;②企业中的长途运输人员、出租汽车司机和铁路、港口、仓库的部分装卸人员以及因工作性质特殊,需要机动工作的人员;③其他因生产特点、工作特殊需要或职责范围的关系,适合实行不定时工时制的劳动者。

(3)综合计算工作时间。综合计算工作时间,是指根据法律规定,分别以周、月、季、年等为周期,综合计算工作时间,但其平均日工作时间和平均周工作时间应与标准工作时间基本相同。

企业对符合下列情形之一的劳动者,可以实行综合计算工作时间:①交通、铁路、邮电、水运、航空、渔业等行业中因工作性质特殊需要连续作业的职工;②地质及资源勘探、建筑、制盐、制糖、旅游等受季节和自然条件限制的行业的部分职工;③其他适合实行综合计算工时工作制的职工。

综合计算工作时间制与实行不定时工作制一样,用人单位应根据《劳动法》的相关规定,在保障职工身体健康并充分听取职工意见的基础上,采用相对集中工作、集中休息的方式,在确保劳动者休息休假的合法权益基础上完成生产经营任务。

(4)计件工作时间。计件工作时间,是指以劳动者完成一定劳动定额为计算劳动报酬依据的工作时间制度。计件工作时间制度,从表面上是通过确定劳动者的劳动数量(计件)来计算劳动报酬的规定,但实际上也是工作时间确定劳动报酬的特殊形式。这种工作时间制度有两个方面的基本内容:第一,用人单位必须依据标准工作制度规定的时间标准,即按每周40小时来确定劳动定额和计件报酬。《劳动法》第37条规定,对实行计件工作的劳动者,用人单位应当根据标准工时制度合理确定其劳动定额和计件报酬标准。第二,劳动者的工作时间可以灵活,但平均每工作周时间不得超过40小时。如《国务院关于职工工作时间的规定》第5条规定:"因工作性质和工作职责的限制,需要实行不定时工作制的,职工平均每周工作时间不得超过40小时。"

二、休息休假制度

(一)休息休假的概念

休息休假,是指根据法律法规的规定,劳动者不从事工作而由自己自由支配的时间,是劳动者在工作时间之外的所有休息时间的总和。我国劳动法理论和实务中,将休息休假分为休息时间和休假时间两方面。休息时间是指劳动者的工作日内的休息时间、工作日之间的休息时间和工作周之间的休息时间;休假时间是指法定的节假日休息时间、探亲假休息时间和年休假休息时间等。

(二)休息休假的立法

新中国成立后,政务院于1949年发布了《全国年节及纪念日放假办法》,规定了全体公民都享有的法定节假日、部分公民享有的节日和纪念日等,该规定于1999年和2007年分别进行了修订。1981年国务院发布了《职工探亲待遇的规定》,规定了职工同亲属长期远居两地的探亲问题,及其具体的适用。1991年中共中央、国务院共同发布了《关于职工休假问题的通知》,规定各级党政机关、人民团体和企事业单位可根据实际情况适当安排职工休假。《劳动法》第45条也规定:国家实行带薪年休假制度。劳动者连续工作一年以上的,享受带薪年休假,具体办法由国务院规定。2007年国务院颁布了《职工带薪年休假条例》,对带薪年休假的适用范围、期限、工作待遇、救济措施等进行了具体的规定。2008年人力资源和社会保障部公布了《企业职工带薪年休假实施办法》,进一步明确了带薪年休假制度的具体操作。

(三)休息休假的种类

根据相关法律法规的规定,我国的休息休假可以分为以下几种:

1. 一个工作日内的休息时间

一个工作日内的休息时间,也称工作间歇,是指劳动者在一个工作日内进行工作过程中的休息时间和用餐时间。工作间歇时间是在劳动者连续工作一定时间之后的休息时间,既是保障劳动者健康的需要,也利于提高劳动者的劳动生产率。一般工作间歇的时间长短、次数可以由用人单位根据本单位的实际情况自主决定。2012年人力资源和社会保障部研究起草的《特殊工时管理规定(征求意见稿)》第27条规定,企业在保障正常生产运营的情况下,日工作时间超过4小时的,应当保证劳动者享受不少于20分钟的工间休息时间,工间休息时间计入工作时间。从事影响公共安全利益的机动车驾驶员等岗位人员,每驾驶2小时应当保证不少于10分钟的休息时间。

2. 两个工作日之间的休息时间

两个工作日之间的休息时间,是指劳动者在一个工作日结束后至下一个工作日开始前的休息时间。一般而言,这种休息时间应当是连续不间断的,在标准工作时间下,劳动者每日的工作时间不得超过8小时,因此两个工作日之间的休息时间不得少于16小时。实行轮班制的劳动者,其班次需平均调换,一般可在休息日后调换;调换班次时,不得让工人连续工作两班。

3. 公休日

公休日,又称休息日,是指劳动者工作满一个工作周之后的休息时间。我国《劳动法》第38条规定,用人单位应当保证劳动者每周至少休息一日。《国务院关于职工工作时间的规定》进一步缩短工时,规定国家机关、事业单位实行统一的工作时间,星期六和星期日为周休息日。同时也明确，企业和不能实行前款规定的统一时间的事业单位，可以根据实际情况安排周休息日。

4. 法定节假日

法定节假日，是指根据国家法律统一规定的用以开展庆祝或纪念活动的休息时间。我国《劳动法》第 40 条规定，用人单位应当在元旦、春节、国际劳动节、国庆节以及法律法规规定的其他休假节日安排劳动者休息。2007 年修订后的《全国年节及纪念日放假办法》对法定法节假日的规定进行了完善，系统地规定了我国的法定节假日和放假办法，主要内容如下：

(1) 全体公民放假的节日有：第一，新年，放假 1 天 (1 月 1 日)；第二，春节，放假 3 天 (农历除夕、正月初一、初二)；第三，清明节，放假 1 天 (农历清明当日)；第四，劳动节，放假 1 天 (5 月 1 日)；第五，端午节，放假 1 天 (农历端午当日)；第六，中秋节，放假 1 天 (农历中秋当日)；第七，国庆节，放假 3 天 (10 月 1 日)。

(2) 部分公民放假的节日及纪念日有：第一，妇女节，放假半天 (3 月 8 日)；第二，青年节，14 周岁以上青年放假半天 (5 月 4 日)；第三，儿童节，不满 14 周岁以的少年儿童放假 1 天；第四，中国人民解放军纪念日，现役军人放假半天 (8 月 1 日)。第五，少数民族习惯的节日，由各少数民族聚居地区的地方人民政府，按照各民族习惯，规定放假日期。

5. 年休假

年休假，是指根据相关规定，劳动者每年可享受一定的期限带薪休息时间。我国《劳动法》第 45 条规定："国家实行带薪年休假制度。劳动者连续工作一年以上，享受带薪年休假。具体办法由国务院规定。"由于国务院一直没有出台具体规定，因此带薪年休假始终是由企业自行决定的。2007 年国务院发布了《职工带薪年休假条例》，第 3 条规定：职工累计工作已满一年不满 10 年，年休假 5 天；已满 10 年不满 20 年的，年休假 10 天；已满 20 年的，年休假 15 天。国家法定休假日、休息日不计入年休假的假期。

6. 其他休假

(1) 探亲假。探亲假是指对于那些在国家机关、人民团体和全民所有制企业，事业单位工作满一年的固定职工，与配偶或父母不住在一起，又不能在公休假日团聚的，可以享受探望配偶或父母的一种待遇。根据 1981 年国务院《关于职工探亲待遇的规定》，职工探望配偶的，每年给予一方探亲假一次，假期为 30 天；未婚职工探望父母，原则上每年给假一次，假期为 20 天；如果因工作需要，本单位当年不能给予假期或职工自愿两年探亲一次的，可以两年给假一次，假期为 45 天；已婚职工探望父母，每 4 年给假一次，假期为 20 天。前述假期均包括公休日和法定节日在内。

(2) 婚丧假。婚丧假是指劳动者本人结婚或其直系亲属死亡时依法享受的假期。依据 1980 年国家劳动总局、财务部发布的《关于国营企业职工请婚丧假和路程假问题的通知》规定，企业单位的职工请婚丧假在 3 个月以内的，工资照发；职工本人结婚或职工的直系亲属 (父母、配偶和子女) 死亡时，可根据具体情况，由本单位行政领导批准，酌情给予 1 至 3 天的婚丧假；职工结婚时双方不在一地工作的，职工在外地的直系亲属死亡时需要职工本人去外地料理丧事的，都可以根据路程远近，另给予路程假；在批准的婚丧假和路程假期间，职工的工资照发。途中的车船费等，全部由职工自理。

(3)女职工产假。我国《劳动法》第62条规定:"女职工生育享受不少于90天的产假。"2012年国务院发布的《女职工劳动保护特别规定》第7条规定:"女职工生育享受98天产假,其中产前可以休假15天;难产的,增加产假15天;生育多胞胎的,每多生育1个婴儿,增加产假15天。女职工怀孕未满4个月流产的,享受15天产假;怀孕满4个月流产的,享受42天产假。"

第三节 延长工作时间

一、延长工作时间的概念

延长工作时间,是指劳动者在法律法规规定的正常工作时间之外从事工作的时间,包括加班和加点两种形式。加班是指劳动者在公休日或法定节假日从事工作;加点是指劳动者在标准工作时间以外延长工作时间。

二、延长工作时间的主要规定

(一)延长工作时间的一般规定

我国《劳动法》第41条规定:"用人单位由于生产经营需要,经与工会和劳动者协商后可以延长工作时间,一般每日不得超过一小时;因特殊原因需要延长工作时间的,在保障劳动者身体健康的条件下延长工作时间每日不得超过三小时,但是每月不得超过三十六小时。"

(二)延长工作的特殊规定

1. 针对未成年人和女职工的特殊规定

《劳动法》第61条规定:对怀孕七个月以上的女职工,不得安排其延长工作时间和夜班劳动;第63条规定,对哺乳未满一周岁的婴儿的女职工,不得安排其延长工作时间和夜班劳动。《未成年人保护法》规定,禁止安排未成年工延长工作时间。

2. 特殊情况下可以延长工作时间的规定

《劳动法》第42条规定,规定可以不受法律对延长劳动时间限制的情形有:(1)发生自然灾害、事故或者因其他原因,威胁劳动者生命健康和财产安全,需要紧急处理的;(2)生产设备、交通运输线路、公共设施发生故障,影响生产和公众利益,必须及时抢修的;(3)法律、行政法规规定的其他情形。

1995年《〈国务院关于职工工作时间的规定〉的实施办法》补充规定,可以延长工作的时间的特殊情形还包括:(1)必须利用法定节日或公休假日的停产期间进行设备检修、保养的;(2)为完成国防紧急生产任务,或者完成上级在国家计划外安排的其他紧急生产任务,以及商业、供销企业在旺季完成收购、运输、加工农副产品紧急任务的。

(三)延长工作时间的劳动报酬

我国《劳动法》规定,安排劳动者延长工作时间的,支付不低于其标准工资150%的工资报酬;休息日安排劳动者工作又不能安排补休的,支付不低于其标准工资200%的工资报酬;法定节假日安排劳动者工作的,支付不低于其标准工资300%的工资报酬。

用人单位在休息日安排劳动得加班工作的,应首先安排补休;不能补休的,再按法律规定支付劳动者延长工作时间的工资报酬;法定节假日安排劳动者工作的,一般不安排补休,按规定支付劳动延长工作时间的报酬。

三、非法延长工作时间的法律责任[①]

(一)强迫延长工作时间的法律责任

用人单位未与工会和劳动者协商,强迫劳动者延长工作时间的,应给予警告、责令改正,并可按每名劳动者每延长工作时间1小时罚款100元以下的标准处罚。

(二)超过法定时间延长工作时间的法律责任

用人单位在由于生产经营需要而延长工时的情况下,一日内延长工时超过3小时或一个月内延长工时超过36小时,应予警告、责令改正,并可按每名劳动者每超过工作时间1小时罚款100元以下的标准处罚。

(三)安排法定禁止延长工时人员延长工时的法律责任

用人单位安排在哺乳未满一周岁的婴儿期间的女职工和怀孕7个月以上的女职工延长工作时间和夜班工作的,应责令改正,并按每侵害一名女职工罚款3000元以下的标准处罚。

(四)拖欠、拒付加班加点工资或低于法定标准发放加班加点工资的法律责任

根据我国《劳动合同法》第85条的规定,用人单位安排加班不支付加班费的,即无故拖欠、拒付加班加点工资,或无故扣除或低于法定标准发放加班加点工资,由劳动行政部门责令限期支付加班费,逾期不支付的,责令用人单位按应付金额50%以上100%以下的标准向劳动者加付赔偿金。

【思考题】

1. 简述工资立法中关于同工同酬的意义及其实现机制。
2. 实践中用人单位以最低工资标准作为工资支付标准是否违法?分析其弊端。
3. 简述弹性工作制的发展对依照我国《劳动法》认定劳动关系的影响。

---

① 王全兴:《劳动法》,法律出版社2008年版,第281~282页。

【司法考试真题链接】

1. 张某在工作中因违反操作规程导致公司设备受损,直接经济损失3万元。张某的月工资为900元,当地最低工资标准为每月700元。现公司决定从张某的月工资中扣除设备损失赔偿金,直到公司损失收回。下列扣款方案中,哪一项符合劳动法规定?(2008年)

   A. 按照本人月工资的20%计算,每月扣除180元

   B. 按照扣除后的余额不低于当地最低工资标准计算,每月扣除200元

   C. 按照A、B方案平均计算,每月扣除190元

   D. 按照张某与公司的五年合同期平均计算,每月扣除500元

2. 王某的日工资为80元。2004年5月1日至7日,根据政府规定放假7天,其中3天属于法定假日,4天属于前后两周的周末公休日。公司安排王某在这7天加班。根据劳动法的规定,公司除应向王某支付每日80元的工资外,还应当向王某支付多少加班费?(2004年)

   A. 560元

   B. 800元

   C. 1120元

   D. 1360元

3. 在下列哪种情况下,用人单位延长劳动者工作时间应受到《劳动法》有关限制性规定的约束?(2007年)

   A. 发生自然灾害、事故或者因其他原因,威胁劳动者生命健康和财产安全,需要紧急处理的

   B. 生产设备发生故障,影响生产和公众利益,必须及时抢修的

   C. 交通运输线路、公共设施发生故障,影响生产和公众利益,必须及时抢修的

   D. 用人单位取得大量订单,为了在短期内完成交货,必须组织突击生产的

第七章　劳动保护法

【引例】

　　北京市某法律援助中心成功办结了一起农民工农药中毒身亡,其母亲、儿子向企业索赔的法律援助案件。该企业是一家民营企业,2001年9月2日受雇用者李某在为公司的果树及蔬菜喷洒农药的工作中,因有机磷农药(1605)中毒经抢救无效死亡,北京市法庭科学技术鉴定研究所对李某的尸体进行解剖,鉴定结论:李某死于有机磷农药中毒。因与公司协商赔偿事宜未果,2001年10月悲痛欲绝的寡母刘某、孤儿小李将该公司诉至到北京市某区人民法院。

　　请问本案应如何解决?

　　一审法院经审理查明后认为雇员在从事高度危险作业时对用人单位应有特殊的要求。用人单位理应对从事高度危险作业的人员进行必要的作业培训,并在作业的全过程采取严格有效的保护措施,以确保劳动关系中处于弱势地位的作业人员的人身安全。被告明知李某所喷洒农药系剧毒农药,具有高度的危险性,而采取放任的态度未对李某进行必要的岗前培训,也没有在喷洒剧毒农药的过程中对李某采取有效保护措施,对李某的死亡有过错,应承担主要赔偿责任。2002年7月1日一审判决,被告除已为李某支付的医疗费、鉴定费、停尸费24817.53元外,再行赔偿李某母亲、李某儿子护理费、伙食补助费、交通费、被抚养人生活费、死亡赔偿金、丧葬费共计人民币142709.36元。

第一节　劳动保护概述

一、劳动保护的概念与目的

　　劳动安全卫生是指国家和单位为保护劳动者在劳动生产过程中的安全和健康所采取的立法、组织和技术措施的总称。包括劳动安全技术规程、劳动卫生规程、企业安全卫生管理制度等。劳动法中的劳动安全卫生是基于劳动关系而产生的,在我国传统立法中又称为劳动保护。

　　劳动保护的目的是为劳动者创造安全、卫生、舒适的劳动工作条件,消除和预防劳动生产过程中可能发生的伤亡、职业病和急性职业中毒,保障劳动者以健康的身心参加社会生产,促进劳动生产率的提高,保证社会主义现代化建设顺利进行。保护劳动者在生产劳动过程中的安全与健康,是中国共产党和国家的一项基本方针,是坚持社会主义制度的本质要求,是发展生产、促进经济建设的一项根本大事,也是社会主义物质文明和精神文明建设的一项重要内容。

二、国外劳动保护的立法状况

劳动保护立法起源于19世纪初一些工业发达国家。1833年,英国颁布了《工厂法》,对工厂安全与卫生作了一些基本要求,并规定设置检查人员监督实施。总起来讲,19世纪初期劳动保护立法的保护范围极其狭小,只限于对童工、妇女的保护以及对最高工时等基本劳动条件的限制,职业安全卫生权的理念也只是初步的,不彻底的。

19世纪末期,由于工人阶级为维护自身利益进行的激烈而长期的斗争以及社会法学派的权利理念的兴起,使得西方各国对职业安全权的保护理念发生了转变,职业安全权的权利理念进一步得到发展。基于劳动者是工业社会中与资本抗衡的弱者的社会权利本位立场,1884年《德国劳工伤害保障法》和1897年的《英国劳工赔偿法令》确立了雇主方责任原则、无过错责任原则,使得用人方对劳动者在劳动安全中的赔偿责任具有了绝对性。

20世纪以来,职业安全权的权利理念趋于成熟,到20世纪末劳动安全保护已进入一个新境界。职业安全不再只是"国家"强制雇主保护劳动者的义务,而且也是劳动者在安全法律保护中应享有的积极权利。[①] 20世纪70年代以来,西方各国首先致力于对本国繁冗的劳动安全和职业法规的整合,由制定单一的适用于特定范围的职业安全法规过渡到制定综合性的,适用范围广泛的国家级职业安全卫生法。这一实质性的转变,将职业安全卫生权的权利内容由过去的预防和救济伤害事故导入到职业的安全、舒适(体面)及健康,从而使得劳动安全卫生保护的目的更富于人道性。在市场经济国家中,首先实现综合性立法保护的是瑞典,1978年制订了《工作环境法》。之后,美国、日本、法国、挪威等均颁布了综合性的保护法典,例如,1970年的美国《职业安全卫生法》、1972年的日本《劳动安全卫生法》。1981年,国际劳工组织颁布了第155号具有突破意义的公约——《职业安全卫生与工作环境公约》,并制订同一名称的第164号建议书。

三、我国劳动保护的立法状况

我国目前虽然还没有批准1981年《职业安全卫生与工作环境公约》,但我国是极为重视劳动者职业安全卫生立法的。从20世纪50年代起,就颁布了大量的劳动安全方面的法规和规章,我国1990年以来制定的劳动法律法规中有关劳动保护的占30%。已基本形成了一个多层次立法相结合的法律体系。我国《宪法》明确规定:"国家通过各种途径,创造劳动就业条件,加强劳动保护,改善劳动条件。"1979年和1997年我国《刑法》均专门规定了对于违反规章制度、玩忽职守等造成重大伤亡事故的犯罪行为的量刑标准和有关罪名。20世纪90年代以后我国又颁布了一系列重要法律。如1992年的《矿山安全法》、1992年的《工会法》(2001年修改)、1994年的《劳动法》、2001年的《职业病防治法》、2002年的《安全生产法》等。同时国务院及其劳动行政主管部门以及各地方还颁布了大量行政法规、行政规章、地方法规、规章,具体规定了劳动安全卫生权利保护的内容和实施程序。

[①] 黄越钦:《劳动法新论》,中国政法大学出版社2003年版,第437页。

此外，国家还先后颁布了《工业企业噪声卫生标准》、《工业设计卫生标准》等 100 多项劳动安全卫生国家标准。在法律法规中，《劳动法》、《职业病防治法》、《安全生产法》，对劳动者劳动安全卫生权的具体内容作了较为详细的规定。

第二节　我国劳动保护的基本制度和主要内容

一、劳动保护的基本制度

(一)安全卫生责任制度

安全卫生责任制度是指企业各级领导、职能科室人员、工程技术人员和生产工人在劳动过程中应负的安全责任的制度。主要内容有：企业法定代表人是安全生产的第一责任者，对本企业的安全生产全面负责；各级领导在计划、部署、检查、总结、评比生产的时候，同时计划、部署、检查、总结、评比安全工作；总工程师负安全技术领导责任；各职能部门、各级生产组织负责人在各自分管的工作范围内对安全技术负直接责任；劳动者必须严格遵守劳动安全卫生规程和安全操作规程。

(二)劳动安全卫生设施"三同时"制度

《劳动法》规定，新建、改建、扩建工程的劳动安全卫生设施必须与主体工程同时设计、同时施工、同时投入生产和使用。劳动安全卫生设施建设实行"三同时"原则，应达到以下基本要求：第一，有关部门在组织建设项目可行性论证时，必须同时对安全条件进行论证，不具备安全条件的不能立项。企业主管部门在编制(或审批)建设项目的计划任务书时，应编制(或审批)安全生产方面采取的相应措施和设施所需的投资，并纳入投资预算内。建设单位在编制建设项目计划和财务预算时，应将安全卫生设施所需投资一并纳入计划，同时编报。第二，设计单位在编制初步设计中应严格按照安全生卫规程和设计规范设计，不得随意降低安全卫生设施的标准。第三，施工单位必须严格按照施工图纸和设计要求施工，确实做到安全卫生设施与主体工程同时施工，同时竣工。

(三)劳动安全卫生教育制度

劳动安全卫生教育制度是指对劳动者进行劳动安全生产法规、基本知识、操作技术教育的制度。主要包括：对新招工人的"三级教育"，即工厂教育、车间教育、班组教育；特殊工种工人的教育；新岗位、新技术的教育；各级行政、技术管理人员的教育；经常性的安全卫生教育。

(四)劳动防护用品管理制度

用人企业必须为劳动者提供必要的劳动防护用品是《劳动法》第 54 条的内容之一。劳动防护用品管理制度是指对劳动防护用品的发放使用进行管理的制度。《工厂安全卫生规程》及《关于禁止滥发职工个人劳动保护用品的通知》对劳动防护用品的发放范围作了规定。劳动防护用品的选用和发放主要应坚持以下原则：用品的选择上首先考虑对生产有害因素的防护效能；用品必须保证质量、安全可靠、符合标准、方便舒适；用品的采购、保管发放工作由用人企业的专门机构负责，并由安全管理部门和工会组织进行督促检查。

(五)工伤事故和职业病统计报告处理制度

工伤事故和职业病统计报告处理制度是对劳动者在劳动过程中发生的伤亡事故和职业病进行报告、登记、调查、处理、统计和分析的制度。伤亡事故可分为轻伤事故、重伤事故、死亡事故，重大伤亡事故和特别重大伤亡事故。职业病共分9类99种。发生伤亡事故和职业病，用人企业应按1991年3月1日国务院发布的《企业职工伤亡事故报告和处理规定》和1988年8月20日卫生部修订颁发的《职业病报告办法》的规定，进行报告、登记、调查、处理、统计和分析。

二、劳动保护的主要内容

(一)劳动安全的主要内容

1. 建筑物和通道的安全

根据相关法律规定，工厂内的建筑物必须坚固、安全，符合防火防爆的规定，发现建筑物有损坏或者危险征兆，应立即修理。厂区内的道路要求平坦、畅通，夜间要有足够的照明设备。道路和轨道交叉处必须有明显的警告标志、信号装置或者落杆。为生产需要所设的坑、壕等地，应该有围栏或者盖板。原材料、成品、半成品和废料的堆放，应该不妨碍通行和装卸时的便利。电网内外都应该有护网和明显的警告标志。

2. 机器设备的安全

机器设备的安全装置是《劳动安全规程》中的重要内容。为预防和避免工人在使用机器设备过程中发生伤亡事故，我国《劳动安全规程》要求机器设备要有防护装置、保险装置、信号装置、危险牌示和识别标志等。

3. 电气设备的安全

为防止工人在生产中发生触电事故和使用电气设备引起火灾事故，我国《劳动安全规程》、《工厂安全卫生规程》均作出了相应规定。其中《工厂安全卫生规程》规定：电气设备要有可熔保险器和自动开关；电动工具在使用前必须采取保护性接地或接零的措施，必须有良好绝缘；裸露的带电导体应该安装到人碰不到的处所，否则必须设置安全遮拦和鲜明的警告标志。产生大量蒸气、气体、粉尘的工作场所，要使用密闭式电气设备。产生有爆炸危险的气体或者粉尘的工作场所，要安装防爆型电气设备，电气设备的开关要指定专人管理。

4. 劳动保护用品的安全

为预防工伤事故的发生，保护工人在生产过程中的安全和健康，我国对从事有关作业的人员发放劳动防护用品作了规定。劳动防护用品，是指劳动者在劳动过程中为免遭或减轻事故伤害或职业危害所配备的防护装备。防护用品对于劳动者的安全健康，防止职业病和慢性病损害的发生，减少或杜绝伤亡事故的发生十分重要。用人单位应当确保劳动者在从事相关工作中使用相关防护用品，工人应当正确使用相应防护用品。劳动防用品品种主要有:防尘用品、防毒用品、防噪音用品、防电用品、防高温辐射用品、防放射性用品、防油防水用品、防寒防污用品、防机械外伤用品等。

> [案例]刘某1994年6月被一家木材加工厂招收为电锯工,与该厂签订了5年劳动合同,合同约定试用期6个月。劳动时,刘某看到同班组的老职工都戴着防护眼镜和手套,于是要求厂方为自己配备眼镜和手套,但厂方以刘某还在试用期,不是正式职工为由拒绝发放。为此,刘某向当地劳动争议仲裁委员会提出申诉。
>
> [解析]这是一起因企业在生产劳动过程中不按规定发给职工个人劳动防护用品而引发的劳动争议案件。该木材厂以职工刘某还在试用期,不是正式职工为由不发给劳动防护用品是错误的,是没有法律依据的,侵犯了劳动者获得劳动安全卫生保护的权利。仲裁委员会受理此案后,经调查刘某所诉情况属实。仲裁委员会指出企业的做法不对,应予纠正。木材厂接受了仲裁委员会的调解意见,表示按规定发给刘某个人劳动防护用品。

(二)劳动卫生的主要内容

1. 劳动者的劳动卫生保障权

劳动卫生方面的立法,是国家为了改善劳动条件,保障职工在生产过程中的健康,防止、消除职业中毒而规定的各种法律规范,主要包括各种生产卫生、医疗预防、健康检查等方面的规定。《职业病防治法》是这方面的一部重要法律,它全面规定了职业病的前期预防、劳动过程中的防护与管理、职业病诊断与职业病人保障、监督检查和法律责任,全面、具体地规定了劳动者和职业病人的健康权益。

根据《职业病防治法》的规定,我国劳动者的劳动卫生保障权包括以下七个方面:(1)获得职业卫生教育、培训的权利。职业教育和培训有利于提高劳动者自身的职业危害防护能力,也有利于提高用人单位的职业病防护水平,提高生产效率和经济效益。(2)获得职业健康检查、职业病诊疗、康复等职业病防治服务的权利。(3)了解工作场所产生或者可能产生的职业病危害因素、危害后果和应当采取的职业病防护措施的权利。用人单位应当主动向劳动者说明有关工作场所职业病危害的各种真实情况,不能有意回避或者拒绝劳动者的知情权,更不能出于各种原因,欺骗劳动者或者隐瞒本单位职业危害及相关情况。(4)要求用人单位提供符合防治职业病要求的职业病防护设施和个人使用的职业病防护用品,改善工作条件的权利。(5)对违反职业病防治法律、法规以及危及生命健康的行为提出批评、检举和控告的权利。这项权利是劳动者参与对用人单位职业卫生工作管理进行监督的一项重要权利。对于劳动者合理的批评以及依法进行的检举和控告行为,用人单位不得阻碍或利用各种形式进行打击报复。(6)拒绝违章指挥和强令进行没有职业病防护措施的作业的权利。违章指挥和强令进行导致职业病的作业,会导致严重的危害后果,直接影响到劳动者的生命健康。因此,劳动者对用人单位管理人员违章指挥、强令冒险作业有权拒绝执行。(7)参与用人单位职业卫生工作的民主管理,对职业病防治工作提出意见和建议的权利。对职业病防治工作提出意见和建议,是指劳动者以搞好职业病防治工作为目的,对所在用人单位的职业病防治管理工作是否符合法律法规的规定、是否科学合理、管理工作的质量高低,直接或间接地提出意见和建议。劳动者处于第一线,熟悉工作环境的各个环节,对劳动者提出的合理意见和建议,用人单位应当严肃对待,认真研究处理,使职业病防治管理工作不断得到改进。

用人单位应当保障劳动者行使上述权利。因劳动者依法行使正当权利而降低其工资、福利等待遇或者解除、终止与其订立的劳动合同的,其行为无效。

2. 劳动卫生的具体内容

(1)粉尘危害的防止。为消除厂矿企业中粉尘的危害,保护工人、职员的安全和健康,《劳动卫生规程》要求,凡是有粉尘作业的环境,要努力实现生产设备的机械化、密闭化,设吸尘、滤尘和通风设备,矿山采用湿式凿岩和机械通风。劳动者在劳动过程中如果吸入过多粉尘,会引发肺组织纤维化的各种尘肺疾病。因此,国家对工作场所中的粉尘浓度、含量作了严格规定,厂矿企业的车间或者工作地点每立方米所含游离二氧化矽10%以上的粉尘或石棉尘,最高容许浓度为2毫克。《尘肺病防治条例》对防治粉尘危害作了全面规定,要求凡有粉尘作业的企业、事业单位应采取综合防尘措施和无尘或低尘的新技术、新工艺、新设备,使作业场所的粉尘浓度不超过国家卫生标准;防尘设施的鉴定和定型制度,由劳动部门会同卫生行政部门制定;任何企业、事业单位除特殊情况外,未经上级主管部门批准,不得停止运行或者拆除防尘设施;防尘经费应当纳入基本建设和技术改造经费计划,专款专用,不得挪用;严禁任何企业、事业单位将粉尘作业转嫁、外包或以联营的形式给没有防尘设施的乡镇、街道企业或个体工商户,中、小学校各类校办的实习工厂或车间,禁止从事有粉尘的作业;职工使用的防止粉尘危害的防护用品,必须符合国家的有关标准。企业、事业单位应当建立严格的管理制度,并教育职工按规定和要求使用。

(2)有毒有害物质危害的防止。长期接触有毒有害物质会对劳动者的身体健康造成极大损害,甚至会中毒身亡。为防止有毒有害物质的危害,保障工人在劳动中的健康,《劳动卫生规程》对防治有毒有害物质的危害作了规定:作业场所中,有毒有害物质的浓度不得超过国家标准。有毒物和危险物品应该分别储藏在专设处所,而且应该严格管理。在接触酸碱等腐蚀性物质并且有烧伤危险的工作地点,应该设有冲洗设备。对有传染病危险的原料进行加工时,必须采取严格的防护措施。对于有毒或有传染性危险的废料和废水应该妥善处理,不能使它危害工人和附近居民。

(3)噪音和强光的防治。在从事衔接、锻压、电焊、冶炼等作业环境中所产生的噪音和强光,对工人的视觉和听觉都有影响。《劳动卫生规程》要求作业环境要有消音设备,达到有关规定的要求。发生强烈噪音的生产,应该尽可能在设有消音设备的单独工作场所进行。在有噪音、强光、辐射热和飞溅火花、碎片、锯屑场所操作的工人,应分别供给护耳器、防护眼镜、面具等。

(4)通风和照明。工人从事生产劳动的场所,需要有整洁卫生的环境,通风良好,空气新鲜,照明合理,这有利于工人工作和保障工人的身心健康。为此,《工厂安全卫生规程》规定:工作场所和通道,光线应该充足,局部照明的光度应该符合操作要求,也不要光度过强,刺目耀眼;通风装置和取暖设备,必须有专职或兼职人员管理;人工照明设备应该保持清洁完好;窗户要经常擦拭,启闭装置应该灵活等。

第三节 女职工的特殊保护

一、女职工特殊保护的涵义

女职工是指从事体力劳动和脑力劳动的所有女性劳动者。作为劳动者,女职工当然受到劳动法的保护,同时作为劳动者中的特殊群体,女职工还应受到特殊的保护。

对于女职工特殊保护的涵义,有广义和狭义两种理解。广义上女职工特殊保护包括女职工同等的劳动就业权保障、同工同酬的劳动报酬权、劳动过程中根据女性的生理特点对其安全和健康的特殊保护。狭义的理解,女职工特殊保护是指根据女职工身体结构、生理机能的特点以及抚育子女的特殊需要,对女职工在劳动过程中的安全和健康依法加以特殊保护。本章有关女职工特殊保护的规定,均指狭义的女职工特殊保护。

二、女职工特殊保护的立法目的和意义

女职工特殊保护是世界各国劳动法和劳动保护工作的一个重要组成部分,女性的身体结构和生理机能特点要求法律给予特殊保护。女性的身体结构与男性相比存在较大的差异,女性的身高、胸围及体重决定了其负重能力、对外界的适应能力都比男性差,女性从事高强度体力劳动、高温和低温作业等都不适宜。妇女在一生中所遇到的"四期"生理机能的变化过程,也需要在劳动中给予特殊保护。

此外,女性兼有物质资料生产和人类自身生产的双重任务,对妇女的特殊保护,还关系到下一代健康体质的延续。有些作业环境对妇女是有害的,有些有毒物质通过胎盘进入胎儿体内,对胎儿发育产生不良影响,通过乳汁进入婴儿体内,对婴儿的健康也会发生不良影响。

女职工特殊保护是我国《劳动法》及劳动保护法规的重要组成部分。在我国社会主义制度的条件下,对女职工进行特殊保护,具有重要的政治意义和经济意义。

(1)它体现了社会主义制度的优越性。人民是国家的主人,对女职工进行特殊保护反映了人民的意志,是符合人民利益的。

(2)它体现了对女职工及其下一代健康的高度重视。女职工在肩负着参与国家社会经济建设重任的同时,还承担着人类繁衍下一代的社会责任。加强对女职工劳动过程中的特殊保护,对于保护女职工及其下一代的健康、保证中华民族的整体素质的提高具有重大的现实意义。

(3)它有利于保护和调动女职工的积极性,促进我国生产力的发展。女职工是工人阶级重要组成部分,是推动我国经济社会发展不可或缺的重要力量。保护女职工的平等就业、职业安全和生命健康,对于进一步激发女职工参与经济建设的积极性、主动性和创造性,提高劳动生产率具有积极的促进作用。

(4)它有利于构建和谐劳动关系。劳动关系的和谐是社会和谐稳定的基础。由于女职工在"四期"中各种假期多,用人单位就不愿招收女职工,有的用人单位将工人出勤率与工厂经济效益和工人经济收入挂起钩来,女职工产假同事假、病假一样计算缺勤率,减少

了产假女职工的工资收入;有的规定减工时不能减工作量,增加了孕期和哺乳期女职工的劳动强度。因此,只有健全女职工特殊保护的法律制度,才能使女职工特殊保护在改革中不被削弱,为女职工创造更多的就业门路,促进劳动关系的和谐稳定发展。

三、女职工特殊保护的内容

根据《宪法》保护妇女的原则,为了保护妇女在劳动中的特殊权益,在不同的历史时期我国曾发布过一些行政性文件,指导各地加强女工的劳动保护工作。各地方政府和有关部门也发布过一些规定。自1986年以来,我国相继发布了《女职工保健工作暂行规定(试行草案)》、《女职工劳动保护规定》、《女职工禁忌劳动范围的规定》、《妇女权益保护法》、《劳动法》等。尤其是2012年4月28日国务院发布的《女职工劳动保护特别规定》,是我国首次系统规定女职工劳动保护法律制度的专门规定。它就女职工的招收、禁忌从事的劳动、产假及其相关待遇、有关保护设施等问题作了全面规定,使我国劳动保护工作了有较为明确的法律依据。

(一)女职工禁忌从事的劳动

一般情况下,女职工禁忌从事以下劳动。(1)矿山井下作业(指常年,不包括临时性,如医务人员下矿井进行治疗和抢救等)。(2)国家规定的第四级体力劳动强度的劳动(体力劳动强度的大小是以劳动强度指数来衡量的。劳动强度指数是由该工种的平均劳动时间、平均能量代谢率两个因素构成的。劳动强度指数越大,体力劳动强度也越大。国家标准《体力劳动强度分级》规定,劳动强度指数大于25,为四级体力劳动强度的劳动。用人单位如需了解各工种劳动强度大小,可请当地劳动安全卫生检测站实际测量和计算)。(3)连续负重(指每小时负重次数在六次以上),每次负重超过20公斤的作业,间断负重每次超过25公斤的作业。

(二)女职工经期、孕期、产期、哺乳期的特殊劳动保护

1. 经期保护

女职工在月经期间机体抵抗力降低,双腿无力、酸软,如从事高空作业,易发生伤亡事故;从事低温冷水作业时,易致经血不畅,引起痛经、闭经。接触有毒物质,可能引起多量出血。不良的劳动条件对妇女在经期的健康是有影响的。在这方面不注意特殊保护,将会影响女职工的健康及生育能力。《劳动法》第60条规定:"不得安排女职工在经期从事高空、低温、冷水作业和国家规定的第三级体力劳动强度的劳动。"

《女职工劳动保护特别规定》规定女职工在经期禁忌从事的劳动范围包括以下四个方面:(1)冷水作业分级标准中规定的第二级、第三级、第四级冷水作业。(2)低温作业分级标准中规定的第二级、第三级、第四级低温作业。(3)体力劳动强度分级标准中规定的第三级、第四级体力劳动强度的作业。根据《体力劳动强度分级》国家标准,第三级体力劳动强度的劳动是指8小时工作日平均耗能值为1746千卡/人,劳动时间率为73%,净劳动时间为350分钟,相当于重强度劳动。(4)高处作业分级标准中规定的第三级、第四级高处作业。根据《高处作业分级》标准,高处作业高度在15米以上至30米时,称为三级高

处作业;高处作业高度在30米以上的,称为特级高处作业。女职工在月经期间禁忌从事《高处作业分级》标准中三级以上的作业。

2. 孕期保护

《女职工劳动保护特别规定》对女职工的孕期保护作了全面的规定,主要包括以下方面:

女职工在孕期禁忌从事的劳动范围:(1)作业场所空气中铅及其化合物、汞及其化合物、苯、镉、铍、砷、氰化物、氮氧化物、一氧化碳、二硫化碳、氯、己内酰胺、氯丁二烯、氯乙烯、环氧乙烷、苯胺、甲醛等有毒物质浓度超过国家职业卫生标准的作业;(2)从事抗癌药物、己烯雌酚生产,接触麻醉剂气体等的作业;(3)非密封源放射性物质的操作,核事故与放射事故的应急处置;(4)高处作业分级标准中规定的高处作业;(5)冷水作业分级标准中规定的冷水作业;(6)低温作业分级标准中规定的低温作业;(7)高温作业分级标准中规定的第三级、第四级的作业;(8)噪声作业分级标准中规定的第三级、第四级的作业;(9)体力劳动强度分级标准中规定的第三级、第四级体力劳动强度的作业;(10)在密闭空间、高压室作业或者潜水作业,伴有强烈振动的作业,或者需要频繁弯腰、攀高、下蹲的作业。

除了孕期禁忌劳动规定外,该法还在其他方面做了规定,主要存在以下几方面:(1)用人单位不得因女职工怀孕、生育、哺乳降低其工资、予以辞退、与其解除劳动或者聘用合同。(2)女职工在孕期不能适应原劳动的,用人单位应当根据医疗机构的证明,予以减轻劳动量或者安排其他能够适应的劳动。(3)对怀孕7个月以上的女职工,用人单位不得延长劳动时间或者安排夜班劳动,并应当在劳动时间内安排一定的休息时间。(4)怀孕女职工在劳动时间内进行产前检查,所需时间计入劳动时间。

[案例]某集体所有制的化工厂因资金缺乏,环境保护和劳动安全卫生设施一直没有配套,有个车间的通风设备年久失修,二甲苯弥漫,浓度超过卫生标准,厂领导明知这种状况会影响职工健康,却用高薪招收工人。何某失业数月,看到招聘广告前去应聘。与厂方签订了为期3年的劳动合同。两个月后,何某发现自己怀孕,一到车间就头晕、呕吐,医生告诉她,苯是有害气体,会影响胎儿发育,甚至流产、早产或导致胎儿畸形,何某十分害怕,找领导要求调换工种,厂方说,你来厂时合同订明了工种,并且干这个工种有高额津贴,你不干怎么行?何某为了自身和胎儿安全,坚持要求调换工种。厂方说,合同期未满,你一定要调换工种,本厂别的活都有人了,只好解除劳动合同。

[解析]厂方安排何某从事工作现场有毒有害物质超标的作业,违反孕期女职工劳动禁忌规定,属违法行为。厂方应该给何某另行安排适宜的工作,并且必须尽快采取改善环境保护和劳动安全卫生设施的措施。厂方解除劳动合同,更是违法的。《劳动法》第29条规定,女工在孕期、产期、哺乳期内,用人单位不得解除劳动合同;何某工作中没有严重违反劳动纪律或用人单位规章制度,要求在孕期调动工作是合法的,厂方以解除劳动合同要挟何某是违法。

3. 产期保护

产期保护是指女职工在生育期间的保护。女职工在产期内,享受一定时期的生育假和生育待遇。产期保护,包括正产和流产。

《劳动法》第 62 条规定:"女职工生育享受不少于 90 天的产假。"《女职工劳动保护特别规定》第 7 条作了更明确的规定:"女职工生育享受 98 天产假,其中产前可以休假 15 天;难产的,增加产假 15 天;生育多胞胎的,每多生育 1 个婴儿,增加产假 15 天。女职工怀孕未满 4 个月流产的,享受 15 天产假;怀孕满 4 个月流产的,享受 42 天产假。"第 8 条规定:"女职工产假期间的生育津贴,对已经参加生育保险的,按照用人单位上年度职工月平均工资的标准由生育保险基金支付;对未参加生育保险的,按照女职工产假前工资的标准由用人单位支付。女职工生育或者流产的医疗费用,按照生育保险规定的项目和标准,对已经参加生育保险的,由生育保险基金支付;对未参加生育保险的,由用人单位支付。"

4. 哺乳期保护

《女职工劳动保护特别规定》第 4 条规定了女职工在哺乳期禁忌从事的劳动范围:(1)孕期禁忌从事的劳动范围的第 1 项、第 3 项、第 9 项。(2)作业场所空气中锰、氟、溴、甲醇、有机磷化合物、有机氯化合物等有毒物质浓度超过国家职业卫生标准的作业。

第 9 条规定:"对哺乳未满 1 周岁婴儿的女职工,用人单位不得延长劳动时间或者安排夜班劳动。用人单位应当在每天的劳动时间内为哺乳期女职工安排 1 小时哺乳时间;女职工生育多胞胎的,每多哺乳 1 个婴儿每天增加 1 小时哺乳时间。"第 10 条规定:"女职工比较多的用人单位应当根据女职工的需要,建立女职工卫生室、孕妇休息室、哺乳室等设施,妥善解决女职工在生理卫生、哺乳方面的困难。"

(三)工作场所中的"性骚扰"

1. "性骚扰"的概念和形式

"性骚扰"一词最早出现在 20 世纪 70 年代,而在法律上进行界定则来自美国 20 世纪 80 年代一家律师事务所的女性法律助理对她的老板在办公室的言行提出的诉讼,理由是她认为老板是在对她进行"性骚扰"。大法官们由此作出了一项新的判例,从法律上将"性骚扰"定义为:在一方并不情愿的情况下,另一方依仗其地位、权力、工作的优势,对一方进行性暗示、性语言挑逗或者有性的举动,就可视为"性骚扰"。可见,"性骚扰"一开始就与"工作场所"相联系,成为劳动法律领域关注的对象。①

国内有学者将性骚扰的表现形式分为三类:(1)言词的性骚扰。主要以下流语言挑逗对方,向其讲述个人的性经历、黄色笑话或色情文艺内容。(2)身体的性骚扰。表现为故意触摸、碰撞、亲吻对方脸部、乳房、腿部、臀部、阴部等性敏感部位。(3)环境的性骚扰。主要表现在工作场所周围布置淫秽图片、广告等,使对方感到难堪。

2. 我国有关"性骚扰"的规定

2005 年,我国对《妇女权益保障法》进行了修订,这次修订的最大亮点和热点是对"性骚扰"进行了明确立法,首次增设了"禁止对妇女实施性骚扰"的条文。但怎么样的行为才

---

① 郭玲惠:《男女工作平等法理与判决之研究》,台湾五南图书出版有限公司 2000 年版,第 153 页。

算是"性骚扰",法律并没有作出进一步的规定。《女职工劳动保护特别规定》第 11 条规定:"在劳动场所,用人单位应当预防和制止对女职工的性骚扰。"

3."性骚扰"的主要类型

现实生活中,大多数的性骚扰都是和滥用"权力"以及男性认为自己的性别有优势有关,骚扰者利用自己的权力或因认为自己的性别有优势而对别人作出性骚扰。一些拥有或假设自己拥有如地位、职权上等权力的人,例如长辈、上司、老师、教练、甚至同辈,以职权作为恐吓或要挟而进行性骚扰。还有就是一些以为自己的性别比较优越的男性,例如现今仍然有许多男性认为自己的性别是比较优越的,因此便有权作出性骚扰,又或者他们认为体格比较强壮而更加有利。主要存在以下几种具体类型。

(1)补偿型性骚扰。大多数性骚扰者属于这类男人,由于长期性匮乏或性饥渴导致的一时冲动,使他对女性做出非礼的冒犯举动。此种人的骚扰行径多是出于不同程度的亏损心理,骚扰的目的与其说是想占有女人不如说是想占便宜。

(2)游戏型性骚扰。多是有过性经验的男人,懂得女性的弱点,把女性视作玩物,对女人的非礼和不敬出于有意的游戏心态。这类男人一般是"猎物能手"或花花公子。骚扰的目的一半是为了猎奇,也为印证自己的男性"势能"和"本事"。

(3)权力型性骚扰。多发生在老板对雇员或上司对下属,尤以女秘书居多。骚扰者大都受过较好的教育,骚扰时虽然也多出于游戏心态,却比一般游戏者的表现要"高级"且"彬彬有礼"。此种骚扰者大都把女性视为"消费品",且因为明显的利益关系,他甚至认为女人喜欢这种骚扰,并把这种骚扰当作自己的"专利"。

(4)攻击型性骚扰。此种男人多半在早年和女人有过不愉快的关系史,对女人怀有较大的恶感和仇恨,把女人视为低等动物或敌人。他的骚扰有蓄意的伤害性或攻击性,骚扰者有时并不想占有那个女人,不过是满足和平衡他对女人的蔑视和仇恨。

(5)病理型性骚扰。这是带有明显病态表现的性骚扰,如所谓的窥淫癖和露阴癖。此种男性骚扰者大都是真正的性功能失调者。骚扰本身能给他带来强烈的性冲动和性幻想,却无法"治愈"他,反倒会加深他的病症。

4."性骚扰"的防范对策

(1)注意工作中的一些细节问题。首先,在办公室里职场女性不要穿着暴露。美丽的职场女性穿着过于暴露、性感,无疑会是对好色的男性的挑逗与诱惑,所以注重自己的穿着打扮,是防止骚扰的重要手段。其次,尽量避免长时间与领导单独接触。办公室本来就是一个很小的地方,时间久了男女之间的暧昧之情也就流露出来了,单独接触会给对方很大胆的鼓励,女性分泌的荷尔蒙会刺激男性的神经。

(2)不要责备自己。不要假定是你的所作所为引起了性骚扰。记住性骚扰者的意向更多的在于实现自己的控制欲,他/她的性需求倒在其次。然而,在中国,社会比较普遍地认为可能是由于受害者自己的某些言行对性骚扰者起着"激发"作用,而受害者本人也往往羞愧和自责。

(3)不要使自己在痛苦中保持沉默,要理直气壮地拒绝和反对。如果你的上司很过火地对你的身体敏感部位触碰,这时你千万不要忍气吞声,应该用手把对方的手推开,并且直接对他说"请注意你的行为"。必要时也可以将性骚扰事件告诉同事、家人和工会,让他们关心你和支持你。

(4)勇于拿起法律武器维护自身的权益。如果对方的性骚扰给你带来很大的困惑,请果断放弃工作,通过向公安机关报警或向法院起诉的方式维护自身的权益。但是,在拿起法律武器前一定要小心取证。

(四)女职工特殊保护权利的保障

根据《女职工劳动保护特别规定》的相关规定,用人单位违反本规定,侵害女职工合法权益的,女职工可以依法向所在单位的主管部门或当地劳动行政主管部门投诉、举报、申诉,也可以依法向劳动争议仲裁机构申请调解仲裁,对仲裁裁决不服的,依法向人民法院提起诉讼。用人单位违反本规定,侵害女职工合法权益,造成女职工损害的,依法给予赔偿;用人单位及其直接负责的主管人员和其他直接责任人员构成犯罪的,依法追究刑事责任。

第四节 未成年工的特殊保护

一、未成年特殊保护的概念和意义

未成年工是指年满16周岁未满18周岁的男女劳动者。未成年工特殊保护,是指根据未成年工处于生长发育期的特点,以及接受义务教育的需要,依法对未成年工在劳动过程中的安全和健康给予特殊保护。如果未成年工是女性,则应受到女工的特殊保护。

随着社会经济的发展,社会文明也不断进步。未成年工作为特殊的社会群体,其在社会经济发展过程中的社会地位逐步受到关注。由于未成年工有着特殊的生理特点和身体条件,以及他们在社会发展中担负着特殊的任务,所以需要在法律上对未成年工给予特殊保护,严格禁止使用童工,严格规定未成年工所不能从事的一些职业、不宜工作的环境、特殊的福利制度等。对未成年工实行特殊劳动保护,具有重要的意义:

(一)对未成年工给予关怀和照顾体现了以人为本的指导原则

在正常的情况下,公民只有达到18周岁、进入成年人阶段才能参加工作,但是,在实际生活中,有一些未成年人由于有特殊的原因,要求提前参加工作,例如,父母死亡、无依无靠,希望早日参加劳动以自食其力;或者家中有经济困难,要求早日工作给家庭以经济上的帮助等等。考虑到这些特殊情况,法律上规定16周岁为最低就业年龄,但绝不是鼓励达到16周岁就参加工作。既然准许未成年人参加劳动,国家就应对他们负责,给予特殊照顾,这正体现了以人为本的方针,实事求是地解决一些个人的特殊困难,照顾了未成年工的利益。

(二)有利于青少年的身心发育和健康

任何劳动都是有风险的,尤其是现代社会的生产。未成年人身体尚处于发育期,一方面其力量、心态和经验不足以判定和规避现代化机器大生产劳动中的风险;另一方面,过重的体力劳动不仅影响了青少年的身心发育和健康,使用童工更是剥夺了他们接受教育的权利。因此,对未成年工实施特殊保护、严格禁止使用童工,有利于青少年的身心发育和健康。

（三）有利于促进民族的兴旺发达

一个民族的兴旺发达,首先取决于该民族人口的素质。未成年工是全体劳动者中比较特殊的一个群体,他们是劳动力的后备力量,是国家未来建设任务的承担者。未成年工虽然达到了最低就业年龄的要求,但身心发育尚未成熟,对他们给予健康、安全以及生活等方面的特殊保护,必然有利于促进民族的兴旺发达、民族优秀体质的延续。

二、未成年工特殊保护的内容

目前我国有关未成年工保护的规定主要有:《劳动法》、《未成年人保护法》(1992年1月1日施行)、《禁止使用童工规定》(国务院2002年12月1日施行)、《未成年工特殊保护规定》(劳动部1994年12月9日施行)。具体主要有以下几方面的内容:

（一）禁止未成年工从事的劳动

身体发育还未成熟的未成年工,不能适应特别繁重及危险的工作、他们对有毒有害作业的抵抗力也较弱。《劳动法》第64条规定:"不得安排未成年工从事矿山井下、有毒有害、国家规定的第四级体力劳动强度的劳动和其他禁忌从事的劳动。"

《未成年工特殊保护规定》具体规定了未成年工禁忌劳动的范围,其范围包括:(1)《生产性粉尘作业危害程度分级》国家标准中第一级以上的接尘作业;(2)《有毒作业分级》国家标准中第一级以上的有毒作业;(3)《高处作业分级》国家标准中第二级以上的高处作业;(4)《冷水作业分级》国家标准中第二级以上的冷水作业;(5)《高温作业分级》国家标准中第三级以上的高温作业;(6)《低温作业分级》国家标准中第三级以上的低温作业;(7)《体力劳动强度分级》国家标准中第四级体力劳动强度的作业;(8)矿山井下及矿山地面采石作业;(9)森林业中的伐木、流放及守林作业;(10)工作场所接触放射性物质的作业;(11)有易燃易爆、化学性烧伤和热烧伤等危险性大的作业;(12)地质勘探和资源勘探的野外作业;(13)潜水、涵洞、涵道作业和海拔三千米以上的高原作业(不包括世居高原者);(14)连续负重每小时在六次以上并每次超过二十公斤,间断负重每次超过二十五公斤的作业;(15)使用凿岩机、捣固机、气镐、气铲、铆钉机、电锤的作业;(16)工作中需要长时间保持低头、弯腰、上举、下蹲等强迫体位和动作频率每分钟大于五十次的流水线作业;(17)锅炉司炉。

未成年工患有某种疾病或具有某些生理缺陷(非残疾型)时,用人单位不得安排其从事以下范围的劳动:(1)《高处作业分级》国家标准中第一级以上的高处作业;(2)《低温作业分级》国家标准中第二级以上的低温作业;(3)《高温作业分级》国家标准中第二级以上的高温作业;(4)《体力劳动强度分级》国家标准中第三级以上体力劳动强度的作业;(5)接触铅、苯、汞、甲醛、二硫化碳等易引起过敏反应的作业。

（二）未成年工的工作时间

为了保障未成年工的正常发育和继续组织他们完成文化技术学习任务,一般对未成年工实行缩短工作日制度,并且不得安排未成年工从事加班加点和夜班工作、对于某些经过批准允许招收 16 周岁以下的学徒的特殊行业,国家还规定了一些特殊的保护措施。保证他们的身心能够健康成长。例如,1961 年 5 月劳动部就在《关于教工学校学生的学习、劳动、休息时间的暂行规定》中指出,未满 16 周岁的学生,在进行生产实习时的劳动时间为,每一学年每天不得超过 6 小时,第二学年每天不得超过 7 小时,第三学年每天不得超过 8 小时。

(三)未成年工的身体健康检查制度

对未成年工进行定期的健康检查是用人单位的一项法定义务,用人单位不得以任何借口加以取消。根据《未成年工特殊保护规定》第 6 条的规定:用人单位应按下列要求对未成年工定期进行健康检查:(1)安排工作岗位之前;(2)工作满 1 年;(3)年满 18 周岁,距前一次的体检时间已超过半年。

关于检查项目,可依据《未成年工特殊保护规定》第 7 条的规定:"未成年工的健康检查,应按本规定所附《未成年工健康检查表》列出的项目进行。"关于检查结果对安排未成年工劳动的影响,可依据《未成年工特殊保护规定》第 8 条的规定:"用人单位应根据未成年工的健康检查结果安排其从事适合的劳动,对不能胜任原劳动岗位的,应根据医务部门的证明,予以减轻劳动量或安排其他劳动。"

[案例]梁某,1977 年 8 月出生,于 1994 年 8 月接其父的班,被某国营煤矿招为合同制工人,双方签订了为期五年的劳动合同,并安排梁某在矿办公室当通信员。在办理接班手续时,经过了当地劳动部门审批,并对梁某进行了体格检查。1995 年 5 月 9 日,该矿因精简机构,压缩非生产部门工作人员,安排梁某到锅炉房干司炉工作,被梁某拒绝。事后,一些工人反映梁某不到一线工作,他们也不去一线。这样一来,矿方认为梁某不服从分配,已经给矿上的工作造成不良影响。于是,1995 年 5 月 22 日,经矿长办公室决定对梁某辞退。梁某不服,认为单位对其调整的工作,属于国家规定禁止未成年工从事的范围。因此,对煤矿的做法不服,向当地劳动争议仲裁委员会提出申诉,要求撤销对其辞退决定,安排力所能及的工作。

[解答]仲裁庭认为:申诉人梁某年仅 17 周岁,属于未成年工,依法应受到特殊保护。被诉人某国营煤矿先后两次安排申诉人梁某的工作,但工作范围均违反了劳动部《未成年工特殊保护规定》第三条第(八)项和第(十七)项的规定,即用人单位不得安排未成年工从事矿山井下及矿山地面采石作业和锅炉司炉的工作,申诉人拒绝被诉人安排上述工作是正当的,应予支持;被诉人因申诉人不服从分配而作出对申诉人辞退处理的决定是错误的,应立即纠正。

【思考题】

1. 简述女职工特殊保护的必要性及内容。

2. 简述未成年工保护的内容及意义。
3. 结合实践谈谈我国目前劳动者的劳动保护现状及成因。
4. 结合劳动保护的内容谈谈如何实现对劳动者的劳动保护。

【司法考试真题链接】

1. 东星公司新建的化工生产线在投入生产过程中，下列哪些行为违反《劳动法》规定？（2009 年）
   A. 安排女技术员参加公司技术攻关小组并到位于地下的设备室进行检测
   B. 在防止有毒气体泄漏的预警装置调试完成之前，开始生产线的试运行
   C. 试运行期间，从事特种作业的操作员已经接受了专门培训，但未取得相应的资格证书
   D. 试运行开始前，未对生产线上的员工进行健康检查

2. 某建筑工程队低价招用 20 名学徒工，合同中规定他们每天必须从事高空作业或繁重搬运工作，否则不能结算当月工资。用工当月，工程队因违反安全施工规定造成事故，致使学徒工多人伤亡。有关部门经调查发现这些学徒工均是不满 15 周岁的边远地区农民子弟。对此，劳动行政部门拟采取的下列哪一项措施不符合法律规定？（2005 年）
   A. 责令雇主解除劳动合同，遣返这批学徒工
   B. 责令雇主承担遣返费用，并给予经济补偿
   C. 收缴雇主在非法用工期间的经营所得
   D. 告知事故受害者及其家属向雇主索赔的权利，并协助他们向雇主索赔

第八章 劳动争议处置制度

【引例】

　　于某是某飞机制造公司的仓库保管员,1995年,该飞机制造公司与外方合资后,于某转为合同制员工,职位仍然是仓库保管员。1998年底,于某因对公司分配住房规定不满,遂多次利用职务之便私拿生产制造飞机用的零部件,2000年,于某被飞机制造公司辞退。于某对公司的辞退决定不服,向劳动争议仲裁委员会申请仲裁。劳动争议仲裁委员会裁决驳回于某的申诉请求;于某不服,遂将劳动争议仲裁委员会作为被告向人民法院起诉。法院受理后,裁定驳回了于某的起诉。

　　本案中,于某的起诉被人民法院驳回,是因为于某告错了当事人或称当事人不适格。于某将不是劳动争议当事人的劳动争议仲裁委员会列为当事人(被告),造成诉讼主体的不适格,加之劳动争议仲裁程序具有独立性,当事人不能将劳动仲裁委员会作为被告提起诉讼,因此人民法院驳回了于某的起诉。需要说明的是,法院驳回于某的起诉只是程序上的处理,对于某和飞机制造公司之间的劳动争议,仍然可以在法定的诉讼时效内(仲裁裁决送达后15日内)提起诉讼。

　　随着我国市场经济的快速发展,包括劳动用工制度在内的经济体制诸多方面都在实施转型。新的社会经济环境下,各个主体之间具体利益存在不一致,从而导致劳动争议日益增多。劳动争议成为当前可能引发社会不稳定的主要因素之一,公正、有效地处置劳动争议也是构建和谐社会的重要工作内容。

第一节 劳动争议处置概述

一、劳动争议的概念

　　劳动争议,又称劳动纠纷或劳资纠纷,是指劳动关系的双方当事人之间发生的权利和义务的争执与纠纷。此概念所包含的主要内容有:

　　(一)劳动争议产生的前提基础是劳动关系的存在

　　劳动关系的存在是劳动争议产生的基础,只有劳动关系的客观存在,才有可能产生劳动权利和劳动义务,以及以劳动权利和义务为内容的劳动争议。此处所说的劳动关系,包括劳动法律关系和事实劳动关系。

（二）劳动争议的主体具有特定性

一般情况下，劳动争议的主体是劳动关系的双方当事人，即劳动者与用人单位。但是，由于受到特定劳动关系影响的利益主体并不仅限于劳动关系的双方当事人，在一些特殊情形下，劳动关系当事人之外的第三人可能会成为劳动争议的主体，例如劳动者因工伤致残或死亡时，其近亲属或法定权益的继承人就可以成为劳动争议的主体。

（三）劳动争议以劳动权利和劳动义务为标的

劳动争议的内容围绕的是劳动关系的双方主体依据劳动法律法规，在建立、履行、变更和终止劳动关系的过程中产生的权利、义务的纠纷。

二、劳动争议的分类

（一）依劳动争议标的性质不同，划分为权利争议和利益争议

权利争议主要是对实现劳动法规所规定的、集体合同及劳动合同中约定的劳动权利和涉及劳动标准条件等方面发生的争议。劳动权利包括了集会结社权、罢工权、民主管理权等政治性权利，例如职工因组建工会组织而与用人单位之间的争议，也包括了类似在《劳动合同法》实施后要求签无固定期限劳动合同等法定的权利；劳动标准条件是指对劳动条件的基本要求，尤其是对特殊职业和岗位的保障性劳动条件等。利益争议主要是指因劳动报酬、社会保险和福利、工伤及死亡赔偿、劳动补偿等经济方面的利益而发生的争议。

（二）依争议中劳动者人数多寡，划分为单个劳动争议和集体劳动争议

单个劳动争议是指争议主体的劳动者一方当事人只有1人，或虽有2人但可以作为共同诉讼当事人，无需推选代表人参加处置程序的劳动争议。集体劳动争议是指争议中劳动者一方的当事人达到3人及3人以上，劳动者一方当事人必须推选代表人参加处置程序的劳动争议。集体劳动争议中劳动者一方当事人虽然人数众多，但他们争议中的对方当事人是同一用人单位，争议的标的、争议的理由和争议的诉求都是相同的，对劳动争议处置的结果对全体劳动者一方当事人都具有相同的效力。

（三）依争议当事人不同，划分为个别争议和团体争议

个别劳动争议是指在一个劳动关系内发生的争议，即劳动争议的当事人双方为单个的劳动者与用人单位。团体争议是指一类劳动关系的双方团体当事人之间发生的争议，团体争议中的双方当事人都是以团体的名义并为了维护团体的权益。实践中发生的劳动争议大多为单个的劳动者与用人单位间的争议，即个别劳动争议；现实中出现的团体争议主要出现在某个行业中的用人单位的团体（如行业协会）与行业劳动者团体（如行业工会）之间发生的涉及整个行业劳动关系双方主体的劳动争议。两者比较而言，团体争议的规模大、影响广，争议的双方一般都会借助行业性团体实施维权行为。由于团体争议容易引发行业乃至社会范围的动荡，对团体的争议往往会利用政治手段等方式对其进行处置。

(四)依当事人国籍不同,划分为国内劳动争议与涉外劳动争议

国内劳动争议是指在本国的劳动者与本国的用人单位之间发生的争议;涉外劳动争议是指劳动者与用人单位双方当事人中有一方具有外国国籍的情况下发生的争议。涉外劳动争议的处置需要借助具体的准据法来确定适用的法律,当前国际通行准则为适用用人单位所在地的法律处置涉外劳动争议。

三、劳动争议处置的范围

劳动争议处置的范围,即依据劳动法律规定,哪些属于劳动争议,可以通过法定程序对其进行劳动争议处置。由于劳动关系中所包含的内容非常复杂,劳动关系存续期间的争议也多种多样,对于能够通过法律程序进行处置的劳动争议的范围,我国的法律规范中对劳动争议处置的范围规定也各有差异。我国在劳动立法过程中,作为核心的《劳动法》中并未对劳动争议的受案范围进行规定,而对劳动争议处置范围有所规定的法律规范主要包括1993年国务院发布的《企业劳动争议处理条例》、1995年劳动部发布的《关于贯彻执行〈劳动法〉若干问题的意见》、1995年劳动部《关于劳动争议仲裁工作几个问题的通知》,以及2001年最高人民法院《关于审理劳动争议案件适用法律若干问题的解释》。而在《劳动争议调解仲裁法》(2007年12月29日通过,2008年5月1日施行)的第2条中规定,劳动争议处置的受案范围是:"(一)因确认劳动关系发生的争议;(二)因订立、履行、变更、解除和终止劳动合同发生的争议;(三)因除名、辞退和辞职、离职发生的争议;(四)因工作时间、休息休假、社会保险、福利、培训以及劳动保护发生的争议;(五)因劳动报酬、工伤医疗费、经济补偿或赔偿金等发生的争议;(六)法律、法规规定的其他劳动争议。"由此,我国的法律规范中对劳动争议处置的范围有了较为明确、细致的规定。

四、劳动争议处置的原则

劳动争议处置的原则,贯穿于劳动争议处置的全部程序之中,体现了国家和立法对处理劳动法律关系中权利义务争议与纠纷的基本指导思想。依照我国劳动立法的相关规定,劳动争议处置的原则主要有:

(一)及时处置原则

由于劳动争议处置的结果对劳动关系而言具有重要意义,进而影响社会关系的稳定与和谐,因此对出现的劳动争议的处置应该讲求效率。及时处置原则,就是要求劳动争议处置的机构对其依法受理的劳动争议案件,应该在法定的期限内迅速结案、不得逾期拖延。劳动争议的及时处置原则在劳动法律法规中的劳动争议处置机构设置以及争议处置程序的规定上都有具体的体现。依据劳动法律法规,在用人单位内部设立劳动争议调解委员会,尽早地处理劳动争议,避免矛盾加深、事态和纠纷扩大;《劳动法》规定了劳动争议当事人申请劳动仲裁的60日期限,以及不服劳动仲裁而提起诉讼的15日期限,二者在法律上都属于短期时效;此外,对于劳动争议仲裁程序中各个具体程序环节的期限和结案期限都进行了具体的规定。

(二)调解为主原则

调解,是在争议当事人自愿的前提下,由第三方居间主持调和,通过劝说、疏导对争议当事人进行协调,促使其在互谅互让的基础上达成一致,消除争议和纠纷的一种方式。调解为主是处置劳动争议的基本方针,也贯穿于劳动争议处置的整个过程和各个程序之中。在劳动争议之始,当事人首先可以向用人单位内设的劳动争议调解委员会提出调解申请;劳动争议仲裁程序中,仲裁案件受理后,仲裁委员会首先要对案件进行调解,调解不成才对其作出仲裁裁决;人民法院受理劳动争议诉讼案件后,也是先对案件实施调解,调解不成才会依法作出判决。调解作为一种化解争议和纠纷的方式,必须坚持当事人自愿为基础,不得对其进行强迫和勉强,否则即便达成了调解协议也是无效的。

(三)依法处置原则

依法处置原则是法治国家理念在劳动争议处置问题上的体现。依法处置原则要求劳动争议处置机构在查清事实的基础上,严格依据法律法规的规定来处理劳动争议。按照依法处置原则,一方面,对劳动争议的处置要依据法律规定对争议的内容和权利义务进行裁决;另一方面,劳动争议处置机构在争议处理上要严格遵照法定程序进行。依法处置原则中所提到的依法包括了几个层面的法律规范:一是我国现行的劳动法律、法规等规范性文件;二是劳动关系双方之间所签订的、合法的劳动合同和集体合同;三是用人单位依法出台和制定的单位内部规章制度和劳动纪律。

(四)公正处置原则

公正处置原则要求,劳动争议处置机构在依法解决劳动争议的过程中,必须保持公正的立场,不偏袒当事人的任何一方,无论当事人的身份、地位或者用人单位的企业性质,当事人都享有平等的法律地位,具有平等的权利和义务。

第二节 劳动争议处置机构

依据我国劳动法律的规定,实践中能够对劳动争议进行处置的机构有三个:劳动争议调解委员会、劳动争议仲裁委员会以及人民法院。

一、劳动争议调解委员会

(一)设立

劳动争议调解委员会是在用人单位内部设立的。我国《劳动法》第80条规定:"在用人单位内,可以设立劳动争议调解委员会。"此外,根据《企业劳动争议调解委员会组织及工作规则》第7条规定:"设有分厂(或分公司、分店)的企业,可以在总厂(总公司、总店)和分厂(分公司、分店)分别设立调解委员会。"

(二)组成

劳动争议调解委员会由职工代表、用人单位代表和单位工会代表组成。职工代表由职工代表大会或职工大会推举产生;用人单位代表由单位法定代表人或负责人指定产生;单位工会代表由工会委员会指定产生。调解委员会成员数量由职工方(工会或职工代表)与用人单位方通过协商确定,但用人单位代表的人数不得超过调解委员会人数的1/3;调解委员会的成员应当由为人正直、办事公道、能够密切联系群众,并且具备一定劳动法律法规和政策相关知识和实际工作能力的人担任。劳动争议调解委员会设立在用人单位内部,设主任一人,由用人单位工会代表担任。

(三)法律地位

劳动争议调解委员会是用人单位内部设立的群众自治性组织。调解委员会的成员构成上决定了其既不具备行政性,也不是司法机关,调解委员会的决议没有行政或司法的强制执行力。劳动争议调解委员会是在基层组织中设立的,目的是解决单位内部的劳动争议,实现用人单位对本单位劳动关系的自我管理、自我调解和自我化解。

(四)职责

根据《企业劳动争议调解委员会组织及其工作规则》的规定,用人单位内的调解委员会的职责主要有:

第一,依照法定的原则和程序,调解本单位内的劳动争议,检查、督促争议当事人履行调解协议;

第二,开展劳动法律法规和政策的宣传教育工作,增强用人单位和职工的劳动法制观念,积极预防劳动争议的发生;

第三,建立必要的工作制度,做好争议调解的登记、统计、分析和档案管理工作。

二、劳动争议仲裁委员会

(一)设立

劳动争议仲裁委员会是国家授权、依法独立处理劳动争议案件的专门机构。依照法律规定,县、市和市辖区应当设立劳动争议仲裁委员会,负责处理本地区内的劳动争议;省、自治区、直辖市是否设立劳动争议仲裁委员会,由其人民政府自行确定并规定仲裁管辖范围。

(二)组成

依据《中华人民共和国劳动法》第81条的规定,劳动争议仲裁委员会由劳动行政部门代表、同级的工会代表、用人单位代表组成;委员会代表的人数为单数,三方代表人数相等,仲裁委员会主任由劳动行政机关的代表担任。劳动仲裁委员会的办事机构是劳动行政主管部门的劳动争议处置机构,负责处理本行政区域内发生的劳动争议。仲裁委员会的组成不符合规定的,由人民政府予以调整。

(三)法律地位

劳动争议仲裁委员会具有特殊的法律地位,从成员构成分析,其既不是群众自治组织,也不是纯粹的国家行政机关,更不是国家的司法机关。由于劳动行政部门在仲裁委员会中居于主导地位,并且仲裁委员会的日常工作活动经费依赖于国家财政,使得其具有一定的行政色彩。但是,劳动行政部门在仲裁委员会中处于中间人的地位,而不是行政管理者的身份;而且仲裁委员会的仲裁裁决不受行政部门影响,具有独立性与公正性。

(四)职责

劳动争议仲裁机构的职责包括了仲裁委员会、仲裁庭、仲裁办事机构、仲裁员的职责。

仲裁委员会处置劳动争议,实行仲裁员、仲裁庭制度。仲裁庭设若干专职和兼职仲裁员,专、兼职仲裁员在案件处理活动中享有同等权利。仲裁庭在仲裁委员会的直接领导下进行工作,服从委员会的决定;遇有重大或疑难争议案件可提交委员会作出决定。仲裁庭办案实行一案一庭制。仲裁庭由1名首席仲裁员、2名仲裁员组成;简易案件可指定一名仲裁员独任处理。仲裁庭组成不符合规定的,仲裁委员会有权予以撤销,令其重组。

仲裁委员会的职责是:(1)负责处理管辖范围内的劳动争议;(2)聘任专职和兼职仲裁员,并对仲裁员进行管理;(3)领导和监督仲裁活动以及仲裁庭、仲裁办事机构的工作;(4)总结并组织交流本地区劳动争议处置的办案经验。

仲裁庭的职责包括:(1)制作开庭记录,要求有关人员在记录上签字;(2)有权取证和要求当事人提供证据,并对证据作出评定;(3)对争议双方依法进行调解,作出调解书,撤销已经和解的争议案件;(4)审理终了时,对争议作出裁决;(5)其他法定的职权。

仲裁办事机构的职责包括:(1)承办争议案件处理的日常工作;(2)根据仲裁委员会授权管理和培训仲裁员,组织仲裁庭;(3)负责仲裁委员会的文书、档案和印鉴工作;(4)进行劳动争议及其处置的法制宣传和提供咨询服务;(5)向仲裁委员会和劳动部门汇报、请示工作;(6)办理仲裁委员会授权或交办的其他事项。

仲裁员的职责包括:(1)接受仲裁办事机构交办的争议案件,参加仲裁庭;(2)对已受理的劳动争议,进行调查取证;(3)拟定争议案件处理方案,提出处置意见;(4)承担对争议当事人的调解工作和仲裁会议的准备工作;(5)对争议案件进行仲裁,参加合议庭,提出裁决意见;(6)负责仲裁文书的制作、送达和归档工作;(7)承办仲裁办事机构和本会领导委派的有关工作;(8)遵守保密规定;(9)进行劳动法制宣传。

三、人民法院

人民法院作为国家设立的司法机关,其职责就是依法对各类争议和纠纷进行司法裁判,并借助国家强制力保证司法裁决的执行。人民法院依法审理当事人对劳动争议仲裁委员会裁决不服的劳动争议案件,而且人民法院的审理是劳动争议处置的终极程序。

《中华人民共和国劳动法》第83条规定:"劳动争议当事人对仲裁裁决不服的,可以自收到仲裁裁决书之日起15日内向人民法院提起诉讼。一方当事人在法定期限内不起诉又不履行仲裁裁决的,另一方当事人可以申请人民法院强制执行。"

第三节 劳动争议处置程序

依据《劳动法》、《企业劳动争议处理条例》的规定,我国劳动争议的处置包括了调解、仲裁、诉讼三个主要程序。

一、调解程序

在此所说的调解是指用人单位内部设立的劳动争议调解委员会(以下简称调解委员会)的调解。调解是劳动争议处置中的第一道程序,但却并非是必经程序。

(一)调解的原则

调解委员会调解劳动争议,需要特别遵循自愿原则和协商原则。

1. 自愿原则

调解委员会调解劳动争议的全过程中都应当依当事人的意愿进行,主要包括:(1)劳动争议事项是否提请委员会进行调解须当事人双方自愿,不得强迫;(2)调解是否能够达成协议由当事人自主决定,不得强迫;(3)调解协议是否履行凭当事人自愿,不得强制执行。

2. 协商原则

协商是调解委员会在调解劳动争议过程中的基本方式,也是唯一方式。劳动争议调解过程中,当事人之间进行平等协商,排除任何权力的干涉;争议当事人之间地位平等,不得凭借某种优势地位将己方意志强加于对方当事人。

(二)调解的程序

劳动争议发生后,当事人双方都可以自知道或应当知道其权利被侵害之日起30日内,以口头或书面形式向调解委员会提出申请;发生争议的劳动者一方为3人以上,且有共同申诉理由的,可以视为集体劳动争议,应当推选代表参加调解活动。

调解委员会接到申请后,应征询对方当事人的意见,对方当事人不愿调解的,应在3日内以书面形式通知申请人;双方都同意调解的,应在4日内对当事人的资格、争议受案范围、时效等进行审查,并作出受理或不受理的决定,对不受理的,应向申请人说明理由。

调解委员会受理后,对一些情节简单、是非明确、事实清楚的争议案件,可以在询问当事人后直接进入调解程序;除此之外,一般的劳动争议案件,要先对争议事项进行全面调查,并在调查笔录上签章。调解程序中,调解委员会主任主持召开由争议双方当事人参加的调解会议,听取争议双方的陈述,在查清事实、分清是非的基础上依法进行调解;对简单的争议,可以由调解委员会指定1~2名调解员进行调解。经过调解达成协议的,制作调解协议书;达不成协议的,应作笔录,由有关人员签字,并制作调解意见书。调解协议书和意见书均要求一式三份,调解委员会及双方当事人各执一份。

(三)调解的效力

基于调解委员会的性质,经调解委员会调解达成协议的,调解协议书并不具有强制执行力,它仅能依靠当事人的承诺、信任和道义的约束而自觉履行;即便是当事人履行了调解协议书后反悔的,也不影响其再申请劳动仲裁的权利。调解意见书作为调解委员会的单方意思表示,只是其向当事人提出解决劳动争议的建议,对当事人双方不具有约束力。

二、仲裁程序

依据我国《劳动法》的规定,仲裁程序是处置劳动争议的必经程序,是劳动争议司法救济的前置程序。

(一)仲裁的特殊性

1. 仲裁程序具有强制性

所谓的强制性是指劳动争议的仲裁不是当事人自愿选择的,是法律强制规定的,是当事人寻求法律途径解决劳动争议、进行劳动权益救济的必经程序,也即劳动争议处置的"先裁后审"制度。

2. 仲裁具有一裁终局性

劳动争议仲裁实行一次裁决制度,劳动争议仲裁委员会(以下简称仲裁委员会)一旦作出裁决即为终局性裁决。对于终局性裁决,当事人如若不服,只能向人民法院提起诉讼。

3. 仲裁具有独立性

当事人不服仲裁委员会裁决向人民法院起诉的,法院的判决书、裁定书、调解书中不得作出维持或撤销劳动仲裁决议的内容,即劳动争议仲裁与诉讼之间是各自独立的。

(二)仲裁的程序

1. 申请和受理

劳动争议的当事人申请仲裁的,必须在劳动争议发生之日起60日内向争议仲裁委员会提交仲裁申请书。仲裁办事机构负责受理争议案件,在受理案件后应审查下列内容:(1)申诉人是否是本案的直接利害关系人;(2)申请仲裁的争议是否属于劳动争议;(3)申请仲裁的争议是否属于仲裁委员会的受案范围;(4)案件是否属于本仲裁委员会的管辖范围;(5)申请书及有关材料是否齐备并符合要求;(6)是否符合时效规定。

仲裁委员会或其办事机构负责在上述审查的基础上,审批是否进行立案。决定予以立案的,应当在作出决定之日起7日内书面通知申诉人,并将申诉书副本送达被申诉人;决定不予立案的,应当在作出决定之日起7日内制作书面不予受理通知书并送达申诉人。被申诉人在送达申诉书副本后,应当在15日内提交答辩状和证据,不提交答辩状不影响案件的处理。

2. 审理

案件开庭审理前4日,应当将仲裁庭组成人员、开庭时间和地点等有关事项书面通知当事人；当事人接到通知后无正当理由不到庭或未经同意中途退庭的,对申诉人以撤诉处理,对被申诉人作缺席裁决。

案件开庭审理前,应先行调解。经调解达成协议的,应制作仲裁调解书；未达成协议或达成协议后又反悔的,即进入仲裁。

仲裁审理过程中,应充分听取申诉人的申诉和被申诉人的答辩,仲裁员进行庭审调查,最后作出仲裁决定。仲裁庭的裁决,一般只对争议标的作出肯定或否定的结论,对属于经济赔偿或补偿的争议标的可作变更裁决,对其他标的可另行向当事人提出仲裁建议。裁决作出后,应当制作仲裁裁决书。

仲裁调解书和裁决书,都应由仲裁员署名,并加盖仲裁委员会印章。调解书还应由双方当事人签名或盖章。

3. 结案

仲裁庭对争议案件审结后,应填写《仲裁结案审批表》报仲裁委员会审批；经审批结案,应依规定送达仲裁文书,并将案件资料归档。

（三）仲裁的效力

生效的仲裁文书具有法律强制力。仲裁裁决书自双方当事人收到之日起15日内未向人民法院提起诉讼的,即发生法律效力；仲裁调解书一经送达当事人即发生法律效力。如若责任方逾期不履行生效的仲裁文书,另一方当事人可以申请强制执行；仲裁文书的强制执行权由人民法院行使。

人民法院对确有错误的裁决可不予执行,并将裁定书送达当事人和仲裁机关。裁决不予执行的,视同未曾仲裁,当事人可重新申请仲裁。

三、诉讼程序

劳动争议当事人不服仲裁裁决的,可以自收到仲裁裁决书之日起15日内向人民法院提起诉讼。对于劳动争议诉讼,依照《民事诉讼法》上有关民事诉讼程序的规定进行审理,包括劳动争议案件的起诉、受理、调查取证、审判和执行等一系列诉讼程序,实行两审终审制。

四、特别处置程序

特别处置程序是针对劳动争议当事人中职工一方为30人以上的集体劳动争议而设立的特别程序。处置集体劳动争议,应当遵照就地、就近、从速的原则,便利当事人参与,以求尽快解决争议。

根据集体劳动争议的性质不同,分别采取不同的处置方式：因签订集体合同发生的争议,采取双方协商和行政协调方式解决；因履行集体合同发生的争议,则适用普通劳动争议处置程序的解决方式。

（一）受理

仲裁委员会自收到申诉书之日起应于3日内作出是否受理的决定。决定不予受理的,应当说明理由；决定受理的,应立即组成特别仲裁庭（3名以上单数仲裁员）,并采用书面通知或布告形式通知当事人。受理通知送达或布告公告后,当事人不得有激化矛盾的行为。

(二)期限

特别仲裁庭处置集体劳动争议案件,应当自组成仲裁庭之日起15日内结案,案情复杂需要延期的,经报仲裁委员会批准,可以适当延期,但延长的期限不得超过15日。

(三)程序

因签订集体合同发生的争议,当事人双方应当自行协调,协调不成的,可以向当地劳动行政部门的协调处理机构请求解决;劳动行政部门也可以视必要性依职权主动立案调处。劳动行政部门应自决定受理当事人请求之日起30日内协调结束,因争议复杂或影响处理的其他客观原因需要延期的,延期最长不得超过15日。

劳动行政部门协调结束后,应当制作《协调处理协议书》,并由当事人首席代表和协调处理负责人共同签字盖章。《协调处理协议书》并不具有强制执行的法律效力,但它是集体合同的有效组成部分,对集体合同的双方当事人都具有约束力,双方当事人应当执行。

此外,基于集体劳动争议当事人众多、社会影响较大,对集体劳动争议及其处置结果应当及时向当地人民政府汇报。

[案例]李某与某工程公司签订为期4年的劳动合同,合同约定李某担任工程公司的会计,月薪1300元。后因双方发生纠纷,工程公司扣发了李某的工资3900元,李某向仲裁机构申诉,要求工程公司支付工资3900元并支付违约金。仲裁机构裁决工程公司支付工资及赔偿金,但驳回了李某要求工程公司支付违约金的请求。李某不服,向人民法院起诉。在法院审理期间,李某撤回了起诉。在仲裁裁决规定的期限内,李某向工程公司索要工资和赔偿金,但工程公司以李某向法院起诉,原仲裁裁决自动失效为由拒付。李某向法院申请执行。

[解析]劳动争议仲裁委员会作出的裁决具有法律约束力。当事人自收到裁决书之日起15日内未向人民法院起诉的,仲裁裁决书即发生法律效力。当事人向人民法院起诉,但出现下列情形的,仲裁裁决书仍然发生法律效力:(1)当事人起诉后又申请撤诉,经法院审查准予撤诉的,原仲裁裁决自法院裁定送达当事人之日起发生法律效力;(2)当事人因超过起诉期间而被法院裁定驳回起诉的,原仲裁裁决自起诉期间届满之次日起恢复法律效力。本案中,李某起诉后又撤诉,不影响原仲裁裁决的效力,李某可申请法院执行。

【思考题】

1. 劳动争议的概念和特征是什么?
2. 劳动争议处置的受案范围是什么?

3. 简述我国劳动争议的处理机制。
4. 如何理解劳动争议仲裁与劳动争议诉讼的关系?

【司法考试真题链接】

1. 根据劳动法的规定和劳动关系的性质,下列哪一项纠纷属于劳动争议?（2002年）
   A. 某私营企业职工张某与某地方劳动保障行政部门的工伤认定机关因工伤认定结论而发生的争议
   B. 进城务工的农民黄某与其雇主某个体户之间因支付工资报酬发生的争议
   C. 某国有企业退休职工王某与社会保险经办机构因退休费用的发放而发生的争议
   D. 某有限责任公司的职工李某是该公司的股东之一,因股息分配与该公司发生的争议

2. 下列关于劳动争议的解决方式的表述哪些是正确的?（2002年）
   A. 调解原则适用于劳动仲裁和诉讼程序
   B. 在劳动仲裁前必须先行调解
   C. 劳动争议仲裁的裁决是终局的
   D. 在当事人提起诉讼之前,必须先行进行劳动仲裁

3. 根据我国《劳动法》关于劳动争议的规定,下列哪些说法是错误的?（2003年）
   A. 企业与职工就劳动争议达成和解协议即具有法律效力,任何一方不得再申请仲裁或诉讼
   B. 劳动争议发生后6个月内,企业或职工任何一方均可依据仲裁协议申请仲裁
   C. 劳动争议发生后,当事人只能先向劳动争议仲裁委员会申请仲裁,不能直接向人民法院提起诉讼
   D. 劳动争议仲裁裁决书自送达之日起即发生法律效力

4. 陈某在大学毕业后被某网络公司聘用。工作期间,陈某与公司因社会保险问题发生争议。关于该争议解决方法,下列哪一选项是正确的?（2008年）
   A. 陈某可提请仲裁,但必须在此之前先申请调解
   B. 陈某可提请仲裁,但在此之后不能够提起诉讼
   C. 社会保险问题不适用劳动争议仲裁,陈某可直接向法院起诉
   D. 陈某可自己与公司协商,也可请工会或者第三人共同与公司协商

5. 下列哪些情形不属于《劳动争议处理条例》规定的劳动争议范围?（2009年）
   A. 张某自动离职一年后,回原单位要求复职被拒绝
   B. 郑某辞职后,不同意公司按存款本息购回其持有的职工股,要求做市场价评
   C. 秦某退休后,因社会保险经办机构未及时发放社会保险金,要求公司协助解决
   D. 刘某因工伤致残后,对劳动能力鉴定委员会评定的伤残等级不服,要求重新鉴定

第九章　劳动监察法

【引例】

　　某理发店员工何某向某县劳动保障行政部门投诉,何某于2008年2月1日进入某理发店工作,进店工作时被收取500元上岗培训费和押金1000元,双方未签订劳动合同。何某于2008年8月1日离职后,店方以违反须做满一年的口头约定为由,要扣除半个月工资,否则不准解除劳动合同,并不退还任何费用。何某请求退还上岗培训费、押金以及未支付的全部工资报酬。于是,何某与理发店产生争议。

　　本案经劳动保障监察机构调查,投诉情况属实。劳动保障监察机构下达了限期改正指令书,责令该店限期退还向投诉人何某收取的培训费和押金,付清何某的全部工资报酬。《劳动合同法》第84条第2款规定,用人单位违反本法规定,以担保或者其他名义向劳动者收取财物的,由劳动行政部门责令限期退还劳动者本人,并以每人五百元以上二千元以下的标准处以罚款;给劳动者造成损害的,应当承担赔偿责任。该法第10条规定,建立劳动关系,应当订立书面劳动合同;同时该法的第82条规定,用人单位自用工之日起超过一个月不满一年未与劳动者订立书面劳动合同的,应当向劳动者每月支付二倍的工资。虽然何某与理发店口头约定合同的期限是一年,但劳动者仍然享有合同的解除权,只要尽到提前30日通知的义务就可以,用人单位不得以劳动者没有达到合同约定的合同期限为由克扣劳动者的工资。用人单位不但应当支付用人单位每月的约定工资,而且从用工的第二个月起理发店应当支付何某二倍的工资。理发店收取的何某的上岗培训费及押金均应退还给何某。并可对理发店处以罚款。

第一节　劳动监察概述

　　在我国,随着《劳动法》、《劳动合同法》、《就业促进法》、《劳动争议调解仲裁法》以及《社会保险法》等劳动与社会保障法律法规的出台与实施,在该领域实现了有法可依的局面。然而,徒法不足以自行,法律的生命在于实践与运用。用人单位及劳动保障服务机构有没有真正遵守劳动领域的法律法规,离不开劳动保障监察机构、工会和社会大众的监督。劳动监察制度的设立,一是有利于增强用人单位和劳动保障服务机构的法制观念,预防违法行为;二是能够维护劳动者的合法权益;三是贯彻劳动保障法的重要保证。因此,劳动监察制度在劳动法律体系中是一项非常重要的制度,为各国立法所重视。

一、劳动监察的概念和特点

(一) 劳动监察的概念

劳动监察,国外又称劳工检查,是指依法享有劳动监察权的专门机构和人员,对用人单位和劳动保障服务机构遵守劳动法的整个过程,进行监督、监察并对违法行为予以处罚活动的总称。

(二) 劳动监察的特点

1. 劳动监察的权利主体是依法享有劳动监察权的专门机构和人员。这个专门机构具体指的是劳动保障监察机构。该机构是经法律授权代表国家对用人单位和劳动保障服务机构执行劳动与社会保障法的情况进行监督的机构。它既与各级行政主管部门的监督有别,各级行政主管部门的监督属于一般的行政监督,又与工会等群众团体的监督有所不同,工会等群众团体的监督属于群众监督。劳动保障监察机构的监察权,是国家赋予的权力,任何人和组织不得剥夺也不得干预劳动保障监察机构行使它的监察权,且它的监察是具有法律效力和法律约束力的。对于用人单位和劳动保障服务机构的违法行为,劳动保障监察机构有权予以制止或予以惩戒,这是其他监督部门所不具有的权力。

2. 劳动监察的相对人主要是用人单位,不包括劳动者。这是因为,在劳动法律关系中,劳动者始终处于用人单位所制定的规章制度的约束中,劳动者不遵守用人单位的规章制度,用人单位有权予以处罚或解除劳动关系。而用人单位是否遵守劳动法律法规,完全依赖用人单位的自觉,缺乏有效的监督和约束。因此,需要对其进行监督,以便更好地保护劳动者的合法权益。劳动监察的相对人除了用人单位之外,根据《劳动保障监察条例》第2条第2款规定,还包括职业介绍机构、职业技能培训机构和职业技能考核鉴定机构。因为劳动者权益的实现与这些机构也有一定的联系,一定程度上关系着劳动基准的实现,所以,这些机构也是劳动监察机构的相对人。还有一些无营业执照或已被依法吊销营业执照的单位有用工行为时,劳动保障行政部门也有权依法实施劳动保障监察,并及时通报工商行政管理部门予以查处取缔。

3. 劳动监察的内容主要是用人单位遵守劳动法律、法规的情况。我国《劳动法》第85条规定:"县级以上各级人民政府劳动行政部门依法对用人单位遵守劳动法律、法规的情况进行监督监察,对违反劳动法律、法规的行为有权制止,并责令改正。"《劳动法》对用人单位的招工、培训、劳动合同、工资、工作时间、休息休假、社会保险和福利等制度都有规定,那么,劳动保障行政部门的监督监察毫无疑问也应该包括以上所有内容。

二、劳动监察的原则

劳动监察的原则是指导劳动监督监察的立法、司法、执法的基本准则。具体包括以下几个方面:

(一) 以事实为依据,以法律为准绳的原则

劳动监察部门在监督监察被监督单位的整个过程中都必须遵守该原则,在切实了解

案件事实的基础上,依据劳动法律法规作出准确的判断和公正的处理。

(二)依法独立行使监察权原则

劳动监察部门有权依据法律法规,不受任何单位和个人的干涉,独立地行使监察权。

(三)公正、公开的原则

劳动监察机构在监督监察过程中应当对监察的对象平等对待,没有任何歧视,同样的违法行为应该给予同样的处理。同样,劳动监察机构处理案件所依据的法律、法规以及执法的程序必须公开,透明,让被监督对象知晓他们所违的是何法,应受到何种处罚。权力应该在阳光下运行,这是严肃执法、文明执法的前提。

(四)惩处和教育相结合的原则

劳动监察部门在整个监督检查过程中都应当将教育贯穿于惩处的全过程中,惩处是手段,教育则是目的,不能采取单纯的惩办主义,也不能一味地单纯教育,必须二者相结合,才能达到劳动监察的目的。

(五)高效、便民的原则

劳动监察机构对违反劳动法律、法规或者规章行为的调查,应在规定的办案时效内尽快作出相应处理,使劳动者的合法权益能够最快地得以实现;另外,劳动监察机构要为劳动者投诉、举报提供便利条件,精简有关程序,这样可及时发现和查处违反劳动法律、法规或者规章,侵害劳动者合法权益的行为。

三、劳动监察主体

(一)监督主体

劳动监督主体包括以下几类:

1. 各级劳动保障行政部门。我国《劳动法》第85条规定:"县级以上各级人民政府劳动行政部门依法对用人单位遵守劳动法律、法规的情况进行监督监察,对违反劳动法律、法规的行为有权制止,并责令改正。"《劳动保障监察条例》第3条第1款规定:"国务院劳动保障行政部门主管全国的劳动保障监察工作;县级以上地方各级人民政府劳动保障行政部门主管本行政区域内的劳动保障监察工作。"

2. 县级以上各级人民政府有关部门。《劳动法》第87条规定:"县级以上各级人民政府有关部门在各自职责范围内,对用人单位遵守劳动法律、法规的情况进行监督。"《劳动保障监察条例》第3条第2款规定:"县级以上各级人民政府有关部门根据各自职责,支持、协助劳动保障行政部门的劳动保障监察工作。"

3. 各级单位主管部门。许多单项劳动法规都明确规定用人单位的主管部门对属于其管理的单位负有监督检查的责任。

4. 各级工会。《劳动法》第88条第1款规定:"各级工会依法维护劳动者的合法权益,对用人单位遵守劳动法律、法规的情况进行监督。"《劳动保障监察条例》第7条第2款规定:"劳动保障行政部门在劳动保障监察工作中应当注意听取工会组织的意见和建议。"

5. 妇联等群众组织以及劳动者个人。《劳动保障监察条例》第9条规定:"任何组织或者个人对违反劳动保障法律、法规或者规章的行为,有权向劳动保障行政部门举报。劳动者认为用人单位侵犯其劳动保障合法权益的,有权向劳动保障行政部门投诉。"

> [案例]某市矿业公司发生一起井下生产安全事故,造成8人死亡,直接经济损失达100万元。事故发生后,矿业公司所在省的煤矿安全监察局、市安全生产委员会与市工会组成了事故调查组。在调查时,矿业公司对事故调查组的调查和处理不予积极配合,特别是对工会部门参加人员提出的问题不予理睬,声称:"这事跟工会有什么关系,你们瞎掺和什么?"在召开事故调查有关会议时,公司领导坚持不让本公司工会方面的领导参加。事故调查组一直向公司领导讲解工会有权依法参加事故调查处理的政策和法律,但公司领导拒不接受。事故调查处理因此受到阻挠。
>
> [解答]本案中,工会有权对矿业公司侵害职工合法权益的现象进行监督检查。我国《工会法》第53条规定,用人单位妨碍工会参加职工因工伤亡事故以及其他侵犯职工合法权益问题的调查处理的,由县级以上人民政府责令改正,依法处理。同时,我国《劳动法》第101条规定,用人单位无理阻挠劳动行政部门、有关部门及其工作人员行使监督检查权,打击报复举报人员的,由劳动行政部门或者有关部门处以罚款;构成犯罪的,对责任人员依法追究刑事责任。

(二)被监督主体

《劳动保障监察条例》第2条规定:"对企业和个体工商户(以下称用人单位)进行劳动保障监察,适用本条例。对职业介绍机构、职业技能培训机构和职业技能考核鉴定机构进行劳动保障监察,依照本条例执行。"该法第33条规定:"无营业执照或者已被依法吊销营业执照,有劳动用工行为的,由劳动保障行政部门依照本条例实施劳动保障监察,并及时通报工商行政管理部门予以查处取缔。"同时该法第34条还规定:"国家机关、事业单位、社会团体执行劳动保障法律、法规和规章的情况,由劳动保障行政部门根据其职责,依照本条例实施劳动保障监察。"由此可见,我国劳动监察的被监督主体包括:企业、个体工商户、职业介绍机构、职业技能培训机构和职业技能考核鉴定机构;无营业执照或已被依法吊销营业执照的非法用工单位;与劳动者建立劳动关系的国家机关、事业单位、社会团体。根据《劳动合同法》第2条的规定,民办非企业单位也是被监督主体。

> [案例]王云和张强在江西南昌的一家装修公司工作。在工作的第一天,该公司的人事管理部门通知二人签订劳动合同,并要将身份证和学位证交到该部门,由该公司负责保管,直到公司与他们解除劳动合同才予以归还。而且每人还需到财务部门交纳1000元保证金才可上班。不得已,二人照办了。不久后,王云就找到一家待遇更好的公司。王云要求装修公司归还她的证件和保证金,该公司拒绝

> [解答]本案中,王云可以向用人单位所在地的劳动保障行政部门投诉。根据《江西省劳动保障监察条例》第16条规定,用人单位向劳动者收取押金、保证金等费用,或者扣押劳动者证件、实物的,人力资源和社会保障部有权查处。同时该条例第35条规定,向劳动者收取押金、保证金等费用的,责令退还给当事人,并以每人五百元以上二千元以下的标准处以罚款,给当事人造成损失的,依法承担赔偿责任;扣押劳动者证件、实物的,责令改正,并可处以500元以上1000元以下罚款;给当事人造成损失的,依法承担赔偿责任。因此,装修公司收取的王云和张强的各1000元保证金应退还给二人,并以每人500元以上2000元以下的标准处以罚款,给当事人造成损失的,依法承担赔偿责任。装修公司扣押的二人的身份证和学位证应当返还给二人,并可处以500元以上1000元以下罚款;给当事人造成损失的,依法承担赔偿责任。

四、劳动监察与相关概念的区别

(一)劳动监察和一般劳动监察的区别

一般劳动监察指的是劳动行政主管机关、工会等群众团体对用人单位的监督和监察。劳动监察和一般劳动监察有着共同的监督对象,即用人单位和劳动保障服务机构遵守劳动法律、法规的情况,二者互相配合、取长补短,共同督促用人单位和劳动保障服务机构依法行为,保护劳动者的合法权益。这二者之间不但有着这样的联系,而且二者还有以下主要的区别:

1. 主体不同。劳动监察的主体是依法成立的专门机构,而一般劳动监察的主体是指劳动行政主管机关、工会以及劳动者个人等。前者具有专门性,后者具有兼职性。

2. 监督范围不同。劳动监察是全面的劳动监督,它涉及的范围非常之广,包括各种劳动与社会保障法律、法规、规章。不论是什么性质的用人单位,只要与劳动者建立了劳动关系,都应当受到劳动监察机构的监督。一般劳动监察,一般只对本系统、本行业、本单位的监督。

3. 监督的法律效力不同。劳动监察是具有很高权威性的劳动监督监察,因为劳动保障监察机构是依法成立的,代表国家行使权力,其监察决定具有指令性文件的法律效力。一般的劳动监察则不是由法律直接规定的,如劳动保障行政部门中各职能机构的监督权限,是基于内部分工形成的,而工会监督属于社会监督。

4. 职权范围不同。劳动保障监察机构的职权范围是对用人单位进行全面的综合性的监督检查,若发现用人单位有违法行为时,有处分权。而一般劳动监察在监督过程中发现用人单位有违法行为时,则无处罚权,必须由劳动监察的专门机构行使处罚权,工会等群众团体只有监督权,也无处罚权。

(二)劳动监察和劳动争议仲裁的区别

劳动监察是劳动保障行政部门代表国家对用人单位和劳动保障服务机构遵守劳动法

律、法规、规章的情况进行监督监察。劳动争议仲裁则是由劳动争议仲裁机构对当事人请求解决的劳动争议,依法居中裁断的行为。二者共同点是维护劳动者的合法权益、调整劳动关系的重要方式,但两者也有很明显的区别:

1. 两者的性质不同。劳动监察是劳动保障行政部门实施的行政执法行为,被监察的相对人如果不服劳动监察机构作出的处罚决定,可依法提起行政复议或提起行政诉讼;劳动仲裁是由劳动争议仲裁委员会根据劳资双方当事人的自愿而进行的一种社会干预行为,具有"准司法"的特点,劳动争议当事人如果不服仲裁裁决,除了一些一裁终局的案件外,可依法向人民法院提起诉讼。

2. 两者的目的不同。劳动监察以督促用人单位和劳动保障服务机构遵守劳动法律法规为目的;而劳动争议仲裁以处理劳动争议为目的。

3. 两者实施的机构不同。劳动监察由劳动保障行政机关内设的监察机构实施;劳动争议仲裁由劳动争议仲裁委员会实施。

4. 两者受理案件的原则不同。劳动监察程序的提起既可以从劳动保障行政部门主动监察开始程序,也可以从劳动保障行政部门受理组织或个人举报、投诉并立案开始;劳动争议仲裁的程序则是由当事人自愿提起,劳动争议仲裁机构不能主动提起。

5. 两者所依据的规范不同。劳动监察所依据的实体法只限于强制性规范;劳动争议仲裁所依据的实体法既可以是强制性规范也可以是任意性规范。

6. 两者的权限范围不同。劳动监察主要是通过惩戒和处罚,追究违法者的法律责任,劳动监察主体对违反劳动保障法律法规的监察相对人有行政处罚权,而对被监察事项无调解权;劳动争议仲裁机构对劳动争议有调解权,劳动争议仲裁追究违法者的法律责任方式通常为赔偿或补偿,而对违反法律法规的当事人没有行政处罚权。

第二节 我国劳动监察法律制度

一、我国的劳动监察机构和监察员

（一）劳动监察机构

劳动监察机构,在国外也称为劳工检查机构,是指经国家授权代表国家对用人单位和劳动保障服务机构遵守劳动法律法规的情况进行监督监察的专门机构。根据我国《劳动保障监察条例》第3条、第4条规定,劳动监察机构为各级政府的劳动保障行政部门和受委托的符合监察执法条件的组织担任。"国务院劳动保障行政部门主管全国的劳动保障监察工作。县级以上地方各级人民政府劳动保障行政部门主管本行政区域内的劳动保障监察工作。县级以上各级人民政府根据各自职责,支持、协助劳动保障行政部门的劳动保障监察工作。""县级、设区的市级人民政府劳动保障行政部门可以委托符合监察执法条件的组织实施劳动保障监察。"劳动监察机构的管辖范围,一般限于本行政区域之内。《劳动保障监察条例》第13条规定:"对用人单位的劳动保障监察,由用人单位用工所在地的县级或者设区的市级劳动保障行政部门管辖。上级劳动保障行政部门根据工作需要,可以调查处理下级劳动保障行政部门管辖的案件。劳动保障行政部门对劳动保障监察管辖发生争议的,报请共同上一级劳动保障行政部门指定管辖。省、自治区、直辖市人民政府可以对劳动保障监察的管辖制定具体办法。"

(二)劳动监察员

1. 劳动监察员的概念。劳动监察员,在国外又称为劳工检查员或劳工检查官,是指国家设立的执行劳动监督监察的专职或兼职人员。我国的劳动监察员包括一般劳动监察员和劳动安全卫生监察员,分别由中华全国总工会《工会劳动保护监督检查员管理办法》和《劳动安全卫生监察员管理办法》作了专门规定。其中,一般劳动监察员又由专职监察员和兼职检查员组成。专职检查员是指劳动行政部门专门从事劳动监察工作的人员;兼职检查员是指劳动行政部门非专门从事劳动监察工作的人员。兼职检查员主要负责与其业务有关的单项监察,须对用人单位处罚时,应会同专职检查员进行。

2. 劳动监察员的任职条件。关于劳动监察员的任职条件,我国有关法规对一般劳动检查员和矿山安全检查员、锅炉压力容器安全检查员分别作了规定。主要包括以下几个方面:

(1)熟悉相应的法律法规和具备相应的专业知识。如对于矿山安全检查员的任职条件,《矿山安全监察员管理办法》第4条第1款第1项规定"熟悉矿山安全技术知识和矿山安全法律、法规及矿山安全规程、矿山安全技术规范"。《劳动安全卫生监察员管理办法》第3条第1款第1项规定,劳动安全卫生监察员应"熟悉劳动安全卫生法律、法规及技术规范"。

(2)工作经历和学历条件。如矿山安全监察员须具有中等以上采矿工程专业相关专业学历和二年以上矿山现场工作经历;劳动安全卫生监察员应具有大专以上文化程度,并有二年以上工作经历;或从事劳动安全卫生工作五年以上。

(3)身体条件。如劳动安全卫生监察员须身体健康,能胜任劳动安全卫生监察工作;矿山安全监察员须身体健康,能胜任矿山井下检查工作。

(4)技术职称条件。如矿山安全监察员须具备担任助理工程师以上的专业技术水平和条件,并有一年以上矿山安全监察工作经历。

(5)品行条件。如劳动安全卫生监察员应坚持原则,作风正派,勤政廉洁。

3. 劳动监察员的任命与考核。关于劳动监察员的任命与考核,我国相关法规规定,省级劳动保障行政部门的劳动安全卫生监察员,由省、自治区、直辖市劳动保障行政部门推荐,报劳动部考核、发证。地市级、县级劳动保障行政部门的劳动安全卫生监察员,由同级劳动保障行政部门推荐,省、自治区、直辖市劳动保障行政部门考核、发证,报劳动部备案。劳动安全卫生监察员的考核,每三年进行一次。劳动安全卫生监察员经考核合格发给《中华人民共和国劳动安全卫生监察证》和劳动安全卫生监察标志。劳动安全卫生监察证件和劳动安全卫生监察标志由劳动部统一制作。劳动安全卫生监察员的调动、奖惩应事先征得发证机关的同意。调离劳动安全卫生监察工作岗位的应由原发证机关收回监察证件和标志。

劳动部矿山安全监察机构的矿山安全监察员,由劳动部考核任命;地方劳动行政部门的矿山安全监察员由省、自治区、直辖市劳动行政部门考核和任命,报劳动部备案。矿山安全监察员经考核合格后,由任命机关发给《中华人民共和国矿山安全监察员证》和矿山安全监察标志。矿山安全监察员证件和矿山安全监察标志由劳动部统一制作。矿山安全监察员离开矿山安全监察工作岗位,由原任命机关收回矿山安全监察员证件和矿山安全监察标志。

二、劳动监察的范围

我国《劳动保障监察条例》第11条规定:"劳动保障行政部门对下列事项实施劳动保障监察:(一)用人单位制定内部劳动保障规章制度的情况;(二)用人单位与劳动者订立劳动合同的情况;(三)用人单位遵守禁止使用童工规定的情况;(四)用人单位遵守女职工和未成年工特殊劳动保护规定的情况;(五)用人单位遵守工作时间和休息休假规定的情况;(六)用人单位支付劳动者工资和执行最低工资标准的情况;(七)用人单位参加各项社会保险和缴纳社会保险费的情况;(八)职业介绍机构、职业技能培训机构和职业技能考核鉴定机构遵守国家有关职业介绍、职业技能培训和职业技能考核鉴定的规定的情况;(九)法律、法规规定的其他劳动保障监察事项。"

[案例]某职业介绍机构2008年5月8日介绍15名初中毕业生到广东某机械厂劳动,这15名毕业生均不满16周岁。某机械厂为他们办理了厂牌,厂牌上职务是员工,他们每天工作10小时至12小时。有一天,其中一名员工小刘在上班过程中由于疲劳,不小心被机器压到导致右手骨折,花去医疗费共计人民币5000元。

[解答]本案中,某职业介绍机构介绍15名未满十六周岁的未成年人就业违反了我国《禁止使用童工规定》第2条的规定,禁止任何单位或者个人为不满16周岁的人介绍就业。该规定第7条规定,单位或个人为不满16周岁的未成年人介绍就业的,由劳动保障行政部门按照每介绍一人处5000元罚款的标准给予处罚;职业中介机构为不满16周岁的未成年人介绍就业的,并由劳动保障行政部门吊销其职业介绍许可证。

三、劳动监察的职责

我国《劳动保障监察条例》第10条规定:"劳动保障行政部门实施劳动保障监察,履行下列职责:(一)宣传劳动保障法律、法规和规章,督促用人单位贯彻执行;(二)检查用人单位遵守劳动保障法律、法规和规章的情况;(三)受理对违反劳动保障法律、法规或者规章的行为的举报、投诉;(四)依法纠正和查处违反劳动保障法律、法规或者规章的行为。"该法第12条规定:"劳动保障监察员依法履行劳动保障监察职责,受法律保护。劳动保障监察员应当忠于职守,秉公执法,勤政廉洁,保守秘密。任何组织或者个人对劳动保障监察员的违法、违纪行为,有权向劳动保障行政部门或者有关机关检举、控告。"

根据《劳动保障监察条例》第15条规定:"劳动保障行政部门实施劳动保障监察,有权采取下列调查、检查措施:(一)进入用人单位的劳动场所进行进行检查;(二)就调查、检查事项询问有关人员;(三)要求用人单位提供与调查、检查事项相关的文件资料,并作出解释和说明,必要时可以发出调查询问书;(四)采取记录、录音、录像、照相或者复制等方式收集有关情况和资料;(五)委托会计师事务所对用人单位工资支付、缴纳社会保险费的情况进行审计;(六)法律、法规规定可以由劳动保障行政部门采取的其他调查、检查措施。劳动保障行政部门对事实清楚、证据确凿,可以当场处理的违反劳动保障法律、法规或者规章的行为有权当场予以纠正。"由此可知,劳动保障监察主体的权利主要有检查权、询问权、调查询问权、收集复制资料权、委托审计权、处置权、处罚权以及其他权利。根据劳动和社会保障部《关于实施〈劳动保障监察条例〉若干规定》第27条规定:"劳动保障行政部门调查、检查时,有下列情形之一的可以采取证据登记保存措施:(一)当事人可能对证据采取伪造、变造、毁灭行为的;(二)当事人采取措施不当可能导致证据灭失的;(三)不采取证据登记保存措施以后难以取得的;(四)其他可能导致证据灭失的情形的。"因此,劳动保障行政监察主体还具有证据登记保存权。

劳动保障监察主体在监察过程中享有一定的权利,同时也应履行一定的义务。根据劳动和社会保障部《关于实施〈劳动保障监察条例〉若干规定》第21、22、23条的规定,劳动保障监察主体负有的义务主要有:(一)劳动保障监察主体进入用人单位时,应佩戴劳动保障监察执法标志,出示劳动保障监察证件,并说明身份,并不得少于2人;(二)依法履行职责,秉公执法;(三)保守在履行职责过程中获知的商业秘密;(四)为举报人保密;(五)劳动保障监察员在实施劳动监督监察工作过程中,出现下列情形应该回避:本人是用人单位法定代表人或主要负责人的近亲属的、本人或其他近亲属与承办查处的案件事项有直接利害关系的;因其他原因可能影响案件公正处理的。

四、劳动监察的程序

劳动监察程序,是指劳动监察主体在依法行使监察行为的活动中应该遵守的先后有序的一系列连续过程和步骤。劳动监察必须遵守一定的程序,这是保证劳动监察行为具有法律效力的一个必要条件。根据我国劳动部1995年颁布的《劳动监察程序规定》,我国的劳动监察程序有一般劳动监察程序和劳动安全卫生监察程序、不立案劳动监察程序和立案劳动监察程序之分。

在进行具体的劳动保障监察之前,首先应明确劳动监察的管辖。劳动监察的管辖指的是不同级别的劳动监察机构之间、同级别的劳动监察机构之间的分工和权限。根据我国《劳动保障监察条例》第13条的规定:"对用人单位的劳动保障监察,由用人单位用工所在地的县级或者社区的市级劳动保障行政部门管辖。上级劳动保障行政部门根据工作需要,可以调查处理下级劳动保障行政部门管辖的案件。劳动保障行政部门对劳动保障监察管辖发生争议的,报请共同的上一级劳动保障部门指定管辖。省、自治区、直辖市人民政府可以对劳动保障监察的管辖制定具体办法。"

在确定了劳动监察的管辖之后,各级劳动监察机构就开始行使他们的监察权。下面主要介绍一般劳动监察程序和特殊的劳动安全卫生监察程序。一般劳动监察程序又可以分为两种:一般不立案劳动监察程序和一般立案劳动监察程序。下面就分别详述之。

(一)一般不立案劳动监察程序

一般不立案劳动监察程序适用于劳动监察机构或劳动监察员未发现监察相对人存在

违反劳动法律、法规的行为时,仅作例行监察的情况。根据《劳动监察程序规定》的有关规定,一般不立案劳动监察程序的规则相对比较简单,具体如下:

1. 监察应由两名以上的劳动监察员共同进行,并出示劳动监察证件,说明理由。
2. 告知用人单位检查的目的、内容、要求和方法。
3. 了解用人单位遵守劳动法律、法规的情况,并巡视劳动场所。在必要时可以通过向用人单位发出劳动监察询问通知书了解用人单位遵守劳动法律、法规的情况。用人单位应自收到通知书之日起十日内向劳动监察机构作出书面答复。
4. 现场检查情况应有笔录,笔录应由劳动监察员和用人单位代表(或法定代表人委托的代理人)签名或盖章,用人单位法定代表人拒不签名或盖章的,应注明拒签情况。

(二)一般立案劳动监察程序

依据劳动与社会保障部颁布的《劳动保障监察条例》及《关于实施〈劳动保障监察条例〉若干规定》,一般立案劳动监察程序,是指适用于劳动监察相对人违法劳动法律、法规的行为,并经过审查由劳动监察机构确认有违法事实的情况。具体按下列程序操作:

1. 登记立案。劳动监察机构通过日常的巡视检查、书面审查、举报等发现用人单位有违反劳动法律、法规的行为,需要进行调查处理的,应当及时立案处理。登记立案要填写立案审批表,报劳动监察机构负责人审查批准。劳动监察机构以批准之日为立案起始时间。

劳动监察机构在立案受理过程中,如果发现投诉人投诉事项属于应当通过劳动争议处理程序解决的事项或者已经按照劳动争议处理程序申请调解、仲裁或提起诉讼的事项,应当告知投诉人依照劳动争议处理和诉讼的规定办理。另外,对于劳动者要求用人单位就劳动保障违法行为予以赔偿,双方发生争议的,也应按照国家有关劳动争议处理的规定处理。

2. 申请回避。为了保障劳动监察程序公正、公开进行,保护监察相对人的合法权益,我国劳动监察制度中规定了劳动监察员回避制度。承办查处违法案件的劳动监察员,有下列情形之一的,应当自行回避:(1)是用人单位法定代表人的近亲属的;(2)本人或其近亲属与承办查处的案件有利害关系的;(3)因其他原因可能影响案件公正处理的。当事人认为承办人员应当回避的,有权向承办查处工作的劳动保障行政部门申请,要求其回避,当事人申请回避,应当采书面形式。承办人的回避由劳动行政部门负责人决定。回避决定应当在收到申请之日起三日内作出。作出回避决定前,承办人员不得停止对案件的调查处理。对驳回回避申请的决定,应当向申请人说明理由。

3. 调查取证。登记立案后,劳动监察机构应全面、客观、公正地调查、收集有关证据。证据包括书证、物证、视听资料、证人证言、当事人陈述、鉴定结论、勘验笔录、现场笔录等。承办人完成调查取证后,应向劳动监察机构提交调查报告和处理意见,并填写处理报批表。报批表应写明被处罚单位的名称、案由、违反劳动法律法规事实、被处罚单位的陈述、处理依据、建议处罚意见等。劳动保障行政部门对违反劳动保障法律、法规或者规章的行为的调查,应当自立案之日起 60 个工作日内完成;对情况复杂的,经劳动保障行政部门负责人批准,可以延长 30 个工作日。

4. 处理。《关于实施〈劳动保障监察条例〉若干规定》第 34 条规定:"对违反劳动保障法律的行为作出行政处罚或者行政处理决定前,应该告知用人单位,听取其陈述和申辩;法律、法规规定应当依法听证的,应当告知用人单位有权依法要求举行听证;用人单位要求听证的,劳动保障行政部门应当组织听证。"该法第 35 条规定:"劳动保障行政部门对违反劳动保障法律的行为,根据调查、检查的结果,作出以下处理:(一)对依法应当受到行政处罚的,依法作出行政处罚的决定;(二)对应该改正未改正的,依法责令改正或者作出相应的行政处理决定;(三)对情节轻微,且已改正的,撤销立案。经调查、检查,劳动保障行政部门认定违法事实不能成立的,也应当撤销立案。发现违法案件不属于劳动保障监察事项的,应当及时移送有关部门处理;涉嫌犯罪的,应当依法移送司法机关。"同时,该法在第 37 条规定:"劳动保障行政部门立案调查完成,应在 15 个工作日内作出行政处罚(行政处理或者责令改正)或者撤销立案决定;特殊情况,经劳动保障行政部门负责人批准可以延长。"

5. 制作处理决定书。《关于实施〈劳动保障监察条例〉若干规定》第 36 条的规定:"劳动保障监察行政处罚(处理)决定书应载明下列事项:(一)被处罚(处理)单位名称、法定代表人、单位地址;(二)劳动保障行政部门认定的违法事实和主要证据;(三)劳动保障行政处罚(处理)的种类和依据;(四)处罚(处理)决定的履行方式和期限;(五)不服行政处罚(处理)决定,申请行政复议或者提起行政诉讼的途径和期限;(六)作出处罚(处理)决定的行政机关名称和作出处罚(处理)决定的日期。劳动保障行政行政处罚(处理)决定书应当加盖劳动保障行政部门印章。"

6. 送达。《关于实施〈劳动保障监察条例〉若干规定》第 38 条的规定:"劳动保障监察限期整改指令书、劳动保障行政处理决定书、劳动保障行政处罚决定书应当在宣告后当场交付当事人;当事人不在场的,劳动保障行政部门应当在 7 日内依照《中华人民共和国民事诉讼法》的有关规定,将劳动保障监察期限整改指令书、劳动保障行政处理决定书、劳动保障行政处罚决定书送达当事人。"

7. 执行。劳动保障行政处理或处罚决定依法作出后,当事人应当在决定规定的期限内予以履行。当事人对劳动保障行政处理或处罚决定不服,申请行政复议或者提起行政诉讼的,行政处理或行政处罚决定不停止执行。法律另有规定的除外。当事人对劳动保障行政部门作出的行政处罚决定、责令支付劳动者工资报酬、赔偿金或者征缴社会保险费等行政处理决定逾期不履行的,劳动保障行政部门可以申请人民法院强制执行,或者依法强制执行。

8. 监察时效。对于违反劳动保障法律、法规或者规章的行为,如果在 2 年内未被劳动保障行政部门发现,劳动者也未举报、投诉的,劳动保障行政部门不再查处。2 年的期限自违反劳动保障法律、法规或者规章的行为发生之日起计算。违反劳动保障法律、法规或者规章的行为有连续或者继续状态的,自行为终了之日起计算。

(三)劳动安全卫生监察程序

劳动安全卫生监察程序是指矿山安全卫生和锅炉压力容器等具有专业性的劳动监察所应遵守的规则。根据《矿山安全监察工作规则》、《锅炉压力容器安全监察暂行条例》及

其实施细则等法律、法规的规定,可以将劳动安全卫生监察程序归纳如下:

1. 监察准备。具体包括:确定监察的计划和方案,明确监察对象、目标和任务;制作检查表和检查提纲,确定监察实施的步骤和方法;查阅相关的法律和法规的规定,了解法律规定的内容;准备必要的监察工具和仪器等。

2. 实施监察。监察的方式一般有:立案监察、不立案监察、事后监察、事中监察。监察的手段主要有:询问当事人、检查现场和勘验、查阅有关资料,以及进行有关鉴定、检验、评价等。

3. 纠正和处罚。对已经认定为违反劳动法律、法规的行为要进行纠正和依法处罚。如具有下列情形之一的,由劳动保障行政部门责令改正,并可处以罚款:(1)未申办备案手续的压力管道设计单位设计压力管道的;(2)未申办安全注册手续的制造单位制造压力管道用管子、管件、阀门、法兰、补偿器和安全保护装置的;(3)未申办压力管道安装许可证的安装单位压力管道的;(4)新建、扩建、改建压力管道未经监督检验和竣工验收合格而擅自投入运行的;(5)未办理压力管道登记的使用单位使用压力管道的;(6)未取得压力管道检验资格的单位从事压力管道检验工作的;(7)使用单位未按有关规定对压力管道进行定期检验的。

五、劳动监察法律责任

(一)劳动监察主体的法律责任

依据《劳动保障监察条例》第31条规定:"劳动保障监察员滥用职权、玩忽职守、徇私舞弊或者泄露在履行职责过程中知悉的商业秘密的,依法给予行政处分;构成犯罪的,依法追究刑事责任。劳动保障行政部门和劳动保障监察员违法行使职权,侵犯用人单位或者劳动者的合法权益的,依法承担赔偿责任。"

(二)劳动被监察主体的法律责任

劳动被监察主体根据其违法程度的不同,可能承担行政责任、民事责任,后果严重的还可以追究其刑事责任。

例如,用人单位有下列行为之一的,由劳动保障行政部门责令改正,按照受侵害的劳动者每人1000元以上5000元以下的标准计算,处以罚款:(一)安排女职工从事矿山井下劳动、国家规定的第四级体力劳动强度的劳动或者其他禁忌从事的劳动的;(二)安排女职工在经期从事高处、低温、冷水作业或者国家规定的第三级体力劳动强度的劳动的;(三)安排女职工在怀孕期间从事国家规定的第三级体力劳动强度的劳动或者孕期禁忌从事的劳动的;(四)安排怀孕7个月以上的女职工夜班劳动或者延长其工作时间的;(五)女职工生育享受产假少于90天的;(六)安排女职工在哺乳未满1周岁的婴儿期间从事国家规定的第三级体力劳动强度的劳动或者哺乳期禁忌从事的其他劳动,以及延长其工作时间或者安排其夜班劳动的;(七)安排未成年工从事矿山井下、有毒有害、国家规定的第四级体力劳动强度的劳动或者其他禁忌从事的劳动的;(八)未对未成年工定期进行健康检查的。

又如职业介绍机构、职业技能培训机构或者职业技能考核鉴定机构违反国家有关职业介绍、职业技能培训或者职业技能考核鉴定的规定的,由劳动保障行政部门责令改正,没收违法所得,并处1万元以上5万元以下的罚款;情节严重的,吊销许可证。未经劳动保障行政部门许可,从事职业介绍、职业技能培训或者职业技能考核鉴定的组织或者个人,由劳动保障行政部门、工商行政管理部门依照国家有关无照经营查处取缔的规定查处取缔。

再如,有下列行为之一的,由劳动保障行政部门责令改正;对有第(一)项、第(二)项或者第(三)项规定的行为的,处2000元以上2万元以下的罚款:(一)无理抗拒、阻碍劳动保障行政部门依照本条例的规定实施劳动保障监察的;(二)不按照劳动保障行政部门的要求报送书面材料,隐瞒事实真相,出具伪证或者隐匿、毁灭证据的;(三)经劳动保障行政部门责令改正拒不改正,或者拒不履行劳动保障行政部门的行政处理决定的;(四)打击报复举报人、投诉人的。违反前款规定,构成违反治安管理行为的,由公安机关依法给予治安管理处罚;构成犯罪的,依法追究刑事责任。

> [案例]刘明是江西某县劳动保障行政部门一名执法人员,刘明的好友谢峰是一家油漆厂的职工。谢峰平时爱喝酒,喝完酒就喜欢撒酒疯,工厂里的人谁也不敢惹他,都对他十分反感。因为酗酒的恶习,谢峰也无法胜任自己的工作,虽经单位多次调整工作岗位,仍无法胜任工作。按照《劳动法》的有关规定,油漆厂决定解除和谢峰的劳动合同,提前30日通知了谢峰,谢峰知悉后在厂里大闹未果。便找到好友刘明,要求刘明为其出面。刘明满口答应。随后刘明以劳动保障执法部门的名义向油漆厂提出条件,一是和谢峰签订劳动合同,二是对油漆厂以未按规定条件解除劳动合同为由,处以1000元罚款,并赔偿为此给谢峰造成的损失。
>
> [解答]在本案中,油漆厂解除谢峰的劳动合同是符合法律规定的,但刘明却利用劳动保障部门执法人员身份介入是滥用职权的不法行为。根据《劳动保障监察条例》第31条规定,可以对刘明进行行政处分,若构成犯罪,依法追究其刑事责任。

【思考题】

1. 简述劳动监察的含义。
2. 简述劳动监察的原则。
3. 论述劳动监察与一般劳动监察、劳动争议仲裁的区别。
4. 论述我国一般立案劳动监察程序。

【司法考试真题链接】

1. 某建筑公司拖欠30位农民工的工资达半年,民工反复索要无果,遂向当地劳动行政主管部门投诉。在调查处理过程中,公司提出有个别民工偷窃和毁坏设备,但查不出何人所为,所以让全体民工承担连带责任,以工资抵偿损失。请回答以下第(1)~(2)题。(2004年)

(1)对于民工的请求,劳动行政主管部门可以作出下列何种决定?

A. 告知民工直接向人民法院提起诉讼
B. 责令公司支付所欠民工工资
C. 将案件提交劳动争议仲裁委员会仲裁
D. 对公司提出警告、责令改正、处以罚款

(2)对于建筑公司的主张,劳动行政主管部门应如何认定?

A. 公司让全体民工对偷窃和毁坏设备者造成的损失承担连带责任,于法无据
B. 全体民工有义务与公司协商确定赔偿损失的数额
C. 偷窃和毁坏设备事件与民工工资无关,应循其他合法途径另行解决
D. 全体民工有义务查出偷窃和毁坏设备者,查出前可暂扣部分工资作为保证

2. 某建筑工程队低价招用20名学徒工,合同中规定他们每天必须从事高空作业或繁重搬运工作,否则不能结算当月工资。用工当月,工程队因违反安全施工规定造成事故,致使学徒工多人伤亡。有关部门经调查发现这些学徒工均是不满15周岁的边远地区农民子弟。对此,劳动行政部门拟采取的下列哪一项措施不符合法律规定?(2005年)

A. 责令雇主解除劳动合同,遣返这批学徒工
B. 责令雇主承担遣返费用,并给予经济补偿
C. 收缴雇主在非法用工期间的经营所得
D. 告知事故受害者及其家属向雇主索赔的权利,并协助他们向雇主索赔

3. 下列哪些说法违反劳动法的规定?(2010年)

A. 我国公民未满十六岁,用人单位一律不得招用
B. 双方当事人不可以约定周六加班
C. 劳动合同期限约定为二年的,试用期应在半年以上
D. 双方当事人可就全部合同条款做出违约金的约定

第十章 社会保障法基本原理

【选择性阅读】

亚洲地区社会保障制度[①]

任何国家的社会保障都是建立在本国特定的社会政治制度、经济发展水平以及传统文化背景基础之上并受一定的理论指导的。也就是说,社会保障制度模式选择受到多种因素的影响和制约。亚洲国家和地区社会保障制度无疑与其政治、经济、社会、文化等"本土"因素有着内在的逻辑联系,在长期的发展进程中,逐步形成了有别于欧美传统社会保障模式的一些重要特点。

历史较短,保障标准和水平不高

与欧洲社会保障体系一百多年的历史相比,亚洲国家和地区社会保障制度在二战以后才逐步建立并发展起来,起步较晚,历史较短,总体水平不高。此外,与欧洲发达国家社会保障水平通常伴随着经济发展而同步提高不同,亚洲国家和地区除日本外,社会保障制度发展普遍滞后于经济的发展,社会保障水平的提高速度低于经济增长速度。其中既有历史文化传统原因,也有优先发展经济等方面的原因。

二战后,亚洲国家和地区把经济增长看作第一要务,不约而同地选择了经济增长优先的低福利政策取向。它们把社会福利看成是经济增长的负担,认为高福利的政策制度会增加企业的负担和生产成本,削弱国际竞争力,进而影响经济发展。这在新加坡、中国香港和中国台湾等新兴工业化国家和地区表现得尤为突出。

据亚洲开发银行在2008年5月14日发布的一份对亚洲各国政府社会福利开支的比较研究报告《社会保护指数》显示,亚洲各国用于社会福利的平均开支低于GDP的5%,给予失业人口、老人、穷人和残疾人的财政资助平均水平仅达到联合国规定的35%,社会福利支出严重偏低。

儒家思想影响社会保障

儒家的家庭文化观对亚洲社会保障模式产生了重大而深远的影响。这种文化深刻影响着亚洲福利制度安排及其政策取向,在国家发展与福利制度的建构中发挥着两面影响:其积极影响是可以进一步发挥家庭内部的保障功能,并在一定程度上促进了社会稳定,但它也降低了公众对社会的公共需求程度,制约着福利制度的社会化。

新加坡、日本、中国香港和中国台湾地区社会保障制度的发展都不同程度地受传

[①] 郭伟伟:《亚洲地区社会保障制度》,载《学习时报》2012年10月29日第2版。

统儒家文化思想的影响。在新加坡，占主体地位的大多数华人信仰佛教和儒家思想。新加坡的《共同价值观念白皮书》提出"家族为根，社会为本"。因此，新加坡十分注重发挥家庭的社会功能，要求国民充分履行对家庭和社会应尽的义务，鼓励家庭成员集合资源照顾子女和奉养父母，互助共济。

日本既是一个发达资本主义国家，也是一个深受儒家思想文化影响的亚洲国家。日本宪法和日本民法都明确规定，直系血统、兄弟姐妹、夫妻之间有相互扶养的义务。这一思想和原则也体现在社会保障制度之中。如日本的年金制度是以家庭为单位而不是以个人为投保计算单位的。此外，在对老人、儿童、障碍者等弱势群体提供生活福利时，日本政府也注意充分发挥家庭的功能和作用，力图使这些特殊人群不脱离家庭。这样既可以维系家庭的情感，又可以充分发挥家庭在社会保障中的特殊作用。

受儒家文化思想影响，中国香港的社会保障制度特别重视扶持家庭，甚至把家庭看作社会保障最基本的单位。特区政府对家庭保障给予了高度关注，并在综合社会保障援助计划中专门设立了家庭津贴项目。政府每年为支持家庭所投入的经费，在社会保障总支出中达60%左右。长期以来，家庭保障成为香港社会保障的重要基础。

台湾与大陆有着相近的历史文化，相同的民俗民情，中华传统影响较深。因此，在台湾社会保障制度中明显偏向家庭保障，注重家庭的保障功能，至今还在立法上确认家庭系统仍然是赡养老人的主要来源。

开辟多元化的社会保障资金渠道

综观新加坡、日本、印度、中国香港和中国台湾地区社会保障制度的发展，政府主导与责任分担是其始终坚持的原则。新加坡政府主张"人民的事由人民自己掏钱"，从保障资金的来源上强调个人对自己的福利保障要承担足够的责任。因此，新加坡社会保障制度的一个突出特点是国民的自保性，强调个人责任，建立分担机制。从发挥政府、个人和社会三者的积极性出发，政府有所为有所不为，积极介入，但不包办代替，在以政府责任为主体的传统社会保障中强调更多的个人责任。日本政府在其社会保障制度发展过程中发挥了积极的主导作用，同时日本企业和个人也承担了各自的责任。以日本社会保险为例，它既强调政府的社会责任，又突出企业的社会责任和个人的自我保障责任。印度在推行社会保障制度过程中，政府发挥了十分重要的作用，所需资金主要由政府提供，但同时也注意拓宽渠道，积极吸纳各种社会资金用于发展社会保障。如印度除了推行强制性社会保险外，保险公司、信托公司等在医疗保险、失业保险领域非常活跃。中国香港社会保障制度的一个最大特点也是最大优点，是充分发挥民间组织的作用，官民合作办福利。在香港，社会保障工作不仅是政府的职责，而且也日益引起社会各界的重视和参与。由非政府机构承包的福利服务涵盖全港社会福利服务的近九成。目前中国台湾的社会福利供给部门正朝着多元化的方向发展，虽然当局供给仍然处于主要地位，但长期以来社会资源的整合和利用也在台湾社会福利发展中起着十分重要的作用。

社会保障制度运行法制化

在新加坡,立法先行、制度运行法制化是其中央公积金制度成功实施的重要保证。新加坡政府首先立法,制定了《中央公积金法令》,以此为依据来实施社会保障制度。整个公积金制度在《中央公积金法令》的规范下有条不紊地施行,表现出高度的自觉性和规范性。

在日本,从开始推行社会保障伊始就非常重视立法。从1946年到1953年,日本政府围绕国民生存权制定并实施了相关法律,而随后制定的新《国民健康保险法》、《国民年金保险法》则使日本在20世纪60年代初实现了"国民皆保险"、"国民皆年金"的目标。而在生活福祉领域,日本政府制定了"福祉六法",即20世纪50年代制定的《儿童福祉法》、《身体障碍者福祉法》、《社会保护法》和20世纪60年代制定的《精神障碍者福祉法》、《老人福祉法》和《母子及寡妇福祉法》。在实施这些法律的过程中,日本政府还根据时代的变迁对相关法律适时进行修改完善,以适应社会经济发展变化。

中国香港是个法治社会,虽然政府没有出台系统的社会保障法,但对每个社会保障项目制定了细致、严密的法律法规。各相关机构还根据这些法律法规制订了实施细则,使操作过程细化,不易引起歧义与纠纷,实现了有法可依。

从中国台湾社会福利制度的发展来看,它一开始建立社会福利制度就采用了立法的形式,并且在长期的发展过程中,社会福利制度经过多次改革,几乎都是通过法制化的形式来确立最终方案。社会福利快速发展的时期,也是台湾立法不断增多的时期。如从20世纪90年代开始,台湾进行了一系列有针对性的社会福利立法与修法。除对"老人福利法"、"身心障碍者保护法"、"社会救助法"等进一步修订完善外,还颁布实施了10余部法律,从而逐步建立起覆盖全民并且比较规范的社会福利制度。

最后,应当指出的是,社会保障天然具有追求公平的特质。从亚洲国家和地区社会保障发展趋势来看,公平、正义、共享将成为它们共同追求的核心价值;逐步扩大社会保障的覆盖面,保证每个公民享有平等的社会保障权,是它们努力追求的目标。

第一节 社会保障与社会保障法概述

一、社会保障的含义及其特征

(一)社会保障的定义

关于社会保障的定义,目前学界尚无统一的观点。有学者认为,从社会保障制度的历史发展和社会实践来看,社会保障的本质在于针对生活风险,通过对公民生活的干预,通过经济的和非经济的手段,为每一个人的生活安全提供保障,使每一个人的生存和发展得到保证,因而在广义上,社会保障是指国际和社会基于社会理性,为保障人们的生活安全,保证人们的生存权和发展权实现而采取的行为的总和。①"社会保障"一词首次正式出现在我国的第七个五年计划中,从我国经济社会发展计划(规划)中可以分析得出,我国所指的社会保障,是指国家通过法律对社会成员在处于生活困难时给以物质上的帮助的制度。

(二)社会保障的特征

社会保障作为现代社会中的一项重要法律制度,其对于保障人类,尤其是身陷困境的人群的生存权与发展权起着巨大的作用。社会保障制度作为一项有独立特殊职能的法律制度,具备多个方面的特征:

1. 保障的生活基本性。保障社会成员的基本生存权是社会保障的根本出发点。因此,社会保障所需要达到的生活水平线是最为基本的,其强调的是对社会成员基本生活需求的保障。尤其是在经济上陷入困境的人群,如果没有社会保障制度的介入,他们的基本生存权将无法得到保障。因而,通过给以经济困难人员以物质上的帮助,使得这部分人的基本生活得以维系。

2. 保障的对象困难性。社会保障制度的保障范围原则上是涵盖全体社会成员。但是,社会保障制度的设立对于那些生活困难的人员来说显得更为重要和迫切。因而,保障对象的困难性在于强调社会保障制度对于困难人员的特殊保障意义。当然,从宏观上来讲,社会保障制度的分享不应当区分部门和行业、就业单位的所有制性质、城市和农村,而应当以平等的观念给以在生存上发生困难的全体社会困难人员以保障。而且,在社会保障的执行上,应当对于那些特别困难人员以一定的政策倾斜。

3. 保障的制度强制性。保障的制度强制性是指社会保障制度的建立是需要通过立法加以构建和运行的。由于社会保障以社会利益为本位,是为全体社会成员谋取利益的制度,需要在制度上形成统一并限制个人利益,因此需要法律作出相应的强制性规定。诸如社会保险制度,法律就明确规定所有符合参保条件的单位与劳动者均必须参加社保,当事人不可以因为个人利益而任意选择,更不能随意退出保险,而且保险的险种和保险金均是由法律加以强制性规定的,任何人都不可任意更改和违背。社会保障制度的强制性是国家干预社会经济生活的体现。社会保障制度的强制性特征是社会保障制度构建、运行及维系的保证。

4. 保障的运作社会性。社会保障制度的运行是一项系统而社会化的工程,其所追求的制度价值是以全体社会成员的基本生存与生活得以保障为核心,社会保障制度所需解决的问题具有普遍性、严重性、整体性,因而,仅凭个人力量或者小团体是难以解决的,必须依赖于包括个人、国家、社会在内的全体力量。此外,社会保障制度的内容不仅包括社会保险、社会救助、社会福利,新设置的家庭补贴制度、义务教育免费制度、寄宿学生生活补贴制度、就业服务与职业介绍制度等措施,将社会保障制度的内容加以丰富,并进一步扩大了该制度的覆盖范围,只要社会成员符合相应条件均可享受该制度所带来的实惠。而且,通过建立专门的社会保障管理机构,引导、扶持民间团体加入到社会保障事业当中,提倡个人关注并参与社会保障活动等方式,使得社会保障制度的运行更加社会化。

---

① 王广彬:《社会保障法》,中国政法大学出版社2009年版,第1页。

5. 保障的资源互助性。社会保障制度的资源,一方面由国家财政加以支持;另一方面,用人单位、劳动者个人通过缴纳费用等方式加以丰富。此外,个人或者团体的捐赠也是社会保障基金的重要来源。以上资金来源主体的多元性,体现出了国民财富在不同社会主体之间的转移和再分配,这种转移和再分配是社会保障制度互助性的鲜明体现。

二、社会保障法的概念及其特征

(一)社会保障法的概念

社会保障法是调整社会保障关系的法律规范的统称。具体而言,社会保障法是调整以国家、社会和全体社会成员为主体,为了保证社会成员的基本生活需要并不断提高其生活水平,以及解决某些特殊社会群体的生活困难而发生的经济扶助关系的法律规范的总和。[①] 社会保障法由三大方面构成:一是以基本法形式出现的社会保障法,二是其他法律、法规中有关社会保障的规范,三是具有法律效力的关于社会保障事项的地方性法规与规章。

(二)社会保障法的特征

1. 具有广泛的社会性。[②] 广泛的社会性特征表现为社会保障法的权利与义务,广泛地涉及全体社会成员。在权利方面,享受社会保障的权利人是全体社会成员。社会保障权利由全体社会成员共同地、平等地享有,并且随着一国社会经济条件的发展,社会保障待遇和项目也逐步扩展。从公民的出生至死亡、从特定的劳动者到不分身份的任何社会成员都是社会保障的受益人。在义务方面,社会保障的义务也由全社会承担。国家通过立法,在社会保障的主要制度上实行强制措施,要求社会中的不同主体共同承担社会保障的义务,共担风险,共同筹措社会保障基金。在一些特定的保障项目中,还根据实际情况或者突发事件向全体社会成员、国际社会的组织和个人筹集经费,用于救济救灾。

2. 实体法和程序法的统一。社会保障法既有实体性法律规范,也有程序性法律规范,之所以如此,是因为社会保障法所调整关系的复杂性。社会保障法调整的是一个在社会保障领域中由各种社会关系、各个运行环节组成的系统,因而社会保障法就必须不仅有具体的权利、义务的规定,还要有维持程序正常运转的程序性规定。

3. 特定的立法技术性。社会保障的运营须以数理计算为基础,这使得社会保障法在立法上有较高的技术性。"大数法则"和"平均数法则"在社会保障立法中会经常用到。另外,还有一些保障项目在费率、范围等的确定上会常用到统计技术。以养老保险为例,我国养老保险立法中的关键技术,涉及退休后平均存活年数的确定、养老保险基金的社会统筹范围的确定、养老保险费率的确定等种种问题,都需要运用数理技术来确定。

4. 强制性规范与非强制性规范的统一。在社会保障的主要制度中,对于设计社会成员基本保障权益的项目,社会保障法规定了强制性规范,明确规定国家、社会、企业、个人

---

① 林嘉:《劳动法和社会保障法》,中国人民大学出版社 2011 年版,第 266 页。
② 黎建飞:《社会保障法》,中国人民大学出版社 2011 年版,第 6 页。

及有关各方在社会保障中必须履行的义务。社会保障的具体项目、实施范围、资金筹集、待遇标准、计算方式等,有关各方无论其意愿如何,均必须依据法律的规定遵照执行。这些强制性特征,是国家为了保障公民的基本生活需要而强行规定的一系列准则,从社会保障项目的确立、社会保障资金的筹集和缴纳到社会保障的享受人群范围以及社会保障金的发放,都有明确的法律规定,任何单位和个人不能随意更改。

三、社会保障法的概念及其特征

(一)社会保障法的产生

世界上最早的社会保障法是英国伊丽莎白女王1601年颁行的《济贫法》,该法的颁布标志着社会保障从分散走向统一,从临时性走向制度化,从随意性走向法律化,如此巨大变革有其深刻的历史背景。

在英国封建社会末期,社会性的贫困成为国家经济停滞、社会动荡的起因。1601年,英国伊丽莎白女王颁布了《济贫法》,1834年英国议会又通过了《济贫法》修正案,以法律形式规定国家负有救济贫民的义务。旧《济贫法》是人类历史上首次以立法的形式规定政府在解决贫困问题上应尽的职责,是通过立法来强制征收济贫税以救济贫民的第一次社会行动,它意味着处于绝境的贫民有权向国家和其他更富有的人请求帮助。

在农业社会,家庭既是生活单位,又是生产单位,并承担老、弱、病、残等弱势群体的生存保障职能。在工业革命后,家庭的保障能力不再适应经济社会发展的要求,互助保障和市场保障也无法成为抵于风险的主要形式。英国《济贫法》的颁布实施,对稳定当时的社会秩序和促进资本主义经济发展起到了重要的作用,因此为其后期的资本主义国家所重视,尤其为欧洲资本主义国家所效仿。

19世纪下半叶,德国颁布了《劳工疾病保险法》、《劳工伤害保险法》和《老年及疾病保险法》。这三部法律于1911年合并,再加上《孤儿寡妇保险法》,从而形成了《社会保险法典》。现代社会保障法正是在此基础上发展起来的。之后,一批欧洲国家和少数美洲、大洋洲国家也陆续颁布了包括医疗、养老、失业、工伤等内容的社会保障法律。在工业化以后各国进行的大规模、系统化的社会保障立法,标志着社会保障全面进入国家立法阶段,标志着现代社会保障法的产生。[①]

(二)社会保障法的发展

20世纪50年代至70年代,世界经济处于高速发展时期,这为世界各国大力推动社会保障制度建设奠定了物质基础。尤其是欧美国家,专门用于发展和完善社会保障制度的经费不断增加,社会保障经费在占国民生产总值的比重从20世纪60年代的20%上升到70年代的30%左右。但是上个世纪中东石油危机爆发,欧美国家出现了严重的经济危机,进而导致各国的社会保障制度也出现下滑情况,为此,各国的社会保障制度不得不进行相应的调整与改革。为了解决不断增长的社会保障开支所带来的巨大财政赤字,各

---

① 王广彬:《社会保障法》,中国政法大学出版社2009年版,第9页。

国政府采取了众多措施来缓解政府在财政上所面临的压力,诸如实行多元化的社会保障措施、改进社会保障的受益规则或直接减少社会保障基金支付、政府的社会保障义务向私营部门转移、提高保险费率等。直至现在,世界各国都在继续调整和改革社会保障制度,以促使该制度更好地适应本国的经济社会发展现状。

第二节 社会保障法的调整对象和法律关系

一、社会保障法的调整对象

社会保障法的调整对象是指社会保障法所要调整的社会保障关系,具体而言是指国家、单位及个人在社会保障活动中所形成的各类社会关系。社会保障关系可以按照不同的标准划分为不同的种类。其中,从主体上可以分为国家与个人之间的关系、社会保障机构与政府之间的关系、社会保障机构与个人之间的关系、社会保障机构之间的关系、社会保障机构与用人单位之间的关系、用人单位与劳动者之间的关系等;从内容上可以分为社会救济关系、社会优抚关系、社会保险关系以及社会福利关系。社会保障关系作为社会保障法的调整对象,因受社会保障法的影响而具有许多异于其他社会关系的特征:①

(1)社会保障关系只能形成于社会保障活动过程中,社会保障是这种社会关系的基础,没有社会保障活动就没有社会保障关系。

(2)社会保障关系是一种社会连带关系。社会保障把每一个社会成员均纳入进来,使得各个社会成员之间形成一种社会连带关系,这种社会连带关系聚集了各个社会成员的人力、物力、财力,由此使得各个社会成员之间形成休戚与共的共生机制。

(3)社会保障关系是一种以人身关系为基础的财产关系。社会保障关系的财产性体现在社会保障关系的建立需要用人单位或者劳动者缴纳社会保障费用,诸如交纳社会保险费用,从而在条件成就时从社会保障当中获得物质帮助;社会保障制度需要以人身关系为基础,这主要体现在:一是社会保障关系建立在劳动关系的基础上,保障对象主要是劳动者,只有具有劳动者这种身份的人才能获得物质帮助;二是社会保障关系是按照普遍性原则建立的,保障对象是全体社会成员,因而只有具有本国国民身份的人才能获得社会保障的物质帮助。

(4)在社会保障关系中,必须有社会保障职能机构的介入,没有社会保障职能机构的介入以及履行相应的社会保障职能,社会保障关系难以形成。

(5)严格的法定性。② 社会保障法带有明显的强制性特征,从社会保障项目的确立、社会保障资金的筹集和缴纳到社会保障的享受人群范围以及社会保障金的发放,都有明确的法律规定,任何单位和个人均不能任意更改。

二、社会保障法律关系

社会保障法律关系是指经社会保障法调整,在社会保障活动中,社会保障主体之间形

---

① 王广彬:《社会保障法》,中国政法大学出版社 2009 年版,第 16~17 页。
② 林嘉:《劳动法和社会保障法》,中国人民大学出版社 2011 年版,第 267 页。

成的权利义务关系。其中,最基本的是社会保障管理机构和公民之间形成的社会保障给付关系。

(一)社会保障法律关系的特征

社会保障法律关系具有以下特征:①

1. 社会保障法律关系是一种人身关系属性和财产关系属性相结合的社会关系。社会保障中的社会保险、社会救助以及社会优抚等均是针对特定群体的,抑或是需要符合特定的条件方能获得社会物质帮助,这就说明社会保障具有人身关系的属性;另一方面,劳动者通过劳动换取生活资料,从而获得社会保险和社会福利,而且社会保障也体现在物质上的给付和救济,由此可以说明社会保障法律关系又是一种财产关系。

2. 社会保障法律关系以给付关系为最基本的关系。从社会保障管理机构与用人单位之间存在的保险费收缴关系、管理机构委托医疗服务机构实施医疗服务的给付关系、社会保障管理机构与金融机构之间因经办社会保障业务而形成的委托关系等可以看出,上述各种关系的发生都以给付关系为核心,因而社会保障法律关系以给付关系为最基本的关系。需要指出的是,这里的给付关系是一种国家依据行政权力作出的授益约定,社会保障管理机构依法履行授益约定的关系。

3. 社会保障法律关系只在保障基本生活需要和经济发展享受权利的活动中才发生。如为了保障退休职工的基本生活,就产生了类似于养老保险等社会保障法律关系;为保障公民的健康需要,形成了类似于工伤保险等社会保障法律关系。

4. 社会保障管理机构始终是社会保障法律关系中的一方主体。因为社会保障法律关系是在社会保障管理机构行使职权的过程中发生的,没有社会保障机构的参与,社会保障法律关系就无法形成。

(二)社会保障法律关系的主体

社会保障法律关系的主体是指在社会保障法律关系中权利、义务的享受、承担主体,包括社会成员、用人单位、国家或政府、社会保障管理和经办机构等。在各种具体的社会保障法律关系中,其主体构成呈现出多样化的形态,有的是双方当事人,有的是多方当事人。其中,享受权利的当事人称为权利主体,承担义务的当事人称为义务主体。具体而言,社会保障的受益主体是社会成员,在此可以分为有劳动关系的受益主体和没有劳动关系的受益主体;社会保障的主要交费主体是用人单位,原因在于我国目前实行的养老、医疗、工伤、生育以及失业等5个保险项目中,用人单位都负有缴费义务,劳动者只需要就养老、医疗、失业这3个项目缴费,而且,用人单位的缴费比例高于劳动者个人缴费比例;社会保障的责任主体与行政主体是国家或者政府,社会保障的运作资金需要政府支持,同时社会保障制度的运作必须在政府的管理、监督下进行;社会保障的服务主体是社会保障管理和经办机构。

---

① 王广彬:《社会保障法》,中国政法大学出版社2009年版,第19页。

（三）社会保障法律关系的客体

法律关系客体是指法律关系主体之间的权利和义务所指向的对象，它是构成法律关系的要素之一。在社会保障法律关系当中，社会保障权利和社会保障义务所共同指向的对象即可称为社会保障法律关系的客体。社会保障法律关系的客体简单而言就是给付。这里的给付包括现金给付、实物给付和服务性给付等等，所以，从这个角度来说，我们也可以视现金、实物以及社会性服务为社会保障法律关系的客体。

第三节 社会保障法的功能和原则

【选择性阅读】

四川省农村社会保障体系建设的做法值得重视[①]

四川省地处我国西南，人口众多，少数民族多，经济发展水平不太高，其农村社会保障体系建设的做法在全国特别是西部地区具有较强的代表性。近日，全国人大农业与农村委员会组成调研组通过对成都市、乐山市、雅安市、凉山彝族自治州、绵阳市实地考察，了解到四川省各级党委、政府高度重视农村社会保障体系建设工作，按照中央的统一部署，积极推进了新型农村社会养老保险（以下简称新农保）、新型农村合作医疗（以下简称新农合）、农村最低生活保障（以下简称农村低保）等社会保障制度建设，越来越多的农村居民从中受益，取得了明显成效。

领导重视快速推进新农保试点

2009年8月，国务院召开新农保试点工作会议，9月，印发《国务院关于开展新型农村社会养老保险试点的指导意见》。四川省抓紧启动新农保试点工作，成立了由省委常委、常务副省长任组长，副省长任副组长，17个省级部门负责人为成员的全省新农保试点工作领导小组，全省21个市（州）和所有试点县（市、区）也都成立了新农保试点工作领导机构；提出了"加快建立覆盖全省的新型农村社会养老保险制度体系"的战略目标，按照"保发放、促规范、维权益、快推进"的工作方针，在狠抓落实上下工夫，快速有效推进了新农保试点工作。

经国务院新农保试点工作领导小组办公室批准，四川省纳入国家新农保试点的县（市、区）有127个，约占全省181个县（市、区）总数的70%。优先覆盖少数民族地区是四川省切实维护民族团结的重要举措，全省32个藏区县及凉山彝族自治州已实现新农保制度全覆盖，受到少数民族地区群众的欢迎。截至今年6月底，参加新农保的农村居民达到989万人，参保率近70%。享受新农保养老金待遇人数337万人。四川省还对全省60周岁以上老年农村低保对象加发了新农保基础养老金。

为了推动农民工参加社会养老保险，四川省人民政府先后制定下发了《关于贯彻

[①] 孙文盛：《四川省农村社会保障体系建设的做法值得重视》，载《中国人大》2011年第18期。

实施《国务院关于完善企业养老保险制度的决定》的通知》、《四川省完善企业职工基本养老保险制度实施办法》，明确规定："职工（含农民工）与企业签订劳动合同之月起，应按规定参加企业职工基本养老保险。"对企业和个人缴费也作出了明确规定，即单位按缴费基数的20%缴纳，职工个人按缴费基数的8%缴纳。目前，四川省内农民工参保人数约为65万人，为进一步保障农民工权益开了一个好头。

联系实际探索完善新农合

目前，四川省新农合参合农民人均筹资标准230元，参合率达到98%；全省172个县（市、区）实施门诊统筹，占统筹地区总数的98%；141个县（市、区）开展支付方式改革，占统筹地区总数的81%。今年1—5月，新农合政策范围内医疗费用报销比例达到65%。

结合当地实际，四川省部分市（州）开展了扩大提高农村居民重大疾病医疗保障水平工作试点，如雅安市采取"大额医疗费用分段特补"政策，乐山市对恶性肿瘤手术、慢性肾功衰透析、肾移植术后抗排斥治疗和精神病等重大疾病治疗费用，不分医院等级，根据个人缴费标准类别，分别按本市就医90%和80%、异地就医80%和70%给予补偿报销，进一步提高大额医疗费用病人受益水平。

对于异地就医费用报销办法，确定北京、广东等地的一些医院为四川省新农合省外定点医疗机构。参合农民在定点医疗机构就诊，不仅能够享受户籍地群众的优惠政策，在住院费用报销时也可按照四川省省级定点医疗机构补偿政策给予补偿，方便外出务工农民就医。

在加强对新农合经办机构和定点医疗机构监管的方式和手段方面，四川省进行了积极探索。眉山、德阳、达州、广安等地先后下发新农合管理暂行办法、新农合监督管理制度，从制度上确保定点医疗机构操作的规范性和科学性。宜宾、广安等地通过实行乡镇新农合监管员派驻制、单病种限价和对定点医疗机构实行"三限"（年度次均费用限额、自付费用限额和年度住院人数绝对增长数限额）管理，使医疗费用增长得到较好控制。

努力衔接扩大农村低保和社会救助覆盖面

截至2011年6月底，四川省纳入农村低保对象已达206.35万户、398.1万人，累计月人均补助水平由2005年的16元提高到2011年6月的77元。全省各级政府财政投入逐年加大，中央财政专项补助资金由2007年的18023万元增加到2010年的194130万元；本级财政专项补助资金预算由2000万元逐年增加到2011年的24000万元；地方财政专项资金预算投入由4818万元逐年增加到2010年的47275万元。

对于农村医疗救助，目前，四川省已有117个县（市、区）开展了农村医疗救助"一站式"服务，占全省县（市、区）总数的64.6%。截至2011年6月底，全省累计救助农村困难群众68.5万人次，资助参加农村新型合作医疗387.9万人次，累计支出农村医疗救助资金51272万元，按全省农村低保对象和五保对象计月人均救助115元。

在农村五保供养方面,2010年1月1日颁布施行了《四川省〈农村五保供养工作条例〉实施办法》,全省各地相应出台了实施意见,全面推进农村五保供养工作法制化、规范化管理。同时,新建、改扩建了一批规模较大、设施齐全、功能完善和管理规范的农村敬老院。截至2010年12月底,全省五保供养对象51.1万人,有敬老院3200余所,床位25.3万张,集中供养标准达到年人均2812元,分散供养标准达到年人均1910元,集中供养率达到45.1%。

一、社会保障法的功能

社会保障法的功能是指社会保障法对于经济、社会的发展所产生的作用。随着社会保险基金筹集模式的调整、社会保障管理体制的优化、社会保险资金支出方式的改革等社会保障制度的发展,社会保障法的功能日益凸显,[1]主要表现在以下几个方面:

(一)社会保障法是社会公平的调节器

在市场经济条件下,收入分配机制与竞争机制相联系,必然形成社会成员之间在收入分配方面的不均等。为了解决这一社会问题,就需要运用政府的力量对社会经济生活进行干预,通过社会保障措施,通过对社会成员的收入进行必要的再分配调节方式,将收入者的一部分收入适当转移给另一部分缺少收入的社会成员,从而在一定程度上缩小社会成员之间的贫富差距,弥补市场经济的缺陷,缓和社会矛盾。对于此问题,社会保障法则起到了对社会成员收入分配进行调节的作用。它以立法的形式,通过税收和强制投保等渠道筹措保障基金,然后由政府进行二次分配,从那些在市场竞争中处于优势的社会成员群体中抽取一部分利益,对那些在市场经济中处于劣势的社会成员以一定的补偿,从而缓和因分配不公而产生的社会矛盾。

(二)社会保障法有利于维护社会稳定,促进社会和谐

社会保障制度实质上属于一种社会和谐安定的维护机制。由于社会保障制度强调对社会困难人员给以物质上的救助,以此来满足困难人群的基本生活需求,进而消除这些人员的社会不安情绪,以便维护社会的安定,因而,社会保障法也被称作是"社会减震器"和"社会安全网"。纵观世界,现代资本主义国家之所以会积极建立和完善社会保障制度,就在于它们认识到社会保障制度对于缓和阶级矛盾、调整社会利益关系的积极作用。

(三)社会保障法有利于促进市场经济的发展

在市场经济条件下,竞争机制所形成的优胜劣汰,必然会造成部分劳动者被迫退出劳动岗位,从而使其本人和家庭因失去收入而陷入生存危机。社会保障法通过提供各种帮助,使这部分劳动者获得一定的物质供给,从而使得这些困难人员得以维持基本生活,进而使得劳动力的再生产成为可能。此外,市场经济需要构建合理的劳动力流动机制。社

---

[1] 黎建飞:《社会保障法》,中国人民大学出版社2011年版,第8页。

会保障法通过建立健全全社会统一的保障网络,使得劳动者在更换劳动岗位和迁徙后没有顾虑,从而保证了劳动力充分、自由地流动。随着市场经济下社会保障项目的日益增加,社会保障的服务性工作必然会增多,也会增加劳动者的就业机会。同时,社会保障法可以通过调整社会保障待遇的支出而对平衡供求关系、保持投资结构的合理化与保证投资收益发挥积极作用。具体而言,社会保障支出是随着市场经济的增长或下降的运行变化情况而增减的。在经济发展迅猛、失业率较低时,社会保障的支出会相应的减少,从而减少社会需求的急剧扩大;当经济发展下滑、失业增多时,社会保障的支出会相应地增多,给失业人员和其他生活困难人员提供物质帮助,从而提高这些人员的购买力,进而刺激市场需求,从而在一定程度上促进社会的经济复苏。综上所述,社会保障法有利于促进市场经济的发展。

二、社会保障法的原则

社会保障法的原则是调整社会保障法律关系所应遵循的基本准则,其贯穿于整个社会保障活动全过程。社会保障法的基本原则主要包括以下几个方面:[①]

(一)倾斜原则

社会保障法应该保障和促进普通社会成员享有社会保障权利,尤其是保护弱势群体的利益。所谓弱势群体是指那些由于某些障碍及经济、政治和社会机会而在社会上处于不利地位的人群。由于社会中存在着智力和体力差异以及背景的不同,只有对弱势群体采取倾斜性政策才能保持社会平衡,从而维护社会的整体利益,缩小两极分化,促进整个社会的和谐发展。可以说,矫正社会权利分配不公和社会结构不合理是对弱势群体保护的最基本的法律理念。

(二)公平与效率兼顾原则

一方面,社会保障法在垂直的再分配的效果上,就社会保障资金来源而论,高收入者比低收入者的负担重,而社会保障的给付更有利于低收入者,因此社会保障的再分配会造成高收入者对低收入者的所得转移;此外,社会保障在水平分配效果上,失业保险给付是就业者对失业者的所得转移。这些社会保障制度可以在经济收入和财产权的分配上实现公平正义理念。另一方面,在保障公平的同时,也应当兼顾效率。传统的社会保障制度存在的一个弊端便是牺牲了效率,同时也未实现公平。只有在兼顾效率的同时保障公平,才可以实现公平和效率的协调发展,进而既实现公平,亦获得效率。

(三)权利保障原则

社会保障的责任主体是国家和社会,权利主体是生活困难人员,享受社会保障是公民的法定权利,提供社会保障是国家和社会的法定责任,它通过国民收入分配的方式来提供物质帮助,来保障公民的生存权。社会保障制度具有非歧视性,保障使得每一个社会成员

---

① 王广彬:《社会保障法》,中国政法大学出版社 2009 年版,第 27~29 页。

只要符合法律规定的条件就可以享受相应的社会保障；每一个社会保障项目对于其使用范围内的社会成员而言，机会是均等的，并通过调整收入差距保证公民享有实质公平。

（四）社会保障水平与经济发展水平相适应原则

社会保障制度的建立和发展，要与社会发展阶段和经济发展水平相适应。世界各国的社会保障制度，都不是凭空建立起来的，立法所确定的社会保障对象、社会保障项目、社会保障待遇水平，无一不受到本国经济发展水平的影响。一方面，如果社会保障的标准过高，则会缩减经济发展资金进而影响经济增速，最终影响整个经济社会的发展；另一方面，过高的社会保障标准会增加企业成本从而影响企业的国际竞争力。因此，需要明确社会保障制度是保障公民的基本生活水平，并以此为保障标准；同时，社会保障标准应当随着经济发展水平的提高而调高；此外，社会保障水平应当考虑区域发展、城乡发展的差异性，尽量符合国情、地情。

（五）社会化原则与社会保障基金统筹利用原则

社会化原则就是强调社会保障应当尽可能地动员和整合社会力量，提高社会保障对象的社会化程度。具体而言，首先要明确国家、用人单位以及个人在社会保障中各自的责任和义务；其次，社会保障的立法应当统一，但是社会保障的具体业务管理则应当面向社会、面向广大公民。此外，社会保障制度还要求社会保障基金统筹利用，即要强化社会保障基金的征收力度，坚持法律强制的原则；同时按照市场化原则和稳妥性原则进行资本营运和管理，严防资金损失和贬值，尽可能地通过营运使其保值增值；而且还要强化社会保障基金的监督机制。

第四节 社会保障法的立法模式和法律体系

一、社会保障法的立法模式

社会保障法的立法模式主要有以下几种：

（一）单一立法模式

美国以《社会保障法》作为最基本的法律依据，其他社会保障法则非常少，其社会保障法的立法模式就是一种单一的立法模式。[1] 这里所指的单一的立法模式是指国家按照高度集约的原则制定一部高度综合的社会保障法律，综合规定各类社会保障项目的基本问题，规范各种主要的社会保障事项，再依据基本法就各类社会保障事项分别制定单项社会保障法律法规。

---

[1] 王广彬：《社会保障法》，中国政法大学出版社2009年版，第33页。

(二)平行立法模式

社会保障法的平行立法模式由德国"铁血宰相"俾斯麦首创,所谓平行立法模式是指就社会保险、社会救助、社会福利、社会优抚等社会保障项目,制定若干部平行的社会保障法律法规,分别调整某类或某一社会保障项目的社会关系。采取此种立法模式的国家主要有德国、日本等。例如,德国 1883 年颁布《劳工疾病保险法》,1884 年颁布《劳工伤害保险法》,1889 年颁布《老年及残疾人保险法》,1911 年在新增《孤儿寡妇保险法》的基础上将以上三部法合并,形成了著名的《社会保险法典》。

(三)混合立法模式

混合立法模式是指国家既制定部分有关社会保障方面的专门法律,同时又将一些社会保障事务纳入到其他部门法律体系中进行规范,从而形成专门立法与混合立法相结合的立法模式。

二、社会保障法的法律体系

社会保障法律体系由三大部分构成:第一部分是以社会保险法、社会救助法、社会福利法、社会优抚法为主要内容的给付法律制度;第二部分是以组织法、基金管理法和监督法为主的行政法律制度;第三部分是社会保障争议解决的程序法律制度。其中,社会保障给付法律制度是社会保障法的主体部分,国家通过给付法的实施,最终实现社会保障的目标,使公民享受到社会保障的权利。① 具体包括:

(一)社会保障给付法律体系

社会保障给付法律体系包括社会保险法、社会救助法、社会福利法、优抚保障法。

1. 社会保险法是调整社会保险关系的法律规范的统称。社会保险法是社会保障给付法的核心,是整个体系的支柱。社会保险法以社会安全原则、强制保险原则、所得再分配原则以及基本生活保障原则为基本原则,其基本特征概括为社会性、互济性、强制性以及补偿性。社会保险法以《社会保险法》为主体,此外还涵盖城镇职工养老保险条例、农民养老保险条例、医疗保险条例、农村合作医疗条例、工伤保险条例、失业保险条例以及生育保险条例等。

2. 社会救助法,亦称社会救济法,是指涉及政府和社会向生活困难且无力维持自身基本生活的社会成员给以必要的物质帮助,满足其最低水平的生活需求的法律法规的总称。社会救助具有目的性、法定刑、无偿性以及救助对象特殊性。社会救助法以《社会救助法》为主体,包括最低生活保障制度、灾害救助制度、农村社会救助制度以及城市流浪乞讨人员救助制度。

3. 社会福利法,是确立在保障全体社会成员基本生活的基础上,以改善和提高人们物质生活和文化生活水平为目的的,由政府或社会团体等社会力量举办的、向全体社会成

---

① 王广彬:《社会保障法》,中国政法大学出版社 2009 年版,第 34~35 页。

员普遍提供物质帮助、康体设施以及社工服务的法律法规的总和。社会福利制度具有权利和义务的不对等性、对象的普惠性、待遇标准的一致性、资金来源的单向性、标准的不确定性等特征。举办社会福利有利于实现社会劳动力再生产的顺利进行；有利于提高和改善人民的物质文化生活，实现社会的安定团结；有利于保证个人和家庭的最低收入。社会福利法律制度以《社会福利法》为主体，此外还包括老年人福利、妇女儿童福利、未成年人福利、残疾人福利等条例以及公共福利条例、教育福利条例、社会福利设施管理条例以及职业福利条例等。

4. 社会优抚法，是指国家和社会对军人及其家属所提供的各种优待、抚恤、养老、就业安置等待遇和服务的社会保障制度。由概念可知，社会优抚制度具有对象的特殊性，即优抚对象仅限于军人及其家属。此外，社会优抚还具有高标准和双重性以及综合性与资金来源的国家性等特征。社会优抚法律制度以《优抚保障法》为主体，此外还涵盖军人社会保险条例、退役军人就业保障条例、军人和军属社会优待条例、伤残军人社会福利条例、伤亡烈军属优抚条例等。

（二）社会保障行政法律体系

社会保障行政法律体系包括社会保障基金管理法与社会保障行政监督法、社会保障行政组织法。

1. 社会保障基金管理法。社会保障基金管理法是规范社会保障基金管理的法律法规的统称，其立法目的在于确保基金建立后的有效管理。社会保障基金管理法要求确保社会保障基金按时、足额收缴；确保基金发放的准确、及时进行；确保基金的日常管理有法可依；确保基金保值增值。

2. 社会保障行政监督法。社会保障行政监督法的范围包括行政监督、基金投资监督以及基金管理监督。其中，行政监督是以保证国家关于社会保障的政策规定能够严格实施为主要目的。基金管理监督则是对基金的筹集、管理、发放过程实施同步的监督。

3. 社会保障行政组织法。社会保障行政组织法是以确定社会保障管理体制；确定管理机构层次、结构以及管辖范围与权限；确立社会保障行政工作人员的人事制度等为主要内容与目的。

（三）社会保障争议法律体系

社会保障中所涉及的争议主要是发生在政府和公民、社会保障管理机构和用人单位、社会保障管理机构和公民、用人单位和公民、公民和社会保障服务机构之间。由于社会保障管理机构在大多数场合属于争议的一方当事人，所以社会保障的争议主要是行政争议。社会保障争议法律体系一般包括社会保障权保护法、社会保障争议调节法、社会保障争议仲裁法以及社会保障行政复议条例等内容。

【思考题】

1. 简述社会保障的含义及内容。
2. 简述社会保障法的含义及特征。
3. 简述社会保障法的调整对象。
4. 简述社会保障法律关系。
5. 简述社会保障法的功能。
6. 简述社会保障法的基本原则。
7. 简述社会保障法的法律体系。

第十一章 社会保险法概论

【引例】

农民工张某在家乡参加了新农保，2009年7月来到长沙某物业公司工作。该公司得知张某已经参加新农保后，就社会保险问题与其协商约定：将保险金折成工资支付给张某。2010年8月，物业公司与张某解除了劳动合同。张某以该公司未给其缴纳社会保险为由向劳动争议仲裁委员会提出仲裁申请，要求物业公司向他支付2009年7月至2010年8月的养老及失业保险金及解除劳动合同经济补偿金。物业公司以没给张某缴纳社会保险费是因为张某参加了新农保，责任在张某，而不在该公司为由不予缴纳。您认为张某的主张会得到仲裁委员会的支持吗？社会保险法与人们的生活息息相关，其内容涉及人们生老病死的各个阶段。本章将从社会保险法的概念、调整范围、功能、基本原则、保险项目和内容等方面讲述社会保险法的基本理论。

第一节 社会保险的定义和特征

一、社会保险的定义

保险（Insurance）是个外来词，具有丰富的内涵，世界各国对其的定义各有不同，但主要有广义和狭义两种定义。广义上的保险是指由多数成员缴费建立专门用途的基金，用于对少数遭受危险、事故并造成人身或财产损失的成员进行经济补偿。狭义上的保险是指投保人根据合同的约定，向保险人支付保险费，保险人对于合同约定的可能发生的事故依其发生所造成的损失承担赔偿保险金责任，或者当被保险人死亡、伤残、疾病或者达到合同约定的年龄、期限时承担给付保险金责任的商业保险行为。

社会保险，是指国家通过立法建立的，旨在使劳动者在其因年老、患病、生育、伤残、失业、死亡等原因而发生生活困难时，能够从社会获得物质帮助的制度。社会保险的性质，可从多个不同的角度进行探讨。从保险的角度看，社会保险是一种集中全社会力量分担风险损失和保障社会安全的机制。从经济的角度看，社会保险是社会在特殊情况下的一种再分配的机制，是在特殊情况下对社会消费品进行再分配的一种形式；这种分配的基本做法是由国家代表社会依法采取强制手段，在国民收入中提取一种专门性消费基金，用于对丧失劳动能力或收入来源的劳动者的基本生活进行保障。从法学的角度看，社会保险是一种以劳动者的社会保险权为核心的法律制度。这种社会保险是一项由宪法所确认的、以特定社会成员可以要求国家提供经济帮助为主要内容的、属于生存权范畴的基本人权。我国《宪法》第45条规定："中华人民共和国公民在年老、疾病或者丧失劳动能力的情况下,有从国家和社会获得物质帮助的权利。国家发展为公民享受这些权利所需要的社会保险、社会救济和医疗卫生事业。"《宪法》赋予我国公民的这一基本权利,就劳动者而言,主要通过社会保险实现。我国《社会保险法》第 2 条规定:"国家建立基本养老保险、基本医疗保险、工伤保险、失业保险、生育保险等社会保险制度,保障公民在年老、患病、工伤、失业、生育等情况下依法获得物质帮助的权利。"目前,我国社会保险的体系主要由养老保险、失业保险、医疗保险、生育保险和工伤保险等项目构成。

二、社会保险的特征

作为一项法律制度,社会保险有以下基本特征:

(一)强制性

由社会风险与社会公共利益的关联性所决定,社会保险通过国家立法加以确认,并强制实施。社会保险的强制性特点,使其与以自愿为基本特征的商业保险区别开来。

社会保险的强制性主要体现在:

第一,立法规定范围内的所有社会成员必须参加社会保险。我国《社会保险法》第 12 条规定:"用人单位应当按照国家规定的本单位职工工资总额的比例缴纳基本养老保险费,记入基本养老保险统筹基金。职工应当按照国家规定的本人工资的比例缴纳基本养老保险费,记入个人账户。无雇工的个体工商户、未在用人单位参加基本养老保险的非全日制从业人员以及其他灵活就业人员参加基本养老保险的,应当按照国家规定的比例缴纳基本养老保险费,分别记入基本养老保险社会统筹基金和个人账户。"

第二,被保险人与管理社会保险的专门机构之间一经国家立法确定直接建立保险法律关系,并不必订立保险合同,保险责任也即行开始;即使用人单位未按期缴纳保险费,也不影响劳动者依据社会保险制度所享有的物质帮助权。

第三,社会保险通过具有强制效力的法律、法规和规章实施,当事人之间的权利义务关系直接根据法律产生。如对于拒不依法缴纳或延迟缴纳的用人单位,劳动行政部门可以责令其限期缴纳;逾期不缴纳的,可以加收滞纳金。被保险人及其所在用人单位,必须依据国家法律规定的保险金额缴纳保险费,并不能自行选择缴费标准。

(二)互济性

社会保险是通过保险方式而实施的社会保障方案,凡属保险,通常都具有互济性,因为它们都通过集中与分散资金来分散危险,而且都尽力扩大危险所分散的范围。社会保险同样也具有互济性。社会保险的互济性主要表现在:

第一,保险基金实行社会统筹,并依据调剂的原则集中和使用资金,解决不同情况下的劳动者的特定基本生活需要,使每个劳动者由于生育、伤残等不同原因所造成的经济损失,通过互济共助获得帮助。

第二,劳动者寿命长短、伤残或丧失劳动能力与否及其丧失劳动能力程度等情况不可能等同,也不以人们的意志为转移,而社会保险的目的则是相同的,即保障劳动者的基本生活需要。因此,社会保险实质上是通过多方筹集基金后进行平衡分配,将个别劳动者在特定情况下的损失和负担,在缴纳保险费的多数主体间进行分摊。这就决定了劳动者按同等标准缴纳社会保险费,而不可能向社会领回同等数量的生活费。这一差别,充分反映了社会保险互济性的特征。

(三)福利性

所谓社会保险的福利性,是指通过社会保险能够增进社会成员的福祉,能够普遍地为社会成员带来一定的好处和利益,使社会成员生活得更加幸福和快乐。社会保险的福利性主要表现在:

第一,社会保险方案的实施,从整个社会的层面上消除或减轻了各种社会危险对社会成员的威胁,消除了人们对年老、失业、疾病、伤残等社会危险的恐惧,能够更加轻松地生活,谋求自我的发展。

第二,社会保险在给社会成员提供基本生活安全保障的同时,也为社会的稳定和安全奠定了基础,因此,社会保险方案的实施,不仅可以使人们更加轻松地生活,生活内容更加丰富,人们的生活质量得到提高,而且也为人们提供了更加安全的生活环境。

第三,社会保险通过各种公益性社会服务机构的设置,向社会成员提供各种新的发展机遇,为社会成员实现人格的完善和自我发展提供更多的机遇和更好的条件。

(四)社会性

社会保险之所以为社会保险,是因为除了具备一般保险的基本属性以外,它还有不同于一般保险的特性,社会性就是其中最显著的特性。社会保险的社会性意味着它不同于一般的商业保险,而是一种以各种社会危险为风险对象,具有明显社会安全防范性质的保险。社会保险的社会性主要表现在:

第一,社会保险的保险范围具有社会性。即享受保险的对象范围广泛,包括社会上不同层次、不同行业、不同所有制形式和不同身份的各种劳动者。社会保险对象的范围广泛,是社会保险最核心的特点之一。当然,对社会保险的社会性的理解,也不能无限扩大而将社会所有成员纳入社会保险的范围之内。尽管宪法规定我国公民享有物质帮助权,并且社会保险又属于物质帮助权的基本形式,然而并非所有的公民都是社会保险的对象。宪法规定的物质帮助权制度,是一项综合性的制度,它由社会保险、社会救济等具体制度构成。公民在成为劳动者之前,其物质帮助权主要通过社会救济等制度实现,作为劳动者的物质帮助权,则主要通过社会保险实现。因此,社会保险的对象范围,目前只限于劳动者。

第二,社会保险的目的具有社会性。社会保险的建立,目的就在于保障社会成员的基本生活安全,并通过个体社会成员的生活保障实现社会的安全和秩序。而一般商业保险的目的虽然也有一定的社会性,但主要动机仍然是为了追求和获取一定的经济利益。建立并实施社会保险制度,能够促进社会的经济发展,保障劳动者在年老、疾病、工伤、失业、生育和丧失劳动能力的情况下,获得最基本的生活需要,对于坚持社会主义与人道主义、促进社会稳定和进步以及保护生产力、促进经济持续稳定发展,都具有重要意义。

第三,社会保险的组织者和实施者具有社会性,它是政府直接参与的一种社会对策。

社会保险不是任何个人和单位自行采用的一种方案,而是社会为了对付不同的社会风险而采取的一种对策,社会风险只能从社会整体的角度出发,才能有效地解决。政府作为社会的代表,必须从社会公共利益出发,组织和实施这种社会方案。一方面,政府应不断完善社会保险方案,并采取各种措施予以落实;另一方面,应努力做好有关宣传工作,并对社会保险事业予以必要的政策倾斜和财政支持,以保证社会保险能够顺利地实施。

第二节 社会保险法的概念和调整对象

一、社会保险法的概念和特点

社会保险法是整个社会保障法体系的支柱,这不但是因为社会保险的项目最多,而且因为它提供的是基本生活保障,而公民的切身利益能否得到基本保障,直接关系到整个社会保障制度的运作结果,这也是社会保障立法的目的所在。

社会保险法是国家为了帮助公民抵御各种生活风险而制定的各种法律规范的总称。它的主要内容包括社会保险机构的设置、社会保险管理和监督、社会保险基金、社会保险范围、项目体系、待遇、享受资格以及发放办法等事项。它作为社会保障法体系的支柱,应尽可能地社会化,使其普及到所有社会成员,覆盖整个社会,至少应使绝大多数社会成员都能得到社会保险的保障。社会保险作为一种保障形式,应遵循普遍性原则,即用多数人的力量分担少数人的风险。只有具备了这一普遍性特征,才能解决社会成员的基本生活需求问题,发挥出保险的公益性功能。保障社会成员的基本生活需求得到满足,并依此而促进社会的稳定。事实证明:经济安全能使社会关系更稳定、持久和富有成效。人受助于人,也给人以帮助,从而更有利于社会的团结与互助。与此相适应,社会保险由社会保险机构通过多方筹集基金后进行平衡调节,将个别劳动者在特定情况下的损失和负担在缴纳保险费的多数主体间进行分担,因而具有明显的互助性质。

社会保险法的特点是:运用保险的方法;社会保险基金主要来源于用人单位和个人缴纳的保险费;规定缴费义务,根据是否履行缴费义务和缴费多少,确定其享受给付的权利和数额;被保险人是法定的,法律一经规定,便有了确定的保险对象;保险给付通常与个人的资产和收入没有关系。此外,社会保险还体现了劳动者与国家、劳动者与雇主(企业)以及劳动者之间的权利与义务关系。它力求以最少的社会投入,最小的劳动者个人负担,解决最大社会保障问题,为劳动者提供较多的保险待遇,这也是社会保险制度的基本特点之一。

从理论上讲,社会保险法律体系应由七个部分组成:养老保险法、失业保险法、工伤保险法、医疗保险法、生育保险法、疾病保险法、遗属保险法。根据我国社会的实际以及法律实践,参照西方国家社会保险立法的长期经验,我国社会保险法律体系框架主要由五个部分组成,即:基本养老保险法、基本医疗保险法、工伤保险法、失业保险法、生育保险法。

二、社会保险法的调整对象

社会保险法调整的社会关系主要有以下四个方面:

第一,社会保险行政管理关系,是指社会保险行政管理机关在进行社会保险行政管理的过程中,与管理相对人之间形成的社会关系。社会保险行政管理是社会保险行政机关制定社会保险的有关政策、监督社会保险法律法规的执行、处理社会保险争议的活动。社会保险行政部门在进行行政管理过程中,形成了三个方面的行政管理关系:与社会保险经办机构的行政管理关系;与用人单位的行政管理关系;与被保险人的行政管理关系。

第二,社会保险经办关系,是指社会保险经办机构在经办社会保险过程中与用人单位和被保险人之间发生的社会关系。社会保险的基础工作是社会保险经办机构来完成的,如社会保险费的收缴、基金的管理、待遇的发放以及退休、失业人员的服务管理等方面的工作,都是由社会保险经办机构组织或实施。社会保险经办关系是社会保险关系中最为普遍和经常的社会关系。

第三,社会保险监督关系,是指社会保险监督机构在监督社会保险管理、经办工作过程中发生的社会关系。社会保险监督的对象主要是社会保险行政部门和经办机构,监督的重点是有关社会保险的法律、法规的执行情况和社会保险基金的管理。

第四,社会保险合同关系。用人单位在与劳动者签订劳动合同时,应当根据国家有关社会保险的规定,明确企业的社会保险责任和劳动者的社会保险权利。劳动合同不得约定免除企业的社会保险责任,也不得作出与社会保险法律、法规、规章和政策不一致的约定。我国的社会保险法律制度在新中国成立之初就已建立。六十多年来,我国颁布了数目繁多的社会保险方面的法律规章,为维护广大劳动者的基本生活权益提供了法律保障,极大地调动了劳动者的积极性,促进了国民经济的发展。我国的社会保险法律制度主要由四个层次的法律、法规、规章共同构成,包括宪法、社会保险法、劳动法、社会保险部门规章和地方性社会保险法规和规章等。宪法是社会保险立法的总依据,其本身也有对社会保险的规定,其第45条规定:"中华人民共和国公民在年老、疾病或者丧失劳动能力的情况下,有从国家和社会获得物质帮助的权利。国家发展为公民享受这些权利所需要的社会保险、社会救济和医疗卫生事业。"为了规范社会保险关系,维护社会保险参加人的合法权益,使公民共享发展成果,促进社会和谐稳定,中华人民共和国第十一届全国人民代表大会常务委员会第十七次会议于2010年10月28日通过了《中华人民共和国社会保险法》,自2011年7月1日起施行。劳动法规定了社会保险的基本原则和基本制度,其中第九章对"社会保险和福利"作了专门规定。综合性社会保险法如1951年政务院颁布、1953年修正后实施的《中华人民共和国劳动保险条例》,是我国第一部社会保险法规,对各项保险待遇均作了明确规定。

第三节 社会保险法的立法宗旨和基本方针

一、社会保险法的立法宗旨

宪法规定,公民在年老、疾病或者丧失劳动能力的情况下,有从国家和社会获得物质帮助的权利;国家建立健全同经济发展水平相适应的社会保障制度。社会保障体系包括社会保险、社会福利、社会救济、社会优抚和社会救助等。而社会保险是社会保障体系的重要组成部分,在整个社会保障体系中居于核心地位。本法对于规范社会保险关系,促进社会保险事业的发展,保障公民共享发展成果,维护社会和谐稳定,具有举足轻重的作用。

《社会保险法》的立法宗旨是:规范社会保险关系,维护公民参加社会保险和享受社会保险待遇的合法权益,使公民共享发展成果,促进社会和谐稳定。规范社会保险关系,是指规范社会保险主体在社会保险活动中所形成的权利与义务关系。社会保险关系比较复杂,包括政府与公民之间、社会保险费征收机构与用人单位和个人之间、用人单位与职工之间、社会保险经办机构与参保人员之间、社会保险经办机构和参保人员与医疗机构及药品经营单位等社会保险服务机构之间等多重关系,也包括公民参加社会保险和享受社会保险待遇之间的关系。《社会保险法》的立法目的之一,就是要规范相关法律主体之间的关系,明确相关的权利和义务。维护公民参加社会保险和享受社会保险待遇的合法权益,是社会保险立法的主要目的,也是落实宪法规定的公民获得物质帮助权利的具体体现。使公民共享发展成果,促进社会公平正义和谐稳定,是指应当充分发挥社会保险收入再分配的调节作用,使人人老有所养、病有所医,减轻劳动者遭遇失业、工伤风险和生育停工期间的后顾之忧,构成稳固的社会"安全网"。

二、社会保险法的基本方针

我国《社会保险法》第3条规定,我国社会保险制度坚持广覆盖、保基本、多层次、可持续的方针。

(一)广覆盖

就是社会保险制度的覆盖面要广,使尽可能多的人纳入到社会保险制度中来。这是维护《宪法》和《社会保险法》赋予公民的社会保险权益和构建社会主义和谐社会的内在要求。从我国推进社会保险制度建设的发展过程看,各项社会保险的覆盖面都是逐渐扩大的;从国有单位到非国有单位,从单位职工到个体工商户、灵活就业人员,从就业相关人员到非从业人员,从城镇人口到农村人口。基本养老保险和基本医疗保险覆盖全体居民,其目标是做到使人人"老有所养""病有所医"。工伤保险、失业保险、生育保险与就业相关,主要覆盖职业人群。

(二)保基本

就是社会保险待遇以保障公民基本生活和基本需要为原则。这是由我国现阶段经济发展水平决定的。确定各项社会保险待遇,既要防止超出现实可能的过高标准造成国家财政、用人单位和个人负担过重,又要避免有劳动能力的人过分依赖社会保险而妨碍其主动性、创造性的发挥。"保基本"是相对的,各项社会保险待遇应随着经济发展水平的提高而逐步提高。

(三)多层次

就是社会保险除了基本保险之外,国家还鼓励和支持建立补充保险(如企业年金和职业年金,补充医疗保险等)和发展各类商业保险,以满足不同人群的需求。

(四)可持续

就是社会保险制度应当能够长期稳定的发展。特别是应对人口老龄化高峰的影响，努力实现社会保险基金收支长期平衡，以保证社会保险制度的稳定良性运行，也不给用人单位和个人造成过重的缴费负担。

以上"12字方针"具有重大意义。第一，明确了建立社会保险制度的立足点。第二，明确了建立健全社会保险制度的实现路径。就是要优先解决制度"从无到有"的问题，弥补制度缺失；继而解决覆盖面"从小到大"的问题，将更多的人纳入社会保险体系；在此基础上，稳步解决保障水平"从低到高"的问题，让人民群众更好地分享社会经济发展成果。第三，明确了社会保险待遇水平的确定，要以保障公民基本生活和基本需要为原则。

第四节 社会保险法的基本原则、功能和意义

一、社会保险法的基本原则

根据社会保险法的特征及功能，社会保险法主要遵循以下三大原则：

(一)社会保险水平与社会生产力发展水平相适应原则

社会保险水平是指一个国家或地区社会保险待遇标准的高低、社会保险覆盖面的宽窄及社会保险费率高低的总称。社会保险待遇标准是指保险参加者能够获得的社会保险金的给付标准；社会保险的覆盖面是一个国家或地区在某一时间段加入社会保险的人数与社会总人数的比率；社会保险费率是指一定时间内计算和收取社会保险费的比率。社会保险必须坚持保障水平与生产力发展水平相适应的原则。该原则的主要要求是：

第一，总体上的社会保险水平要与我国社会生产力水平及各方面的能力相适应。我国《社会保险法》第3条规定："社会保险制度坚持广覆盖、保基本、多层次、可持续的方针，社会保险水平应当与经济社会发展水平相适应。"社会保险水平过高或过低，都会阻碍社会生产力的发展。社会保险水平过高，政府和用人单位在经济上难以承受，影响用人单位的投资和生产积极性，反而导致失业率的上升和劳动者享受社会保险的待遇降低；社会保险水平过低，劳动者的基本生活难以保证，会导致社会动荡和不稳定，最终也会影响社会经济的正常运行和发展。

第二，要在保障基本水平的前提下，在经济发展的基础上逐步提高社会保险水平。我国社会保险的水平在总体上仍建立在我国尚不发达的现实基础上，主要以提供生活资料、保障劳动者本人和其家庭的基本生活需要为目标，但是随着经济的发展逐步提高，并建立与经济发展水平相协调的社会保险机制。

第三，由于经济发展的不平衡性，社会保险的推行应该从实际出发、因地制宜，采取不同模式，实行多层次、多元化的发展。要求不能搞一个模式，要有不同类型、不同层次的社会保险。

（二）社会保险权利与义务相统一的原则

国家法律、法规规定，社会保险通过国家立法强制实行，单位和个人有缴纳社会保险费的义务，劳动者在履行规定义务的前提下有享受社会保险待遇的权利。因此，承担社会保险责任的用人单位和劳动者个人，必须首先尽到缴纳社会保险费的义务，然后才能享受社会保险待遇的权利。这是社会保险法的重要原则之一。

在我国的计划经济时期，社会保险义务主要由国家和企业承担。从现阶段国企改革的发展趋势来看，社会保险费由国家负担的部分将逐渐减少，用人单位负担的部分将成为社会保险基金的主要来源，劳动者个人负担的部分也将逐步增加。只有坚持权利和义务相统一的原则，才能打破职工完全依赖国家和企业的传统观念，增强自我保障意识，从而推动社会保险事业的发展。但是，这种权利和义务的关系对于社会成员个人而言，只能是一种对应关系而不是完全对等的，其并不意味着所享有的权利和所应承担的义务恰好相等，也并不意味着缴费者必然享受社会保险待遇。权利和义务相对应在于：是否缴费决定能否享受保险给付，缴费数额的大小、缴费期限的长短在一定条件内决定给付的多少。而不是完全对等则体现在：有些项目即使履行了缴费义务，也并不意味着必然享受权利，如医疗保险项目、失业保险项目等；即使像养老保险中的义务人必然成为权利人的情况，其履行的义务与其享受的权利也不是对等的，因为其享受的养老金仅有一部分是由个人缴纳，国家和用人单位缴纳的占主要部分。因此，权利和义务对等是对于整体而言的，我们将之称为权利和义务相统一原则。

（三）公平与效率相结合的原则

社会保险作为国民收入的再分配形式，是调节收入差距和实现社会公平的重要手段，在这个意义上，社会保险制度是为实现社会公平而设立的。但是，社会保险所要实现的公平是指社会公正和机会均等，而不是简单的平均主义，所以社会保险法必须贯彻公平与效率相结合的原则，避免产生"大锅饭"的弊端。社会保险在实现社会公平方面有着积极作用，但是其对经济发展的负面影响也日益出现。市场经济发达国家中社会保险待遇标准很高，使人们即使不劳动也能得到较高的生活水平，特别是失业补助金给付期长、标准高，失业者的收入与在职者的收入相差不多，使失业者不愿从事新的工作，从而在劳动者中滋长依赖情绪，十分不利于提高生产和工作效率。制度体现了形式上的公平，却牺牲了经济效率，这要求社会保险法既要坚持公平，也不能忽视效率。公平与效率相结合原则的主要要求是：第一，参加保险的单位及个人，必须依照国家的法律，按统一标准足额缴纳保险费，符合有关规定的个人都有平等获取保险金的权利；而且社会保险制度应尽可能使每一参加者都能获得最基本的生活保障，这种满足社会成员基本生存需要的保障应予以明确。第二，在体现公平、平等的同时，不能忽视效率。具体的制度体现为激励机制，对社会贡献大的劳动者和缴费较多的社会成员享受较高水平的社会保险待遇，以激励所有社会成员勤奋工作，提高劳动生产率和经济效益，提高社会成员的参与意识。例如在养老保险中将社会统筹和个人账户相结合，在养老保险待遇上适当显出差距；失业保险应将失业救济与促进就业结合起来，限定领取失业救济金的时间等。

二、社会保险法的功能

(一)政治功能

作为社会保障法律体系的主要部分,社会保险法通过保障社会成员基本生活、缓解社会动荡,维护着社会的安定,这是就社会保险法的功能而言最重要的政治功能。现代工业社会社会风险比以往要大很多,人们遭受年老、疾病、伤残、失业等风险都会使生活面临困难,社会保险法律制度能够对那些面临生活困难的社会成员提供一定的物质帮助,保障其基本生活需要,起到了稳定人心、维护社会安定的作用。同样,当现代社会出现如经济危机、人口老龄化等种种社会风险时,社会成员难免会受到生活和心理上的冲击和振荡,而社会保险以保障基本生活需要的功能构筑了一片缓冲区,使受到社会风险波及的社会成员得以喘息,从而成为缓解社会动荡的减震器。因此,社会保险法对消除社会不安定因素、缓解社会动荡起到的重要作用,是任何其他制度所不可替代的。

(二)经济功能

社会保险实质上是一种经济制度,它是在经济运行中使工作能力、效率和动力保持高水平的一种手段。其经济功能主要包括以下内容:

第一,社会保险可以调节社会总需求。社会保险调节社会总需求的作用,与政府的税收和转移支付颇为相似。当经济处于景气状态时,由于社会成员就业、收入的增加,社会保险支出会自动下降,从而在一定程度上抑制了社会总需求的增长,这对于防止通货膨胀,避免经济过热具有一定作用;当经济不景气时,由于失业增加、收入减少、提前退休等种种因素,社会保险开支增加,从而起到了刺激社会有效需求,缓解经济衰退的作用。

第二,社会保险法可以保证经济结构的顺利调整。社会经济结构调整,实质上就是社会资源的重新配置,是国民经济发展中不可避免的事情,最关键的是劳动力资源的重新配置,这关系到经济的发展,还与社会问题紧密相关;而通过社会保险机制发放失业津贴,使闲置劳动力得以休整,并通过职业培训、职业指导和职业介绍,提高劳动力素质,沟通劳动力供求渠道,可以使闲置劳动力的重新配置得以顺利进行。

第三,社会保险法可以调节国民收入的再分配。社会保险法通过调节国民收入的分配和再分配来缩小社会成员之间的贫富差距,通过保障劳动者的基本生活,缩小社会成员在社会物质占有程度上的不平等差距。根据社会保险法,在筹集社会保险资金时,要求高收入者多缴纳费用、低收入者少缴纳费用;在支付社会保险待遇时,那些收入高的富裕家庭或社会成员因其生活水平高而享受的机会少,而贫穷的低收入家庭或社会成员享受的机会多。通过对国民收入的再分配,客观上起到了缩小贫富差距的作用。

第四,社会保险法可以促进投资和经济发展。社会保险机构利用保险费收取到保险金给付的时间差,可以将处于备用状态的保险基金用于投资,从总量上为社会再生产提供了巨大的资金。社会保险基金具有很高的稳定性和积累性,从国家实践经验来看,社会保险基金是长期投资的稳定资金来源,对经济发展起着重要作用。

(三)社会功能

社会保险是整个社会的事业,需要每个社会成员的积极参加和支持,而社会保险的发展与完善,也必然会推动社会的进步和发展,促进精神文明的建设,从而提高社会成员的国民素质。社会保障所具有的社会再分配功能,能够调节贫富、收入差距,克服第一次社会分配中的不合理、不公平状况,有助于实现社会公平,使社会各个阶层都能保持心态平衡,促进社会全体成员的和谐共存。社会保险的实施,一般都贯彻国家、用人单位和个人共同负担,即社会共同参与的原则。建立社会互助共济法律制度会提高社会成员互助互济的友爱精神,有助于增强社会的凝聚力,使社会成员对其他社会成员的生存和发展有更深刻的认识和更直接的关注。当部分社会成员由于自身或社会的原因遇到困难和不幸时,社会保险法在以法律手段帮助弱者及困难者的同时,也在全社会倡导和促进了社会成员的精神文明建设,提高了社会成员的国民素质。

三、社会保险法的重要意义

(一)社会保险法是深入贯彻落实科学发展观、构建社会主义和谐社会的重大举措

胡锦涛同志深刻指出:"建立覆盖城乡居民的社会保障体系是坚持立党为公、执政为民的具体体现,是推动科学发展、促进社会和谐的重要工作,是保增长、保民生、保稳定的重要任务,也是国家长治久安的重要条件。"党的十七届五中全会通过的《中共中央关于制定国民经济和社会发展第十二个五年规划的建议》明确要求,坚持把保障和改善民生作为加快转变经济发展方式的根本出发点和落脚点,促进社会公平正义,并对加快推进覆盖城乡居民的社会保障体系建设作出了全面部署。《中华人民共和国社会保险法》对各项社会保险作出了全面的制度安排和规范,将党中央建立健全社会保障体系的重大决策和战略部署转化为根本性、稳定性的国家法律制度,必将对构建社会主义和谐社会和国家的长治久安发挥重要的保障和推动作用。

(二)使中国社会保险制度发展全面进入法制化轨道

《中华人民共和国社会保险法》规范了社会保险关系,规定了用人单位和劳动者的权利与义务,强化了政府责任,明确了社会保险行政部门和社会保险经办机构的职责,确定了社会保险相关各方的法律责任。《中华人民共和国社会保险法》的颁布实施,使社会保险制度更加稳定、运行更加规范,使相关各方特别是广大劳动者有了维护自身合法权益的有力武器,并必将带动一系列单项法规、规章和规范性文件的制定实施,从而使社会保险体系建设全面进入法制化的轨道。

(三)为推动整个人力资源社会保障事业科学发展提供了进一步的法制保障

《中华人民共和国社会保险法》不仅对社会保险工作是极大的促进,也将对整个人力资源社会保障工作产生积极而深远的影响。《中华人民共和国社会保险法》确立了广覆

盖、可转移、可衔接的社会保险制度,从法律上破除了阻碍各类人才自由流动、劳动者在地区之间和城乡之间流动就业的制度性障碍,有利于形成和发展统一规范的人力资源市场;《中华人民共和国社会保险法》进一步规范和明确了劳动者和用人单位的社会保险权利义务关系,有利于促进劳动关系的稳定与和谐。《中华人民共和国社会保险法》的出台,与以前颁布实施的《劳动法》、《公务员法》、《劳动合同法》、《就业促进法》、《劳动争议调解仲裁法》一起,构成了我国人力资源社会保障法律体系完整的顶层架构,对推进人力资源社会保障事业在法制轨道上实现科学发展具有重要意义。

第五节 我国的社会保险项目和内容

参照国际通行的做法并结合我国的实际,我国在社会保险的项目选择上,包括了除家庭补助以外的八个项目。早在1951年的《劳动保险条例》中就对养老、工伤、医疗、疾病、伤残、遗属、生育七个项目作了具体规定。1986年《国营企业职工待业保险暂行规定》和后来的相关法规又为我国建立了失业保险。由于家庭津贴是为了补助多子女的家庭,是一种刺激人口增长的政策,与我国计划生育的基本国策不符,我国没有实行家庭津贴制度。

我国《社会保险法》沿用了这些法律的有关规定,将八个项目的内容都纳入了社会保险的体系中,但对分类作了科学地合并,把社会保险分为基本养老保险、基本医疗保险、工伤保险、失业保险和生育保险。

一、基本养老保险

设立基本养老保险的目的是解决劳动者退休后或者因年老而完全丧失劳动能力后的基本生活保障。基本养老保险的基本待遇是养老保险金的支付,它是社会保险制度中的主要项目。基本养老保险是人类社会发展到社会化大生产阶段的产物,它为社会生活的正常化发挥了重要作用。基本养老保险解决了社会化大生产中老有所养的问题。在长期的自然经济社会中,与私有制经济相适应,实行家庭养老的老年保障方式;在社会化大生产的社会中,家庭的养老功能已大大减弱,而个人也不能完全由自我解决养老问题。基本养老保险就为社会化大生产的开展提供了稳定的社会基础。老年人口的迅速增加,反映了我国经济发展、社会稳定、人民健康状况极大改善的真实情况,同时也对家庭和社会生活产生了重大影响。为适应形势发展,必须重视和做好老年工作,社会保障是其中最重要的工作内容。社会保障被称为社会安全网或减震器,而基本养老保险则是其主要的组成部分。

[案例]老赵在企业上班缴纳了养老保险,但是年限不够15年。他不在这个企业上班之后,差额的部分怎么办理?

[解答]参加基本养老保险的个人,达到法定退休年龄时累计缴费不足15年的,可以缴费至满15年,按月领取基本养老金;也可以转入新型农村社会养老保险或者城镇居民社会养老保险,按照国务院规定享受相应的养老保险待遇。《社会保险法》第19条规定:"个人跨统筹地区就业的,其基本养老保险关系随本人转移,缴费年限累计计算。个人达到法定退休年龄时,基本养老金分段计算、统一支付。具体办法由国务院规定。"

老赵不在这个企业上班了,但他可以在别的城市、别的企业上班,这就属于跨地区转移,完全可以接续起来。如果他到了领取年龄,比如过60岁还没缴费满15年,那就可以执行《社会保险法》第16条的规定,就是可以交费至15年按月领取或者转入农村养老保险或者城镇居民养老保险。如果他现在还没有到退休年龄的话,不管在哪儿工作,还是要继续交,而且按照政策规定,交的年头越长,自己享受的待遇水平越高。

二、基本医疗保险

基本医疗保险的设立,目的在于使劳动者因疾病或伤害而产生经济困难时,能够获得经济援助,克服遇到的经济困难。基本医疗保险制度的产生,根源于不以劳动者意志为转移的患病和意外人身伤害事实,以及由此而产生的劳动者难以承受的医疗经济负担。基本医疗保险是与人们日常生活最为密切的社会保险形式,因为疾病对个人来说是随时都可能发生的,而且终生都存在可能。基本医疗保险的实质是社会共担风险,目的在于鼓励用人单位和个人缴纳一定的费用,保证劳动者在身体健康受到损害的时候得到基本的生活保障。基本医疗保险作为社会保险的重要项目,同样是人权概念构成内容之一。《经济、社会、文化权利国际公约》第9条规定:"人人有权享受社会保障。"第12条规定:"人人有权享有能达到的最高的体质和心理健康的标准。"为达到这一目标应采取的步骤之一是:"创造保证人在患病时能得到医疗照顾的条件。"努力改进并做好疾病保险工作,也是我国完善人权保障制度并创造条件履行国际公约义务的一个重要方面。

基本医疗保险现在已成为各国政府一项义不容辞的社会责任,而且它的适应范围越来越广泛,其保障程度愈来愈高。各国政府根据本国的实际国情、民族特色、传统文化观念、经济发展程度等情况,不断健全和完善着符合本国国情的基本医疗保险法律制度。我国现有的基本医疗保险制度也已经不能适应经济和社会发展的需要,更不符合社会主义市场经济体制的要求,考虑我国社会经济发展的现状,重构基本医疗保险法律制度已经成为摆在我们面前的一项刻不容缓的任务。

[案例]从四川来南宁的岳女士,在南宁住院一个月后,开始着急回家了,原因是她在南宁没有办法报销医疗费用。

[解答]参保人员医疗费用中应当由基本医疗保险基金支付的部分,由社会保险经办机构与医疗机构、药品经营单位直接结算。社会保险行政部门和卫生行政部门应当建立异地就医医疗费用结算制度,方便参保人员享受基本医疗保险待遇。

三、工伤保险

工伤保险的设立目的是通过一定的物质补偿来预防职业伤害和恢复受到职业伤害者及其家属的正常生活,工伤保险的基本待遇包括工伤期间的收入保障、工伤抚恤、工伤医疗和康复保障等。工伤保险是世界上产生最早的一项社会保险项目,产生于工业化进程中职业危险不断增加的时期,它在保护劳动者权益、缓解工业社会的社会压力和社会矛盾及促进安全生产方面都发挥着积极作用。工伤保险是社会保险制度中的重要组成部分,操作性最为复杂,涉及法律、法规最多,而且是系统性、科学性较强的一项社会保险制度。工伤保险与其他种类的社会保险相比,虽同属社会保险范畴而有相同之处,但也有其自身特殊性。最基本的不同在于性质不同,养老保险、疾病保险和失业保险主要以保障劳动者基本生活为目的,具有补偿性;而工伤保险除了具有补偿性质以外,还具有赔偿的性质,因此其保险待遇标准普遍高于其他社会保险待遇标准,其医疗保险项目的范围也较之疾病保险范围宽。另外在保险费用的分担方面也不同于其他保险,其他保险一般都由国家、用人单位和劳动者个人三方负担,而工伤保险是由用人单位单方负担,实行社会统筹。正是基于此点,我国《劳动法》才将疾病保险与工伤保险分别作为独立的社会保险种类,并建立了两项不同的社会保险制度。

[案例]某建筑工地上的打工者小王在工作中受了伤,面对巨额的医疗费,承包商和建筑商之间却互相推诿扯皮,小王只能自己先垫钱看病。

[解答]《社会保险法》第41条规定:"职工所在用人单位未依法缴纳工伤保险费,发生工伤事故的,由用人单位支付工伤保险待遇。用人单位不支付的,从工伤保险基金中先行支付。"

从工伤保险基金中先行支付的工伤保险待遇应当由用人单位偿还。用人单位不偿还的,社会保险经办机构可以依照该法第63条的规定追偿。

与医保基金一样,工伤保险基金也实施垫付追偿制度。这对在外打工的农民工,特别是建筑行业的农民工来说,无疑是重大利好。《社会保险法》实施后,农民工出了工伤事故,所在用人单位不支付工伤保险待遇时,工伤待遇由工伤保险基金先支付,就能保障农民工及时就医,但所在用人单位要承担相应的法律责任。

四、失业保险

失业保险的设立目的是解决劳动者在失业期间的基本生活保障。失业保险的基本待遇是发放失业保险金,也有扩至享受免费再就业培训及其他待遇的。它是适应劳动力市场化发展需要、缓和失业可能带来的社会问题的稳定与保障机制。失业意味着有就业意愿和能力的人得不到就业机会或就业以后丧失劳动机会的情况。长期以来,我们都认为失业是资本主义制度的普遍现象,在涉及我国的就业问题时不使用失业的概念,而是使用待业的提法,以描述城镇中新成长的劳动力和社会青年达到就业年龄又有就业要求但尚未实现就业这种社会现象。但理论和实践表明,失业并不是资本主义的特有现象,而是市场经济社会中的一种规律性现象,在社会主义市场经济条件下,失业同样是不可避免的。失业保险是现代工业文明的一项重要制度;失业保险的基本原理是,为了社会的有效运转,由社会出面,承担起丧失劳动能力或有劳动能力而得不到使用的那部分社会成员的基本生活保障。从法律角度看,失业保险是现代法律文明的一项重要成果。它是由立法加以确认,并由国家强制执行的,旨在保护劳动者的劳动权和生存权,维护社会安定和促进社会发展的法律制度。失业保险是社会保障体系的重要组成部分,其内容包括保障对象、资金来源、领取条件、救济标准和管理形式等事项。在广义上,失业保险除了指资金保障之外,尚包括服务保障,即职业介绍、就业安置、转业培训和生产自救等内容。

> [案例]老张在一家单位工作满5年以后失业了,在这5年就业期间,用人单位和他本人都按照规定履行了缴费义务,根据当地社会保险行政部门规定,他最多可以领取12个月的失业保险金。在他领取了6个月失业保险金以后,再次就业,又工作了5年后失业,这5年中用人单位和他本人都按照规定履行了缴费义务,这时候他领取失业保险金的期限怎么算?
>
> [解答]失业人员重新就业后,再次失业的,缴费时间重新计算,领取失业保险金的期限与前次失业应当领取而尚未领取的失业保险金的期限合并计算,最长不超过24个月。
>
> 根据《社会保险法》的规定,老张的失业保险金需要计算两个年限:一是根据重新就业后的缴费时间计算出来的领取失业保险金的期限,也就是再次就业后工作的这5年,可以领取12个月的失业保险金。二是前次失业应领取而尚未领取的失业保险金的期限,在上次失业时,老张本可以领取12个月的失业保险金,但实际上他只领取了6个月,还有6个月的期限尚未使用,这6个月就是"前次失业应领取而尚未领取的失业保险金的期限"。那么,老张第二次失业时,能领取失业保险金的最长期限为18个月。

五、生育保险

设立生育保险的目的在于解决生育妇女孕产哺乳期间的收入与生活保障、休息保障问题。其基本待遇是提供生育医疗保障、产假及产假工资等。生育保险的范围,从时间角度而言,包括法律规定的分娩前和分娩后的特定期限;从内容角度而言,包括提供适当的医疗条件和医疗费用、产假或产假期间的工资及产假期间的生活费等其他待遇。生育保险是一种国际上通行的保险制度,这一制度是由于参与工业生产的妇女数量急剧增长而迅速发展的。实行生育保险,是对妇女生育社会价值的认同。女性生育,既是一种自然行为,又是一种社会行为,具有两重性,在满足家庭的经济与精神需求,为人类社会进行延续的同时,也为社会物质生产准备了劳动力资源。在社会保障体系中,生育保险属于与工作相关联的保障计划。职业妇女既要从事经济活动,又要担负生育子女的天职,为劳动力的再生产尽其所能,这往往是个矛盾。妇女要从事社会生产和工作,就难免影响生儿育女;反之,妇女为了尽生儿育女的天职,也会影响从事社会生产。这个矛盾如何解决,已成为各国政府考虑的问题之一。实行生育保险,是解决这个矛盾的主要途径。职业女性在生育子女时,不会因此而导致失业,国家或企业提供经济补偿,可以解除女职工的后顾之忧,而且可以发挥广大妇女的聪明才智和提高参与社会生产的积极性。生育保险在整个社会保险制度中也因此显得更加重要。

> [案例]小陈和小梁毕业后来到南昌工作,小陈没工作,一直在家当全职太太。他们担心生育费用不能报销。
>
> [解答]职工应当参加生育保险,由用人单位按国家规定缴纳生育保险费,职工不缴纳生育保险费。用人单位已缴纳生育保险费的,其职工享受生育保险待遇;职工未就业配偶按国家规定享受生育医疗费用待遇。
>
> 生育保险,男女都参加,用人单位已经缴纳生育保险费的,其职工享受生育保险待遇;职工未就业配偶按照国家规定享受生育医疗费用待遇,所需资金从生育保险基金中支付,因而小陈夫妇俩不用担心生育费"报销无门"了。

第六节 我国现行社会保险法的制度价值

一、确立了中国社会保险体系的基本框架

《中华人民共和国社会保险法》规定,国家建立基本养老保险、基本医疗保险、工伤保险、失业保险、生育保险等社会保险制度,保障公民在年老、疾病、工伤、失业、生育等情况下依法从国家和社会获得物质帮助的权利。

第一,基本养老保险包括职工基本养老保险、新型农村社会养老保险和城镇居民社会养老保险。该法总结二十多年来中国养老保险制度改革的经验,对职工基本养老保险制度的覆盖范围、基本模式、资金来源、待遇构成、享受条件和调整机制等作了比较全面的规范,并规定了病残津贴和遗属抚恤制度。根据开展新型农村社会养老保险试点这一重大实践进展,该法对新型农村社会养老保险的主要制度作出规范。此外,该法还规定国家建立和完善城镇居民社会养老保险制度,同时授权省、自治区、直辖市人民政府根据实际情况,可以将城镇居民社会养老保险和新型农村社会养老保险合并实施,为逐步建立统筹城乡的养老保障体系奠定了法律基础。

第二,基本医疗保险包括职工基本医疗保险、新型农村合作医疗和城镇居民基本医疗保险。该法对职工基本医疗保险制度和城镇居民基本医疗保险制度的覆盖范围、资金来源、待遇项目及享受条件、医疗保险费用结算办法等作了比较全面的规定,对新型农村合作医疗制度作了原则规定,并授权国务院制定管理办法。

第三,工伤保险、失业保险和生育保险制度经过十多年的实践,已经比较成熟。该法在总结实践经验的基础上,对工伤保险、失业保险和生育保险也分别单独成章,对其覆盖范围、资金来源、待遇项目和享受条件等作了具体规定。

二、明确了各项社会保险制度的覆盖范围

《中华人民共和国社会保险法》将中国境内所有用人单位和个人都纳入了社会保险制度的覆盖范围,具体是:

第一,基本养老保险制度和基本医疗保险制度覆盖了中国城乡全体居民。即用人单

位及其职工应当参加职工基本养老保险和职工基本医疗保险;无雇工的个体工商户、未在用人单位参加社会保险的非全日制从业人员以及其他灵活就业人员可以参加职工基本养老保险和职工基本医疗保险;农村居民可以参加新型农村社会养老保险和新型农村合作医疗;城镇未就业的居民可以参加城镇居民社会养老保险和城镇居民基本医疗保险;进城务工的农村居民依照该法规定参加社会保险;公务员和参照《公务员法》管理的工作人员养老保险的办法由国务院规定。

第二,工伤保险、失业保险和生育保险制度覆盖了所有用人单位及其职工。

第三,被征地农民按照国务院规定纳入相应的社会保险制度。被征地农民到用人单位就业的,都应当参加全部五项社会保险。对于未就业,转为城镇居民的,可以参加城镇居民社会养老保险和城镇居民基本医疗保险,继续保留农村居民身份的,可以参加新型农村社会养老保险和新型农村合作医疗。

第四,在中国境内就业的外国人,也应当参照该法规定参加中国的社会保险。

三、规定了社会保险制度的筹资渠道

国家多渠道筹集社会保险资金。《中华人民共和国社会保险法》规定了各项社会保险制度的筹资渠道,明确了用人单位、个人和政府在社会保险筹资中的责任。具体是:

第一,城镇职工社会保险基金的主要来源是社会保险缴费。该法规定,职工基本养老保险、职工基本医疗保险和失业保险费用,由用人单位和职工共同缴纳,工伤保险和生育保险费用由用人单位缴纳,职工个人不缴费。

第二,居民社会保险基金主要由社会保险缴费和政府补贴构成。该法规定,新型农村社会养老保险实行个人缴费、集体补助和政府补贴相结合;城镇居民基本医疗保险实行个人缴费和政府补贴相结合。

第三,明确了政府在社会保险筹资中的责任。该法规定,县级以上人民政府对社会保险事业给予必要的经费支持,在社会保险基金出现支付不足时给予补贴;国有企业、事业单位职工参加基本养老保险前,视同缴费年限期间应当缴纳的基本养老保险费由政府承担;在新型农村社会养老保险和城镇居民基本医疗保险制度中,政府对参保人员给予补贴;基本养老保险基金出现支付不足时,政府给予补贴;国家设立全国社会保障基金,由中央财政预算拨款以及国务院批准的其他方式筹集的资金构成,用于社会保障支出的补充、调剂。

四、规定了各项社会保险的待遇项目和享受条件

为了保障参加社会保险的个人及时足额领取社会保险待遇,《中华人民共和国社会保险法》在现行规定基础上,分别概括地规定了各项社会保险的待遇和享受条件,并总结实践经验有所发展。

(一)基本养老保险待遇

第一,参加基本养老保险的个人,达到法定退休年龄时累计缴费满十五年的,按月领取基本养老金。基本养老金由统筹养老金(现行制度中称为基础养老金)和个人账户养老

金组成，基本养老金根据个人累计缴费年限、缴费工资、当地职工平均工资、个人账户金额、城镇人口平均预期寿命等因素确定。缴费不足十五年的人员可以缴费至满十五年，按月领取基本养老金；也可以转入新型农村社会养老保险或者城镇居民社会养老保险，按照国务院规定享受相应的养老保险待遇。

第二，参加新型农村社会养老保险的农村居民，符合国家规定条件的，按月领取新型农村社会养老保险待遇。新型农村社会养老保险待遇由基础养老金和个人账户养老金组成。

第三，参加基本养老保险的个人，因病或者非因工死亡的，其遗属可以领取丧葬补助金和抚恤金；在未达到法定退休年龄时因病或者非因工致残完全丧失劳动能力的，可以领取病残津贴。

（二）基本医疗保险待遇

由于中国各地经济发展水平不同，医疗服务提供能力和医疗消费水平等差距都很大，国务院只对基本医疗保险起付标准、支付比例和最高支付限额等作了原则规定，具体待遇给付标准由统筹地区人民政府按照以收定支的原则确定。考虑到这个实际，该法没有对基本医疗保险待遇项目和享受条件作更为具体的规定。需要特别指出的有两点：

第一，为了缓解个人垫付大量医疗费的问题，该法规定了基本医疗保险费用直接结算制度。参保人员就医发生的医疗费用中，按照规定应当由基本医疗保险基金支付的部分，由社会保险经办机构与医疗机构、药品经营单位直接结算；社会保险部门和卫生行政部门应当建立异地就医医疗费用结算制度，方便参保人员享受基本医疗保险待遇。

第二，在明确应当由第三人负担的医疗费用不纳入基本医疗保险基金支付范围的同时，该法规定，医疗费用依法应当由第三人负担，第三人不支付或者无法确定第三人的，由基本医疗保险基金先行支付后，向第三人追偿。

（三）工伤保险待遇

在《工伤保险条例》规定的工伤保险待遇基础上，《中华人民共和国社会保险法》有三项突破：

第一，将现行规定由用人单位支付的工伤职工"住院伙食补助费"、"到统筹地区以外就医的交通食宿费"和"终止或者解除劳动合同时应当享受的一次性医疗补助金"改为由工伤保险基金支付，在进一步保障工伤职工权益的同时，减轻了参保用人单位的负担。

第二，为保证工伤职工得到及时救治，该法规定了工伤保险待遇垫付追偿制度。即职工所在用人单位未依法缴纳工伤保险费，发生工伤事故的，由用人单位支付工伤保险待遇。用人单位不支付的，从工伤保险基金中先行支付，然后由社会保险经办机构依照该法规定追偿。

第三，规定由于第三人的原因造成工伤，第三人不支付工伤医疗费用或者无法确定第三人的，由工伤保险基金先行支付后，向第三人追偿。

（四）失业保险待遇

在《失业保险条例》规定的失业保险待遇基础上，《中华人民共和国社会保险法》进一步规定：

第一,对失业人员在领取失业保险金期间患病就医,由现行规定可以申领少量的医疗补助金,改为参加职工基本医疗保险并享受相应的基本医疗保险待遇,其应当缴纳的基本医疗保险费从失业保险基金中支付,从而提高了失业人员的医疗保障水平。

第二,明确个人死亡同时符合领取基本养老保险丧葬补助金、工伤保险丧葬补助金和失业保险丧葬补助金条件的,其遗属只能选择领取其中的一项。

(五)生育保险待遇

在总结生育保险制度实施经验的基础上,该法规定,用人单位已经缴纳生育保险费的,其职工享受生育保险待遇,生育保险待遇包括生育医疗费用和生育津贴;职工未就业配偶按照国家规定享受生育医疗费用待遇。

(六)社会保险关系转移接续

《中华人民共和国社会保险法》规定了基本养老保险、基本医疗保险、失业保险的转移接续制度。

一是个人跨统筹地区就业的,其基本养老保险关系随本人转移,缴费年限累计计算。个人达到法定退休年龄时,基本养老金分段计算、统一支付。具体办法由国务院规定。

二是个人跨统筹地区就业的,其基本医疗保险关系随本人转移,缴费年限累计计算。

三是职工跨统筹地区就业的,其失业保险关系随本人转移,缴费年限累计计算。

五、完善了社会保险费征缴制度

在总结《社会保险费征缴暂行条例》实施经验的基础上,《中华人民共和国社会保险法》进一步完善了社会保险费征缴制度,增强了征缴的强制性,为加强征缴工作提供了更有力的法律保障。

第一,规定了社会保险信息沟通共享机制。为了保证社会保险相关信息的及时性、准确性,《中华人民共和国社会保险法》规定,工商行政管理部门、民政部门和机构编制管理机关应当及时向社会保险经办机构通报用人单位的成立、终止情况,公安机关应当及时向社会保险经办机构通报个人的出生、死亡以及户口登记、迁移、注销等情况。

第二,规定了灵活就业人员社会保险登记、缴费制度。《中华人民共和国社会保险法》规定,参加社会保险的无雇工的个体工商户、未在用人单位参加社会保险的非全日制从业人员以及其他灵活就业人员,向社会保险经办机构申请办理社会保险登记,可以直接向社会保险费征收机构缴纳社会保险费。

第三,规定了社会保险费实行统一征收的方向,授权国务院规定实施步骤和具体办法。

第四,建立了社会保险费的强制征缴制度。包括以下措施:

一是从用人单位存款账户直接划拨社会保险费。《中华人民共和国社会保险法》第63条规定,用人单位未按时足额缴纳社会保险费,经社会保险费征收机构责令其限期缴纳或者补足,逾期仍不缴纳或者补足的,社会保险费征收机构可以申请县级以上有关行政部门作出从用人单位存款账户中划拨社会保险费的决定,并书面通知其开户银行或者其他金融机构划拨社会保险费。

二是用人单位账户余额少于应当缴纳的社会保险费的,社会保险费征收机构可以要求该用人单位提供担保,签订延期缴费协议。

三是用人单位未足额缴纳社会保险费且未提供担保的,社会保险费征收机构可以申请人民法院扣押、查封、拍卖其价值相当于应当缴纳社会保险费的财产,以拍卖所得抵缴社会保险费。

六、规定了社会保险基金管理制度

为了加强基金管理,《中华人民共和国社会保险法》作了以下规定:

第一,规范了社会保险基金的管理原则。根据该法规定,社会保险基金管理应当遵守以下原则:

一是各项社会保险基金按照社会保险险种分别建账,分账核算,执行国家统一的会计制度。

二是社会保险基金通过预算实现收支平衡。社会保险基金按照统筹层次设立预算。社会保险基金预算按照社会保险项目分别编制。社会保险基金预算、决算草案的编制、审核和批准,依照法律和国务院规定执行。

三是社会保险基金专款专用,任何组织和个人不得侵占或者挪用。社会保险基金不得违规投资运营,不得用于平衡其他政府预算,不得用于兴建、改建办公场所和支付人员经费、运行费用、管理费用,或者违反法律、行政法规规定挪作其他用途。

四是社会保险基金在保证安全的前提下,按照国务院规定投资运营实现保值增值,从而为社会保险基金投资运营奠定了法律基础。

第二,明确了提高社会保险基金统筹层次的方向。该法规定,基本养老保险基金逐步实行全国统筹,其他社会保险基金逐步实行省级统筹。考虑到社会保险基金的统筹层次取决于多方面的因素,该法授权国务院规定提高统筹层次的具体时间和步骤。

七、规定了社会保险经办服务的内容

为了改进社会保险经办服务,维护参保人员权益,《中华人民共和国社会保险法》作了以下规定:

第一,确立了社会保险经办服务体制。包括:

一是规定了社会保险经办机构的设立原则。该法规定,统筹地区设立社会保险经办机构。社会保险经办机构根据工作需要,经所在地的社会保险行政部门和机构编制管理机关批准,可以在本统筹地区设立分支机构和服务网点。

二是规定了社会保险经办的经费保障。该法规定,社会保险经办机构的人员经费和经办社会保险发生的基本运行费用、管理费用,由同级财政按照国家规定予以保障。

三是规定了社会保险经办机构的基本职责。主要是:负责社会保险登记、社会保险费核定、按照规定征收社会保险费;按时足额支付社会保险待遇;根据管理服务的需要,与医疗机构、药品经营单位签订服务协议,规范医疗服务行为;及时、完整、准确地记录参加社会保险的个人缴费和用人单位为其缴费,以及享受社会保险待遇等个人权益记录,定期将个人权益记录单免费寄送本人;免费向用人单位和个人提供查询服务;提供社会保险咨询等相关服务。

第二,社会保险信息化建设是社会保险管理和经办服务的基础性工作,没有完善的信息系统支撑,对参保人员记录一生、服务一生、保障一生的目标就无法实现。因此,《中华人民共和国社会保险法》对社会保险信息系统建设作了原则规定。

一是国家建立全国统一的个人社会保障号码,为制作发行全国统一、功能兼容的社会保障卡提供了法律依据。

二是全国社会保险信息系统按照国家统一规划,由县级以上人民政府按照分级负责的原则共同建设。

八、规定了社会保险监督制度

加强社会保险监督,维护社会保险基金安全,是各方面的共识。《中华人民共和国社会保险法》从人大监督、行政监督、社会监督等三个方面,建立了比较完善的社会保险监督体系。

(一)人大监督

《中华人民共和国社会保险法》规定,各级人民代表大会常务委员会听取和审议本级人民政府对社会保险基金的收支、管理、投资运营以及监督检查情况的专项工作报告,组织对该法实施情况的执法检查等,依法行使监督职权。

(二)行政监督

《中华人民共和国社会保险法》规定,国家对社会保险基金实行严格监管,并明确了各级人民政府及其社会保险行政部门、财政部门、审计机关在社会保险监督方面的职责。

第一,规定了各级人民政府在社会保险监督方面的职责:国务院和省、自治区、直辖市人民政府建立健全社会保险基金监督管理制度,保障社会保险基金安全、有效运行。

第二,从两个方面规定了社会保险行政部门的监督职责:

一是规定县级以上人民政府社会保险行政部门应当加强对用人单位和个人遵守社会保险法律、法规情况的监督检查。这属于劳动保障监察活动,其措施在《劳动保障监察条例》中已有详细规定,因此该法没有再作具体规定。

二是规定社会保险行政部门对社会保险基金的收支、管理和投资运营情况进行监督检查,并规定了三项措施:

(1)查阅、记录、复制与社会保险基金收支、管理和投资运营相关的资料,对可能被转移、隐匿或者灭失的资料予以封存;

(2)询问与调查事项有关的单位和个人,要求其对与调查事项有关的问题作出说明、提供有关证明材料;

(3)对隐匿、转移、侵占、挪用社会保险基金的行为予以制止并责令改正。

第三,规定财政部门、审计机关按照各自职责,对社会保险基金的收支、管理和投资运营情况实施监督。

（三）社会监督

《中华人民共和国社会保险法》要求县级以上人民政府采取措施，鼓励和支持社会各方面参与社会保险基金的监督，并作了以下规定：

第一，规定了社会保险监督委员会的设立、组成和主要职责。该法规定，统筹地区人民政府成立由用人单位代表、参保人员代表，以及工会代表、专家等组成的社会保险监督委员会。其主要职责是：掌握、分析社会保险基金的收支、管理和投资运营情况，对社会保险工作提出咨询意见和建议，实施社会监督；听取社会保险经办机构关于社会保险基金的收支、管理和投资运营情况的汇报；聘请会计师事务所对社会保险基金的收支、管理和投资运营情况进行年度审计和专项审计；对发现存在问题的，有权提出改正建议；对社会保险经办机构及其工作人员的违法行为，有权向有关部门提出依法处理建议。

第二，规定了工会的监督。该法规定，工会依法维护职工的合法权益，有权参与社会保险重大事项的研究，参加社会保险监督委员会，对与职工社会保险权益有关的事项进行监督。

第三，规定有关部门和单位应当向社会公布或者公开社会保险方面的信息，主动接受社会监督。包括：社会保险行政部门应当定期向社会公布社会保险基金检查结果；社会保险经办机构应当定期向社会公布参加社会保险情况以及社会保险基金的收入、支出、结余和收益情况；社会保险监督委员会应当向社会公开审计结果。

【思考题】

1. 社会保险的特征是什么？
2. 简述社会保险法的调整范围。
3. 简述社会保险法的立法宗旨和基本方针。
4. 简述社会保险法的基本原则和功能。
5. 我国社会保险法包括哪些内容？
6. 简述我国现行社会保险法的制度价值。

【案例分析】

1. 张某应聘到某公司工作。公司在待遇方面提出：如果张某坚持要求办理社会保险的话，张某的工资将会减少300元。张某觉得还是工资多拿一些好，决定不缴纳社会保险。张某和公司签订了2年的劳动合同，在合同中约定了月工资1800元，劳动者主动放弃让用人单位缴纳社会保险的权利。1年后，张某因为和公司在工资支付上发生争议，以用人单位不为其缴纳社会保险为由，通知用人单位解除劳动合同，同时要求支付经济补偿。公司以双方有明确约定为由,同意双方终止劳动关系,但是不同意支付经济补偿。张某提起劳动争议仲裁。李某的主张会得到支持吗?

2. 2008年5月,葛某与北京某企业签订了一份为期5年的劳动合同,约定葛某月薪1万元,如果葛某提前解除劳动合同,每提前一年,向企业支付1万元违约金。同时还约定,葛某的社会保险费基数为3000元。2011年5月,葛某获得了猎头提供的月薪1.5万的工作机会。猎头公司建议葛某以该外资企业未依法缴纳社会保险费为由提出辞职,这样就不需要承担违约金责任。葛某提出辞职,公司提出必须按劳动合同缴纳提前解除劳动合同违约金方可离开,葛某提请仲裁。葛某能不缴纳违约金解除劳动合同吗?

3. 周某是河北省某煤矿的一名矿工,从事煤矿开采。2009年3月的一天,周某和往常一样下班后前往单位职工浴室洗澡。在浴室洗澡时,周某不慎摔成骨折。事故发生后,周某所在单位向当地劳动保障行政部门提出了工伤认定申请,认为周某工作结束后在洗澡过程中受伤,属于工作时间后在工作场所内从事与工作有关的收尾性工作受到事故伤害的,应当认定为工伤。劳动保障行政部门受理后,经过调查认为周某摔伤纯属由于个人不慎造成,并且与工作无关,因此认为周某在洗澡过程中所受到的伤害不属于工伤。周某对劳动保障行政部门的这一认定结论不服,于是向法院提起了行政诉讼。周某的工伤认定会得到法院支持吗?

4. 杨某于2007年6月5日入职某投资公司,担任设计师职务,双方签订了书面的劳动合同,合同期限自2007年6月5日至2009年6月4日。2009年2月杨某怀孕,同年10月,该公司以杨某多次违反了公司规定,代人打卡,在公司领导查明事实之后只承认部分错误事实,恶意隐瞒事实,欺骗公司,严重损害公司利益为由,对杨某作出辞退处理,不发放任何经济补偿,并且停止交纳社会保险。杨某不服,提请仲裁。她能享受生育保险待遇吗?

【司法考试真题链接】

1. 根据我国《劳动法》关于劳动争议的规定,下列哪些说法是错误的?(2003年)

A. 企业与职工就劳动争议达成和解协议即具有法律效力,任何一方不得再申请仲裁或诉讼

B. 劳动争议发生后6个月内,企业或者职工任何一方均可依据仲裁协议申请仲裁

C. 劳动争议发生后,当事人只能先向劳动争议仲裁委员会申请仲裁,不能直接向人民法院提起诉讼

D. 劳动争议仲裁裁决书自送达之日起即发生法律效力

2. 某民办科研所与技术员周某签订劳动合同,约定由周某承担科研所的一个产品开发项目。开发过程中,由于资金缺乏,项目被迫下马。科研所决定与周某解除劳动关系。对此,该单位法律顾问提供的下列哪一项建议不符合法律规定?(2005年)

A. 告知周某当初聘用他的工作岗位已不存在

B. 至少提前30天向周某发出书面通知

C. 先安排周某到后勤岗位,如他拒绝就可以解雇

D. 如周某同意解除劳动合同可与单位签订解约协议,单位支付经济补偿;如周某不同意签订解约协议,单位有权单方解约并不必支付经济补偿

3. 某建筑工程队低价招用 20 名学徒工,合同中规定他们每天必须从事高空作业或繁重搬运工作,否则不能结算当月工资。用工当月,工程队因违反安全施工规定造成事故,致使学徒工多人伤亡。有关部门经调查发现这些学徒工均是不满 15 周岁的边远地区农民子弟。对此,劳动行政部门拟采取的下列哪一项措施不符合法律规定?(2005 年)

A. 责令雇主解除劳动合同,遣返这批学徒工

B. 责令雇主承担遣返费用,并给予经济补偿

C. 收缴雇主在非法用工期间的经营所得

D. 告知事故受害者及其家属向雇主索赔的权利,并协助他们向雇主索赔

4. 下列哪些说法违反劳动法的规定?(2010 年)

A. 我国公民未满十六岁的,用人单位一律不得招用

B. 双方当事人不可以约定周六加班

C. 劳动合同期限约定为二年的,试用期应在半年以上

D. 双方当事人可就全部合同条款作出违约金约定

5. 关于社会保险制度,下列哪些说法是正确的?(2011 年)

A. 国家建立社会保险制度,是为了使劳动者在年老、患病、工伤、失业、生育等情况下获得帮助和补偿

B. 国家设立社会保险基金,按照保险类型确定资金来源,实行社会统筹

C. 用人单位和职工都有缴纳社会保险费的义务

D. 劳动者死亡后,其社会保险待遇由遗属继承

第十二章　社会保险法律制度

【引例】

李某是某纸业有限公司造纸车间的造纸工。2012年3月20日0时至8时上夜班,凌晨5时45分左右,纸棍架上原有的半成品纸棍突然坍塌,砸向正坐在车间内门边打瞌睡的李某。李躲闪不及,造成右脚踝骨骨折。用人单位向当地劳动保障行政部门申请认定工伤,该劳动保障部门辩解李虽在工作时间和工作场所内,但当时李在打瞌睡,而没有直接从事工作,非因工作的原因而受伤,不符合国务院《工伤保险条例》第14条所规定的"在工作时间和工作场所内,因工作原因受到事故伤害"可以认定为工伤的情形。这种情形是否属于工伤?本章将从社会保险法的五个方面,即养老保险、失业保险、工伤保险、医疗保险、生育保险,进一步展开,系统地对社会保险法进行探讨。

第一节　养老保险法律制度

一、养老保险概述

（一）养老保险的特征

养老保险又称老年保险,是指国家通过立法强制建立养老保险基金,劳动者达到法定退休年龄并退出劳动岗位时,可以从养老保险基金中领取养老金,以保证其基本生活的一种社会保险制度。社会保障被称为社会安全网或减震器,而养老保险则是其主要组成部分。养老保险作为社会保险的组成部分,除具有社会保险的一般特征外,还有如下特征:

1. 劳动者达到法定老年年龄,并从事某种劳动达到法定年限是享受养老保险的法定条件,这是养老保险区别于其他社会保险的主要特征。养老保险的对象是老年人,即享受养老金者必须达到法定的老年年龄,因此老年的界定就至关重要。对于"老年"的界定,各国因劳动力资源状况、社会经济发展状况、劳动者体质状况等多种因素的不同而有所不同。达到老年年龄只是享受养老保险的条件之一

2. 劳动者被依法解除法定劳动义务是享受养老保险的事实前提。达到法定老年年龄并从事某种劳动达到法定年限,符合享受养老保险的法定条件,实际享受养老保险尚需符合事实前提,即劳动者被依法解除法定劳动义务。

3. 国家和社会依法提供一定物质帮助给被解除劳动义务的劳动者,以维持其老年生活是养老保险的宗旨。鉴于养老保险的唯一宗旨就是提供一定物质帮助给被解除劳动义

务的劳动者,以维持其老年生活,所以养老保险待遇的确定既非按劳分配,也非按需分配,而是以劳动者解除劳动义务后的基本生活需要、劳动者的劳动贡献和社会经济发展状况等作为基本依据。

4. 养老保险是适用范围最为广泛的社会保险项目。养老保险在整个社会保险制度中占据最重要的地位。在各项社会保险项目中,养老保险具有适用范围最为广泛的特点。养老保险问题的存在和提出,主要是由人的生理规律决定的。由于生理原因,步入老年是每个劳动者无法回避的问题,所以养老保险保障的范围应为全体劳动者。

(二)养老保险的意义

养老保险是生产社会化的产物,其目的是为了保障劳动者在年老退休后有可靠的经济来源,以维持其基本生活。由于养老保险制度关系到每一个劳动者及其家庭的切身利益,因此该制度的设立对社会的稳定和发展都具有积极的影响。养老保险的意义主要体现在以下几个方面:

1. 有利于保证劳动力的再生产。通过建立养老保险制度,有利于劳动力群体的正常代际更替,老年人年老退休,新成长劳动力顺利就业,保证就业结构合理化。

2. 有利于社会的安定。养老保险为老年人提供了基本生活保障,使老年人老有所养。随着人口老龄化的到来,老年人口的比例越来越大,人数也越来越多,养老保险保障了老年劳动者的基本生活,也就意味着保障了社会相当部分人口的基本生活。对于在职劳动者而言,参加养老保险,意味着对将来年老后的生活有了预期,免除了后顾之忧,从而有利于社会的稳定。

3. 有利于促进经济的发展。各国设计养老保险制度多将公平与效率挂钩,劳动者退休后领取养老金的数额,与其在职劳动期间的工资收入、缴费多少有直接的联系,这无疑能够产生一种激励机制,鼓励劳动者在职期间,积极劳动,提高效率。

二、养老保险的适用范围

(一)养老保险的保障对象

养老保险的保障对象解决的是养老保险应适用于哪些人,即哪些人有权享受养老保险待遇。在社会保险制度中,养老保险保障对象最为广泛。从一般意义上而言,养老保险的保障对象为全体劳动者,换言之,每个劳动者都有权利获取他们年老时所需要的生活帮助和补偿。但由于受社会经济发展状况等诸多因素的影响,并非全体劳动者都能一起享受到养老保险待遇,全体劳动者都享受到养老保险需要有一个渐进发展的过程。

(二)养老保险适用范围应遵循的原则

1. 养老保险适用范围与社会经济发展水平和社会承受能力相适应的原则。养老保险本身就是社会化大生产的产物,养老保险的宗旨是国家和社会依法提供一定物质帮助给被解除劳动义务的劳动者以维持其老年生活。我国《劳动法》第71条规定"社会保险水平应当与社会经济发展水平和社会承受能力相适应"。

2. 普遍性保护与选择性保护相结合的原则。从广义上讲,养老保险的保障对象应为全体劳动者,保障程度也应统一,全体劳动者一起享受统一的养老保险待遇是我们的追求。但养老保险的适用范围的界定应符合社会经济发展状况和劳动力资源状况等。因此,养老保险的适用范围,一是要坚持普遍性保护原则,最大限度地保护所有劳动者;二是要根据社会实际,采取选择性保护原则,随着社会经济发展水平的提高而逐步扩大养老保险的适用范围。

3. 享受养老保险的权利与义务对等的原则。享受养老保险的老年人是指劳动达到一定年限后退出工作岗位的人。国家和政府对公民的劳动年龄的上下限都有立法或制度的规定,退休年龄是指劳动年龄的上限。劳动者达到退休年龄以后,国家依据退休制度,一方面安排他们退出原来的工作岗位;另一方面要保证他们获得社会的物质帮助和社会服务的权利。劳动者达到退休年龄之后,无论其实际劳动能力是否丧失,都必须按规定退休。这也是他们取得养老保险必须履行的义务。根据这一原则,确定养老保险的条件和待遇水平时,必须以劳动者退休前为社会所做的劳动贡献的时间和贡献的大小为依据。

4. 保证基本生活水平的原则。当劳动者退出劳动生涯之后,养老保险制度为其提供的养老金是他们的主要生活来源。因此,要保证老年人的基本生活需要,就必须使养老金能够满足老年人的基本生活需要。

5. 分享社会经济发展成果的原则。老年人的社会保障水平必须随其他社会成员收入和生活水平的提高而提高,其中的一个重要内容,就是随在业者工资水平的提高而相应地提高,其理由:(1)老年人为经济发展奠定了基础,做出过贡献,他们已经尽了劳动的义务,承担了社会责任。(2)社会发展必须体现公平的原则。为了使退休者与在业者之间的收入差距不过于悬殊,避免产生大量的低收入人群,必须使老年人的收入不断提高。此外,有些经济发达国家在制定养老金待遇标准时,还考虑到被抚养的人口,即实行"照顾被抚养人口的原则"规定对配偶和未成年子女给予补贴或抚养费。

三、养老保险基金的筹集和管理

(一)养老保险基金的概念

养老保险基金就是为保障劳动者享受养老保险待遇而多方筹集的,在劳动者达到法定老年年龄,并从事某种劳动达到法定年限之后提供给劳动者,以维持其基本生活水平的资金集合。建立养老保险基金的目的是保障劳动者切实享受到养老保险

(二)养老保险基金筹集的立法模式

1. 养老保险基金筹集立法模式的种类。目前国际上通行的做法主要有三种基本模式:即现收现付式、完全积累式和部分积累式。

现收现付式是指以一个时期的正在工作的一代人的交费来支付已经退休的一代人的养老金的制度安排。现收现付的方式是实际转嫁的模式,即由在职职工负担已退休职工的养老费用。完全积累式实际上是个人账户储存积累式,在国际上又称为基金制,是指一个养老金计划参加者,从其参加工作起,根据规定按工资总额的一定比例由单位和其本人

缴纳的保险费,记入其个人账户,作为长期积累资金,交由某一投资基金进行管理投资,等参加者退休后,该基金再以投资所得的回报以年金的方式向其逐月发放。部分积累式是现收现付和完全积累式两种方式的结合,是指在满足一定阶段支出需要的前提下又留有一定储备。部分积累式具体可以分为两种方式,一是社会统筹部分积累方式,实行"以支定收,略有结余,留有部分积累";二是社会统筹与个人账户相结合,即单位缴纳的保险费大部分归入社会统筹调剂使用,个人缴纳的全部保险费和单位缴纳的一部分保险费记入个人账户。

2. 我国养老保险基金筹集采取的模式 根据我国社会经济发展状况和人口老龄化状况,采取部分积累式养老保险基金筹集模式最为科学。这种模式的好处是:可以在较长时期内平衡费率,缓解老龄化加快时国家和企业的经济负担,避免养老保险费率过度波动和过快上升,从而可以取两者之长而避两者之短。目前我国养老保险的基金来源主要由用人单位、劳动者个人、国家三方。

[案例]原告刘某原系被告山东省日照市蓝天实业总公司员工(以下简称蓝天公司),2002年因患病被该公司批准内退,核定月工资为2355元,但蓝天公司实际发给刘某的工资与核定数额不符。2010年10月刘某正式退休,社保部门按照蓝天公司为刘某缴纳的养老统筹费的基数核定刘某每月退休工资为2650元。2010年11月12日刘某向蓝天公司提交报告一份,表示自愿放弃缴纳2002年7月到2008年12月养老统筹金个人承担部分。为此蓝天公司没有向社会养老经办机构为刘某缴纳2002年至2008年的养老统筹金。

2011年3月,原告因退休工资偏低问题找社保部门了解情况,得知原告退休工资偏低的原因是被告自2002年7月至2008年12月没有为原告缴纳养老统筹金。为此原告多次找被告要求解决问题未果。4月15日,原告向日照市劳动仲裁委员会申请仲裁,该仲裁委于同日以案件超过仲裁时效为由不予受理。4月21日,原告向法院提起诉讼。要求被告为原告缴纳自2002年起至2008年的养老统筹费并由被告办理相关缴费手续。被告答辩称,原告的申诉已过申诉时效。对此,法院会如何处理?

[解答]本案涉及社会保险费的缴纳问题,很具有代表性。现实中由于社会保险缴纳引起争议的不在少数,而本案更是退休员工因为未缴纳社会保险致使退休工资偏低的情况,是社会保险纠纷案中的常见情形。因此,对本案例的分析可能起到触类旁通的作用。

理论上一般认为,社会保险是国家根据宪法所制定的基本政策,具有强制性。国家通过制定《工伤保险条例》、《社会保险费征缴暂行规定》等法律法规以及各种地方性法规,对社会保险的法定性和强制性予以明确。在我国,劳动者享受社会保险的权利受法律保护。在《劳动合同法》颁布以前,《劳动法》虽然没有将社会保险条款规定为劳动合同的必备条款,但根据其第72条的规定:"用人单位和劳动者必须依法参加社会保险,缴纳社会保险费。"用人单位和劳动者参加社会保险并缴纳社会保险费是法律的强制性规定,用人单位和劳动者不能以合同的方式协商减免社会保险的缴纳。

具体到本案,2010年11月12日,原告向被告提交报告一份,表示自愿放弃缴纳2002年至2008年养老统筹金个人承担部分。这部分应是劳动者个人缴纳的,本案原告想放弃缴纳此部分保险金,根据之前的理论分析,原告的做法是无法得到法律承认的,原告应当补缴这期间的保险金额。而被告因此没有向社会养老保险经办机构为原告缴纳2002年7月至2008年12月的养老统筹金,我们认为,一方面,个人缴纳与单位缴纳之间并不存在必然的联系,个人放弃缴纳时单位并不能因此也放弃缴纳;另一方面,根据之前的理论分析,用人单位和劳动者参加社会保险并缴纳社会保险费是法律的强制性规定,用人单位和劳动者不能单方面或以合同的方式协商免除社会保险费的缴纳。因此,本案法院应判决原被告应补缴这期间内的社会保险费用。

另外,被告在答辩中声称原告的申诉已过申诉时效,根据《企业劳动争议处理条例》第23条第1款的规定:"当事人应当从知道或者应当知道其权利被侵害之日起六个月内,以书面形式向仲裁委员会申请仲裁。"本案原告在2011年3月因退休工资偏低问题找社保部门了解情况时才得知自己的权利被侵害,4月15日就向仲裁委员会申请仲裁,未过六个月的期限。被告的答辩理由显然不充分。

四、养老保险金的给付

(一)享受养老保险金的条件

劳动者享受养老保险金的条件,在法律规定上一般包括三个:退出劳动领域、年龄、工龄或缴费年限,在这三项主要的条件之外,享受养老保险待遇还有其他条件,如规定被保险人必须是永久居民或为本国居民或在本国居住满一定年限等。

(二)养老保险金发放标准

按我国现行规定,我国职工从其退休的第二个月起停止发放工资,每月按规定标准发给退休金直到死亡为止。其他待遇,如住房补贴、冬季取暖补贴等均按规定的标准执行。

劳动者如退职,即经医院证明完全丧失劳动能力,但不具备退休条件并经批准后退出了工作岗位并获得一定物质帮助的低于退休待遇的待遇水平,其项目包括:(1)按月发给相当于本人退职前基本工资一定比例的退职生活费,其数额不得低于国家规定的最低生活标准;(2)医疗待遇与死亡待遇和在职职工相同。

第二节 失业保险法律制度

一、失业保险概述

(一)失业的概念

失业是指具有劳动能力并有劳动意愿的劳动者得不到劳动机会或者就业后又失去工

作的状态。各国关于失业的定义各有不同,国际劳工组织对失业的定义作了如下界定:失业是指在调查期内达到一定年龄并满足以下条件者:(1)没有工作,即未被雇佣同时也未自谋职业者;(2)目前可以工作,即可被雇佣或自谋职业者;(3)正在寻找工作,即在最近特定时期已经采取明确步骤寻找工作或自谋职业者。

(二)失业保险的概念和特点

失业保险是指国家通过建立失业保险基金,使因失业而暂时中断生活来源的劳动者在法定期间内获得失业保险金,以维持其基本生活水平的一项社会保险制度。失业保险制度是社会保险制度的重要组成部分。失业保险与其他社会保险制度一样,具有强制性、保障性和社会性等特点,但与其他社会保险制度相比,失业保险还具有以下特点:

1. 失业保险的对象为失业劳动者。即失业保险只对有劳动能力并有劳动意愿但无劳动岗位的人提供保险。我国对失业保险对象进一步限定为已经就业但非因本人意愿中断就业、并办理失业登记的那部分劳动者,未曾就业者不在此列。

2. 享受失业保险待遇有一定期限。失业保险相对于养老保险、医疗保险、工伤保险等,属于短期支付的险种,亦即享受失业保险待遇一般有期限限制。如我国规定劳动者领取失业保险金的最长期限为 24 个月。一方面,这是因为劳动者失业通常与经济发展的周期性或经济的结构性调整有关,失业多表现为一种暂时的现象。另一方面,规定享受失业保险有一定的期限,也是为了促进劳动者积极寻找就业机会,实现再就业。

3. 失业保险费由企业和劳动者缴纳。在各项社会保险中,工伤保险和生育保险的保险费由企业缴纳,劳动者不需缴费。过去我国的待业保险制度也规定,待业保险费由企业缴纳,职工在待业期间可享受待业保险金。新的失业保险制度建立后,改变了原来劳动者个人不缴费的做法,规定劳动者要按工资的一定比例缴纳保险费,才可享受失业保险待遇。

二、失业保险的对象、范围和条件

(一)我国失业保险的对象和范围

按照 2010 年《社会保险法》失业保险的对象主要有失业前用人单位和本人已经缴纳失业保险费满一年的;非因本人意愿中断就业的;已经进行失业登记,并有求职要求的。第 46 条规定:失业人员失业前用人单位和本人累计缴费满一年不足五年的,领取失业保险金的期限最长为十二个月;累计缴费满五年不足十年的,领取失业保险金的期限最长为十八个月;累计缴费十年以上的,领取失业保险金的期限最长为二十四个月。重新就业后,再次失业的,缴费时间重新计算,领取失业保险金的期限与前次失业应当领取而尚未领取的失业保险金的期限合并计算,最长不超过二十四个月。

[案例]2012 年 3 月莱芜市市民王女士在网上发帖询问某律师,2001 年,她从钢城区某厂下岗后,一直没有找到工作,生活比较困难。她想咨询一下,像她这样下岗几年的居民还能不能申领失业保险金? 假设你就是该律师,你如何正确回答她?

[解答]失业保险金,是指失业保险经办机构依法支付给符合条件的失业人员的基本生活费用,是对失业人员在失业期间失去工资收入的一种临时补偿,目的是为了保障失业人员的基本生活需要。非因本人意愿中断就业的居民可以申领失业保险金。根据规定,失业人员申领失业保险金必须持有:与单位解除劳动关系的文件或证明;缴费登记卡;失业登记证明;失业证复印件;身份证复印件;失业保险金申领登记表。

同时,失业保险金的申领有一定期限。失业人员失业前所在单位,应将失业人员的名单自终止或者解除劳动合同之日起7日内报受理其失业保险业务的经办机构备案,并按要求提供终止或解除劳动合同的证明、参加失业保险及缴费情况的证明等有关材料。而失业人员应在终止或者解除劳动合同之日起60日内,到受理其单位失业保险业务的经办机构申领失业保险金。王女士已经下岗多年,超过了失业保险金的申领期限,所以,她不能申领失业保险金。

(二)领取失业保险金的条件

我国《失业保险条例》第14条对失业人员领取失业保险金的条件作了具体规定。按照规定,失业人员享受失业保险待遇,须同时具备以下条件:

1. 按照规定参加失业保险,所在单位和本人已按照规定履行缴费义务满1年的。失业人员所在单位及其本人要依照国家有关规定参加失业保险,向当地社会保险经办机构办理登记,由单位和劳动者个人依法缴纳失业保险费,并且缴费时间满1年。如果失业人员及其单位未参加失业保险,或未缴足保险费,或者缴费期不满1年,则不能享受失业保险待遇。

2. 非因本人意愿中断就业。即劳动者失业属非自愿失业。如果是个人原因造成的自愿中断就业,则不能享受失业保险待遇。此外,《失业保险条例》还规定,无正当理由,拒不接受当地人民政府指定的部门或者机构介绍的工作的,不得再享受失业保险待遇。

3. 已办理失业登记,并有求职要求。失业登记,是指失业人员失业后,应持本单位出具的终止或解除劳动关系的证明,到指定的社会保险经办机构办理失业登记。办理失业登记是失业人员享受失业保险待遇的必要程序,只有办理失业登记后,才可申请领取失业保险金。求职要求是指失业人员在职业介绍机构登记求职,并参加再就业的培训和指导。

劳动者失业后,符合上述规定条件的,可以向社会保险经办机构申请领取失业保险金。但是,失业人员符合以下情形之一的,则要停止领取失业保险金,并同时停止享受其他失业保险待遇。法律规定的失业人员停止领取失业保险金的事由包括:(1)重新就业的;(2)应征服兵役的;(3)移居境外的;(4)享受基本养老保险待遇的;(5)被判刑收监执行或者被劳动教养的;(6)无正当理由,拒不接受当地人民政府指定的部门或者机构介绍的工作的;(7)有法律、行政法规规定的其他情形的。

三、失业保险金的筹集和管理

(一)失业保险金的筹集

1. 失业保险金的概念。建立失业保险基金是失业保险制度的重要内容。失业保险基金是社会保险基金中的一种专项基金,是国家法定建立的用以保障失业人员失业期间的基本生活的资金。

2. 失业保险基金的筹集。失业保险基金是依法征缴的用于各项失业保险开支的专项基金,是劳动者在失业期间获得失业保险待遇的资金保证,是社会保险基金的重要组成部分。一般来说,失业保险资金的筹集,要以资金收入与资金支出相平衡为基本原则。多数国家采取了现收现付的方法,即当期收缴的失业保险费用于当期的失业保险给付,不需要为将来的支出提存准备金,但规定在一定年限内对收缴费用进行必要的调整,以保证收入与支出相符。同时规定可建立特别风险准备金,以应付因实际风险的发生和给付率的变化所造成的支付危机。

根据我国1986年和1993年的待业保险法规以及2010年《社会保险法》,待业保险基金主要来源于以下三个方面:企业缴纳的待业保险费、待业保险费的利息收入和政府财政补贴。其最大的特点就是劳动者个人无须缴费。

(二)失业保险金的管理和监督

1. 失业保险金的管理。从对失业保险基金的管理体制上看,多数国家是由政府部门管理,有些是由自治机构管理。有些国家已将失业保险和就业服务合并管理,目的是为了促进失业人员尽快实现再就业。

(1)保护的范围。失业保险制度应为有能力工作、可以工作并且确实在寻找工作的完全失业者提供保护,还应努力将保护范围扩大到工作时间不充分而导致收入减少的半失业者。

(2)资金来源。可以采取缴费基金制,也可以采取非缴费制,或是两种办法的结合。

(3)失业津贴的形式和标准。失业津贴一般不低于投保人以前收入的50%或最低工资的50%。

(4)等待期和津贴支付期限。等待期一般为7天,最多不超过10天。

(5)取消或削减失业津贴。一般包括情况,①当事人不在国内期间;②主管机关断定失业是当事人自愿离职造成的;③在发生劳资纠纷期间,当事人停工参与纠纷处理或由于劳资纠纷导致停工,当事人无法参加工作;④当事人通过欺骗手段试图获得或已经获得失业津贴时;⑤当事人无正当理由不利用职业安置、职业指导、职业培训、重新培训或重新安置合适工作的机会;⑥当事人除家庭补助外得到了国家立法规定的别的收入补助,而且这种补助数额超过了失业津贴的数额时,都可以拒付、取消、停发或削减本应支付的失业津贴。

(6)争议的处理。在失业津贴被拒付、取消、停发或削减时,或对津贴数额有争议时,当事人应向管理津贴的机构或其他有关的机构提出上诉。

2. 失业保险监督。失业保险监督是指有监督权的机构和个人对失业保险基金的征收、支出和运营情况进行的监督。对失业保险进行监督,是使失业保险基金有效运营,发挥失业保险作用的重要保证。对失业保险的监督应包括以下内容:劳动保障行政部门负责对失业保险费的征收和失业保险待遇的支付进行监督检查;财政部门和审计部门负责对失业保险基金的收支、管理情况进行监督;缴费单位应每年向本单位职工公布本单位全年失业保险费缴纳情况,接受职工监督;社会保险经办机构应当定期向社会公告失业保险费征收情况,接受社会监督;任何组织和个人对有关失业保险费征缴的违法行为有权举报。

四、失业保险待遇的给付

(一)失业保险待遇的内容及给付的原则

1. 失业保险待遇的内容。从各国关于失业保险待遇的内容看,失业保险待遇主要包括失业救济、失业救助和补充失业津贴等。失业救济是对失业者及其家庭成员支付的基本生活费和医疗费;失业救助是在失业救济给付期满后,对未能重新就业者给予的救济,其支付水平低于失业救济,有些国家将其纳入最低生活救助;补充失业津贴是对失业者的家庭经济情况进行调查后,考虑失业者需抚养人数、年龄及健康状况给予的补充津贴,有些国家还针对再就业培训的需要给予补充津贴。

我国规定的失业保险待遇主要有:

(1)失业保险金,指社会保险经办机构按规定支付给符合条件的失业者的基本生活费,是失业者最基本的失业保险待遇。只要失业者符合享受失业保险待遇的条件,都有权申领失业保险金。

(2)领取失业保险金期间的医疗补助金,是指社会保险经办机构对失业者在领取失业保险金期间患病就医的医疗费给予的补助。由于我国医疗保险制度尚不健全,失业者的医疗费只能从失业保险基金中支出。

(3)领取失业保险金期间死亡的失业人员的丧葬补助金和其供养的配偶、直系亲属的抚恤金。过去这项费用由职工生前所在单位负担,现在改为向社会保险经办机构申领。

(4)领取失业保险金期间接受职业培训、职业介绍的补贴,包括失业者为接受职业培训所需的路费、住宿费、培训费等。

2. 失业保险金给付的原则。失业保险的基本功能在于保障失业人员的基本生活,促进失业人员的再就业。失业保险金是最基本的失业保险待遇,在确定失业保险金发放的期限和标准时,应遵循以下原则:

(1)失业保险金应维持失业人员的基本生活。失业大多是非本人意愿造成的,对于失业者来说,失去工作则意味着失去工资收入,失业保险金就成为其生活的主要来源。因此,在确定失业保险金时,应考虑失业人员及其赡养人口的基本生活需要,失业保险金的标准应保证其基本生活,高于城市居民最低生活保障标准。

(2)给付标准应适当低于失业者原有工资水平。这是因为,给付应以奉献为准绳。在失业期间,失业者对单位、国家和社会都无所奉献,理应获得低于就业时的收入水平,并限制一定的给付期限。若给付标准等于原有的工资标准,既会增加国家财政负担,又容易使失业者滋长懒惰和依赖的心理,宁愿失业享受失业保险,也不愿意重新就业,其结果是不利于促进失业者再就业。

(3)失业保险权利和义务相对等的原则。劳动者在就业期间,为国家和企业创造了财富,并缴纳了规定的失业保险费,其失业后有权享受失业保险以保障其基本生活。为了更好地体现权利、义务对等的原则,我国立法规定,保险金领取期限与失业人员失业前所在单位及其本人缴费的时间相联系,缴费时间越长,领取失业保险金的期限就越长,但最长不得超过 24 个月。

(二)失业保险给付程序

失业人员领取失业保险金,除了须符合领取失业保险金的条件外,还需符合法律规定的有关程序。具体要求是:

1. 由用人单位出具终止或者解除劳动关系的证明。城镇企业事业单位与劳动者解除劳动关系后,应当及时为失业人员出具终止或解除劳动关系的证明,告知其按照规定享受失业保险待遇的权利,并将失业人员的名单自终止或者解除劳动关系之日起 7 日内报社会保险经办机构备案。

2. 到指定的社会保险经办机构办理失业登记。城镇企业事业单位职工失业后,应当持本单位为其出具的终止或者解除劳动关系的证明,及时到指定的社会保险经办机构办理失业登记。失业保险金自办理失业登记之日起计算。

3. 按月到指定银行领取。失业保险金由社会保险经办机构按月发放,社会保险经办机构为失业人员开具领取失业保险金的单证,失业人员凭单证到指定银行领取失业保险金。

第三节 工伤保险法律制度

一、工伤保险概述

(一)工伤的概念

一般意义上,工伤是指劳动者由于职业性有害因素或在工作中及法定的特殊情况下发生意外事故所引起的职业病和人身伤害。工伤包括伤、残、亡三个不同层次的情况。

(二)工伤保险的概念和特征

工伤保险,也称为职业伤害保险,是指劳动者由于职业性有害因素或在工作中及法定的特殊情况下发生意外事故引起职业病和人身伤害时,其本人或供养亲属从社会得到必要的物质帮助和经济补偿的社会保险制度。它具有以下几个特征:

1. 工伤保险经费由用人单位负担,劳动者个人不缴纳。在实行工伤保险制度的国家,只有极个别的国家规定劳动者个人需要缴纳少量保险费。

2. 工伤保险具有强制性。它是法律规定必须对职工实行的保险。我国《工伤保险条例》第2条规定：中华人民共和国境内的各类企业、有雇工的个体工商户应当按照本条例规定参加工伤保险，为本单位全部职工或者雇工缴纳工伤保险费。

3. 工伤保险的赔偿责任实行无过失补偿原则。工伤保险制度确立无过失补偿或称为无过错责任补偿的制度，即劳动者只要因工伤事故和职业病造成伤害时，就享有保险的权利，而不管伤害的造成是谁的责任。无过错责任补偿制，是工伤保险制度与一般民事赔偿制度的重要区别。

4. 工伤保险待遇标准较高，享受条件较宽，服务项目较多。工伤保险待遇的标准一般高于非因工伤残的待遇，在享受的条件方面没有工龄和缴费年限的限制，待遇项目不仅包括了工伤医疗待遇、住院待遇以及治疗期间照发的工资，还包括住院期间的饮食补助、负伤后的工伤津贴、工伤致残后的一次性和定期残障津贴，以及因工死亡的丧葬补助金、供养亲属抚恤金和一次性工伤补助金等。

5. 工伤保险的目的不仅在于对受伤害者的事后救济，而且还注重对职业伤害的预防。因此，许多国家特别重视把强制雇主加入工伤保险同强制雇主改善劳动卫生条件相结合。我国《工伤保险条例》第4条第2款规定：用人单位和职工应当遵守有关安全生产和职业病防治的法律法规，执行安全卫生规程和标准，预防工伤事故发生，避免和减少职业病危害。

6. 与其他社会保险相比，工伤保险建立的时间最早，实施的范围最广。工伤保险是在工业化进程中最早由国家立法强制实施的社会保险，其他社会保险项目都是在此之后逐步建立起来的。

二、工伤的范围

（一）工伤的认定

对于工伤范围的界定，必须以立法中的明文规定为依据。关于工伤范围的法律规定，主要包括工伤事故的范围和职业病的范围，其核心问题就是对工伤的具体认定。怎样认定工伤的界限，这是解决工伤范围的首要前提。一般来说，确定工伤范围的基本认定条件是看职工的负伤、伤残或者死亡是不是工作原因造成的，是不是为照顾国家、集体、他人的利益而造成的。

对于工伤与非工伤之间的界限，在认定时通常有以下可考虑的因素：

1. 时间因素。一般而言，工伤只限定于工作时间之内所发生的事故伤害。这里的工作时间应该扩大解释，也应该包括用人单位与雇主同意或其未提出反对意见而延长工作的时间。

2. 空间因素。一般而言，工伤只限于生产、工作区域范围之内或通往这一区域的途中所发生的事故伤害。对于有固定工作场所的职工而言，这一点较容易把握；困难的是很多工作没有固定的工作地点。例如推销员、社会工作者就没有固定的场所，这时就必须结合其到达该场所的目的来考察，也就是其处于该场所是不是为了职责范围内的工作来确定，即使发生在固定的工作时间和固定的生产工作区域之外，也属于工伤的范围。

3. 执行工作职责的行为因素。一般来说，工伤只限于职工正在从事执行工作职责的行为时发生的，如果急性伤害虽然发生在工作时间、生产工作区域之内，却不是由于执行职务或业务而发生的，不应该属于工伤。执行工作职责的具体行为包括其职责范围内的行为和与工作有某种正常联系的行为，前一种行为又包括其基本职责的行为和雇主临时指定的行为，从事该项职业的人在该情形一般应当进行的行为，以及紧急情况下进行的对于雇主有利的行为。就后一种行为来说，包括前往工作地点的行为，工作准备性行为、结束工作时清理生产工具的行为以及在工作过程中为个人合理需要而进行的行为，如喝水、暂时离开工作上洗手间，等等。

4. 主观过错的因素。除了职工自己故意造成的事故伤害不应属于工伤以外，在职工无过错或一般过失的主观心态下发生的伤害，只要符合其他工伤条件，都应属于工伤，决不能以职工本人对事故伤害发生有过失，作为将该伤害排斥在工伤范围之外的理由。

5. 法律特殊规定的因素。即立法上明确规定，在工伤范围的一般界限之外的，应属于工伤的特殊情况。如我国规定，在抢险救灾等维护公共利益的活动中受伤的，也按工伤处理。

（二）工伤认定的程序

在我国，职工发生事故伤害或者按照《职业病防治法》规定被诊断、鉴定为职业病，所在单位应当自事故伤害发生之日或者被诊断、鉴定为职业病之日起 30 日内，向统筹地区劳动保障行政部门提出工伤认定申请。遇有特殊情况，经报劳动保障行政部门同意，申请时限可以适当延长。用人单位未按规定提出工伤认定申请的，工伤职工或者其直系亲属、工会组织在事故伤害发生之日或者被诊断、鉴定为职业病之日起 1 年内，可以直接向用人单位所在地统筹地区劳动保障行政部门提出工伤认定申请。同时，用人单位未在规定的时限内提交工伤认定申请，在此期间发生符合规定的工伤待遇等有关费用由该用人单位负担。

提出工伤认定申请应当提交的材料包括：工伤认定申请表；与用人单位存在劳动关系（包括事实劳动关系）的证明材料；医疗诊断证明或者职业病诊断证明书（或者职业病诊断鉴定书）。工伤认定申请表主要应当包括事故发生的时间、地点、原因以及职工伤害程度等基本情况。工伤认定申请人提供材料不完整的，劳动保障行政部门应当一次性书面告知工伤认定申请人需要补正的全部材料。申请人按照书面告知要求补正材料后，劳动保障行政部门应当受理该工伤认定申请。同时，劳动保障行政部门工作人员与工伤认定申请人有利害关系的，应当回避。劳动保障行政部门工作人员有下列情形之一的，要依法给予行政处分；情节严重，构成犯罪的，要依法追究刑事责任：(1)无正当理由不受理工伤认定申请，或者弄虚作假将不符合工伤条件的人员认定为工伤职工的；(2)未妥善保管申请工伤认定的证据材料，致使有关证据灭失的；(3)收受当事人财物的。

劳动保障行政部门受理工伤认定申请后，根据审核需要可以对事故伤害进行调查核实，用人单位、职工、工会组织、医疗机构以及有关部门应当予以协助。此时，职工或者其直系亲属认为是工伤，用人单位不认为是工伤的，由用人单位承担举证责任。职业病诊断和诊断争议的鉴定，依照《职业病防治法》的有关规定执行。对依法取得职业病诊断证明书或者职业病诊断鉴定书的,劳动保障行政部门不再进行调查核实。劳动保障行政部门应当自受理工伤认定申请之日起 60 日内作出工伤认定的决定,并书面通知申请工伤认定的职工或者其直系亲属和该职工所在单位。

三、工伤保险的责任原则

(一)工伤保险的概述

工伤保险的责任原则,是指发生工伤事故后,确定职工工伤保险的责任由谁承担的基本原则,它是工伤保险立法的理论基础。现行各国工伤保险立法中,关于工伤保险的责任原则的规定,都普遍适用"补偿不究过失"的原则,这项归责原则是在历史上逐渐形成的。

"补偿不究过失"的原则是为弥补雇主过失责任的不足而产生和发展起来的,它是对雇主过失赔偿责任的补充和完善。一方面,它保留了原来所确立的雇主方的工伤赔偿责任;另一方面,它又从归责原理上否定了过错责任的原则,而采用无过错的责任原则。因此,"补偿不究过失"的工伤赔偿原则的实质内容包括不可分割的两个方面:雇主单方责任和无过错责任。在劳动关系当事人双方,用人单位负有保护劳动者在劳动过程中安全和健康的法定义务,这既是对劳动者的义务,也是对国家的义务。发生工伤事故,就意味着用人单位违反了这一法定义务。因而用人单位应对受伤害者负有赔偿责任。这是一种基于法律规定而非合同约定所产生的赔偿责任,并且是一种不论受伤害者有无过失的赔偿责任。所以,受伤害者的经济损失应由用人单位全部负责,既不能在合同中约定减免这种责任,也不能以受伤害者有过失而推卸这种责任。另外,在机器生产条件下,职业危险属于有高度危险来源的危险,工伤是以高度危险来源为基础的一种特殊侵权行为,因而,用人单位的工伤赔偿责任不应以过错为要件,即无论其有无过错都应承担工伤赔偿责任。

(二)我国工伤保险的责任原则

我国工伤保险制度实行无过错责任的基本原则,具体说,就是在工作中及法定的特殊情况下发生意外事故或由于职业性有害因素所引起的职业病,使职工负伤、残废或死亡的,无论责任归于何方,用人单位均应承担责任,职工均应依法享受工伤保险待遇。

具体来说,可以表现为以下原则:

1. 区分工伤与非工伤的原则。这点是显而易见的,因为国家和立法给予工伤和非工伤的待遇是完全不同的,这要求我们必须确定工伤的范围,正确认定工伤。只有认定为工伤者,方能适用无过错责任原则确定责任。这也意味着无过错责任原则不适用因犯罪或者违反治安管理伤亡的、醉酒导致伤亡的、自残或者自杀的等情形,发生这些法定不能认定为工伤的情形,不应适用无过错责任原则。

2. 用人单位全额缴纳工伤保险费,职工个人不缴费的原则。这是无过错责任原则在工伤保险制度中最直接的体现。在工伤保险中,保险费是由用人单位缴纳的,劳动者个人不缴纳任何费用。这是工伤保险区别于养老、失业等项社会保险的内容之一。由于工伤是对劳动者的伤害,使劳动者部分或者完全丧失劳动能力,而这种损失是在为用人单位劳动中发生的,所以不应要求劳动者个人缴纳工伤保险费。为了保障因工受伤的劳动者及其家庭成员的基本生活,法律要求用人单位给劳动者缴纳全部保险费,以此承担对劳动者的全部赔偿责任。用人单位按照规定缴纳保险费后,即将对职工工伤保险的责任转于社会保险经办机构,该用人单位的工伤风险从仅由本单位承担改为由社会承担。

> [案例]到了退休年龄,李军(化名)从原单位退休,但李军不服老,又到另一家公司打工,谁知在工作中受伤。这是否属于工伤引起一系列的官司,并给司法机关带来难题——超过法定劳动年龄的人在务工中发生伤害,究竟算不算工伤?一审、二审对此有不同结论。此案最终以李军所受伤害不是工伤而告终。
>
> [解答]退休后再就业受伤一审认定工伤。李军原是四川一家工厂的职工,2003年企业破产后,李军与工厂办理了退休手续,并在省社保局享受基本养老保险待遇。2007年,李军经人介绍来到另一家公司务工。两个月后,李军在工作中不慎受伤,李军的妻子就此向市劳动和社会保障局提出工伤认定申请。但市劳动和社会保障局认定,李军所受的伤害性质不属于工伤,或不视同工伤。此后,四川省劳动和社会保障厅维持了这一不属工伤的认定。
>
> 李军不服气,向法院提起诉讼。龙泉驿区法院一审后认为,法律并没有将李军这种退休并享受基本养老保险待遇的劳动者排除在职工外,也没有禁止用人单位聘用达到法定退休年龄人员工作。李军与公司存在事实劳动关系,应当享受工伤保险待遇。所以,法院一审认为市劳动和社会保障局作出不予认定工伤的决定适用法律不当,判决撤销市劳动和社会保障局作出的工伤认定决定,责令市劳动和社会保障局重新作出工伤认定决定。
>
> 二审改判不认定为工伤。"他是退休人员,再次聘用遭受事故受伤害,应当通过民事途径救济。"宣判后李军所在的公司不服,向成都市中院提起上诉,认为李军与公司之间不形成劳动关系。成都市中院审理后认为,李军退休后到公司务工,与公司形成的用工关系不属于《工伤保险条例》调整的劳动关系范畴,所以不应认定为工伤。最终市中院撤销一审判决,维持成都市劳动和社会保障局的不属于工伤的认定。

四、工伤保险基金的筹集与管理

(一)工伤保险基金筹集与管理的原则

工伤社会保险基金的筹集和管理是实行工伤保险制度的核心问题。对于工伤保险基金的筹集和管理一般都遵循以下几个方面的原则:

1. 用人单位单方缴费原则。工伤保险基金全部由用人单位或雇主缴纳,职工个人不缴纳工伤保险费。即工伤保险费只向用人单位或雇主征集,不向也不允许向雇员、职工筹集。这是国际上通行的做法,也是我国工伤保险区别于其他社会保险的做法。

2. 按风险程度征收保险费的原则。不同的企业、行业、作业环节和操作过程具有不同的危险程度,风险大小不等,工伤事故发生频率各有不同。因此,国家根据不同行业的工伤风险程度确定行业的差别费率,并根据工伤保险费使用、工伤发生率等情况在每个行业内确定若干费率档次。统筹地区经办机构根据用人单位工伤保险费使用、工伤发生率等情况,适用所属行业内相应的费率档次确定单位缴费费率。

3. 以支定收、收支平衡同时留有储备的原则。工伤保险与其他社会保险相比,一个显著的特点在于待遇水平及项目方面要优厚很多。因此工伤保险基金的筹集与管理更应该以支定收,在考虑满足工伤保险津贴、抚恤金、工伤医疗和康复支付需要的同时,还应充分考虑用人单位负担保险费的承受能力,不致因缴纳工伤保险费而被迫提高产品成本,以致影响企业的利润和竞争能力。另外,由于工伤事故难以准确预测,带有较大的偶然性和突发性,工伤社会保险基金的筹集和管理也要留有储备金,以用于统筹地区重大突发事故发生后对资金的支付需要。

(二)工伤保险基金筹集的方式

工伤保险基金的筹集方式有三种:一是当年平衡式,即当年筹集的费用与支付的费用平衡;二是阶段平衡式,是在满足即期费用支付的基础上,在企业可以承受的范围内,每年多筹集一部分资金作为储备;三是总体平衡式,即征集的费用与受保人在享受待遇期间所需要的费用平衡。从实际情况看,发达国家多采用当年平衡式,因为这些国家的保险体制成熟、稳定,适用范围基本包括了所有劳动者,工伤风险总体上较易于预测和掌握。发展中国家多采用阶段平衡式,这与发展中国家的特点是相适应的。

我国工伤保险基金由用人单位缴纳的工伤保险费、工伤保险基金的利息和依法纳入工伤保险基金的其他资金构成。用人单位应当按时缴纳工伤保险费,职工个人不缴纳工伤保险费。工伤保险费根据以支定收、收支平衡的原则,确定费率。用人单位缴纳工伤保险费的数额为本单位职工工资总额乘以单位缴费费率之积。

(三)工伤保险费率的确定

确定工伤保险费率的方法有三种:一是统一费率法,即按照法定统筹范围内的预测开支需求,与相同范围内企业的工资总额相比较,得出一个总的工伤保险费率,对所有企业按同一费率征收。这种方式最大范围地分散工伤风险,但不考虑具体行业及企业间工伤风险的差别。二是差别费率法,即对单个企业或某一行业单独确定工伤保险费的费率。差别费率的确定,主要是根据对各行业或企业单位一定期间内的伤亡事故和职业病统计,以及工伤费用的预测而定。此种方式体现了对不同工伤事故发生率的企业、行业有区别性地对待,以保证具体个体的工伤保险基金的收付平衡,并促进其改进劳动安全措施,降低工伤赔付成本。三是浮动费率法,是在差别费率的基础上,定期对各行业或企业的安全卫生状况和工伤保险费用支出状况进行分析,然后由主管部门决定该行业或企业的工伤保险费率的上浮或下浮。

五、工伤保险的待遇

(一)医疗待遇

工伤保险待遇就是对工伤职工及其亲属给予一定的经济补偿和医疗救治费用等,主要包括医疗待遇、伤残待遇和死亡待遇。从医疗待遇来看,很多国家工伤保险所提供的待遇比非工伤提供的待遇要广泛得多。

我国目前的工伤医疗待遇根据《工伤保险条例》予以提供。条例规定,职工因工作遭受事故伤害或者患职业病进行治疗,享受工伤医疗待遇。职工治疗工伤应当在签订服务协议的医疗机构就医,情况紧急时可以先到就近的医疗机构急救。工伤职工工伤复发,确认需要治疗的,依然享受同样的工伤医疗待遇。工伤职工治疗非工伤引发的疾病,则不享受工伤医疗待遇,按照基本医疗保险办法处理。

(二)伤残待遇

《工伤保险条例》第33条规定:"工伤职工评定伤残等级后,停发原待遇,按照本章的有关规定享受伤残待遇。"一般来说,这是指评定伤残等级后应当停发工伤医疗待遇,改为享受伤残待遇。

1. 护理费。工伤职工已经评定伤残等级并经劳动能力鉴定委员会确认需要生活护理的,从工伤保险基金按月支付生活护理费。生活护理费按照生活完全不能自理、生活大部分不能自理或者生活部分不能自理3个不同等级支付,其标准分别为统筹地区上年度职工月平均工资的50%、40%或30%。

2. 辅助器具费。工伤职工因日常生活或者就业需要,经劳动能力鉴定委员会确认,可以安装假肢、矫形器、假眼、假牙和配置轮椅等辅助器具,所需费用按照国家规定的标准从工伤保险基金支付。

3. 伤残补助金、伤残津贴及抚恤金等。在我国,因工致残的职工根据不同的致残等级,分别享受不同的补助金、伤残津贴及抚恤金等工伤待遇。

第四节 医疗保险法律制度

一、医疗保险概述

(一)医疗保险的概念和特点

1. 医疗保险的概念。医疗保险是指被保险人因患病或非因工负伤治疗期间,从社会和国家获得必要的医疗费资助和疾病津贴的一种社会保险制度。

2. 医疗保险的特点。医疗保险是被保险人发生疾病风险时,从社会和国家获得医疗服务的社会保险制度。它有以下几个特点:

(1)福利性。医疗保险待遇的享受一般与缴费的多少没有直接的关系,医疗保健服务的享受者,一般不缴费或缴纳很少费用,便可以享受到价值很高的医疗保健服务。医疗保险与个人收入和缴费没有直接的关系,却与实际需要即病情有关。待遇与实际需要呈正相关,这是医疗保险在待遇上与其他社会保险的不同之处。

(2)互济性。在医疗保险中,主要采用"大数法则"和社会统筹基金的方式来实现医疗保险的目的。这种方式体现了很强的互济性。社会成员的互济性是指人们在彼此有医疗需求时互相接济。

(3)交叉性。除一般意义上的疾病会影响人体健康,需要进行治疗外,工伤、职业病、生育等现象也会损害人体健康,同样需要进行治疗。因此,医疗保险几乎同一切险种交织在一起。

(4)社会性。医疗社会保险的社会性是指社会成员享受的医疗服务和帮助都由社会组织机构来提供。这种医疗保险的社会性是生产社会化的产物。高度社会分工要求高度社会化的社会组织出现,每个人都不可能只依赖自身而存在,而必须从高度发达的社会组织中获取所需。

(二)我国医疗保险制度的建立和发展

我国的医疗保险制度建立于20世纪50年代,发展到2010年,制定了《社会保险法》。长期以来,我国的医疗保险制度主要分为三种:一是适用于企业职工的劳保医疗制度,二是适用于机关事业单位工作人员的公费医疗制度,三是适用于农村居民的合作医疗制度。

劳保医疗待遇的主要内容包括:

1. 职工疾病或非因工负伤,所需诊疗费、手术费、住院费及普通药费,均由企业负担,贵重药费、住院的膳食及就医路费由本人负担,如本人经济状况确有困难,可由劳动保险基金项下酌情予以补助。

2. 职工因病或非因工负伤停止工作医疗时,其停止工作医疗期间,连续在6个月以内者,按其本企业工龄的长短,由企业发给病假工资,数额为本人工资的60%~100%;停止工作连续医疗时间在6个月以上的,改由劳动保险基金项下按月给付疾病救济费,数额为本人工资的40%~60%,直至能工作或确定为残废或死亡为止。

3. 职工因病或非因工负伤医疗终结确定为残废,完全丧失劳动能力退职后,病伤假期工资或疾病救济费停发,改由劳动保险项下发给非因工负伤残废救济费,残废救济费的确定标准是:饮食起居需要人扶助者为本人工资的50%,饮食起居不需要人扶助者为本人工资的40%,至恢复劳动能力或死亡时止。

4. 职工供养的直系亲属患病时,得在企业医疗所、医院、特约医院或特约中西医师处免费诊治,手术费及普通药费,由企业负担1/2。

二、我国医疗保险制度的基本内容

(一)建立医疗保险制度的原则

医疗保险制度改革的主要任务是建立城镇职工基本医疗保险制度,即适应社会主义市场经济体制,根据财政、企业和个人的承受能力,建立保障职工基本医疗需求的社会医疗保险制度。为实现这一目标,《国务院关于建立城镇职工基本医疗保险制度的决定》要求各地建立城镇职工基本医疗保险制度时应贯彻以下几个基本原则:

1. 基本医疗保险的水平要与社会主义初级阶段生产力发展水平相适应。医疗保险制度在很大程度上是一种经济制度,它与一国的生产力发展水平以及国家、单位和个人所能提供的财力、物力密切相关。没有相应的物质保证,设计得再好的医疗保险制度也只会是纸上谈兵,无从实现。

2. 城镇职工基本医疗保险实行属地管理。基本医疗保险实行属地管理原则,不搞行业统筹。所有用人单位及其职工都要按照属地管理原则参加所在统筹地区的基本医疗保险,执行统一政策,实行基本医疗保险基金的统一筹集、使用和管理。铁路、电力、远洋运输等跨地区、生产流动性较大的企业及其职工,可以相对集中的方式异地参加统筹地区的基本医疗保险。

3. 城镇职工基本医疗保险费由用人单位与职工共担。基本医疗保险费由用人单位和职工共同缴纳。用人单位缴费率控制在职工工资总额的6%左右,职工缴费率一般为本人工资的2%。随着经济的发展,用人单位和职工缴费率可作相应调整。用人单位与职工共担医疗保险费是改革中的医疗保险制度与原来劳保医疗制度、公费医疗制度最大的区别。

4. 城镇职工基本医疗保险的管理实行统账结合。医疗保险基金由统筹基金和个人账户构成,职工个人缴纳的基本医疗保险费,全部记入个人账户,用人单位缴纳的基本医疗保险费分为两部分,一部分用于建立统筹基金,一部分划入个人账户。

(二)医疗保险的保障对象和保障待遇

1. 医疗保险的保障对象。医疗保险的保障对象是涉及城镇职工基本医疗保险的覆盖范围问题。医疗社会保险的保障对象依各国国情不同,范围大小也不一样。通观各国医疗保险的保障对象主要有以下几种情况:(1)医疗社会保险范围广,涵盖全体社会劳动者,如苏联和东欧等社会主义国家。(2)只对有工资收入并交纳保险费者及家属实行医疗社会保险,如美国、德国等。(3)工商企业雇员可享受医疗保险,农业劳动者不能享受,如非洲一些国家。(4)有些国家实行多元化的医疗保险制度,如法国、加拿大等。法国医疗保险制度规定,工商业部门的雇员,享受一般的医疗保险;农业经营者和农业工人通过"农业社会保障制度"享受医疗保险;个体工商业经营者等自由职业者享有单独的医疗保险。我国传统的医疗保险制度包括公费医疗制度、劳保医疗制度、农村合作医疗制度三种形式。

[案例]楚某到某日用化学厂应聘成功后,与该厂签订了5年期的劳动合同。合同中约定:前3个月为试用期。刚上班的第10天晚上,楚某和妻子下班后一同前往幼儿园接女儿回家。走到自己家楼下时天色已黑,加之楼道内的电灯损坏,楚某只能抱着女儿摸黑上楼。可就在上楼时楚某突然一滑,致使身体重心失控,跌倒后滚落到楼下,造成右腿骨折,怀里抱着的孩子也受了重伤。妻子赶紧喊来邻居,把楚某和孩子送进了附近的医院。就在楚某住院治疗期间,日用化学厂以合同试用期内楚某出现意外,身体状况已不符合工厂的要求为由,决定解除与楚某签订的劳动合同,并拒绝为楚某负担医疗费用。楚某得知日用化学厂的这个决定后非常不满。他认为,厂方在其受伤未愈的情况下,既不为其支付医疗费用,又解除劳动合同,违反了劳动法的规定。一气之下,躺在病床上的楚某当即委托了自己的妻子作为代理人,向当地劳动争议仲裁委员会提出了仲裁请求:

(1)要求撤销日用化学厂作出的与本人解除劳动合同的决定,恢复双方的劳动合同关系。

(2)要求日用化学厂按照厂内医疗费报销规定为本人报销医疗费。

(3)要求日用化学厂给予本人3个月的医疗期。

日用化学厂的领导对楚某提出的仲裁请求持反对意见,认为楚某在试用期内非因工负伤,造成骨折后需要住院治疗,此时其身体状况已经不符合工厂的要求,所以,厂方有权与他解除劳动合同。又因为楚某在试用期,不是本厂正式职工,所以也不应当享受医疗期和医疗费报销待遇。那么,日用化学厂的观点到底对不对呢?

[解答]根据劳动法的规定,医疗期是指企业职工因患病或非因工负伤停止工作治病休息,不得解除劳动合同的时限。劳动部《企业职工患病或非因工负伤医疗期的规定》(劳部发[1994]479号)第3条规定:"企业职工因患病或非因工负伤,需要停止工作医疗时,根据本人实际参加工作年限和在本单位工作年限,给予3个月到24个月的医疗期;实际工作年限10年以下的,在本单位工作年限5年以下的为3个月。"可见,医疗期并不以试用期为否定条件,而是以职工在用人单位工作时间的长短来决定其享受的医疗期待遇。因此,无论是否在试用期内,只要劳动者患病或非因工负伤,至少应该享受3个月的医疗期待遇。

本案中,日用化学厂以"楚某在试用期内,不是正式职工"为由,主张楚某不应当享受医疗期待遇,是不正确的。该厂应当给予楚某3个月的医疗期,并应根据《劳动法》第29条的规定,在楚某享受医疗期期间不得解除劳动合同。

另外,由于当地还没有实行医疗保险社会统筹;企业还应当负担职工的部分医疗费,日用化学厂应当按照本单位医疗报销制度中的有关规定,为楚某报销部分医疗费。同时,在楚某享受治病的医疗期期间,还应按照国家规定向其支付病假工资。对类似问题的处理意见:试用期是包含在劳动合同期内的,试用期内劳动者照样享受各种劳动保险待遇,用人单位不得以劳动者在试用期为由便拒绝履行其义务。

2. 医疗保险的保障待遇。医疗保险的保障待遇涉及劳动者医疗保险的诊疗项目保障范围、医疗服务设施保障范围及职工用药保障范围等三方面。

(三)医疗保险基金的筹集和管理

1. 医疗保险基金的筹集。我国1998年颁布的《国务院关于建立城镇职工基本医疗保险制度的决定》及2010年《社会保险法》,对医疗保险费用的筹集作了如下规定:

筹资水平根据国家、企业和个人的实际承受能力,确定合理的医疗保险水平。城镇所有用人单位职工都要参加基本医疗保险,执行统一政策,实行基本医疗保险基金的统一筹集、使用和管理,以保证医疗保险的公平性和政府医疗保险基金的蓄水池作用。实行基本医疗保险费由单位和个人共同负担,形成稳定的医疗保险筹资方式,其中用人单位缴纳医疗保险费率控制在职工工资总额的6%左右,职工缴费率一般为本人工资收入的2%,随着经济发展,用人单位和职工缴费率可作相应调整。基本医疗保险实行社会统筹和个人账户相结合,基本医疗保险基金由统筹基金和个人账户构成。职工个人缴纳的基本医疗保险费,全部计入个人账户。用人单位缴纳的基本医疗保险分为两部分,一部分用于建立统筹基金,一部分划入个人账户。用人单位缴费按30%左右划入个人账户,具体比例由统筹地区根据个人账户的支付范围和职工年龄等因素确定。这种缴费模式使职工医疗更有保障,有利于增加职工的自我保障责任和节约费用意识。

2. 医疗保险基金的管理和监督。在基本医疗保险基金管理上,要求将基本医疗保险基金纳入财政专户管理,专款专用,不得挤占挪用。社会保险经办机构负责基本医疗保险基金的筹集、管理和支付,并要建立健全预决算制度、财务会计制度和内部审计制度。社会保险经办机构的事业经费不得从基金中提取,由各级财政预算解决。

在基本医疗保险基金的监督上,要求各级劳动保障部门和财政部门要加强对基本医疗保险基金的监督管理。审计部门要定期对社会保险经办机构的基金收支情况和管理情况进行审计,统筹地区要设立由政府有关部门代表、用人单位代表、医疗机构代表、工会代表和有关专家参加的医疗保险基金监督组织,加强对基本医疗保险基金的社会监督。

第五节 生育保险法律制度

一、生育保险概述

(一)生育保险的概念与特征

生育保险,是指女性劳动者因怀孕、生育子女而暂时失去劳动能力,中断正常收入来源时,从社会和国家得到必要的物资帮助,以保障其生产和哺乳期间的医疗费及基本经济来源的一种社会保险制度。其特征表现在:

1. 生育保险通常仅以女性劳动者作为直接的保障对象,因而生育保险保障对象的范围要比其他的社会保险(如疾病、工伤、医疗和失业等)狭窄。后者的保障对象通常是一般的劳动者。在我国,生育保险的保障对象一般是指与用人单位建立劳动法律关系的、已经达到法定婚龄的并且符合计划生育政策规定的女性劳动者,而没有与用人单位建立劳动法律关系的女性、不符合法定婚龄的女性职工和不符合计划生育政策者,是不能享受生育保险的待遇的。

2. 生育保险是对正常的生育行为提供社会保障,而生育行为所导致的劳动者的暂时性劳动能力丧失属于一种正常的生理现象。

3. 生育保险的目的不仅是通过弥补女性劳动者在生育期间的收入损失来维持生育者的简单劳动再生产,同时也是为了保障对国家所需要的劳动力进行扩大再生产,这是因为生育行为涉及人类繁衍、劳动力的再生产和劳动者素质的提高。

4. 生育保险实行产前产后都应享受的原则。生育保险待遇的给付不仅及于女性劳动者怀孕后临近生产的因行动不便而不能或不便工作的一段时间,而且也及于分娩后需要休息以恢复健康和照顾婴儿的一定时间。

(二)建立生育保险制度的目的

生育是人口的再生产,是维持劳动力资源延续的一种社会活动。实行生育保险制度,现已成为世界半数以上国家立法的共同取向。按照马克思主义的观点,经济基础决定上层建筑。因此,生育保险的建立,必然要根源于它赖以存在的社会物质生活条件。具体讲,生育保险主要基于以下客观需要而建立。

1. 维护妇女与男子平等就业的权利。《中华人民共和国劳动法》第13条规定:"维护妇女与男子平等的就业权利。"《中华人民共和国妇女权益保障法》第21条也有类似的规定。在生育保险的条件下,企业不必担心本企业女职工的生育事件给本企业造成经济上的损失。这样,企业就能更准确地评价男女雇员的劳动能力,男女就业机会更加平等。没有生育保险,女工一旦怀孕生育,就有失去工作减少收入的危险。让妇女独自承受由生育带来的就业风险是不公平的。职工生育保险使想就业和已就业的女性不必担心今后因生育而遭到雇主的解雇。因此,可以说,职工生育保险是劳动力市场上男女公平竞争的一座平台。

2. 保护弱者。保护弱者是当代法的重要价值之一。其目的是通过法律的矫正和制度的安排,将一定法律部门或法律领域内的主体法律上的应然平等变为实然平等。从这个意义上讲,保护弱者实际上是平等原则的具体体现。

3. 维持劳动力再生产。社会再生产由物质资料再生产和劳动力再生产(人类自身再生产)两部分组成。恩格斯指出:"根据唯物主义观点,历史中的决定因素,归根结底是直接生活的生产和再生产。但是,生产本身有两种。一方面是生活资料即食物、衣服、住房以及为此所必需的工具的生产;另一方面是人类自身的生产,即种的繁衍。"在劳动力扩大再生产中,妇女担负着特殊的职责。

4. 实现优生优育。现代各国均把优生优育作为生育政策和人口政策的一大价值目标。优生优育目标的实现取决于方方面面的因素,其中尤为重要的是胎儿能否得到正常的孕育和出生,婴儿能否得到母亲的良好哺育。它以保护孩子的健康为其价值目标之一,甚至在一些国家还把向孩子提供保健作为其任务,从而体现出它对优生优育的关注。

5. 增进社会福利。尽管生育保险尚未成为全世界一项共同的制度,在不同的国家、同一国家的不同历史时期,生育保险也有其不同的覆盖面,但现代社会与早期那种生育完全由家庭保障的农业社会已相去甚远。随着工业化对家庭传统的保障职能的逐步削弱以及市场化给劳动者带来的生存风险的日益加重,生育应视为一种依社会福利方案而提供保障的社会风险,也便成为现代社会中人们的共识。

二、生育保险制度的具体内容

(一)生育保险的保障对象

一般而言,生育保险是以女性劳动者为其直接保障对象的。但由于国情、社会保障水平以及对妇女和生育问题认识等方面的差异,世界各国对于生育保险的保障范围还是有一定差异的。概括起来,主要三种类型:以女性劳动者为直接保障对象的情形;除对妇女劳动者提供基本的生育保险待遇外,还将生育保险的直接保障对象扩展至新生婴儿或新生婴儿家庭的情形;将生育保险的保障对象扩展到女性劳动者及其丈夫的情形。

我国的生育保险制度是由1951年政务院颁布的《中华人民共和国劳动保险条例》确定的,该条例规定生育保险的保障对象主要有四类:(1)有工人职员100人以上(业务管理机关及附属单位人数不包括在内)的国营、公私合营、私营及合作社经营的工厂、矿场及附属单位;(2)铁路、航运、邮电的各企业单位与附属单位;(3)工、矿、交通事业的基本建设单位;(4)国营建筑公司。另外,该条例还规定,凡在实行劳动保险的企业内工作的工人与职员,包括工资制、供给制以及学徒工、临时工、试用人员在内的女工人与女职员和男职员的妻子,均可享受不同程度的生育保险待遇。2010年《社会保险法》规定,享受生育保险的主体进一步扩大,第54条规定:"用人单位已经缴纳生育保险费的,其职工享受生育保险待遇;职工未就业配偶按照国家规定享受生育医疗费用待遇。所需资金从生育保险基金中支付。"

(二)生育保险的适用条件

享受生育保险的对象除必须是该国生育保险的保障对象之外,还应当具备其他一些具体的适用条件。而这些具体的条件一般因国家的不同而各有差异,具体主要有以下几种情形:

1. 不规定投保条件要求的国家。如澳大利亚、新西兰等国立法规定,凡符合国家公民资格和财产调查手续的妇女,均可享受生育保险待遇。

2. 规定由企业缴纳生育保险费,建立生育保险基金,实行一定范围的生育保险社会统筹,并以此作为职工享受生育保险的前提条件。苏联以及我国等采取此种立法例。

3. 对投保人的投保行为有一定要求的情形。也即,在被保险人享受生育保险待遇前,必须按规定按时、如数缴纳生育保险费。如墨西哥规定,妇女劳动者在生育前12个月内,须按法定额缴纳保险费30周,才能足额地享受生育保险待遇。

4. 对居住权有一定要求的情形。如卢森堡规定,生育津贴的受益人必须在该国居住1年,夫妻两人必须在该国居住3年,才能享受生育保险待遇。

5. 女性职工的怀孕告知条件。如澳大利亚的有关法律规定,女性职工至少应当在产假前10周将自己怀孕的事实告知雇主;奥地利则要求女性职工一旦知道自己怀孕就要及时告知雇主,并在产假前4周再次通知雇主。此外,英国和爱尔兰也有类似规定。

6. 有关最低缴费时限和工作时限的限制条件。如德国规定,生育保险的享受条件之一是,该女性职工已经投保12周,或产前4周至10周与本企业有连续劳动关系,预产前6周尚在工作;而英国立法规定,女性职工应在预产期前66周缴纳26周保险费用。此外,西班牙、爱尔兰、智利和阿根廷等国都有类似规定。

在我国,享受生育保险待遇的条件是以建立劳动关系为基础,同时,还要受计划生育政策的限制,女性职工享受生育津贴的前提还必须是单位为其职工缴付了足够的生育保险费用等。此外,由于企业所有制结构和管理体制已经发生了根本变化,因此,在制定新的生育保险的规定时,也应当对上述生育保险的支付的有关最低缴费时限和工作时限等限制条件进行适当考虑。

(三)生育保险的待遇及标准

生育保险待遇,是指女职工在生育期间依法所享有的各种帮助和物质补偿。关于生育保险待遇的内容和标准,国际劳工组织制定的《保护生育公约》(第103号公约)和《社会保障(最低标准)公约》(第102号公约),主要规定了生育假期、经济补助、生育医疗补助、生育期间的劳动保护和生育期间的职业保障。

1. 关于产假的规定。公约规定,女工通过提出关于其预产期的医生证明,有权得到一定期限的产假。产假至少应有12周,其中有一段是产后一定时间的强制休假,这段强制休假时间的长短应当以国家法律或规章予以规定,但不应少于6周。

2. 关于产期的经济补助的规定。公约规定,女工在产假期间应得到经济上的补助。补助金额应当是以充分维护产妇和婴儿的生活与健康为标准,其具体数字由各国主管机关确定,产妇应当并且有权得到有医生证书的助产士的照料,作为对产妇的附加补助。女工因产假而缺勤,应当有权得到现金补助和医疗补助。现金补助额由国家法律或规章确定,其数额应保证足以按适当的生活水平充分维护产妇和婴儿的生活与健康。女工产假的现金补助不低于该女工以往收入的2/3。

3. 关于哺乳权利的规定。公约规定,应当保证女工在工作期间为其婴儿哺乳的权利。在任何情况下都应当允许哺乳女工一天两次、每次半小时在工作时间为其婴儿哺乳。哺乳女工有权按照国家法律或规章的规定,为给婴儿哺乳而在每天工作时间一次或四次中断工作,这种中断工作的时间应作为劳动时间计算,并依法律或规章,或依有关的集体协议的规定,计发工资报酬。《保护生育建议书》还要求对哺乳妇女和婴儿提供更多的方便,包括视实际可行把一天工作时间中的哺乳时间增加到合计至少一个半小时以及建立哺乳或日托的专门场所。

4. 关于产期不得解雇生育女工的规定。公约规定,凡按规定享受产假的女工,雇主在她们产假期间给予解雇通知是不合法的,即使解雇通知是早发出的,但如预定的解雇日期适逢该女工享受产假,这种解雇通知同样是不合法的。《保护生育建议书》要求,从雇主得到关于某女工怀孕的医生通知之日起,直到规定的产假期满后至少1个月的时间内,尽可能不解雇该女工。对于在该保护期内允许解雇女工的特殊情况,各国应当以法律明文规定。建议书还规定,禁止怀孕和哺乳女工从事一切夜间劳动和加班加点,女工怀孕和产后至少3个月(如哺乳还应再延长时间)内,应当禁止被雇用从事有损于妇女及其婴儿健康的劳动,尤其是举起或推拉重物,过分紧张的体力劳动,包括长时间的站立在内,以及诸如对身体平衡有特殊需要的操作,需要伴随震动的机器进行的操作,等等。当妇女出于保护生育的原因而必须调动工作时,其工资应不受影响。

三、生育保险经费的筹集和使用

(一)生育保险基金的概念及特点

生育保险基金,是为了使生育保险有可靠的资金保障,国家通过立法在全社会统一建立的，用于支付生育保险所需费用的各项资金。

生育保险基金和其他社会保险基金相比，具有以下特点：

1. 基金来源的单一性。生育保险作为社会保险的一个组成部分，其基金来源也遵循社会保险的"大数法则"，集合社会力量，但生育保险费完全由职工个人所在单位缴纳，职工个人不缴纳生育保险费。

2. 基金筹集的可预见性。由于生育保险的对象为育龄妇女，生育保险又和计划生育政策紧密衔接，生育保险费用就具有较强的可预见性，基金完全可以做到有计划地使用，不必留有积累以应付不测。

3. 基金负担的均衡性。按照规定，所有企业或参加生育保险的用人单位，不论是否有女职工或不论女职工人数多少，都要按工资总额的统一比例缴纳生育保险费。

（二）生育保险基金的筹集

生育保险基金的筹集，世界大多数国家采用社会保险基金的传统筹措方法，将生育保险的资金筹措和其他社会保险项目的资金结合起来，并向雇主和雇员双方征收一种单一的保险费。但比较常见的办法是，由雇主和雇员按一定限额以下工资的固定比例，直接向各单位的保险方缴纳保险费。这种单独的保险方案既包括健康照顾，也包括疾病和生育的现金补助。

此外，有些国家还规定政府也要负担一部分费用。一般来说，凡是通过某种国民健康服务制度，使医疗照顾适用于全体居民的国家，政府通常从财政收入中负担全部或至少大部分的医疗费。在有些国家，疾病与生育补助金的来源是国营企业以雇主身份缴纳的保险费。

我国生育保险基金的筹集遵循以下基本原则和方式：

1. 生育保险基金按照"以支定收，收支基本平衡"的原则筹集。这是生育保险基金筹集区别于其他社会保险基金筹集原则的重要特征之一。这主要有两点理由：首先，生育保险与计划生育政策相衔接，它较之其他社会保险项目而言，其计划性和预见性都比较强，发生大的动荡的概率小，因此不需要留有很大的积累以应付不测。其次，减轻企业负担，树立良好的社会形象。

2. 生育保险基金由当地人民政府根据计划内生育人数和生育津贴、生育医疗费等项费用的实际情况确定，最多不超过职工工资总额的1%。企业按照当地政府规定的费率向社会保险机构缴纳。企业缴纳的生育保险费作为期间费用处理，列入企业管理费用。

3. 生育保险基金按属地原则组织，实行社会统筹。生育保险基金按属地原则组织，是指生育保险以按行政区域划分的市、区（县）为单位组织实施，在同一区域内所辖的各类企业，不分其所有制性质，不论其隶属关系，一律参加所在地的生育保险，执行当地的缴费标准和有关政策规定。

[案例分析]

1. 李某是哈尔滨某机械厂职工，1997年李某年满55周岁。他听人说，像他这种情况可以办理内退。李某和妻子一商量，觉得儿子大学已经毕业，家里也没什么负担，本人年纪也大了，正好可以早点退休几年。便向单位领导申请办理了内退。2002年李某达到了退休年龄，但劳动保障行政部门却无法给李某办理退休手续，原来这几年，单位一直没有为李某缴纳养老保险费。李某找到单位领导，领导说，他是内退人员，早就已经退休了，哪还有养老保险，对李某的要求不予理睬。李某无奈，找到是劳动监察支队，要求监察处理。你认为，该单位应不应该为李某缴纳养老保险费？

2. 2009年3月某市的一家企业招用了几十名农民合同制工人，2010年8月，其中5名农民合同制工人合同到期后没能与该企业续订劳动合同，处于失业状态。当他们发现与他们一同失业的城镇职工每月能从社会保险经办机构领取失业保险金后，也到社会保险经办机构申请领取失业保险待遇。社保机构告诉他们，他们原来所在的企业在他们就业时没有为他们缴纳失业保险费，也就是没有将支付给他们的工资计入缴纳失业保险费的基数，因此，他们无资格申请领取失业保险待遇。于是，这5人向劳动争议仲裁委员会申请仲裁，要求他们原来所在的企业为他们缴纳失业保险费，以便他们也能按规定享受失业保险待遇。劳动仲裁委员会根据该市有关失业保险的规定裁定，农民合同制工人不在失业保险覆盖范围之内，企业不应为他们缴纳失业保险费。这5人不服该仲裁，向人民法院起诉，要求撤销劳动争议仲裁委员会的裁决，并要求企业为他们缴纳失业保险费。这5人的诉讼请求能否得到法院的支持？

3. 范某1995年7月大学毕业后分配到国有企业性质的甲公司工作。甲公司经济效益很好，员工工资水平较高。1999年又参加了城镇职工基本医疗保险，为所有员工按时足额缴纳了医疗保险费，因此范某对自己的工作一直比较满意。但天有不测风云，2000年3月初，范某因患上一场大病而住院治疗。住院期间，甲公司以为范某足额缴纳了医疗保险费为由，停发了范某的工资，要求范某到医疗保险经办机构申请有关医疗待遇。6月中旬，甲公司决定给尚在医院的范某相当于5个月工资的经济补偿金并与范某立即解除劳动关系。范某认为公司侵害了其合法权益，委托代理人向劳动争议仲裁委员会申请仲裁，请求仲裁机构责令公司补发住院期间的病假工资、撤销解除劳动关系的决定。若你是范某的代理人，请你根据事实和法律对甲公司的行为进行分析，并对仲裁机构的裁决进行预测。

4. 哈尔滨某制药厂女职工岳某，于1995年参加工作，并与该厂签订了10年劳动合同。2000年2月，岳某生小孩，并按厂里的规定休产假4个月。当她上班时，原来的岗位已经被别人顶替，并且本部门领导不予安排工作。岳某认为，自己与工厂签订10年劳动合同，同时按照规定休产假，单位现在不安排工作，就等于终止劳动合同。她多次找有关领导要求上班，但是，厂里一直没有安排她的工作，岳某在万般无奈的情况下，于2000年12月向劳动争议仲裁委员会提出了劳动争议仲裁申请。试问，岳某的请求能否得到仲裁机构的支持并说明理由。

【思考题】

1. 比较养老保险基金的筹集模式,试分析我国现行养老保险基金筹集模式的内容和特点。
2. 我国现行失业保险存在的主要问题有哪些?
3. 为什么职工基本医疗保险费要由用人单位和职工双方共同负担?
4. 员工因工作原因自杀能否认定为工伤?
5. 女职工在怀孕期间严重违反规章制度,用人单位能否解除劳动合同?

【司法考试真题链接】

1. 根据劳动法的规定,下列有关工作时间的说法,哪些是正确的?(2005年)
A. 我国实行劳动者每日工作时间不超过 8 小时,平均每周工作不超过 44 小时的制度
B. 用人单位应当保证劳动者每周休息 2 日
C. 用人单位不能实行法定工作时间,需要实行其他工作时间的,必须经过劳动行政部门的批准
D. 用人单位因生产经营的需要而延长工作时间的,应当与工会和劳动者协商,而且一般不得超过 1 小时

2. 下列关于社会保险基金的哪些表述符合《劳动法》规定?(2006年)
A. 国家设立社会保险基金,是为了使劳动者在年老、患病、工伤、失业、生育等情况下获得帮助和补偿
B. 用人单位和劳动者都必须缴纳社会保险费
C. 劳动者死亡后,其遗属依法享受社会保险基金支付的遗属津贴
D. 社会保险基金的经办机构负有使社会保险基金增值的责任

3. 东星公司新建的化工生产线在投入生产过程中,下列哪些行为违反《劳动法》规定?(2009年)
A. 安排女技术员参加公司技术攻关小组并到位于地下的设备室进行检测
B. 在防止有毒气体泄漏的预警装备调试完成之前,开始生产线的试运行
C. 试运行期间,从事特种作业的操作员已经接受了专业培训,但未取得相应的资格证书
D. 试运行开始前,未对生产线上的员工进行健康检查

4. 下列哪些情况情形不属于《劳动争议处理条例》规定的劳动争议范围?(2009年)
A. 张某自动离职一年后,回原单位要求复职被拒绝
B. 郑某辞职后,不同意公司按存款本息购回其持有的职工股,要求做市场评估

C. 秦某退休后,因社会保险经办机构未及时发放社会保险金,要求公司协助解决
D. 刘某因工伤致残后,对劳动能力鉴定委员会评定的伤残等级不服,要求重新鉴定

5. 关于工资保障制度,下列哪些表述符合劳动法的规定?(2010年)
A. 按照最低工资保障制度,用人单位支付劳动者的工资不得低于当地最低工资标准
B. 乡镇企业不适合最低工资保障制度
C. 加班工资不包括在最低工资之内
D. 劳动者在婚丧假以及依法参加社会活动期间,用人单位应当依法支付工资

第十三章 社会救济法

【引例】

顾某系安徽某地农民,小学文化程度。2009年10月22日,顾某的妻子生下一男婴。这本是一桩喜事,但夫妇俩却发现婴儿无法进食。

"孩子出生之后,什么东西都吃不下去。我带他到县医院检查,县医院让我转到大医院,于是我就带着孩子来到了某省知名医院检查,发现孩子患有先天性食道闭锁、新生儿黄疸、吸入性肺炎。医生说孩子太小了,让我们到北京给孩子看病。"顾某说。

无奈之下,10月27日,顾某带着刚出生不久的孩子来到了北京的一家医院。

"我们当时就办了住院手续,第二天的时候因为手上没有钱,我们就申请办了出院手续。"顾某说。

据顾某描述,他从医院那里得到的说法是,治疗孩子的病大约需要10万块钱左右,而且由于孩子的病比较罕见,有可能治不好,最后得到的结果也许是"人财两空"。

从医院出来后,顾某陷入了绝望。

"之前为了给孩子治病已经借了很多外债。本来说带孩子回家,但是走到半道觉得孩子回家也是等死,就琢磨着想把孩子放到路边,希望好心人能够将他收养并且出钱给他治病。"顾某说。

10月28日下午,顾某经历了他一生中最受煎熬的时刻。他抱着自己的孩子在北京的大街上四处游走,几次放下又几次抱起,眼看着天就要黑了,顾某一咬牙将孩子放到了东单体育场附近的公交车站,并将透视片和病历放在孩子身下。

在放下孩子之后,顾某便站在马路对面观察,在看到一名妇女抱起了孩子,并且有警察过去了之后,顾某便乘车返回了老家。

然而,孩子虽然被送往了北京一家专门收治弃婴的医院,但3天后,这个被抛弃的孩子经抢救无效死亡。

回到老家的顾某终日以泪洗面,数天之后,难耐良心折磨的他重返北京,向北京市公安机关投案自首。

此案中,顾某对年幼患病且无独立生活能力的亲生子,负有抚养义务而拒绝抚养且最终致其死亡,已构成遗弃罪,鉴于其有自首情节,认罪态度较好,案发前亦已积极为其进行医治,最终选择遗弃在一定程度上亦属无奈,法院以遗弃罪判处被告人顾某拘役5个月。

近年来出现了弃婴增多的趋势,据了解,当前弃婴的构成以先天残疾婴儿和女婴为主,主要来自两个渠道:一是计划外生育的非婚生子;二是计划内生育的残疾婴儿和女婴。

透过顾某案件,我们发现,国家应针对弃婴问题应该进一步加强社会救助体系的建设。

第一节　社会救济与社会救济法概述

一、社会救济概述

(一)社会救济概念

社会救济,也称社会救助,是人类社会最古老、最基本的社会保障方式,早期的社会救济主要是由教会或者富裕的乡绅等非政府机构或者个人进行。国家是在历史发展到一定的阶段才开始积极重视、参与社会救济,并成为社会救济的主体。

一个完备而有效率的社会保障体系不仅应当给予生存或者生活困难的救济对象提供风险的防范功能,也应当具备有效的危机救济功能。所以说,在整个社会保障体系中,社会救济的基本理念就是为了能够帮助因自然灾难、身体伤害或者疾病、社会突发事件等而已经陷入生存或者生活困境的社会成员维持生存和正常生活,并使他们能够逐渐摆脱所处的生活困境。

社会救济,是指国家、政府或者其他社会主体积极运用人、财、物等资源,按照国家法律法规等的规定,通过一定的方式、方法向因自然灾难、身体伤害或者疾病、社会突发事件等而已经陷入生存或者生活困境的社会成员给予物质帮助或者相应的生产、生活服务,以维持其基本生活需求,保障其最低生活水平,并使他们能够逐渐摆脱所处生活困境的一种救助行为。

(二)社会救济的基本特点

社会救济具有以下四个特征:

1. 目的的救治性。社会救济的目标是通过提供帮助因各种原因处于生活困境或者生活水平处于贫困线或者最低生活标准以下的群体维持最低以上的生活水平,并最终实现脱离生活困境,成为非救济或者救助对象。救济本身非目的。

2. 实施对象的特定性。救济对象是按照一定的标准划分的特定范围的人群。而不是非特定的人群。一是无依无靠、没有劳动能力、又没有生活来源的人,主要包括孤儿、残疾人以及没有参加社会保险且无子女的老人;二是有收入来源,但生活水平低于法定最低标准的人;三是有劳动能力、有收入来源,但由于意外的自然灾害或社会灾害,而使生活一时无法维持的人。

3. 实施方式的单向性。救济对象是单向性的。但是过程中存在救济主体与救济对象的互动,以更好地实现社会救济的救治性目标。

4. 救济的无条件性。实施救济行为和措施是无偿的。受救助对象无需承担偿还的义务,体现了一种人道主义的关怀。

社会保障制度是由包括社会救助制度在内的多项相关联的制度构成的有机体系,而社会救助制度又是以最低生活保障制度为核心,辅以其他必要救助制度建立起来的。我国社会救济制度是由最低生活保障制度、专项救济制度和临时救助制度三部分组成的,最低生活保障制度是核心内容,专项救济制度是其补充,临时救助制度是其特色。各项社会救济制度之间是相互补充和相互协调的关系。

二、社会救济法概念

社会救济法,也称社会救助法,是指一个国家立法机关制定或者认可的规范和调整社会救济主体和受社会救济对象之间权利和义务关系,实现社会保障和维护社会稳定法律规范的总称。也有学者提出,社会救济法,是指国家对那些因自身、自然和社会原因不能维持最低生活标准的贫困者提供帮助,以保障他们基本生活的法律制度①。社会救济法是社会救济或社会救助的基本法,是受救助对象的权利保障法。社会救济法由救助救济、救灾救济和扶贫救济三部分法律制度构成。

三、社会救济法律制度发展史

1. 英国等社会救济制度的历史概况。作为资本主义工商业发源地之一的英国是近现代社会救济制度最早的发源地之一。早期英国的社会救济制度在中世纪的基督教等教会的慈善机构对受救济对象的施舍和行业协会组织成员之间的相互帮助和救济活动。随着英国资本主义工商业开始发轫和兴起,英国开始出现圈地运动和工业革命。这直接导致英国贫困人口大量增加,"羊吃人"的历史惨剧开始上演。为了避免大量失去土地又难于就业的贫困人口陷入生活的极度困境,英国政府开始承担一定的社会救济责任。1601年具有历史意义的《济贫法》正式颁布。钱穆说:"某一制度之创立,它必有渊源,早在此项制度创立之先,已有此项制度之前身,渐渐地在创立。某一制度之消失,也绝不是无端地消失了,它必有流变,早在此项制度消失之前,已有此项制度之后影,渐渐地在变质。"②济贫法的主要内容包括:率先确立了国家设立公共基金投入社会救济活动以满足个人需求的原则,使利用国家的公共资源(物质、技术、财产等)提供社会服务合法化;各国确立了由国家实施公共援助的原则、资格审查的标准和扶贫资金由各级地方筹措、地方管理为主,贫民由所在地方负责的"属地原则"等。可以说,英国颁布的《济贫法》是社会救济法律制度发展史上的具有里程碑意义的法律,这一立法开启了社会救济法律制度近现代化的进程。1782年,英国政府根据经济形势和社会发展的情况,又颁布了《格伯特法》,进一步扩大救济贫民的范围,使社会中更多处于贫困境地,生活十分困难的人群能够获得政府的救助和生活保障。1789年,通过了著名的《斯宾汉姆莱法》,将济贫对象范围进一步扩大,特别是建立了院外救济制度,使得政府对符合其制订标准的低收入者能获得政府给予的最低生活保障和相应的困难救济,社会救济的覆盖范围再一次扩大。1834年,英国的工业化和资本主义工商业发展进入高潮时期。英国议会通过了《济贫法修正案》,也就是学界

---

① 黎建飞:《劳动与社会保障法》,中国人民大学出版社2003年版,第516页。
② 见钱穆:《中国历代政治得失》,生活读书新知三联书店2005年版,第2页。

所称的《新济贫法》。《新济贫法》奠定了现代社会救济立法的雏形。对以后的欧美国家社会救济立法产生了十分深远的影响。

19世纪下半叶,随着资本主义工商业的发展和工业化进程的开启。德国根据社会现实和经济发展的需要,率先建立了一种不同于英国事后救济制度的以预防为主的社会保险制度。这一制度针对传统救济制度存在的缺陷进行了革新。20世纪初期,英国、美国的资本主义国家已经进入了垄断资本主义时期。为适应新的经济发展形势和不断出现的社会新问题、新情况,英国建立了一种新型的社会保障制度。这一保障制度及体系以《失业工人法》、《养老金法》和《健康法》等为基本内容。

从英国《伊丽莎白济贫法》颁布至今,西方各个国家的社会救济制度已经历了四百多年的历史演变和发展。在这较长的历史过程中,作为上层建筑的社会救济法律制度在各国经济、政治、文化的发展和民众权利意识觉醒等积极因素的推动下得到了不断的进步和完善。

2. 中国社会救济制度的发展史。中华民族有扶危济困的传统。我国社会救济制度发展可以追溯到西周时期。至今也经历了一个长期的演变过程。据古代文献记载,中国早在西周时期设立了专门的官职来施行惠政,救济贫病之民。《周礼》所记治国安民之策即为"慈幼、养老、赈穷、恤贫、宽疾、安富"①。古代思想家倡导"老吾老以及人之老,幼吾幼以及人之幼"。正统的儒家思想家极力主张引导统治阶层实施"仁政"、"以民为本"等,这些都或多或少地蕴含了早期社会救济的理念。汉宣帝设立"常平仓",历代皆仿行。清政府的历代皇帝高度重视赈恤百姓,尤其是在发生洪灾等大的自然灾害时期,皇帝专门召集召开朝会,下诏赈灾,救灾的款项不设定额度。清乾隆多次强调"赈恤一事,乃地方大吏第一要务"。1906年清政府搞新政,计划实施宪政,专门设立民政部负责社会救济事宜。自清末以来的中国,政府曾积极学习和借鉴西方发达资本主义国家先进的社会救济制度和模式,形成了将历史传统与近代化相结合的社会救济制度。如民国政府相继颁布了《各地方救济院规则》、《贫民习艺所章程》等一系列社会救济法律法规。特别是1943年,国民政府颁布了我国历史上第一部完整的社会救济法律——《社会救济法》②。该法一定程度上标志着具有我国现代意义的社会救济制度在文本上形成了。该法的进步意义在于一定程度上体现了孙中山先生倡导的"三民主义思想",但因抗战和国内战争的爆发,这一法律未得到有效施行。

1949年以后,我国现代社会救济法律制度得到党和政府高度重视,因此得以逐渐确立并在社会救济救助的实践中发挥重要的作用。新中国社会救济工作经历了三个发展阶段:第一阶段是从新中国成立初到社会主义改造的基本完成;第二阶段是从全面开始社会主义建设到20世纪80年代初期城乡经济体制改革的开始;第三阶段是从实行改革开放以来,特别是农村人民公社体制解体以后。③ 台湾地区于1980年6月14日颁布"社会救助法"。其救助范围为生活扶助、医疗补助、急难救助及灾害救助。

---

① 《周礼·地官司徒·大司徒之职》。
② 周秋光、曾桂林:《中国慈善简史》,人民出版社2006年出版,第28页。
③ 多吉才让:《中国最低生活保障制度研究与实践》,人民出版社2001年出版,第52页。

目前我国正处于推动经济发展方式转变、探索社会管理创新变革的新时期,社会救济制度正经历着在理论和实践层面从传统走向现代的过程。国家在社会救济或者救助上已经从自发转向自觉。国家救助或者救济公民的自发行为是出于一种道德和仁义,而自觉却是国家作为责任主体应该承担的一种义务或责任。作为公民在因来自个人自身的原因、外在的因素导致生存、生活困难接受社会救助不再是接受恩赐,而是作为国家公民应该享有的基本权利。

四、现代社会救济法律制度与传统的政府济贫的差异

现代社会救济法律制度本质上不同于传统济贫的制度,其主要差别表现在:

(一)性质不同

现代社会救济制度是建立在社会安全、社会共同发展和基本人权保障的基础之上的,它反映的是社会整体与个体之间的权利义务关系。而传统的济贫制度,是建立在怜悯和恩惠的基础之上,反映的是一部分成员对另一部分社会成员的施舍、帮助关系。

(二)保障程度不同

获得社会救济是特定社会成员的一种权利,而社会与国家给予特殊社会成员以救济则是国家和社会的义务。社会救济作为一种制度,构成了一个国家的法律体系的重要部分,因而对社会救济的范围、标准以及具体规定都由法律严格界定,当一部分社会成员遇到生活困难时,必然能够获得国家的帮助,社会救济给予的帮助具有确定性。而传统济贫作为一种慈善活动,则带有很大的主观随意性,即,给予哪些人、给多少,均依施舍者的主观意愿决定。

(三)给予帮助者与接受帮助者双方的地位不同

在现代社会救济中,救济是社会的责任,在社会救济的制度框架范围内,具体的社会个体在实施社会帮助时与接受帮助者之间仍然是一种平等的关系,给予帮助并不是某些社会成员优越地位的体现,接受帮助者也不必以人格的屈辱为代价。传统救济作为一种慈善事业,施舍者与被施舍者的地位是不平等的,前者自始至终都处于一个积极主动地位,而后者只能处于被动地位。由于地位的不平等,自然导致两者心理状态的差异:被施舍者所拥有的只能是感激,因而施舍者则被视为"救世主"。这种心态又是导致社会进一步不平等的心理根源。现代社会救济制度下,接受救济的公民或社会成员不应把接受救济看作一种丢人的事情,而应视为自己的一项正当权利,而作为救济者的国家和社会向公民或社会成员提供社会救济也是它向公民和社会成员应尽的社会义务。因此,认为自己具备获得社会救济条件的公民或社会成员,可以主动提出救济申请;如果政府拒不给予救济或者不合理地降低救济标准,或者中断救济,公民或社会成员享有提出申诉的权利。

(四)内容和方式不同

传统的济贫制度主要以直接提供衣食住行所需的实物和金钱为主,仅以使特定救济

对象维持基本的生存为目的。现代社会救济不仅要使处于生活困境的人能够继续生存下去,而且要努力使他们能够摆脱生存的困境。因此,在形式上除了为生活困难者提供各种生活必需的物质条件这种消极的帮助外,还要采取一些积极的手段,如"以工代赈"、"生产自救",这些方式的采用,不仅可以改变被救济者心里的消极反应,使他们感受到接受社会救济并非是接受施舍,而是以力谋生,是劳动的报偿,使被救济者在接受救济时既维护自己的人格尊严,也可在救济过程中提升自己的谋生能力。

(五)对象不同

传统济贫,一般只对社会成员中的极少数赤贫者实施,不仅救济的资金有限,而且范围极为狭窄。与此不同,社会救济的对象不仅包括了绝对贫困者,而且还包括了生活水平没有达到法定最低标准的公民或社会成员,一时遭受严重自然灾害和其他不幸事故的人,以及缺乏和丧失劳动能力者。进而言之,现代社会首先意味着绝对贫困的消失,因而具有现代意义上的社会救济,其主要对象已不再是传统济贫中的那种赤贫或绝对贫困者,而是相对于其他社会成员的生活困难者。

社会救济制度的自身特点以及与传统济贫的差别说明,社会救济制度是一种非盈利性的他助与自助相结合的专业服务事业。其基本功能是:解决社会问题,调适个人与社会、公民与国家的互动关系,并以提高整个社会成员的生活质量与水平为目的。就当代中国而言,社会救济制度完善与否还是直接关系着社会能否顺利发展、市场经济能否正常运行,以及国家社会能否稳定的重大社会问题。[①]

第二节 我国社会救济法立法现状及发展趋势

一、我国社会救济法立法现状

我国的社会救助法制建设相对滞后,社会救助缺乏必要的法律规范。

在国家层面:一是缺乏专门的社会救助法从整体上协调和规范社会救助业务有序、平衡发展,相关社会救助法律规范分散在残疾人保障法、老年人权益保障法、未成年人保护法、妇女权益保障法、传染病防治法、收养法、公益事业捐赠法、教育法、高等教育法、义务教育法、职业教育法等法律之中。二是法规和规章不健全。国家除制定了《农村五保供养工作条例》、《城市居民最低生活保障条例》、《城市生活无着的流浪乞讨人员救助管理办法》、《法律援助条例》等行政法规外,医疗救助、灾民救助、住房救助、就业救助等没有专门的行政法规,虽然有关部门出台了一些规章和规范性文件,但因其位阶和效力的局限,不能够从根本上保障社会救助的法制化运行和规范化管理。三是社会救助法律规范规定的内容不一致,协调性差,不利于保护救助对象的合法权益。现行社会救助法规、规章的具体内容以单项救助为主,而单项救助业务分属不同的行政机关管理,这些法规、规章强调部门权能和利益,带有明显的部门色彩,相互间的协调程度有待提高。更重要的是,现有

---

① 种明钊:《社会保障法律制度研究》,法律出版社2000年版,第343页。

的法律规范是在城乡二元结构的基础上制定的,依循城市和农村分别独立建制的旧思路,没有强调对城乡救助对象的平等救助,部分救助制度成为城市救助对象的特权,农村救助对象不能平等地与城市救助对象享受同样的社会救助,且二者的救助待遇差距巨大,如最低生活保障、医疗救助等。

在地方层面:一是缺乏综合性的社会救助法规规章。据不完全统计,除《上海市社会救助办法》、《广东省社会救济条例》(1998年)外,浙江省十届人大代表提出制定浙江省社会救助条例的议案,该议案已交付浙江省人大内务司法委员会审议;其余省(自治区、直辖市)尚未制定综合性的社会救助地方性法规或规章,也无专门的立法规划。二是现有的社会救助规章单一,体系不健全。各地制定的社会救助规章多为城市居民最低生活保障条例的实施办法,仅有部分省份对农村社会救助制度进行立法,如《海南省农村居民最低生活保障办法》、《宁夏回族自治区农村居民最低生活保障办法》、《陕西省实施农村五保供养工作条例》《甘肃省农村五保供养办法》等;新近建立的社会救助制度,如城乡医疗救助等,地方立法机关则尚未制定法规或规章[①]。

二、我国社会救济统一立法的基础条件已经成熟

(一)我国社会救助的制度与项目已基本成熟

1949年全国失业工人、手工业者和知识分子约400余万,受灾灾民4550多万人,急需救济群众达5000万人以上,超过当时总人口的10%。党和政府在当时财政非常困难的情况下,从保障基本生活的要求出发[②],采取区别对待的办法给予生活、医疗、衣被、生产资金补助等不同形式的救济。

1982年我国颁布的第四部宪法(现行宪法)中第45条规定:"中华人民共和国公民在年老,疾病或者丧失劳动能力的情况下,有从国家和社会获得物质帮助的权利。"对前三部宪法中"劳动者"的权利,推及到"全体公民",这无疑是一个巨大的进步。1999年9月国务院颁布《城市居民最低生活保障条例》,使扶贫济困成为各级政府的法定责任,实现了从"施恩论"向"权利论"的转变,标志着我国现代意义的社会救助制度的正式确立。

(二)财政已基本具备负担实施《社会救助法》所需资金能力

1. 我国实施《社会救助法》年需资金约402.86亿元。包括:
(1)最低生活保障资金需347.35亿元。
(2)医疗救助资金需20.08亿元。
(3)灾害救助约需资金35.43亿元
2. 我国财政有能力承受447亿元左右的社会救助资金
(1)2000年我国已实际支出社会救助资金约235亿元。据测算,2000年全国财政实

---

① 朱勋克、余友根:《社会救助法亟须解决的若干问题》,载《长沙民政职业技术学院学报》第14卷第3期。
② 多吉才让:《中国最低生活保障制度研究与实践》,人民出版社2001年版,第53页。

际已支出可用于社会救助的资金约235亿元(其中低保34.5亿元,扶贫转移150亿元,灾民救助47.5亿元,五保户供养3亿元),占社会救助需要资金402.86亿元的58.3%。2002年全国低保人数达1930.8万人,预计财政低保投入将增长到100亿元。

(2)我国财政可以承受约447亿元救助资金。关于社会救助资金中央与地方分担比例,应以中央财政与地方财政收入分配比例为依据。1998年中央财政占全国财政收入比重已经达到49.6%,社会救助经费也应该承担49.6%。目前中央财政收入的比例已经提高到60%,社会救助经费比重也应随之提高到60%。但中央财政对贫困地区要予以倾斜①。

总而言之,我国实施社会救助制度的条件已基本成熟。

三、现阶段我国社会救济立法的进程

随着我国改革开放的不断深入发展,社会各阶层的分化日益严重,反映贫富差距的基尼系数也已经接近警戒线,社会上出现了在各个方面都处于相对弱势的"社会弱势群体"。要充分保障社会弱势群体的权利,就必须要从健全和完善社会救助制度出发,通过动员政府和社会的力量投入社会救助工程,来解决社会贫困人口和弱势群体的各种基本生活需要。

社会救助领域立法工作尝试已久。早在上世纪90年代的第八届全国人大常委会和此后的第十届全国人大常委会,均曾将时称《中华人民共和国社会救济法》的立法工作纳入五年立法规划。此后经各界讨论达成共识,将其更名为《中华人民共和国社会救助法》,并于2005年开始起草。

三年后的2008年,中国政府网全文公布该法征求意见稿,此后几近沉寂,直至2010年3月的十一届全国人大三次会议上,时任全国人大代表、中国人民大学法学院院长王利明等96名代表提出议案,建议制定社会救助法,该法重新引发各界高度关注。

据《中国新闻周刊》统计,社会救助方面的法规和政策比较重要的有1999年的《城市居民最低生活保障条例》、2003年的《城市生活无着的流浪乞讨人员救助管理办法》、2006年新的《农村五保供养工作条例》、2007年的《国务院关于在全国建立农村最低生活保障制度的通知》等,均为法规或规章。地方也积极加强社会救济立法工作。2010年7月23日,广东省施行了《广东省社会救济条例》。深圳市出台了《深圳市道路交通事故社会救助暂行办法》。

社会救助制度是社会保障制度的基本内容,社会救助法是发展和完善社会救助制度的基本依据,我国的社会救助法必须对社会救助制度的相关方面作出合理的法律规定,尤其必须对社会救助制度的基本目标和基本理念、社会救助制度的基本内容及其内在关系、社会救助制度的财政责任机制以及社会救助标准的调整机制等方面作出科学合理的法律规定。只有这样,我国的社会救助制度才能在科学合理的制度目标和理念下,完善各项救助制度内容,保证救助财政来源的合理性与可持续性,并使得社会救助标准真正能够为贫困群体提供有尊严的基本生活。

---

① 丁建定、张巍:《关于我国社会救助法几个问题的思考》,载《苏州大学学报》2010年第3期。

【思考题】

1. 社会救济的概念及特征是什么?
2. 社会救济法的概念是什么?
3. 现代社会救济法律制度与传统的政府济贫有什么差异?
4. 简述社会救济法(社会救助法)立法现状及进程。

第十四章 社会优抚法

> 【引例】
>
> 席某于1951年退伍回乡,现为孤老复员军人,1985年开始享受当地民政部门给予的定补,现持有某市民政局发给的优抚(救济)对象定期抚恤(补助)证,发证时间为1997年6月1日,定补金额每月为50元,该款由某县民政局拨给某乡人民政府。席某从该乡人民政府下属的民政所领取。1987年3月30日,该乡政府成立敬老院,席某符合入院条件入住敬老院生活,半月后席某私自离开,后以其无生活来源要求该乡人民政府给予优待照顾,该乡人民政府按敬老院院民每月发给席某面粉40斤,现金10元。1992年春,席某所在的村组调整土地时,将席某的一亩二分口粮田和三分自留地收回。1992年该乡人民政府增加敬老院院民生活费,席某由每月10元增至20元,每年发给席某小麦600斤,经席某要求,该乡人民政府同意将全年面粉折小麦600斤存入乡粮管所,1995年4月席某将其所存的500斤小麦出售给他人,乡人民政府发现后于1995年5月开始将每月发给席某的20元钱和40斤面粉停发至今。
>
> 席某现在该乡粮管所存面粉540斤,在该乡信用社存有定期存款12笔,存款共计1810元。
>
> 1998年7月13日,席某向该县人民法院提起行政诉讼,要求乡政府履行其法定职责:1.补发停发期间的伙食费及面粉,并支付停发期间的利息及交通费184元;2.将每月定补由现在的50元增加至55元。
>
> 席某为复员退伍军人,因年老体弱,生活困难,按照《军人抚恤优待条例》第38条之规定,应当由当地民政部门给予定补,其要求乡政府增加每月定补数额,不属其职责范围,席某坚持起诉乡政府,不予支持。席某现存一定数量的面粉和一定数额的存款,要求乡政府从1995年5月起补发每月20元钱和40斤面粉,理由不足,法院不予支持,但应给予原告一定的经济照顾。原告属优待对象,现无农田耕种,生活没有保障,被告应给予优待照顾。

第一节 社会优抚概述

一、社会优抚的概念

优抚安置通常是指国家给予优抚对象优待、抚恤和安置三种待遇的总称。优待是指按照国家相关法律法规的规定对优抚对象从政治上、经济上给予的优厚待遇。抚恤是指国家对伤残人员和牺牲、病故人员家属进行经济生活资助和荣誉奖励等的抚慰活动,一般分为伤残抚恤和死亡抚恤。安置通常是指对特定对象(复员退伍军人、军队离退休干部及其随军家属、无军籍退休退职职工)或生产、生活有困难者(如遭受毁灭性自然灾害的灾民、流入城市的流浪乞讨人员等)生活上的帮扶或就业方面给予安排。国家制定并实施优抚安置制度的目的在于保障优抚对象的生活,提高他们的社会地位,激励军人保卫祖国、建设祖国的英勇献身精神,加强军队建设、增强国防力量[①]。新中国成立以来,国家不断地健全和完善优抚安置制度,使它在军队建设和国家社会主义建设事业中发挥了巨大的作用。

二、社会优抚的特征

(一)优抚对象具有特定性

优抚的对象是为革命事业和保卫国家安全做出牺牲和贡献的特殊社会群体,由国家对他们的牺牲和贡献给予补偿和褒扬。

(二)优抚保障的标准较高

由于优抚具有补偿和褒扬性质,因此,优抚待遇高于一般的社会保障标准,优抚对象能够优先优惠地享受国家和社会提供的各种优待、抚恤、服务和政策扶持。

(三)优抚优待的资金主要来源于国家财政支出

优抚工作是政府的一项重要行为,优抚优待的资金要由国家财政投入,还有一部分由社会承担,只有在医疗保险和合作医疗等方面由个人缴纳一部分费用。根据《军人抚恤优待条例》第4条规定:"国家和社会应当重视和加强军人抚恤优待工作。军人抚恤优待所需经费由国务院和地方各级人民政府分级负担。中央和地方财政安排的军人抚恤优待经费,专款专用,并接受财政、审计部门的监督。"

(四)优抚内容具有综合性

社会优抚与社会保险、社会救助和社会福利不同,它是特别针对某一特殊身份的人所设立的,内容涉及社会保险、社会救助和社会福利等,包括抚恤、优待、养老、就业安置等多方面的内容,是一种综合性的项目。

三、我国优抚的历史概述

我国是世界文明古国,曾开人类优抚工作之先河。我国古代的优抚思想和主张主要体现在以下几个方面:

(一)厚待军人

这种思想源于西周。到了汉末,统治阶级的优抚思想进一步明确,他们认识到,要想

[①] 刘翠霄:《我国优抚安置法律制度的改革和完善》,载《法商研究》1999年第3期(总第71期)。

不断扩军应付频繁战事,仅靠从严治军还不够,必须以物质财富为基础,通过厚待将士来提高军队的战斗力。

曹操指出:"军无财,士不来;军无赏,士不往。"诸葛亮指出,对军人的优抚是治军之道,是军队所向必捷的重要保证。用他的话说:"夫用兵之道,尊之以爵,赡之以财。"明清两代的统治阶级都有一套厚待军士、褒荣彰功的章法以鼓舞士气。

(二)对战死者祭葬,并对其家属进行抚恤

我国古代军事家,早就认识到对战死的军人置备葬具、妥善祭葬并免除阵亡将士家属的徭役,是稳定军心、保全国家的良策。清康熙曾诏令全国,在处理为国捐躯的大小文武官员的尸骨及眷事时,允许动用国库中钱粮。为便于操作还明确规定所谓恩赏标准,不足或超过标准都属于违法行为。

(三)及时医治伤病员,优抚致残者

据《唐六典》载:"军人被创即给医药,使谨视之,医不治,鞭之。"明代对参战负伤和致残的军人均予妥善优抚。轻伤者三年之内可以不缴纳税租,完全丧失劳动能力的残疾士卒,可以收容到专设的养济院,由国家拨发口粮和衣物并养老送终。

清代对战伤者,视负伤轻重情况,分为三个等级,对轻伤予以一次性伤赏,重伤按级逐年领取恩赏。

由此可见,我国古代的优抚工作已延续三千年之久,到明清两代开始走上法制化、程序化。然而,古代的优抚工作,从总体上讲是人治而不是法治,优抚事宜往往以帝王的诏令的形式出现,即以个人的意志为转移,灵活性和多变性强,稳定性差。

在清王朝覆灭前夕,为顺应世界潮流,清政府于光绪年间拟定了《退伍兵暂行办法章程》;后又于宣统二年制定一部优抚法,名称为《恤荫恩赏章程》,共8章48条。翌年,孙中山领导的辛亥革命于武昌打响,清王朝迅然退出历史舞台,于是,这部优抚法也就胎里亡了。纵向比较,清王朝的优抚制度较前朝周全,但因为对于以满族为主体的八旗兵的优抚,远远高于以汉族为主体的绿营兵,形成巨大反差,竟成为清朝灭亡的加速器。

四、社会优抚立法工作的重要意义

自建立人民军队伊始,中国共产党就十分重视对军人的优抚工作,并把这项工作作为政治建军和军队建设的重要内容。土地革命时期,我们党相继颁布了《中国工农红军优待条例》、《红军抚恤条例》。

抗日战争期间,又颁布了《陕甘宁边区优抚暂行办法》、《陕甘宁边区优待革命军人、烈士家属条例(草案)》等。解放战争期间,各大解放区都结合实际各自制定了《军人家属优待条例》。这些优抚条例,对于鼓舞革命军人浴血作战,强化部队建设起到了重大的作用。1949年10月1日成立中华人民共和国后,在百废待兴的情况下,不到一年时间相续颁布了《革命烈士家属,革命军人家属优待暂行条例》、《革命残废军人优待抚恤暂行条例》、《革命军人牺牲、病故褒恤条例》、《革命工作人员伤亡褒恤暂行条例》、《民兵工伤亡抚恤暂行条例》。这些条例、法规大多无明确的法律责任部分。严格地讲,没有"罚则"的行政法规,

不能说是一部带有强制性的法规,可称作是指导性行政规定,这样,执法单位和公民可执行也可以不执行。这就是许多地方的优抚不落实的症结所在。因此,立法机关应考虑对现行优抚法律法规的增补"罚则"事宜。凡构成违反优抚法的行为都应承担相应的法律责任,可视情节给予各种行政处罚,情节严重的应给予刑事制裁。构成违反优抚法的行为须具备以下四个要件:(1)在客体上必须是损害了国家的优抚制度,危害了国家的军事利益;(2)在客观方面必须具备不履行或者违反优抚法的行为,这种行为包括积极的作为和消极的不作为;(3)在主观方面必须具有过错,即故意或和过失;(4)在主体上,既包括特殊主体(国家有关公务人员),也包括一般主体(普通公民),既包括自然人,也包括法人。民事权利能力和民事行为能力的要求等同于民法通则的规定。犯罪和刑事责任能力的要求可参照于我国的刑法典。概而言之,我国的优抚法制建设虽然还有"空白",但主要矛盾不是无法可依而是有法不依,执法不严、违法不究的问题;不是实体法的不完整不全面,而是程序法不明确、不严谨的问题。因此说,在我国加强军事国防法制建设的同时,必须进一步加强优抚法制建设,进而搞好军民共建。目前,我国的优抚法制建设具有这样三个主要特征:一是基本形成了以兵役法为基本法的优抚法律体系;二是作为国家的一项基本制度纳入各级人民政府和民政机构的主要议事日程;三是优抚工作依法落实于基层,基层政权在扶持优抚对象发展生产、劳动致富方面积累了许多新的经验,并成为社会的稳定器。

但是,随着改革的深化,我国的经济社会发展形势和周遭环境都发生了深刻变化,国际经济政治形势也风云变幻。而原有的主要在计划经济条件下制订的优抚制度是与计划经济相适应的,很难完全适应社会主义市场经济发展的要求。其主要问题是:(1)优抚力度弱化、城乡差别扩大。这些问题主要是发生在农村和中国西部经济落后地区。有的乡村经济落后,优待本村军属是采取每年凑一次"份子"的方式支付,仅30元左右的优抚金,这户欠,那户拖,很难完全落实。(2)优抚工作的管理与监督体制滞后。有的地方对中央和省自治区的优抚规定有法不依,甚至找种种借口拒绝给予军人家属优待。由于法制不健全,特别是优抚程序法不明确,优抚对象状告无门。(3)义务兵服现役的待遇偏低。凡此种种,久而久之,势必使"当兵"失去吸引力。为此,必须尽快地完善优抚法和适应市场经济发展的新型优抚制度,以满足依法治军和加强国防建设的新需求。

我们认为,要进一步研究探索与我国社会主义市场经济相适应的新型优抚法律制度,探索新时期的优抚法制,必须以中国特色社会主义理论体系为基础,贯彻落实科学合理的优抚工作理念:

1. 必须坚持实事求是,一切从实际出发的原则。这个原则就是正确地认识中国现在正处于社会主义初级阶段的国情。我国是最大的发展中国家,特点是人口多,底子薄,农民占全国人口的50%,而且,当前的国有大中型企业的经济效益普遍不高。这就决定了我国现阶段的优抚标准也不可能太高,但也不能低于当地居民的平均生活水准,只有适度偏高,才能有利于部队的稳定,才能更多地吸引到国防建设的各类人才。

2. 要继续加强优抚立法工作。当前优抚工作出现的种种弊端在很大程度上还是立法工作滞后,法制不完备,特别是行政执法程序不完备。要在全民中树立优抚法制意识,要建立专门机构,进行监督检查,做到有法可依、有法必依、执法必严、违法必究。

3. 提高公民的国防意识,加强普法教育。应将普及国防法律知识列入重要日程。根据《中华人民共和国宪法》第5条规定,保卫祖国、抵抗侵略是中华人民共和国每个公民的神圣职责。依照法律服兵役和参加民兵组织是中华人民共和国公民的光荣义务。这些原则,应作为普法的课题之一。就目前情况看,公民的国防意识普遍偏弱,国防观念淡薄,一些适龄青年逃避兵役,不以为耻,反以为幸;非军人把拥军优属视为负担,该尽义务而不尽,甚至欺压军属,丧失了起码的社会公德。为此,必须进一步呼唤公民的优抚意识。部队要教育现役军人安心服现役,爱国奉献;而非军人应依法拥军优属,使他们认识到搞好优抚不仅是弘扬传统美德,也是培养现代国防意识和爱国主义情操的重要标志。

4. 修订有关优抚行政执法的法规,规范各项执法行为。我国原有的相关优抚行政法规,有的过高地估量我国公民的社会主义道德水平,应进一步增强公民守法意识,大力提升执法机关及公务人员执法水平和责任意识。从立法工作层面强化优抚行政执法责任,须增订优抚行政执法的法规,规范优抚各项工作的执法行为。

第二节 现行的优抚法

一、社会优抚法的概念

所谓优抚法律制度,泛指国家对现役军人、残伤军人、复员退伍军人、离退休军人、因战因公牺牲的军人家属、病故军人家属、现役军人家属的优抚法律法规和依照这些法律法规实施优抚以及依法监督的体制。

调整诸如此类社会关系的法律就是优抚法。优抚法是军事法律体系中的重要组成部分。党的十一届三中全会以后,国家对原有的优抚法律法规相继作了专门的修订,更加符合实际,充分体现了党和全国人民对军队的关怀,使现役军人、革命伤残军人、复员退伍军人、革命烈士家属、因公牺牲军人家属、病故军人家属、现役军人家属等优抚对象,受到全社会的普遍尊重,从而提高了军人保卫祖国的光荣感、责任感,有利于加强人民军队的现代化建设。新形势下,必须不断增强公民的优抚意识,进一步提高对优抚工作重要性的认识。

二、新时期优抚立法进程

《中华人民共和国宪法》第45条规定"国家和社会保障残废军人的生活,抚恤烈士家属,优待军人家属"。较早的优抚法规是1988年中华人民共和国国务院第8号令颁布的《军人抚恤优待条例》(本节以下简称《条例》)。它同《军官服役条例》、《军队文职干部条例》、《军衔条例》等几部军队条例相互衔接、相互配套,是我国第一部较为完整的优抚基本法规。司法实践证明,该《条例》适应了我国计划经济时代的形势和优抚工作的实际,对优抚工作的发展起到了巨大的推动作用。《条例》的颁布施行,对国家在计划经济时代巩固国防、支持军队改革和建设、维护优抚对象的合法权益、增强人民群众的拥军优属意识、促进社会主义精神文明建设、保障国家的稳定和发展都起到了重大的作用,在社会主义法制建设中也具有十分重要的意义。它所确定的一些优抚法的基本原则,如"保障军人的抚恤优待与国民经济的发展相适应,使抚恤优待标准与人民的生活水平同步提高"等,不同程度地体现了优抚法的核心理念和与时俱进的时代精神。2004年,国家根据"以人为本"和"全面、协调、可持续"的科学发展观这一指导思想和以下几条基本原则对《条例》进行了修订:坚持有利于提高军人的社会地位,有利于激发军人献身精神的原则;坚持为军队的改革和建设,巩固和加强国防,促进经济发展和社会稳定的服务原则;坚持对军人的抚恤优待优厚于一般社会成员的原则;坚持国家抚恤优待为主,社会各界广泛参与为辅的原则;坚持继承与发展、需要与可能,体现中国特色与借鉴外军经验相结合的原则。

但是,随着经济社会发展和形势的不断变化,我国全力构建社会主义市场经济体制,优抚工作遇到了严峻的挑战。优抚工作滞后于人民群众生活水平,优抚对象的抚恤补助标准没有从根本上得到改变;长期的和平环境使人们的法制观念、义务意识淡化,有些优抚政策难以落实。同时,《条例》本身固有的缺陷也在优抚工作的具体实践中逐渐显现出来。这些不利因素的存在无疑将影响优抚工作的正常进行,甚至阻碍优抚工作的健康发展,这也是2004年修订《条例》的基本出发点[①]。

2011年,国家又修订了《条例》,主要进步意义体现在如下几个方面。

1. 完善了批准烈士的情形。将执行反恐怖任务和在执行外交任务或者国家派遣的对外援助、维持国际和平任务中牺牲的,作为军人死亡批准为烈士的情形。

2. 增加了发给烈士遗属烈士褒扬金的规定。明确"现役军人死亡被批准为烈士的,依照《烈士褒扬条例》的规定发给烈士遗属烈士褒扬金"。烈士褒扬金标准是上一年度全国城镇居民人均可支配收入的30倍(按2010年标准计算约为57万元)。战时,参战牺牲的烈士褒扬金标准可以适当提高。

3. 调整并提高了烈士、因公牺牲和病故军人遗属一次性抚恤金标准。将烈士和因公牺牲军人遗属的一次性抚恤金标准分别由军人死亡时的80个月工资、40个月工资,统一调整为"上一年度全国城镇居民人均可支配收入的20倍(按2010年标准计算约为38万元)加本人40个月工资";将病故军人遗属的一次性抚恤金标准由军人死亡的20个月工资调整为"上一年度全国城镇居民人均可支配收入的2倍(按2010年标准计算约为3.8万元)加本人40个月工资"。并明确"月工资或者津贴低于排职少尉军官工资标准的,按照排职少尉军官工资标准计算"。

4. 完善了烈士遗属优待政策。明确"烈士遗属依照《烈士褒扬条例》的规定享受优待",烈士遗属的教育、就业、集中供养等优待政策,得到了进一步充实完善。比如:

烈士子女接受学前教育和义务教育的,应当按照国家有关规定予以优待;在公办幼儿园接受学前教育的,免交保教费;在公办学校就读的,免交学费、杂费;报考高等学校本、专科的,可以按照国家有关规定降低分数要求投档;报考高等学校研究生的,在同等条件下优先录取。

烈士子女符合公务员考录条件的,在同等条件下优先录用;烈士遗属符合就业条件的,由当地人民政府人力资源社会保障部门优先提供就业服务;烈士遗属已经就业,用人单位经济性裁员时,应当优先留用;烈士遗属从事个体经营的,工商、税务等部门应当优先办理证照,烈士遗属在经营期间享受国家和当地人民政府规定的优惠政策。

---

① 杨国英、李桂广:《起草制订〈优抚法〉保障优抚工作健康发展》,载《民政论坛》第5期。

男年满 60 周岁、女年满 55 周岁的孤老烈士遗属本人自愿的,可以在光荣院、敬老院集中供养。

5. 将退休士官纳入抚恤优待范围。明确退休士官的抚恤优待,依照条例有关现役军人抚恤优待的规定执行。

【思考题】

1. 社会优抚的概念及特征是什么?
2. 简述社会优抚发展概况及社会优抚立法的意义。
3. 社会优抚法的概念是什么?
4. 社会优抚立法的意义是什么?

【司法考试真题链接】

对下列哪些案件人民法院可以适用先予执行?(2005 年)
A. 10 岁孤儿王某起诉要求乡人民政府颁发孤儿生活供养证的
B. 伤残军人罗某起诉要求县民政局发放抚恤金的
C. 张某被工商执法人员殴打致残起诉要求赔偿的
D. 王某因公致残起诉要求某市社会保险管理局支付保险金的

第十五章　社会福利法

【引例】

　　整整 25 年，辽宁沈阳市法库县农民李百服悉心照顾瘫痪在床、生活不能自理的女儿，父女俩相依为命。然而，出于"我全身是病，我死了怕没人照顾闺女……"这样简单的考虑，李百服点燃一把火，将自己的亲生女儿活活烧死。面对无期徒刑的一审判决，李百服流下后悔的眼泪。54 岁的李百服家住沈阳市法库县，以种地为生，早年与妻子离婚，随后开始独自抚养因脑部患病而生活不能自理的女儿。喂饭喂药、擦拭身体，甚至帮助排便……这样的日子一过就是 25 年。2005 年 6 月 4 日 21 时许，李百服在酒后想起女儿生活无法自理，而自己又体弱多病，进而产生了放火将女儿烧死，然后自杀的想法。于是，李百服用火柴将自家厨房内的柴火点燃，燃烧的大火将 3 间房屋烧毁，而躺在炕上的女儿最终因一氧化碳中毒及缺氧窒息死亡。李百服企图自杀，但被赶到的邻居阻止。"李百服平时表现良好，没有前科劣迹，一直对女儿照顾周到，恳请法院从轻处罚他。"他所在的村委会开出这样的证明。沈阳市中级人民法院一审作出判决：李百服犯故意杀人罪，判处无期徒刑。

　　本例中，李百服的错在于，他认为他给了女儿生命，就有权利用自己认为"最好的方式"处置女儿的生命。但是，这起悲剧也让我们重新审视尚待完善的社会福利保障机制，对于像李百服那样带着残疾的亲人苦苦度日的那些父母，如何免去他们的后顾之忧，是值得深思的。①

第一节　社会福利法律制度概述

一、社会福利基本原理

（一）社会福利的概念

　　福利就是能使人们在物质和精神生活方面幸福的各种条件。广义的社会福利泛指国家和社会为改善和提高社会成员的物质、精神生活质量而提供的各种关于基本生活、养老、医疗、住房、教育、就业等社会政策和物质帮助。狭义的社会福利是指由国家和社会团体举办的，对生活能力较弱的儿童、老人、母子家庭、残疾人、慢性精神病人等提供的社会

---

① 社会保障法网，http://china.findlaw.cn/info/baozhangfa/shfl/fltx/102528.html，下载日期：2010 年 4 月 19 日。

照顾和社会服务。

对"社会福利"的内涵和外延,不同国家、不同学者有不同的界定。按日本学者一番ケ瀬康子的解释,社会福利"泛指解决有关'福利'问题的各种社会方法和政策";福利"不单单表现为心情等主观因素,而是作为一个人主动追求人间幸福生活权利的基础、机会和条件,以及在日常生活中所做的各种必要的努力"。有"福利国家"美称的英国认为社会福利与社会保障是同一概念,瑞典、德国等国家认为社会福利包括社会保障,加拿大国民福利由养老保险、就业保险、医疗保险、残疾抚恤金等构成。澳大利亚社会福利主要指各种津贴,如家庭津贴、青年津贴、新开始津贴(失业者的福利)、免疫津贴、托儿津贴、住房补助、残疾儿童津贴、护理人补助、土著青年助学金、偏远地区儿童补助、健康护理卡、老年津贴、鳏寡津贴、残疾人津贴、老年优惠卡、老年健康卡、电话补助、退伍军人津贴、孤儿养育津贴、领津贴者的教育补助,等等。

在中国,社会福利涉及全体社会成员的物质文化生活,是社会保障的一个重要组成部分。社会福利是指除了社会保险、社会救济和社会优抚以外的有关社会保障措施,实施对象是全体公民,包括老年人、残疾人、妇女、儿童、青少年、军人及其家属、贫困者,主要内容有医疗卫生服务、文化教育服务、劳动就业服务、住宅服务、孤老残幼服务、残疾康复服务、犯罪矫治及感化服务、心理卫生服务、公共福利服务等,资金的主要来源是国家拨款、企事业单位、社会团体和个人的捐助,目的在于改善人民生活,并逐步由"单位办福利"模式向福利服务"社会化"模式转变。

(二)社会福利的特征

1. 社会福利对象的普遍性与普惠性。国家和社会提供的福利项目面向全体社会成员,保证人人都能过上尊严、健康、文明的生活,平等参与社会生活,促进人格全面发展。

2. 社会福利提供的无偿性与专业性。社会福利作为公共物品,主要由政府出资,各种专业化的非营利机构则承担产品的生产和服务供给的责任,只要公民属于法规和政策划定的范围,一般不支付费用或只需支付较少的成本费用,就能按规定得到应该享受的津贴服务,在权利和义务关系上不对等。为提高服务水平和质量,拥有一批具有较高职业素养和专业知识的服务人员成为发展社会福利事业的关键。

3. 社会福利资金稳定性与多元化。社会福利资金主要来源于国家财政预算中的转移支付,以相对稳定的税收收入作为社会福利事业支出的重要保障,同时各种社会力量也给予支持和贡献,如社会福利彩票收益、社会团体及个人捐赠比例也在不断增加。

(三)社会福利的类型

为特殊群体及其他社会成员发放福利津贴、建设福利设施及提供社会服务等构成我国社会福利的主要内容,依据不同的标准划分类型主要有:

首先,按享受对象类别来划分,有为全体社会成员提供的公共福利;为本单位、本行业从业人员及其家属提供的职业福利;专为老年人提供的老年福利;为婴幼儿、少年儿童、妇女提供的儿童妇女福利;为残疾人提供的残疾人福利。

其次,从社会福利采取的给付形式划分,一是直接给付,指以货币形式给付的各种福利,如按月提供的子女补贴、带薪休假等等;二是间接给付,指以实物形式、社会服务形式或教育与职业训练项目形式提供的各种福利,如免费午餐、向残疾老人提供免费假肢的社会福利、对失业工人实行的免费就业咨询、在职者的业务培训、义务教育、残疾儿童教育等等。

（四）社会福利的原则

社会福利的目标在于保障服务对象一定生活水平的基础上,提高其生活质量,即提高社会成员对生活条件、工作环境的主观"幸福感"和"满足感",主要表现在心理、精神和文化的需要,促进人及社会的全面发展。因此,社会福利应坚持符合社会主义经济制度和生产目的的基本要求,根据社会主义初级阶段的实际情况,尽可能为劳动者提供更好的物质福利,量力而行。同时,社会福利处于社会保障体系的最高层次,在向全体社会成员提供"普惠式"福利时,特殊情况特殊对待,必须处理好与社会保险、社会救助、社会优抚等之间的关系,避免在提供社会福利设施和福利服务时出现"福利陷阱",协调好公平和效率间的平衡。提倡社会福利事业社会办,使社会福利事业从国家集中、封闭、单一包办的体制转变为由国家、社会组织、个人共同举办的,面向社会,多渠道、多层次、多形式的福利事业体制。

二、社会福利法律制度

（一）社会福利法

社会福利法是指由国家权力机关和行政机关根据一定立法程序制定的有关国家、集体和社会为保障全体公民的基本生活,提高人民的物质文化生活水平而提供的物质帮助、福利设施和社会服务的法律。它是调整我国社会保障制度建设中有关社会福利关系和与社会福利关系密切联系的其他社会关系的法律规范的总称。我国的许多法律中都有关于社会福利的规定,《劳动法》第76条规定,国家发展社会福利事业,兴建公共福利设施,为劳动者休息,休养和疗养提供条件。用人单位应当创造条件,改善集体福利,同时对提高劳动者的福利待遇标准,社会物质帮助和社会服务的项目、标准和方式,社会福利设施的建设及法律责任都作了相关规定。

（二）社会福利法的立法宗旨

立法宗旨是立法者为某一类法律规范设立的终极目标,也是这些法律规范存在的前提和基础。社会福利立法旨在维护社会成员物质生活和精神生活应得到保障的基本权益,为实现社会劳动力再生产、促进社会经济的发展提供法律保障,实现国家、社会和个人的和谐发展。

（三）社会福利法的调整对象

社会福利法是以社会福利关系为中心调整对象,同时也调整与社会福利关系密切联系的其他一些社会关系。其中社会福利关系主要指由国家提供资金在公共教育、医疗、卫生、老年人保障、妇幼保健、残疾人保障等领域进行建设的过程中发生的社会关系。其他社会关系则指集体福利关系,集体福利也称职工福利,是由单位筹资为主,国家出资为辅建立补贴制度和集体福利措施,为职工提供生活上的便利,减轻职工的经济负担,提高职工生活水平的一项集体福利性事业。

(四)社会福利法律制度发展和实践

1. 中国传统社会福利制度的建立

新中国成立初期,我国工农业生产水平低下,政府通过接收、改造旧中国遗留下来的官办、民办及外国教会所办的慈善机构,设立新的敬养院、儿童教养院等新兴福利机构,同时为尽快解决群众的困难,改善人民生活,我国政府制定了一系列社会政策,发展社会福利事业。1950年6月,国家颁布了《中华人民共和国工会法》,规定了各级政府和企业应给工会举办集体福利事业提供便利条件,改善工人、职员、群众生活与物质文化各种设施。1951年,劳动部与中华全国总工会联合制定了《中华人民共和国劳动保险条例》,对企业职工的生活困难补贴、医疗待遇和集体福利事业,如探亲补贴、取暖补贴、设立食堂、托儿所等作了相对详细的规定。1951年8月发布的,由政府民政部门负责组织实施的《关于城市救济福利工作报告》,提出保障对象主要是无依无靠的城镇孤寡老人、孤儿或弃婴、残疾人等,民政部门通过设立福利机构(包括收养性的福利院、精神病院、福利企业[①]等)为这些孤老残幼人员提供保障。[②] 1952年和1957年,国务院先后制定和公布了《中华人民共和国职工生活困难补助办法》和《关于职工生活方面若干问题的指示》,对国家机关、事业单位职工的冬季取暖、生活困难补助、职工住宅、上下班交通、职工家属医疗补助、生活必需品供应及服务对象和补贴标准进行调整等问题作了全面的规定,促进社会福利事业的发展。认真做好老弱病残干部的安置工作,对于精兵简政、提高工作效率,对于建设老中青三结合的精干的领导班子,对于社会主义革命和社会主义建设,都具有重要意义。为妥善安置老弱病残干部,1978年6月2日,国务院制定并公布《关于安置老弱病残干部的暂行办法》。

2. 改革开放后的社会福利立法

(1)特殊群体保护立法。20世纪80年代以来,我国颁布了一系列特殊群体保护的法律、法规,形成了较为完善的特殊群体护法体系。1988年,国务院颁布了《女职工劳动保护规定》;1990年,全国人大通过了《残疾人保障法》(2008年4月24日修订);1991年,人大常委会通过了《未成年人保护法》(2006年12月29日修订);1992年,全国人大颁布了《妇女权益保障法》(2005年12月28日修订);1993年11月,卫生部、劳动部、人事部、全国总工会和中华全国妇女联合会又联合发布了《女职工保健工作规定》;1994年,人大常

[①] 福利企业是为安置残疾人员劳动就业而兴办的具有社会福利性质的特殊企业。其中安置"四残人员"在税收上称福利企业,四残是指盲、聋、哑、肢体残疾(以民政部门的鉴定为准)。企业安置"四残人员"比例占企业生产人员的35%以上,免征营业税(广告业除外)、企业所得税。超过50%以上的可以免征增值税。超过10%不到35%的减半征收企业所得税。由企业提出申请,经税务部门、民政部门验收合格,并发给《社会福利企业证书》,即可享受免税优惠,一般实行年检制。

[②] 《新编社会保障法小全书》:法律出版社2012年版,第369页~440页。

委会通过了《母婴保健法》;1996年,人大常委会通过了《中华人民共和国老年人权益保障法》(2009年8月27日修正),2010年11月,国务院办公厅下发了《关于加强孤儿保障工作的意见》,2011年7月,国务院办公厅印发《中国妇女发展纲要和中国儿童发展纲要的通知》及《关于加强和改进流浪未成年人救助保护工作的意见》,上述法律、法规的实施,有力地保护了特殊群体的合法权益。

(2)其他社会福利立法。改革开放以来,我国在职工福利、教育福利、住房福利等方面,也有一些立法活动。如全国人大于1986年通过了《义务教育法》(2006年6月29日修订),详细规定保障适龄儿童、少年接受义务教育的权利及义务教育的实施;1993年,民政部等部委联合发布了《关于加快发展社区服务业的意见》,对我国社区服务事业的发展起了极大的推动和规范作用,有助于社会福利社会化;国务院于1994年颁布了《关于深化城镇住房制度改革的决定》、《城镇经济适用住房建设管理办法》,2007年通过的《廉租住房保障办法》,2008年财政部、国家税务总局《关于廉租住房、经济适用住房和住房租赁有关税收政策的通知》等,规定了城镇居民在申请、审核、退出时的条件及操作流程。

[案例]滨海骏伟针织厂成立于2006年5月25日,现有职工总数36人,安置残疾人员10人,残疾人员占职工总人数的27.8%。经企业申请,2007年10月19日被盐城市民政局批准为"社会福利企业",2007年10至2008年9月实现销售收入206万元,应纳增值税18.9万元,已享受即征即退税收18.9万元。2009年该企业计划再增加缝纫机20台,增加工人30人,增加残疾人就业7名。力争在近两年内力争产值突破500万元,税收45万元。该厂被批准为"社会福利企业"的条件是什么?

[解答]根据财政部、国家税务总局关于促进残疾人就业税收优惠政策的通知精神,安置残疾人就业的单位,符合以下条件并经过有关部门的认定后,均可申请享受税收优惠政策:一是依法与安置的每位残疾人签订了一年以上(含一年)的劳动合同或服务协议,并且安置的每位残疾人在单位实际上岗工作。二是月平均实际安置的残疾人占单位在职职工总数的比例应高于25%(含25%),并且实际安置的残疾人人数多于10人(含10人)。三是为安置的每位残疾人按月足额缴纳了单位所在区县人民政府根据国家政策规定的基本养老保险、基本医疗保险、失业保险和工伤保险等社会保险。四是通过银行等金融机构向安置的每位残疾人实际支付了不低于单位所在区县适用的经省级人民政府批准的最低工资标准的工资。五是具备安置残疾人上岗工作的基本设施。本案例中,滨海骏伟针织厂落实残疾人就业、再就业的税收优惠政策,促进了民政福利企业健康发展,为稳定社会、带动当地二三产业的发展起到了积极作用,同时有利于堵塞税收漏洞、公平企业税收待遇、维护残疾人的合法权益,进一步促进残疾人的就业工作。

第二节 社会公共福利法

社会公共福利是社会福利的重要项目,它是国家和社会为满足全体社会成员的物质及精神生活基本需要而兴办的公益性设施和提供的相关服务。公共福利的内容十分广泛,涉及人民生活的诸多方面,教育福利、卫生福利、文化康乐福利以及住房福利等都属于公共福利。

一、住房福利

现阶段,我国住房问题主要表现为两个特点:其一,住房问题的复杂性,在人口密集的大中城市,住房问题主要表现在住房建设、城市土地开发、公共交通、城市基础设施建设、住宅区配套设施和环境等方面;其二,住房问题的普遍性,随着城市化和工业化加剧,大量支付能力有限的中低收入者对住房的需求与较高价格的住房供给之间矛盾突出。城市中低收入阶层的住房问题成为政府关注的焦点,同时公务员、老年人、单身母亲、残疾人等也应纳入福利对象范围。

救助性质、保险性质、福利性质的措施构成我国社会住房保障体系,福利性质的措施具有政策性和普遍性,主要有两种:一是政府对住房提供直接或转移支付,为需求者提供房租补贴和通过土地成本、建设成本以及对建筑企业的税收优惠补贴。二是国家作出政策性规定,要求住房建设者必须提供一定数量的低于市场价格的住房,或政府直接兴建经济房屋满足部分低收入者的住房需求。住房福利的内容包括:资助购买住房、提供租房资金和免费福利住房。

建立与社会主义市场经济体制相适应的新的城镇住房制度,实现住房商品化、社会化,加快住房建设,改善居住条件,满足城镇居民不断增长的住房需求成为我国住房制度改革的目的。20世纪90年代初,住房公积金制度在全国范围内的推行,以积极进行租金改革、稳步出售公有住房、大力发展房地产交易市场和社会化的房屋维修、管理市场、加快经济适用住房建设为住房福利建设的主要任务。

(一)住房公积金制度

1. 住房公积金的含义。根据《住房公积金管理条例》第2条规定,住房公积金,是指国家机关、国有企业、城镇集体企业、外商投资企业、城镇私营企业及其他城镇企业、事业单位、民办非企业单位、社会团体(以下统称单位)及其在职职工缴存的长期住房储金。住房公积金的管理实行住房公积金管理委员会决策、住房公积金管理中心运作、银行专户存储、财政监督的原则。

2. 住房公积金的缴存。住房公积金管理中心应当在受委托银行设立住房公积金专户。《住房公积金管理条例》第16条、第18条、第19条对其具体规定如下:

(1)职工个人缴存的住房公积金,由所在单位每月从其工资中代扣代缴。

(2)职工住房公积金的月缴存额为职工本人上一年度月平均工资乘以职工住房公积金缴存比例。单位为职工缴存的住房公积金的月缴存额为职工本人上一年度月平均工资乘以单位住房公积金缴存比例。

(3)职工和单位住房公积金的缴存比例均不得低于职工上一年度月平均工资的5%。

3. 住房公积金的归属和使用。《住房公积金管理条例》第21条、第24条规定如下:

(1)职工个人缴存的住房公积金和职工所在单位为职工缴存的住房公积金,属于职工个人所有。住房公积金自存入职工住房公积金账户之日起按照国家规定的利率计息。

(2)住房公积金应当用于职工购买、建造、翻建、大修自住住房,任何单位和个人不得挪作他用。

(3)职工死亡或者被宣告死亡的,职工的继承人、受遗赠人可以提取职工住房公积金账户内的存储余额;无继承人也无受遗赠人的,职工住房公积金账户内的存储余额纳入住房公积金的增值收益。

(二)经济适用住房

1. 经济适用房的含义及特点。2007年12月1日,建设部、国家发展和改革委员会、监察部、财政部、国土资源部、中国人民银行、国家税务总局等七部门联合发布的《经济适用住房管理办法》第2条规定,经济适用住房是指政府提供政策优惠,限定套型面积和销售价格,按照合理标准建设,面向城市低收入住房困难家庭供应,具有保障性质的政策性住房,具有经济性和适用性的特点。经济性是指住宅价格相对于市场价格比较适中,能够适应中低收入家庭的承受能力;适用性是指在住房设计及其建筑标准上强调住房的使用效果,而非建筑标准。

现阶段,经济适用房建设用地实行行政划拨的方式供给,批准的收费项目按国家规定减半征收,国家对经济适用房的建设提供优惠政策和扶持,在经济适用住房销售时坚持"定对象、定价格、定标准"的原则,规定对于已购经济适用住房上市出售须依法补交土地收益金。

2. 国家关于经济适用住房的制度。发展经济适用住房(安居工程),调整住房投资结构,解决城镇住房困难居民的住房问题,应当坚持在国家宏观政策指导原则下,各地区因地制宜,由市、县人民政府根据当地经济社会发展水平、居民住房状况和收入水平等因素,合理确定经济适用住房的政策目标、建设标准、供应范围和供应对象等,制定对经济适用住房建设的扶持政策,并负责组织实施。经济适用住房的开发建设应实行招标投标制度,用竞争方式确定开发建设单位。对经济适用住房开发建设贷款,实行指导性计划管理。

(三)城镇廉租住房制度

1. 城镇廉租住房的含义。城镇廉租住房制度是指政府对住房有一定困难的中低收入家庭,采取租金补贴或实物配租等方式来解决居民的住房问题,保障其居住权的社会福利性质制度。其本质在于政府利用国家和社会的力量,承担在市场经济条件下部分家庭对住房支付能力不足的责任。建立和完善多层次的住房供应体系,解决城镇最低收入家庭的住房问题。

2. 城镇廉租住房制度的保障对象。建设部于1999年4月19日经第十一次部常务会议通过并公布的《城镇廉租住房管理办法》规定保障对象是当地最低收入家庭,具体在实践中,包括:领取城市最低生活保障金的家庭;重点优抚家庭等特殊对象;人均居住面积低于当地规定住房困难标准的家庭。北京市目前将廉租住房困难标准规定为人均住房使用面积7.5平方米以下。

3. 城镇廉租住房制度的保障方式。根据中低收入家庭的经济状况,政府制定不同的保障方式:一是房屋配租,政府对保障对象按照保障标准直接提供普通住房,同时收取一定的租金;二是租金补贴,政府对保障对象按照市场平均租金水平和廉租住房租金标准的差额发放补贴,由其自己灵活租赁;三是租金减免,政府对保障对象正在居住的公有住房(直管公房和自管公房)按照廉租住房租金标准给予租金减免。

4. 城镇廉租住房的来源。《城镇廉租住房管理办法》第4条规定,廉租住房主要来源于:

(1)腾退的并符合当地人民政府规定的廉租住房标准的原有公有住房;

(2)最低收入家庭承租的符合当地人民政府规定的建筑面积或者使用面积和装修标准的现公有住房;

(3)政府和单位出资兴建的用于廉租的住房;

(4)政府和单位出资购置的用于廉租的住房;

(5)社会捐赠的符合廉租住房标准的住房;

(6)市、县人民政府根据当地情况采用其他渠道筹集的符合廉租住房标准的住房。

[案例]2006年,王某通过申请,以35万元人民币买受位于海淀区的经济适用房一套。两个月后,王某与李某签订《房屋转让协议》,约定将该房以50万元人民币转让给李某。2010年,因房价大涨,王某向法院提起诉讼,称李某不具备购买经济适用房资格,故请求法院判决转让合同无效,要求李某腾退房屋。一审法院支持了王某的诉讼请求,李某上诉,二审认定《房屋转让协议》有效。请问该案例中,存在哪些问题?

[解答]本案例中,主要问题有两个:一是李某购买经济适用房是否合法。根据建设部等七部门发布的《经济适用房管理办法》第30条规定,购买经济适用住房不满5年,不得直接上市交易。《北京市经济适用住房管理办法》第5条详细规定了申请经济适用房家庭的条件。本案中,王某取得经济适用房后,不满一年即转让给李某的行为明显不符合《经济适用房管理办法》。二是《房屋转让协议》是否有效。李某自签订《房屋转让协议》到诉讼发生之日,一直不具备购买经济适用房的资格,违反了《北京市经济适用住房管理办法》。

二、教育福利

教育福利,是指国家和社会以提高国民素质为目的,以免费或低收费的形式向国民提供的各种教育机会和条件,实现全体公民受教育权利为内容的公共福利。国民教育是公民享有发展权的重要体现;在竞争日益激烈的市场经济和就业环境中,通过教育提高劳动者的素质和劳动技能增加收入,提高个人和社会福利水平;接受教育是自我发展需要的满足,会提高劳动者的自信心,从而积极参与社会主义经济建设,促进社会发展。

(一)义务教育

义务教育,是我国教育福利的重要内容,主要指九年制义务教育,即国家、社会、学校、家庭必须予以保证的,适龄儿童和少年必须接受的国民基础教育,其主要特点有国家强制性、受教育对象的普遍性、受惠的无偿性。

依照我国《义务教育法》的规定,义务教育的起始入学年龄为 6 周岁,条件不具备的地区可以推迟到 7 周岁,特殊困难的地区还可以适当推迟入学年龄。义务教育包括初等教育和初级中等教育两个阶段,在普及初等教育的基础上普及初级中等教育,一般来说,分为初等教育 6 年和初级中等教育 3 年,共 9 年。

(二)教育扶贫政策

1."两免一补"政策。从 2005 年春季学期开始,国家对 592 个国贫县的约 1600 万名农村义务教育阶段家庭贫困的中小学生,全部免费提供教科书,免收杂费。同时,国家还将逐步对寄宿生补助生活费。免费教科书的补助标准由原来的每学期每人小学 27.5 元、初中 50 元、特教 30 元,提高到小学 35 元、初中 70 元、特教 35 元。

2. 高校助学金和奖学金。在我国高等学校中逐步建立起了以奖学金、学生贷款、勤工助学、特殊困难补助和学费减免(简称"奖、贷、助、补、减")为主体的多元化的资助经济困难学生的政策体系。同时,国家和各地区、各部门还拨出专项经费用于资助高校经济困难学生,以保证他们按时入学、安心学习和生活。

(三)特殊形式教育福利

在经济发展较落后的地区,扫除文盲教育,有助于缩小城乡差距,推进社会主义新农村建设;国家积极鼓励社会力量办学,借用社会资源促进教育事业的发展;一些特殊教育学校、职业培训学校的兴办和发展为国民接受教育提供了更多的机会和较好的条件,如由中国青少年发展基金会牵头开展的"希望工程"活动等在一定程度上弥补了公办学校的不足。

三、卫生福利

健康权是每个公民基本人权的重要组成部分,而卫生福利是国家和社会以保障公民健康为目的所提供的,以医疗和保健为内容的公共福利。医疗一般是指对患者提供的治疗和服务,它构成了医疗保险的主要内容。卫生保健不仅包括医疗,还包括合理饮食、预防疾病等内容。

国家卫生系统和社会福利机构向全社会提供增进性、预防性、治疗性和综合性的初级卫生保健服务是社会福利的重要内容。具体包括:增进必要的营养和供应充足的安全饮用水、提供清洁的卫生环境、普及健康教育、开展妇幼保健和计划生育、主要传染病的预防接种、疾病及创伤的有效处理及提供基本药物等内容。

四、文化康乐福利

文化康乐福利是指国家和社会为满足人们的文化康乐的精神需要而兴办的具有福利性质的文体活动设施,包括公园、图书馆、博物馆、群众艺术馆、文化康乐中心等场馆以及群众性体育运动设施和相应的服务等。并非所有的文化康乐设施都属于社会福利范畴,要成为文化康乐福利必须符合下列条件:

一是国家或集体兴办和实施管理,并给予资金支付;

二是为满足社会大众的精神需要而兴办的,不以赢利为目的,实行免费或减费的服务;

三是向社会开放,广大群众能普遍、平等地享用。

第三节 职工福利法

一、职工福利的概念及特点

职工福利也称为职业劳动福利,是由国家、行业和用人单位为补充、满足职工基本的、经常的或特殊的生活需要,提供的除工资和社会保险外的各种津贴、设施和服务的社会福利项目,减轻职工的经济负担,提高职工生活质量的集体福利性事业,其特点主要表现在:

一是职工福利的业缘性。1981年3月14日国务院《关于职工探亲待遇的规定》,2005年10月28日国务院《关于大力发展职业教育的决定》,2007年12月14日《全国年节及纪念日放假办法》,2007年12月14日《职工带薪年休假条例》中,规定职工福利以业缘关系为标志,只有在本行业、本单位就业的职工及部分职工家属可以享受。

二是职工福利的普惠性。职工福利一般以普惠性原则向职工提供,并以共同消费的形式满足本企业职工的共同需要。部分福利项目因职工服务时间长短和贡献大小会有差别,福利水平容易受企业经济效益、企业理念、管理者对职工福利的认识及企业的薪酬组合方式的影响。

三是职工福利的灵活性。为充分激励和调动职工积极性,给职工日常工作、学习和生活提供便利条件和舒适环境,福利内容应与劳动者需要相关联,分配机会均等,但福利水平要和单位经济状况相适应,与经济效益挂钩,灵活性和统一性相结合。

二、职工福利基金的来源

职工福利基金是发展职工福利事业的物质基础,福利基金来源渠道与数量在一定程度上决定着职工福利水平和发展方向,合理的职工福利基金提取比例,直接关系到国家、集体、单位和职工间利益的协调与分配。我国职工福利基金主要来源于:

一是国家为各单位提供的非生产性建设投资费用。合理安排生产性建设投资和非生产性建设投资的比例关系,是非常重要的。如果固定资产投资的比例更多倾向于生产性建设投资,则会降低非生产性建设投资的规模,直接影响人民生活水平,最终也会阻碍经济发展;如果非生产性建设投资的比重过大,则又会削弱生产性建设投资,从而减少了社会生产发展的潜力。所以,两者保持合理比例,是国家经济持续稳定发展的重要条件。

二是机关、事业单位由财政支出的按工资总额的一定比例或按每人每月一定金额提取所设立的福利费,企业设立福利基金制度。职工福利基金的提取比例,目前是按照财政部1999年颁发的《关于职工福利基金提取比例的通知》中规定的,按职工工资总额的4%提取,在成本中列支。按国家规定,企业从税后利润中提取的公益金也主要用于职工的集体福利。财政部关于提高国营企业职工福利基金提取比例调整职工福利基金和职工教育经费计提基数的通知按规定列入成本的职工福利费,按职工工资总额扣除各种奖金后的

14％从成本中提取,计提福利基金的工资总额不再扣除副食品价格补贴。

三是机关的行政经费、事业单位的事业费、企业的管理费中支出的福利费用,如交通补贴、取暖补贴、托儿所补贴等。

四是工会经费中支出的福利费用。

五是集体福利设施本身的收入。

三、职工福利的内容

(一)福利设施

职工集体生活福利设施是职工福利的主要内容,包括为方便职工生活而举办的集体福利设施。如职工食堂、理发室、浴室、职工宿舍、哺乳室、托儿所、幼儿园等,也包括为活跃和丰富职工文化生活而建立的文化福利设施,如文化宫、图书馆、阅览室、游泳池、健身房、俱乐部、体育活动场所、绿化美化环境等。

(二)福利津贴

福利津贴,是为解决职工基本的衣、食、住、行、乐生活需要,减轻职工生活困难而建立的福利补贴制度,一般以现金形式提供,是职工工资收入以外的收入。主要有职工生活困难补贴、职工上下班交通补贴、职工宿舍冬季取暖补贴、职工探亲期间工资和往返车船票补贴,独生子女费、托儿费、婚丧嫁待遇、职工丧葬补助费、供养直系亲属抚恤费、职工病伤假期间救济费、职工住房补贴、带薪休假等。此外,还有水电补贴、卫生费、洗理费、书报费等福利补贴。

(三)福利服务

福利服务的内容相当广泛,包括与上述各项设施相关的各项服务,也包括诸如接送上下班、接送职工子女上学、提供健康检查、健康教育等服务。

第四节 特殊群体社会福利法

一、老年人社会福利事业

老年人福利是以老年人为对象的社会福利项目,是国家和社会为了安定老年人生活,维护老年人健康,充实老年人精神文化生活而采取的政策措施和提供的设施及服务。国家和社会应当采取措施,健全对老年人的社会保障制度,逐步改善保障老年人生活、健康以及参与社会发展的条件,实现老有所养、老有所医、老有所为、老有所学、老有所乐。根据宪法,1996年8月9日,中华人民共和国主席令第七十三号通过并公布《老年人权益保障法》,自1996年10月1日起施行,其中第2条规定:"本法所称老年人是指60周岁以上的公民。"

(一)老年人社会福利支持网络系统的建立

建立老年人社会福利支持网络是应对人口老龄化问题和家庭结构变迁的关键。《老年人权益保障法》第 4 条规定,老年人有从国家和社会获得物质帮助的权利,有享受社会发展成果的权利。禁止歧视、侮辱、虐待或者遗弃老年人。保障老年人合法权益是全社会的共同责任,全社会应当广泛开展敬老、养老宣传教育活动,树立尊重、关心、帮助老年人的社会风尚。

1. 国家应保护老年人依法享有的权益。国务院和省、自治区、直辖市人民政府采取组织措施,协调有关部门做好老年人权益保障工作,各级人民政府应当将老年事业纳入国民经济和社会发展计划,逐步增加对老年事业的投入,并鼓励社会各方面投入,使老年事业与经济、社会协调发展。对维护老年人合法权益和敬老、养老成绩显著的组织、家庭或者个人给予表扬或者奖励。

2. 国家机关、社会团体、企业事业组织应当按照各自职责,做好老年人权益保障工作。居民委员会、村民委员会和依法设立的老年人组织应当反映老年人的要求,维护老年人合法权益,为老年人服务。

3. 青少年组织、学校和幼儿园应当对青少年和儿童进行敬老、养老的道德教育和维护老年人合法权益的法制教育,提倡为老年人服务。

4. 老年人应当遵纪守法,履行法律规定的义务。

(二)老年人社会福利内容

1. 老年人公共特别福利。根据老年人生理和心理特征,提供公共特别服务是保障老年人权益的具体表现。首先,建立适合老年生活和活动的配套设施。《老年人权益保障法》第 33 条规定,国家鼓励、扶持社会组织或者个人兴办老年福利院、敬老院、老年公寓、老年医疗康复中心和老年文化体育活动场所等设施。地方各级人民政府应当根据当地经济发展水平,逐步增加对老年福利事业的投入,根据老年人需要,新建或者改造老年福利设施、城镇公共设施、居民区和住宅,建设适合老年人生活和活动的配套设施。其次,开展适合老年人的活动,满足老年人的精神需求。《老年人权益保障法》第 31 条规定,老年人有继续受教育的权利。国家和社会采取措施,鼓励社会办好各类老年学校,开展适合老年人的群众性文化、体育、娱乐活动,丰富老年人的精神文化生活。最后,在参观、游览、乘坐公共交通工具、法律援助等方面为老年人提供优待和照顾。《老年人权益保障法》第 36 条规定,地方各级人民政府根据当地条件,可以在参观、游览、乘坐公共交通工具等方面,对老年人给予优待和照顾。广播、电影、电视、报刊等应当反映老年人的生活,开展维护老年人合法权益的宣传,为老年人服务。老年人因其合法权益受侵害提起诉讼交纳诉讼费确有困难的,可以缓交、减交或者免交;需要获得律师帮助,但无力支付律师费用的,可以获得法律援助。

2. 老年人保健。《老年人权益保障法》第 28 条规定,国家应采取措施,加强老年医学的研究和人才的培养,提高老年病的预防、治疗、科研水平。开展各种形式的健康教育,普及老年保健知识,增强老年人自我保健意识。主要内容有:加强对可能出现的老年疾病的宣传教育和预防;建立以医疗机构为基础、以社区为依托的医疗保健组织,配备必要的保健设备和专业临床医生、心理保健医生和护士,提供各种医疗服务;社区、敬老院等机构建立适合老年人活动的体育设施和组织老年人身心特点的活动,提高护理和保健水平,逐步改善老年人的生活环境。

3. 老年人社会参与。国家和社会应当为老年人参与社会主义物质文明和精神文明建设创造条件,重视、珍惜老年人的知识、技能和革命、建设经验,尊重他们的优良品德,发挥老年人的专长和作用,同时可满足老年人感情和社会交往的需要。根据社会需要和可能,鼓励老年人在自愿和量力的情况下,可从事如对青少年和儿童等优良传统教育、传授文化和科技知识、提供咨询服务、依法参与科技开发和应用、参与维护社会治安等活动,其获得合法劳动收入受法律保护。

（三）法律责任

《老年人权益保障法》第43条规定,老年人合法权益受到侵害的,被侵害人或者其代理人有权要求有关部门处理,或者依法向人民法院法院提起诉讼。人民法院和有关部门,对侵犯老年人合法权益的申诉、控告和检举,应当依法及时受理,不得推诿、拖延。

不履行保护老年人合法权益职责的部门或者组织,其上级主管部门应当给予批评教育,责令改正。国家工作人员违法失职,致使老年人合法权益受到损害的,由其所在组织或者上级机关责令改正,或者给予行政处分;构成犯罪的,依法追究刑事责任。

对老年人人身及财产安全造成危害的,情节较轻的,依照治安管理处罚条例的有关规定处罚;构成犯罪的,依法追究法律责任。

[案例]58岁的马某在市区一家公司当保洁员,因身体不适,提前三天向该公司提出辞职,但公司要求马某再工作一个月才发放工资。之后,其家人向当地劳动和社会保障局反映情况,工作人员因马某已超过法定退休年龄,拒绝受理该劳动保障问题。请问本例中,当事人应如何维护获得合法收入的权益?

[解答]本案例中,当事人已58岁,超过国家规定的法定退休年龄(国家规定女性职工50岁退休,男性60岁退休,特殊工种除外)。如果马某与其工作的公司签订了劳动合同或协议,那么,《劳动法》第31条规定,劳动者解除劳动合同,应当提前三十日以书面形式通知用人单位。否则,其应承担相应的违约赔偿责任,但如果没有签订劳动合同或协议,其责任主要在公司一方,则马某可以随时提出解除劳动关系,《老年人权益保障法》第42条规定:老年人参加劳动的合法收入受法律保护,当月的工资也应该予以发放。另外,从程序上讲,老年人出现劳动纠纷事件,也应先向劳动保障部门投诉或向劳动仲裁机构申请劳动仲裁,如果不服,再向法院起诉,但无论受不受理,劳动保障部门都应给申请人出具书面答复,并说明理由。

二、妇女、未成年人社会福利

(一)妇女的特殊保护和照顾

由于妇女在生理和心理方面的特点,需要加以特殊的照顾和保护。我国在《宪法》、《婚姻法》、《劳动法》、《行政法》、《民法》和《刑法》等法律文件中都设立专门保护妇女的条款。

1. 妇女与健康。妇女特殊津贴和照顾重点是围绕着妇女生育而提供的。《劳动法》、《妇女权益保障法》及《社会保险法》都对此作出了相关规定,禁止妇女从事重体力劳动和接触有毒有害物质工作,对已从事相关工作的妇女,应给予提前退休照顾。在妇女生育期间,给予工作休息、特殊照顾和重点保护,提倡优生、优育。

2. 妇女与教育。妇女在享受教育福利方面,相关法律作出了特别规定,提出妇女与男子在接受教育方面享有平等的权利。具体内容包括:妇女在入学、升学、毕业分配、授予学位、派出留学等方面,学校和有关部门应保障其享有与男子平等的权利;对于适龄女性儿童少年,尤其是残疾和流动人口,保证其完成义务教育;各级政府和劳动就业服务中心保障城镇和农村妇职业教育和实用技术培训;国家机关、社会团体和企业事业单位应当按国家有关规定,给妇女提供从事科学、技术、文学、艺术和其他文化活动的机会。

3. 妇女与法律保护。《妇女权益保障法》第52条规定,妇女的合法权益受到侵害的,有权要求有关部门依法处理,或者依法向仲裁机构申请仲裁,或者向人民法院起诉。对有经济困难需要法律援助或者司法救助的妇女,当地法律援助机构或者人民法院应当给予帮助,依法为其提供法律援助或者司法救助。

(二)未成年人身心健康与发展

未成年人一般是指未满十八周岁的公民,但是在某些国家(例如日本)的定义上是指未满二十周岁的公民,因心理和生理上的依赖性,对自身的保护能力和对社会的适应能力还未形成,处于相对弱势地位,我国在宪法和《未成年人权益保护法》中,对孤儿、弃婴和伤残未成年人的收养、治疗、教育和康复等综合性措施及设备和服务的提供作出了具体的规定。

1. 未成年人安全。在未成年人生理安全方面,首先,学校、幼儿园、托儿所应当建立安全制度,配备相应设施,进行必要演练,增强未成年人的自我保护意识和能力;其次,对各种灾害、传染性疾病、食物中毒、意外伤害等突发事件,应制定有关预案;其次,任何组织或者个人对招用的已满十六周岁未满十八周岁的未成年人,应符合国家有关规定的工种、劳动时间、劳动强度和保护措施等方面的规定,避免因安排其从事过重、有毒、有害等劳动或者危险作业,对未成年人身体健康造成伤害。最后,对流浪乞讨等生活无着未成年人,救助机构、未成年人福利机构及其工作人员予以救助和妥善照顾。在未成年人心理安全方面,主要表现在禁止任何组织、个人制作或者向未成年人出售、出租或者以其他方式传播淫秽、暴力、凶杀、恐怖、赌博等毒害未成年人的图书、报刊、音像制品、电子出版物以及网络信息等,不得歧视流浪儿、孤儿、残疾儿童和单亲家庭孩子。

2. 未成年人健康。父母或者其他监护人在未成年人的生理、心理健康方面扮演重要的角色,以健康的思想、良好的品行和适当的方法教育和影响未成年人,引导未成年人进行有益身心健康的活动,积极预防和及时制止未成年人吸烟、酗酒、流浪、沉迷网络以及赌博、吸毒、卖淫等行为;学校应当根据未成年学生身心发展的特点,对他们进行社会生活指导、心理健康辅导和青春期教育;卫生部门和学校应当对未成年人进行卫生保健和营养指导,提供必要的卫生保健条件,做好疾病预防工作,加强对幼儿园、托儿所卫生保健的业务指导和监督检查。

3. 未成年人教育。在城镇化和工业化进程中,未成年人教育,尤其是农民工子女教育问题引起社会广泛关注,新的《未成年人保护法》明确要求当地政府要承担起农民工同住子女义务教育的责任:各级人民政府应当采取措施保障家庭经济困难的、残疾的和流动人口中的未成年人等接受义务教育。

地方政府有关部门、社会组织和学校应努力改善和提高教育设施福利,保障良好的办学条件。对以未成年人为对象的,出版、制作和传播相关健康的图书、报刊、音像制品、电子出版物以及网络信息等给予扶持。爱国主义教育基地、图书馆、青少年宫、未成年人活动中心、博物馆、纪念馆、科技馆、展览馆、美术馆、文化馆、影剧院、体育场馆、动物园以及公园等场所,应当按照有关规定对未成年人免费或者优惠开放。

4. 未成年人法律援助。未成年人享有生命安全、身体健康权,是其享受其他权利的基础,任何组织和个人不得非法侵害。对侵害未成年人生命健康的行为,未成年人及其监护人有权向有关机关控告,直至诉诸法律。《未成年人保护法》第50条规定,公安机关、人民检察院、人民法院以及司法行政部门,应当依法履行职责,在司法活动中保护未成年人的合法权益,具体有:依法保障未成年人生存权、发展权、受保护权和参与权;依法打击侵害未成年人合法权益的违法犯罪行为;预防和控制未成年人犯罪;在诉讼中依法维护未成年人的合法权益;建立法律援助机构,为未成年人提供法律援助。

[案例]2010年8月28日早晨,一名自称李强的23岁新疆青年,爬上某市中心商场五楼窗户,企图跳楼自杀,在商场工作人员和执勤保安的耐心劝说下,该青年暂时放弃了自杀的念头,但他却向劝说人员提出要钱,现场人员以1000元钱将其救下,随后被保安送到了该市救助管理站。到站后,他坚决不肯填写求助登记材料,站在室外又哭又闹,也不进救助房间,该市救助站认定其不属于救助对象,保安人员决定用车将其拉走另行处理。请问该救助站做法是否合理?

[解答]关于救助对象,民政部颁发的《城市生活无着的流浪乞讨人员救助管理办法实施细则》第2条规定,城市生活无着的流浪乞讨人员是指因自身无力解决住宿、无亲友投靠,又不享受城市最低生活保障或者农村五保供养,正在城市流浪乞讨度日的人员。李强身体无疾病,既没有流浪,也没有乞讨,不符合上述条件,并且他思维清晰,行为举止没有任何异常现象,具有完全民事行为能力,救助站认定其不属于救助对象,是有《城市生活无着的流浪乞讨人员救助管理办法》和《实施细则》依据的。

三、残疾人福利

残疾人社会保障指国家为保证残疾公民基本生活提供帮助的保障制度。《残疾人保障法》中残疾人是指在心理、生理、人体结构上,某种组织、功能丧失或者不正常,全部或者部分丧失以正常方式从事某种活动能力的人。残疾人包括视力残疾、听力残疾、言语残疾、肢体残疾、智力残疾、精神残疾、多重残疾和其他残疾的人。残疾人在政治、经济、文化、社会和家庭生活等方面享有同其他公民平等的权利,参与社会生活、享受社会文明成果。

(一)残疾人社会支持网络的建立

1. 国家有计划地开展残疾预防工作,加强对残疾预防工作的领导,组织和动员社会力量,采取措施,预防残疾的发生,减轻残疾程度。如宣传、普及母婴保健和预防残疾的知识,预防出生缺陷,对遗传、疾病、药物、事故、灾害、环境污染和其他因素致残的,早期发现、早期治疗。对残疾人给予特别扶助,减轻或者消除残疾影响和外界障碍,保障残疾人权利的实现。

2. 县级以上人民政府应当将残疾人事业纳入国民经济和社会发展规划,加强领导,综合协调,并将残疾人事业经费列入财政预算,建立稳定的经费保障机制。国家机关、社会团体、企业事业单位和城乡基层群众性自治组织,应当做好所属范围内的残疾人工作。

3. 残疾人和代表残疾人的共同利益的残疾人组织、联合会及其地方组织,有权向各级国家机关提出残疾人权益保障、残疾人事业发展等方面的意见和建议,并依照法律、法规、章程或者接受政府委托,开展残疾人工作,动员社会力量,发展残疾人事业,为残疾人服务。

4. 残疾人的扶养人必须对残疾人履行扶养义务。残疾人的监护人必须履行监护职责,鼓励和帮助残疾人增强自立能力,尊重被监护人的意愿,维护被监护人的合法权益。

(二)残疾人社会福利内容

1. 残疾人康复。地方各级人民政府和有关部门,应当组织和指导城乡社区服务组织、医疗预防保健机构、残疾人组织、残疾人家庭和其他社会力量,开展社区康复工作。其内容主要包括:

(1)康复机构:各级人民政府鼓励和扶持社会力量兴办残疾人康复机构。

(2)康复设备:政府有关部门应当组织和扶持残疾人康复器械、辅助器具的研制、生产、供应、维修服务。

(3)康复技术:康复工作应当从实际出发,将现代康复技术与我国传统康复技术相结合;以社区康复为基础,康复机构为骨干,残疾人家庭为依托;以实用、易行、受益广的康复内容为重点,优先开展残疾未成年人抢救性治疗和康复;发展符合康复要求的科学技术,鼓励自主创新,加强康复新技术的研究、开发和应用,为残疾人提供有效的康复服务。

(4)康复训练:残疾人教育机构、福利性单位和其他为残疾人服务的机构,应当创造条件,开展康复训练活动。残疾人在专业人员的指导和有关工作人员、志愿工作者及亲属的帮助下,应当努力进行功能、自理能力和劳动技能的训练。

《残疾人保障法》第18条、第19条规定,地方各级人民政府和有关部门应当根据需要有计划地在医疗机构设立康复医学科室,举办残疾人康复机构,开展康复医疗与训练、人员培训、技术指导、科学研究、普及康复知识,传授康复方法等工作。医学院校和其他有关院校应当有计划地开设康复课程,设置相关专业,培养各类康复专业人才。

2. 残疾人教育。残疾人教育是残疾人参与社会,实现就业、发展自我的前提和途径。残疾人教育福利主要包括学前教育、义务教育、特殊教育及职业教育。

第一,残疾幼儿教育机构、普通幼儿教育机构附设的残疾未成年人班、特殊教育机构的学前班、残疾未成年人福利机构、残疾未成年人家庭,对残疾未成年人实施学前教育。

第二,政府、社会、学校应当采取有效措施,解决残疾未成年人、少年就学存在的实际困难,帮助其完成义务教育。各级人民政府对接受义务教育的残疾学生、贫困残疾人家庭的学生提供免费教科书,并给予寄宿生活费等费用补助;对接受义务教育以外其他教育的残疾学生、贫困残疾人家庭的学生按照国家有关规定给予资助。

第三,依据残疾类别和接受能力,采取普通教育方式或者特殊教育方式,特殊教育的课程设置、教材、教学方法、入学和在校年龄,可以有适度弹性。国家有计划地举办各级各类特殊教育师范院校、专业,在普通师范院校附设特殊教育班,培养、培训特殊教育师资。

第四,在积极开展学前教育和义务教育的基础上,应逐步发展中等以上的职业教育,提高和培养残疾人专业素质和职业技能,思想教育、文化教育和职业教育相结合,提高残疾人自信心和就业能力,实现自我价值。

3. 残疾人劳动就业。残疾人劳动就业,实行集中与分散相结合的方针,采取优惠政策和扶持保护措施,通过多渠道、多层次、多种形式,使残疾人劳动就业逐步普及、稳定、合理。政府和社会举办残疾人福利企业、盲人按摩机构和其他福利性单位,集中安排残疾人就业。

《残疾人保障法》第36条规定,国家对安排残疾人就业达到、超过规定比例或者集中安排残疾人就业的用人单位和从事个体经营的残疾人,依法给予税收优惠,并在生产、经营、技术、资金、物资、场地等方面给予扶持。国家对从事个体经营的残疾人,免除行政事业性收费。第37条规定,政府有关部门设立的公共就业服务机构,应当为残疾人免费提供就业服务。残疾人联合会举办的残疾人就业服务机构,应当组织开展免费的职业指导、职业介绍和职业培训,为残疾人就业和用人单位招用残疾人提供服务和帮助。

4. 残疾人文化生活。政府和社会鼓励、帮助残疾人从事文学、艺术、教育、科学、技术和其他有益于人民的创造性劳动。政府和社会采取下列措施,丰富残疾人的精神文化生活:

一是通过广播、电影、电视、报刊、图书、网络等形式,及时宣传报道残疾人的工作、生活等情况,为残疾人服务;同时开办电视手语节目,开办残疾人专题广播栏目,推进电视栏目、影视作品加配字幕、解说。

二是组织和扶持盲文读物、盲人有声读物及其他残疾人读物的编写和出版,根据盲人的实际需要,在公共图书馆设立盲文读物、盲人有声读物图书室;

三是组织和扶持残疾人开展群众性文化、体育、娱乐活动,举办特殊艺术演出和残疾人体育运动会,参加国际性比赛和交流。

5. 残疾人福利。残疾人除依法参加社会保险外,对生活确实困难的残疾人各级人民政府应当将其纳入社会救助和最低生活保障的范围,政府对残疾人搭乘公共交通工具,应当根据实际情况给予便利和优惠,同时增加对残疾人的其他照顾和扶助。有关部门和残疾人组织应当建立和完善社会各界为残疾人捐助和服务的渠道,鼓励和支持发展残疾人慈善事业,开展志愿者助残等公益活动。

6. 残疾人环境。国家和社会应当采取措施,逐步完善与残疾人日常工作、生活密切相关的建筑物、道路、交通设施的无障碍设施新建、改建和扩建,推进信息交流无障碍,为残疾人平等参与社会生活创造无障碍环境。公共服务机构和公共场所应当创造条件,为残疾人提供语音和文字提示、手语、盲文等信息交流服务,并提供优先服务和辅助性服务。

(三)法律责任

对于侵害残疾人的合法权益,造成财产损失或者其他损害的,依法承担民事责任;构成犯罪的,依法追究刑事责任。《残疾人保障法》第60条规定,残疾人的合法权益受到侵害的,有权要求有关部门依法处理,或者依法向仲裁机构申请仲裁,或者依法向人民法院提起诉讼。对有经济困难或者其他原因确需法律援助或者司法救助的残疾人,当地法律援助机构或者人民法院应当给予帮助,依法为其提供法律援助或者司法救助。

[案例]2008年3月25日,某市残联、市残疾人就业服务指导中心联合在万象城举办春季残疾人专场招聘会,11家用人单位为残疾人提供近150个用工岗位,200多位残疾人参加现场招聘,其中近100人与企业达成用工意向。参加招聘的11家企业中,福利企业仅4家,改变了以往福利企业在招聘会中唱主角的情况。企业提供的残疾人福利待遇有明显改观,月工资待遇在800至1000元之间,最高是某婚介所给出的每月2500元,企业普遍提供社会保险和医疗保险。

[解答]本案例中,福利企业、残联及残联人就业服务指导中心在残疾人劳动就业方面发挥了重要的作用,这种通过多渠道、多层次、多种形式,对残疾人就业采取的优惠政策和扶持保护措施,使残疾人劳动就业逐步普及、稳定、合理。《残疾人保障法》第33条规定,国家机关、社会团体、企业事业单位、民办非企业单位应当按照规定的比例安排残疾人就业,并为其选择适当的工种和岗位。达不到规定比例的,按照国家有关规定履行保障残疾人就业义务。第37条规定,政府有关部门设立的公共就业服务机构,应当为残疾人免费提供就业服务。残疾人联合会举办的残疾人就业服务机构,应当组织开展免费的职业指导、职业介绍和职业培训,为残疾人就业和用人单位招用残疾人提供服务和帮助。残联及残疾人就业指导中心的联合减轻了福利企业安排残疾人就业的负担,为残疾人创造劳动就业条件,充分保障了残疾人劳动的权利。

第五节 社区服务法律制度

一、社区服务的概念和特征

(一)社区服务

社区通常是在一定的地理区域内,由某些共同特征的社会群体相互作用、密切联系形成的具有归属感的社会网络。社区服务是指在政府的倡导和扶持下,为满足社区成员的多种需求,以街道、镇和居委会的社区组织为依托,动员社区力量提供福利设施和便民服务,是社会保障体系和社会化服务体系中的一个重要组成部分。在国家政策的指导和鼓励下,近年来我国社区事业取得一定发展,社区居民尤其是老年人、残疾人和农民工子女等特殊群体生活中遇到的一些困难和不便得到解决,在改善和提高群众生活质量、社会稳定的维护和精神文明建设等方面发挥了重要作用。

(二)社区服务的特征

1. 社区服务福利性。只要是该社区的居民都可以低费或免费就近享受各种福利设施和便利服务,为社区居民维持正常生产生活提供保障。

2. 社区服务多样性。社区服务内容涉及居民生活方方面面,包括日常生活、文化、教育、娱乐、医疗、法律等具体的服务项目,在保障居民衣、食、住、用、行及相关的基本物质需求基础上满足其精神需求。

3. 社区服务专业性。社区服务专业性主要体现在入驻社区的社区医疗服务中心、残疾人康复中心、心理健康咨询中心、学校及物业公司等,一般都拥有掌握一定专业知识和工作经验的工作者,提供现代化和专业化服务。

4. 社区服务规范性。为实现基本建成各种经济成分并存、服务门类齐全、服务质量和管理水平较高的社区服务网络目标,民政部、国家计委、国家体改委、国家教委、财政部、人事部、劳动部、建设部、卫生部、国家体委、国家计生委、中国人民银行、国家税务总局、中国老龄委十四家于1993年8月27日联合发布了《关于加快发展社区服务业的意见》。《意见》对社区服务业的任务、社区服务业的统筹规划、对社区服务业的扶持、社区服务业发展资金筹措、社区服务价格体系的建立、社区服务业的管理等问题做了原则性规定,具有重要的引导、指导做用。

二、社区服务的基本内容

(一)为社区老年人提供的服务

社区老年服务是针对老年人提供的住房、文化娱乐及设施的便民服务,老年再就业、继续教育、医疗法律等全方位的服务更具有专业化,是社区服务功能发挥的拓展和延伸,促进第三产业的发展。其主要内容包括:

1. 社区老年人日常生活照料服务。社区利用社会有限的网络资源,除为孤寡老人、残疾老人、生病老人提供日常生活照料外,还根据老年人的特殊需要,提供介绍保姆、钟点工等服务。

2. 社区老年人服务设施建设。社区老年服务设施是开展社区老年服务的重要载体,包括老年人露天锻炼场地、老年人之家、老年公寓、老年人图书馆、老年人健身房、老年人活动中心、老年人婚姻介绍所、表达居民愿望的"居民之声"和"回音壁"及有关法律、保健、营养、心理疏导等专业知识宣传栏。

3. 社区医疗卫生服务。作为志愿者的个别医疗单位坚持就近原则,入驻社区,为老年人提供测量血压、体温等免费医疗和健康咨询服务。社区医疗服务中心处给老年人提供廉价优质的基本医疗服务和医疗照顾外,还设有老年人康复中心。

4. 社区老年法律服务。由于老年人属于弱势群体,合法权益很容易受到侵犯,除专门设立的法律援助站外,由某些高校、律师事务所等组织定期为老年人提供法免费法律咨询。

(二)为残疾人和精神病患者提供的服务

在较大城市社区设立残疾人康复中心,开展残疾人康复服务及残疾儿童寄托站等;社区心理咨询中心及各种免费身心健康教育讲座,为精神病人康复提供了便利条件和环境。

(三)社区便民服务

社区便民服务主要有便民利民生活服务(如设立便民超市、平价蔬菜售卖点、服装加工、理发及家电维修等)、家政服务、医疗保健服务、心理咨询及家政服务等。

除此之外,社区为儿童、未成年人提供的生理、心理健康服务及设施,驻区单位提供的优抚对象服务、就业服务及治安调解服务等也推动了现代社区福利事业的建设与发展。

三、社区服务面临的问题

我国社区建设起步晚,虽然在社区规模和服务中取得一定成绩,但在未来发展中还面临很多问题:大城市发展较好,中小城市重视不够,集镇或农村的社区服务非常薄弱,社区服务的发展不平衡;随着社区老年人口、流动人口及农民工人口的增加,社会福利制度改革的滞后,社区服务需求与服务供给数量、质量和水平方面等矛盾尖锐;许多主要靠政府财政拨款的社区服务项目以无偿或低偿提供,缺乏自我发展的能力;社区服务规范化程度低,造成资源浪费、滥用及低效。

四、21世纪初社区服务发展的目标与对策

随着城镇化和老龄化加剧,我们应该从实际出发,加强分类指导,完善各种机制,构建有中国特色的社区服务工作体系。为适应市场经济的要求,加大科技含量,提高社区服务的质量与水平,促进社区服务稳步健康发展,同时加强理论研究,形成适合我国国情的社区服务理论体系,把社区服务与整个社区建设紧密结合,在全面强化社区功能中发展社区

服务。具体从以下几方面着手：

其一，提高社区老年服务的管理水平和办事效率。适应市场经济的要求，完善各种机制，充分发挥社区居民民主监督的作用，加强思想道德教育和法律宣传，懂法、守法、用法，制定严格的奖罚制度，尤其是提高管理者的思想觉悟和服务意识及管理水平。从实际出发，加强分类指导，促进社区服务稳步健康发展。

其二，拓宽资金来源渠道，促进社区老年服务发展社会化。针对我国社区发展资金来源的单一性，应借鉴美国，社区企业和宗教对社区服务捐助大量资金，如沃尔玛、肯德基、麦当劳等，发展一种社区—企业文化，实现企业的自我价值，取得社区居民的信赖，可互惠互利，同时国家通过税收优惠等措施鼓励企业家投资该领域，充分发挥社区个人、家庭、单位、社区、社会、政府及社会团体的作用。

其三，提高社区服务队伍的整体素质，是顺利开展社区老年服务的前提条件。加快社区医生体制的创新，对工作人员进行专门的职业培训，提高业务水平和素质；社区的领导者和员工，应把不断提高老年人的服务列入工作职责；建立相应的社区管理制度和服务规范，真正把社区建成"老年之家"；培养和造就大量适合社区老年服务就业长期发展需要的管理人员和服务人员，鼓励大学毕业生到社区工作；提升社区专业工作者的综合素质，广纳财源、持证上岗、强化培训、注重业绩考评与思想反馈，优化、壮大志愿者的工作队伍，发挥社区党员的先锋模范作用，充分调动业余工作者的积极性，树立创新的社区工作者形象，完善社区专职工作者队伍的激励管理机制。①

其四，加强和改进社区服务质量和服务水平。比如专门设立老年公园，同时可以对儿童开放；美国成立了老年服务中心，专门为老年人提供各种各样的服务，同时依据老年人的身体健康状况，进行社区居住规划，居住空间与社区服务设施应有方便的联系，有助于老年人参与社区设施建设和合理使用管理；开设老年图书馆，提高老年人的文化素质；针对特殊老年人，湖南省长沙市国泰街的湘春路安上了"爱心门铃"，有需要就可随叫随到；浙江杭州市上城区街道正式成立了退休病人护理市中心，规定凡是退休老人，无论家境如何，都享受每月11小时护理；值的借鉴的是，还可设立社区司法中心、精神慰藉员、聊天护士等。利用信息网络技术设立专门的社区老年服务网站，老年人通过使用户联网，及时了解各种信息，得到高质量的服务。

[案例]"老有所养，老有所乐"是很多老人的梦想。养老机构一床难求，不愿意离开熟悉的环境和邻里，让越来越多的老人更喜欢选择居家养老。2009年，南宁开始在社区试点居家养老服务，2011年，南宁22个街道办事处、197个社区都建立了居家养老服务中心（站）。2010年，南宁7个社区居家养老服务站建立"社区日间照料中心"。2012年，南宁13个社区居家养老服务站建立"社区日间照料中心"，在家门口就能享受"夕阳无限好"，已经不是老人们的梦想了，既能在小家里享受天伦之乐，又能在社区这个大家庭里得到让家人安心的养老服务。

---

① 谢建、奚从清、方立明：《温州模式》，浙江大学出版社2005年版，第71页。

[解答]本案例中,南宁社区家居养老服务的试点值得肯定,以老年人、残疾人、优抚对象服务和便民利民服务为主要内容的社区服务业,作为新时期探索社会福利社会办和职工福利向社会开放的一条新路子,适应了政府转变职能,企业转变经营机制的需要,有利于经济的发展,社会的安定,人民生活质量的提高,促进了社区精神文明建设。民政部、国家计委、国家体改委等《关于加快发展社区服务业的意见》中提出,加速建设社区服务中心,开展各种便民家庭服务,立足民政,面向社会,为老年人、残疾人、优抚对象提供社会福利服务,为社区居民提供便民利民服务。采取联营共建等形式,与社区内企事业单位和机关团体开展双向服务。

【思考题】

1. 什么是社会福利?社会福利有哪些特征?
2. 社会福利制度包括哪些内容?
3. 简述我国住房公积金制度、经济适用房制度、廉租住房制度。
4. 什么是特殊群体福利法律制度?
5. 简述妇女劳动保护权益受到侵犯时的处理方式。
6. 简述现代社区服务范围及内容。

【司法考试真题链接】

1. 作为创新社会管理的方式之一,社区网格化管理是根据各社区实际居住户数、区域面积大小、管理难度等情况,将社区划分数个网格区域,把党建、维稳、综治、民政、劳动和社会保障、计划生育、信访等社会管理工作落实到网格,形成了"网中有格、格中定人、人负其责、专群结合、各方联动、无缝覆盖"的工作格局,以此建立社情民意收集反馈机制和社会矛盾多元调解机制。关于充分运用法律手段创新社会管理,下列哪一说法是不准确的?(2012年)

   A. 社会管理创新主要针对社会管理领域的重点人群、重点区域和重点行业
   B. 大调解格局是一种社会矛盾多元调解机制
   C. 社会管理创新要求建立以法律手段为主体,多种手段协调配合的管理和控制体系
   D. 社区网格与村民委员会、居民委员会的法律地位一样,属于基层群众性自治组织

2. 《刑事诉讼法》规定,审判的时候被告人不满18周岁的案件,不公开审理。但是,经未成年被告人及其法定代理人同意,未成年被告人所在学校和未成年人保护组织可以派代表到场。关于该规定的理解,下列哪些说法是错误的?(2012年)

   A. 该规定意味着经未成年被告人及其法定代理人同意,可以公开审理

B. 未成年被告人所在学校和未成年人保护组织派代表到场是公开审理的特殊形式

C. 未成年被告人所在学校和未成年人保护组织经同意派代表到场是为了维护未成年被告人合法权益和对其进行教育

D. 未成年被告人所在学校和未成年人保护组织经同意派代表到场与审判的时候被告人不满18周岁的案件不公开审理并不矛盾

3. 甲聘请乙负责照看小孩，丙聘请丁做家务。甲和丙为邻居，乙和丁为好友。一日，甲突生急病昏迷不醒，乙联系不上甲的亲属，急将甲送往医院，并将甲的小孩委托给丁临时照看。丁疏于照看，致甲的小孩在玩耍中受伤。下列哪一说法是正确的？（2012年）

A. 乙将甲送往医院的行为属于无因管理

B. 丁照看小孩的行为属于无因管理，不构成侵权行为

C. 丙应当承担甲小孩的医疗费

D. 乙和丁对甲小孩的医疗费承担连带责任

4. 我国法律援助制度因其保障人权而体现司法正义，因其救助贫困而体现社会公平。关于该制度，下列哪一表述是不正确的？（2011年）

A. 我国法律援助是政府的一项重要职责，在性质上是一种社会保障制度

B. 实施法律援助的既有律师、法援机构，也有社会组织，形式上包括诉讼法律援助、非诉讼法律援助及公证、法律咨询

C. 对公民的法律援助申请和法院指派的法律援助案件，由法律援助机构统一受理、审查、指派、监督，必要时可以委托慈善机构协助受理事宜

D. 法律援助对象包括符合法定受援条件的经济困难者、残疾者、弱者，及符合规定的外国公民及无国籍人

5. 2008年修订的《中华人民共和国残疾人保障法》第五十条规定："县级以上人民政府对残疾人搭乘公共交通工具，应当根据实际情况给予便利和优惠。残疾人可以免费携带随身必备的辅助器具。盲人持有效证件免费乘坐市内公共汽车、电车、地铁、渡船等公共交通工具。盲人读物邮件免费寄递。国家鼓励和支持提供电信、广播电视服务的单位对盲人、听力残疾人、言语残疾人给予优惠。"对此，下列说法错误的是：（2010年）

A. 该规定体现了立法者在残疾人搭乘公共交通工具问题上的价值判断和价值取向

B. 从法的价值的角度分析，该规定的主要目的在于实现法的自由价值

C. 该规定对于有关企业、政府及残疾人均具有指引作用

D. 该规定在交通、邮政、电信方面给予残疾人的优待有悖于法律面前人人平等原则

图书在版编目(CIP)数据

劳动与社会保障法/万里鹏主编. —厦门:厦门大学出版社,2013.8
江西省法学教材系列
ISBN 978-7-5615-4589-8

Ⅰ.①劳… Ⅱ.①万… Ⅲ.①劳动法-中国-高等学校-教材②社会保障-行政法-中国-高等学校-教材 Ⅳ.①D922.5②D922.182.3

中国版本图书馆 CIP 数据核字(2013)第 058513 号

厦门大学出版社出版发行
(地址:厦门市软件园二期望海路 39 号 邮编:361008)
http://www.xmupress.com
xmup @ xmupress.com
三明日报社印刷厂印刷
2013 年 8 月第 1 版 2013 年 8 月第 1 次印刷
开本:787×1092 1/16 印张:16.25 插页:2
字数:375 千字 印数:1~3 000 册
定价:26.00 元
本书如有印装质量问题请直接寄承印厂调换